KB075850

누가
저 **베헤모스**를
만들었을까

한국 권위주의의 기원에 대한 정치적 고찰

누가
저 **베헤모스**를
만들었을까

한국 권위주의의 기원에 대한 정치적 고찰

인　쇄 | 2018년　6월　5일
발　행 | 2018년　6월　11일
지은이 | 홍익표
발행인 | 부성옥
발행처 | 도서출판 오름
등록번호 | 제2-1548호 (1993. 5. 11)
주　소 | 서울특별시 중구 퇴계로 180-8 서일빌딩 4층
전　화 | (02) 585-9122, 9123 / 팩　스 | (02) 584-7952
E-mail | oruem9123@naver.com
ISBN　 978-89-7778-487-1　　93340

※ 잘못된 책은 교환해 드립니다.
※ 값은 뒤표지에 있습니다.

이 도서의 국립중앙도서관 출판예정도서목록(CIP)은 서지정보유통지원시스템 홈페이지
(http://seoji.nl.go.kr)와 국가자료공동목록시스템(http://www.nl.go.kr/kolisnet)에서
이용하실 수 있습니다. (CIP제어번호: CIP2018015654)

누가
저 베헤모스를
만들었을까

한국 권위주의의 기원에 대한 정치적 고찰

홍익표 지음

Who Made that Behemoth

A Political Study on the Origin of
Korean Authoritarianism

Ickpyo Hong

ORUEM Publishing House
Seoul, Korea
2018

머리말

　　역사사회학자인 배링턴 무어 주니어는 "다음
세대에 사회가 갖추게 될 주된 구조적 특징들은 현재 진행되고 있는
추세에 의해 이미 주어져 있다. 인간 행동의 자유는 역사에 의해 만들
어진 틀 속에 놓여 있다"[1]라고 지적한 바 있다. 이런 주장에 주목해
보면 인류 역사에서 가장 빛나는 '발명품'이라 할 민주주의[2]의 현재 추
세를 살펴보는 일은 매우 중요하다. 왜냐하면 오로지 민주주의만이 우
리를 자유롭게 할 수 있으며, 우리는 우리를 통치하는 권력의 저자일
수 있기 때문이다.[3]

　　미래세대가 보다 높은 삶의 질을 추구하고 자아실현을 이룰 수 있
게 하는 것도 지금 여기에서 얼마만큼 다양한 수준과 영역에서 보다
많은 사회구성원들의 자유와 평등을 가능하게 하는 제도적 장치로서의
민주주의를 모색하고 실천하느냐에 좌우되는 것이다. 그렇지만 최근
10여 년간 한국 사회에서 민주주의와 관련해 두드러지는 현상 중 하나
는 진척이라기보다는 오히려 '지체'였다.

　　한국은 1980년대 후반 이후 군부권위주의 정권이 붕괴하고 나름의

경로를 통해 민주주의로의 이행을 이룬 국가로 분류된다. 그렇지만 보다 엄격한 기준에서 현재까지의 흐름을 고찰해보면 최소한도의 민주주의라 할 수 있는 정치적 민주주의에서조차 민주적 절차와 규범의 제도화가 확립되지 못하고 진전과 쇠퇴를 반복하고 있음을 알 수 있다. 특히, 이명박과 박근혜가 집권한 시기에 발생한 여러 사건들에 비춰보면 민주주의로 불리는 정치적 게임이라는 일련의 새로운 규칙도 제대로 정착되었다고 보기 어렵다. 두 정권 모두 국가권력의 사유화, 정경유착, 언론 통제, 불법 정치공작, 민간인 사찰 등에서 보여지듯이 오만과 독선의 일방통행식 국정운영을 자행하면서 민주주의를 훼손하고 헌정질서를 파괴하는 데 앞장섰다. 민주적 경쟁과 참여가 완전히 이루어지기에 충분한 수준의 시민적·정치적 자유는 제대로 지켜지지 않았다.[4]

국가기관과 언론, 일부 시민사회단체 등은 이전에 그들이 누렸던 짧은 독립과 자율의 시기를 걷어차고 다시 비민주적인 정치권력을 추종하는 기관으로 회귀하였다. 다른 한편으로는 금융외환위기 이후 본격적으로 유입된 신자유주의가 시장의 절대화와 함께 사회적 배제를 규칙으로 만들면서 '잊혀진 사람들,'[5] 즉 돈도 권력도 사회적 지위도 없이 고달픈 삶을 영위하면서 폭력과 생존위협에 노출된 수많은 사람들을 양산하고 있었다.

이런 현실은 민주주의 이행의 불완전함을 보여준다. 최초의 자유선거, 민선 정부, 신헌법의 제정과 자유선거에 의한 권력 교체 등 최소한의 기준이 아니라 민주주의를 최대로 존속케 하는 정치제도적, 사회문화적, 사회경제적 조건의 형성이라는 최대 기준으로 볼 때[6] 더욱 그렇다. 정치 엘리트와 대중들에게 민주적 규범과 가치(사회문화적 영역)는 뿌리내리지 못했고, 권위주의 정권하에서 심화된 사회경제적 불평등과 이에 기초한 권력관계의 개혁(사회경제적 영역)은 제대로 시도조차 되지 못하고 있다. 지난 보수 정권은 민주주의 이행으로 어렵사리 이룬 정치적 영역에서의 민주적 절차와 규범의 제도화조차도 훼손시키려 한다는 지적이 나왔다. 그 대신 '권위주의에의 향수'[7]가 강하고, '권위주의 정치의 탄력적 복원'이 행해지고 있다는 비판적 평가가 따라붙었다.

그 후 불의한 권력자들의 국정농단과 부패행위에 항의하는 촛불시위로 인해 보다 개혁적인 정권으로의 교체가 이뤄지긴 했지만 그것이 사회구조의 근본적 개혁으로 가지는 못하고 있다. 이전 정권에 비해 국가기관이 지닌 권력과 유리한 언론지형을 이용해 정치적 반대세력에게 다수의 의지를 관철시키려는 권위주의적 통치행태는 눈에 띄게 사라졌지만 사회 곳곳에서 여전히 불평등과 위계, 억압, 배제, 차별 등의 현상이 만연해있는 것이 사실이다. 구체적인 사회지표를 보더라도 한국인들은 삭막하기 그지없는 사회에서 그리 높지 않은 삶의 질을 누리며 살고 있다고 할 수 있다. 주장의 근거는 뭘까?

경제협력개발기구(OECD)가 발표하는 각종 사회통계가 이 주장을 뒷받침한다. OECD 회원국 중에서 한국은 출산율이 가장 낮고 자살률과 이혼율은 가장 높으며 노동시간은 가장 많은 반면에 삶에 대한 만족도는 가장 낮으면서 잠조차 가장 적게 자는 국가이다. 국내 총생산(GDP) 대비 공공사회복지 지출비율, 남·여 임금격차, 노조조직률, 임시직 노동자 비율, 산재사망률 등도 회원국 중에서 가장 열악한 지표를 기록하고 있다.[8]

우리는 현실을 냉정하게 바라볼 필요가 있다. 근거 없는 낙관과 대책 없는 전망이 아니라 과거에 대한 깊이 있는 성찰과 현실에 대한 비판적 분석만이 더 나은 미래를 기약하기 때문이다. 이런 점에서 보면 현재 한국은 최소주의적 기준에서 '민주화 이후'를 말할 수 있을지 몰라도 최대주의적 기준에서는 민주주의의 내용이 여전히 불충분하며 수준도 높지 않다. 세월호 참사와 메르스 사태, 박근혜·최순실의 국정농단사건 등에서 제기되었던 '이게 나라냐'라는 아래로부터의 외침이 적폐청산과 개혁완성에 의해 '이게 나라다'라는 자랑스런 외침으로 바뀌기에는 아직 갈 길이 멀다.

여러 정권을 거치면서 신자유주의로의 재편이 이뤄지면서 사회 불평등이 커지고 갈등이 심화하는 현실에도 불구하고 '배제의 정치'에 입각한 정치제도와 대결과 이익의 정치에 몰두하는 대다수 정치인들로 인해 민주적 합의와 사회통합을 이끌어낼 수 있는 메커니즘과 정책은 여전히 구축되지 못하고 있다. 이는 한국의 민주주의가 역사적으로 외부로부터 형식적으로 부과되었을 뿐만 아니라, 그 특징도 '배제의 정치'에 기반하는 다수제 민주주의(majoritarian democracy)[9]의 특징을 갖고 있으며, 민주주의 이행도 아래로부터의 압력이 추동했으나 실제 과정은 '엘리트 협약'으로 이뤄진 데서 그 원인을 찾을 수 있다.[10]

지금 한국 사회는 '민주주의의 결핍'으로 인해 사회 불평등이 확대되고 사회적 약자들의 삶의 질이 저하되고 있다. 차별과 배제, 폭력과 억압의 메커니즘은 여전히 사라지지 않고 한국 사회의 전 영역에서 작동 중이다. 이에 비해 포함과 참여, 통합과 공존이라는 대안적 헤게모니는 취약성을 노정한 채 좀처럼 자리를 잡지 못하고 있다. 이런 현실에서는 취약한 민주주의의 외연을 확대하고 내용을 심화시키는 것이 급선무이다. '사회적·정치적 포함'에 기초한 합의제 민주주의 요소를 갖는 제도적 개혁을 추진하는 한편, 사회적·경제적 권리의 확대와 강화를 위한 탄력적 조치와 사회운동이 병행되어야 한다.

민주주의란 늘 불완전하고 취약한 까닭에 시민의 지속적인 관심과 참여투쟁을 통해 내용의 건전성을 유지토록 하려는 것이 요구된다. 역사적으로 민주주의는 배제와 차별, 여기서 파생되는 불평등에 대한 자율적이고 집합적인 투쟁을 통해 시민들의 권리를 확대하고 제도화함으로써 발전되었다는 사실을 염두에 둘 필요가 있다. 이와 관련해 의미 있는 변화라 할 수 있는 것이 최근 들불처럼 번지고 있는 '미투(#metoo)운동'11)이다.

2018년은 한국 사회에서 미투운동을 통해 권위주의의 맨얼굴이 드러난 한 해로 기록되리라 보인다. 우리 삶의 일상에서 벌어지는 권위주의 행태에 반대하는 목소리를 내는 미투운동은 사회적 권력관계와 성적 폭력성의 상관관계를 되돌아보게 하기 때문이다. 한국에서 그 시작은 2017년 '강남역 10번 출구 살인사건' 이후 '#우연히 살아남았다'가 에스앤에스(SNS)를 통해 확산되고 여성들이 수만 장의 포스트잇 앞에서 공개발언을 이어간 데서 비롯되었다.

강남역 사건은 한국 사회의 성차별 구조와 성폭력 문제를 공론장으로 이끌어낸 계기가 되었다. 성폭력 피해자들의 외침은 2018년 1월 한 현직 검사가 검찰 내부 통신망에 자신이 법무부 간부로부터 강제추행을 당했다고 폭로하는 것으로 이어졌다. "검찰 내부 개혁을 이룰 수 있는 작은 발걸음이라도 됐으면 하는 소망, 간절함으로 이렇게 글을 썼다"고 밝힌 이 검사는 『제이티비시(JTBC)』 '뉴스룸'에 출연해 "검찰 내에 성추행이나 성희롱뿐만 아니라 성폭력을 당한 사례도 있었지만 비밀리에 덮었다"고 추가 폭로를 하였다.12) 그의 용기 있는 고백은 과거 성폭력을 당했는데도 가해자의 보복과 직장 내에서의 2차 피해가 우려되어 사실을 밝히지 못하고 가슴앓이했던 이들이 미투운동에 동참하는 기폭제가 됐다.

그런 점에서 성폭력 사실을 고발한 검사는 '침묵의 카르텔을 깬 사람(silence breaker)'이기도 하다. 그 후 법조계뿐만 아니라 문화예술계, 종교계, 교육계, 체육계 등 한국 사회의 온갖 분야에서 권력을 동원해 은밀하게 성범죄를 저지른 인사들의 추악한 행태들이 하나하나씩 모습을 드러내고 있다. 그들은 권력을 악용해 약자들의 인격을 유린하고 권리를 말살하며 삶을 파괴하는 괴물이다.

현재 폭로되고 있는 이들 범죄는 한국 사회의 모든 영역에 여전히 경직된 위계질서와 불평등한 권력관계가 자리 잡고 있고, 이를 배경으로 강자가 약자에게 차별은 물론이거니와 갖은 폭력을 행사하는 것이 만연해 있다는 것을 뚜렷하게 보여준다. 개인이 집단에, 약자가 강자에, 하위계층이 상위계층에 복종해야 하는 사회에서 시민의 권리가 제대로 지켜질 수 없음은 너무나 자명하다.

세상은 변하는 데도 새롭고 유연한 가치를 받아들이는 데 둔감한, 여전히 폐쇄적이고 경직된 집단은 셀 수 없이 많다. 이는 군대와 검찰, 학교, 교회에만 그치지 않는다. 이런 곳일수록 권위주의의 강도는 더욱 높다. 조선시대와 구한말, 일제 식민지 시기, 해방과 분단, 전쟁, 그리고 군부독재를 거치면서 뿌리 내린 권위주의는 여전히 관습으로 남겨져 있고, 한국인들의 일상에도 깊이 침윤해 있다. 권위주의적 퍼스낼리티를 내재화한 일부 대중들이 위계적 정치질서에 맹종하고 다른 집단을 차별하며 집단 내 약자들에게는 억압적 태도를 보이는 현상도 여전하다.

이 같은 현실은 한국 사회가 허버트 마르쿠제(Herbert Marcuse)가 언급한 '일차원적 사회(one-dimensional society)'의 특징을 상당히 지니고 있다는 것을 의미한다.13) 즉, 선진산업 사회처럼 한국 사회에서도 생산성과 효율성의 논리가 지배하면서 비판적 의식이 사라지고 체제 순응적 태도가 광범위하게 퍼져 있다고 할 수 있다. 주위를 둘러보면 자신이 속한 사회의 모순과 억압성을 깨닫지 못하고 현재의 상태를 무비판적으로 수용하면서, 물질적 풍요와 과시적 소비로 등치되는 '성공'을 향해서만 달려가는 이들이 너무나 많다. 오로지 허위 욕구를 만족시키려고만 하는 인간들에게는 선과 악, 옳고 그름을 구분하는 비판적 이성이 제대로 자리 잡기 어렵다.

이러한 사회현실을 비판적으로 성찰하고, 권위주의를 억제하고 민주주의를 심화시키기 위한 국가적이고 사회적인 노력이 행해지지 않는다면 최근 유럽의 사례에서 보여지는 것처럼 분열되고 불안한 사회에서 '보통사람들'의 대변자 역할을 자처하면서 외국인과 소수자 등에 대한 적대 감정을 자극하는 우파 포퓰리즘 세력이 대두할 수도 있다. 프랑스의 르펭 부녀(Jean-Marie Le Pen & Marine Le Pen), 이탈리아의 베를루스코니(Silvio Berlusconi), 미국의 트럼프(Donald Trump)가 등장해 지지를 얻게 된 데는 다 까닭이 있는 것이다.

과거로 더 소급해보면 각각 1920년대와 1930년대에 권력을 장악한 이탈리아의 파시스트와 독일의 나치도 공동체의 쇠퇴에 대한 대중의 불안과 공포를 이용해 일체감을 꾀하는 이데올로기를 동원하고 무제한적인 폭력을 행사하는 호전적이고 팽창적인 정치를 구사했다. 경제위기 상황에서 자신의 사회적 존재가 위태롭거나 혹은 좌절해버린 사람들은 민족공동체와 '유럽의 신질서'를 약속한 나치체제에 순응하였고 운동의 승리를 위해 적극적으로 "행진에 참여하고, 선전 활동에 나서며, 전단을 배포하고, 지도자의 말을 전파했다."14) 나치가 규정한

'민족공동체의 적들'에 대한 테러는 당연시되었다. 그러나 파시스트와 나치들이 겉으로 내건 안정과 질서, 효율, 성장 등과 같은 가치는 실제로는 개인의 자유를 억압하고 민주적 절차를 파괴하기 위한 가림막이었다. 그런 점에서 2차 대전 전 독일과 이탈리아의 사례는 전후 나타났던 수많은 경직된 권위주의체제와 크게 다르지 않다.

우리가 늘 되새겨야 할 사실은 별다른 문제의식 없이 권위주의를 대하고 과거의 퇴행적 정치로의 회귀를 방치한다면 역사는 다시 '비극'으로 반복될 수도 있다는 점이다. 인류 역사에서 안정과 질서를 회구한 대중들이 '이집트의 고기냄비' 곁으로 인도해준다는 정치가들을 지지했지만 정작 그들에게 돌아온 것은 '관료와 헌병 및 법정에 의한 무자비한 경찰력 개입의 형태'였던 적이 한두 번이 아니다.[15] 권위주의가 파시즘으로 가는 비옥한 토양이 될 수 있다는 점에서 경각심을 갖고 대처할 필요가 있는 것이다.

지금까지의 역사가 가르쳐주듯이 기존 질서로부터 배제되거나 불이익을 얻는 사람들에게 권리를 부여함으로써 보다 안정적이고 수준 높은 질의 삶을 가능하게 하고, 이를 통해 '진정한' 사회통합을 이룰 수 있었던 것은 권위주의나 파시즘이 아니라 '온전한 민주주의'였다는 사실을 돌아보아야 한다. 한국 사회에서 다양한 이해와 갈등을 조정하는 적실성 있는 민주주의의 유용성을 탐구하고 현실에 적용하려는 노력이 필요한 것이다.

우려스러운 점은 민주주의로의 이행이 이뤄진 지 30여 년이 지났음에도 한국 사회에서 권위주의적 메커니즘은 해소되기는커녕 아직까지도 강하게 뿌리내려서 작동되고 있다는 사실이다. 한국의 민주주의 이행이 불완전한 제도화에 그치고 있다 보니 민주주의의 수준 역시 그리 높지 않다. 온갖 '적'들로 둘러싸여 있는 것이 한국 민주주의의 부인할 수 없는 현실이다. 불평등한 권력관계가 온존하는 현실과 배타적 집단주의 문화가 깊게 뿌리 내린 사회에서는 억압과 착취, 배제, 차별이 만연할 수밖에 없다. 여기에는 신자유주의적 세계화뿐만 아니라 출세를 우선시하고, 위신을 중시하는 전통적 유교문화,16) 일제의 유산인 배타적 집단주의 등이 복합적으로 영향을 미쳤다.

이러한 추세를 세심하게 돌아보지 않는다면 한국 사회의 현실을 정확하게 파악하고 바람직한 대안을 모색할 수 없다. 민주주의를 위축시키고 사회발전을 제약하는 요인인 권위주의에 대해 전면적이고 체계적인 고찰이 필요한 까닭이 여기에 있다. 문제는 권위주의! 이를 살펴보기 위해 선행되어야 하는 것은 무엇보다도 한국 권위주의의 역사적 기원과 전개과정을 정밀하게 분석하고 평가하는 일이다. 이에 기초해 현대 권위주의의 작동구조와 특징을 파악하고 나아가 이의 적실성 있는 해소방안도 제시할 수 있기 때문이다.

한국 권위주의의 기원과 전개과정을 체계적으로 분석한 학술적 저작은 부재하다. 다만 일정한 시기나 특수한 영역과 수준별로 권위주의 문제를 탐구하거나,17) 권위주의와 연관된 주제인 반공주의18)와 개발독재,19) 군사주의,20) 지역주의,21) 군부통치22) 등의 주제를 살핀 저서가 있었다. 이들 저서들은 권위주의와 연관된 주제에 대한 논의의 장을 넓히고 일반 대중들에게도 학문적 소양을 풍부하게 하는 데 기여했다고 평가된다. 그러나 한국 권위주의 문제에 대한 본격적인 천착은 아니었다. 그런 점에서 이들 기존 저작의 학문적 성과를 종합한 바탕 위에서 권위주의의 역사적 기원과 전개과정을 체계적으로 분석하는 것은 그 학문적 의의가 크다고 할 수 있다.

나아가 한국 사회의 권위주의가 갖는 특징과 구조를 살펴보고, 그것의 구체적인 지속과 재생산 메커니즘을 규명하는 것은 민주주의의 확대와 심화라는 시대적 과제의 추진을 위해서도 적실성 있는 대안을 제시해 준다. 사회의 대다수 구성원들의 권리를 보장하고 삶의 질을 향상시키는 기제로 기능하는 것은 권위주의가 아닌 민주주의이기 때문이다.

　　이 점에 유의하여 『누가 저 베헤모스를 만들었을까: 한국 권위주의의 기원에 대한 정치적 고찰』은 대다수의 학자들이 공통으로 도출한 권위주의의 속성은 무엇인지를 검토한 후, 권위주의가 민주주의와 갖는 상관관계를 규명해보고, 이에 기반해 한국에서의 권위주의의 기원과 전개과정을 정치적으로 고찰하고 있다. 그리고 이에 대한 분석에 기초해 한국 정치의 권위주의가 갖는 특징과 구조를 살펴보고, 그것의 구체적인 지속과 재생산 메커니즘을 규명하고 있다.

　　여기서 정치적 고찰이라 함은 분석 대상인 특정한 사회현상을 단지 권력관계를 중심으로만 살펴보는 것을 가리키지 않는다. 이는 권위주의와 관련된 사회현상을 권력관계뿐만 아니라 공적 영역에서의 집합행위, 집단적 결정을 행하고 강제하는 통치기술, 공적 목표달성을 위한 타협과 합의 등을 아우르는 광의의 정치 개념으로 분석하는 것을 의미한다. 그중에서도 집단적으로 결정하고 사회 내에서 통제를 행사하는 것을 가리키는 정치관은 오래되고 낡은 주장이긴 하지만 다른 한편으로는 권위주의의 제 속성과 부합한다. 적과 동지의 구분이라는 기준에 기초한 공동체 사이, 혹은 공동체 내에서의 갈등과 대립 관계로 보는 정치관 역시 유용하다. 이 책은 머리말과 맺음말을 빼고 총 7장으로 구성되어 있다. 각 장의 요지는 다음과 같다.

제1장에서는 권위주의란 무엇인지 검토하고 지금 시점에서 이를 왜 다시 고찰해야 하는지 그 이유를 제시하고 있다. 권위주의라는 개념은 다의적이고 복합적이어서 정의내리기가 쉽지 않다. 지금까지의 연구를 검토해보면 대다수의 학자들은 위계질서, 계층성, 억압, 착취, 배제, 차별, 지배, 복종, 순응 등을 권위주의의 공통된 속성으로 도출하고 있음을 알 수 있다. 구성원들의 권리가 존중되지 않고, 타자가 배제와 차별을 당하며, 민주적 절차가 경시된다는 점에서 권위주의는 반민주적이라고 평가된다. 아울러서 권위주의는 개인주의나 이에 바탕을 둔 다원주의보다는 집단주의, 국가주의와 친화성을 지닌다고 할 수 있다.

민주주의로의 이행을 경험한 국가 중에서 한국은 권위주의가 두드러지는 국가로 평가된다. 외형적으로는 절차적이고 형식적인 민주주의가 유지되고 법의 지배가 관철되는 듯 보이지만 사회 각 영역의 내부를 들여다보면 예외 없이 민주주의와는 거리가 있는 권위주의적 메커니즘이 강하게 작동되고 있음을 알 수 있다. 이는 한국에서 근대에 이르는 고유한 경로가 민주주의보다는 권위주의에 더 가까웠다는 것을 알려준다. 온갖 영역에서 뿌리를 내리고 민주주의의 확산과 공고화를 가로막고 있는 권위주의는 베헤모스와 같은 괴물에 비유될 수 있다. 그런 점에서 보면 한국에서 인권과 민주주의를 내용으로 하는 근대의 정치적 프로젝트는 여전히 미완성 상태라고 판단된다.

제2장에서는 한국 권위주의의 역사적 뿌리로 흔히 거론되는 유교를 검토하고 있다. 500여 년간이나 지속되었던 조선 왕조를 떠받치는 통치 이데올로기는 유교, 그중에서도 성리학이었다. 조선 건국의 주도 세력인 신흥사대부들은 성리학을 지도이념으로 하여 국왕 중심의 중앙집권적 관료체제를 수립하였다. 특히, 15세기 말과 16세기 초 향촌지

배세력인 사림파들은 성리학적 명분론을 내세웠는데 이는 지주전호제(地主田戶制)를 기반으로 한 신분 사회 질서를 유지하기 위해 상하 질서를 중시한 데 그 특징이 있었다.

사람들에게는 유교적 덕목인 삼강오륜(三綱五倫)이 권장되었는데 오륜이 상호관계와 상보성에 기초한 것이라면 삼강은 주종과 상하관계를 상정한 것이었다. 이는 오랜 세월을 거치면서 한국인들의 정서의 저변에 자리 잡게 되었다. 그러나 선비들이 지향했던 유교적 덕성에 기반한 공동체는 조선 후기에 들어서면서 세도정치와 삼정의 문란 등 정치부패가 만연하면서 현실 속에 구현되지 못하고 실패로 끝났다.

제3장에서는 근대를 향한 특수한 경로로서 배타적 민족주의와 사회진화론이 수용되고 확산되는 과정을 논구하고 있다. 유길준과 같은 조선말의 지식인들은 성리학의 대체물로서 부강을 우선시하는 사회진화론적 민족주의에 주목했다. 힘의 논리가 지배하는 근대 공간에서 인간의 도덕성에 기초한 사회를 실현하고자 하는 성리학적 세계관은 낡아서 버려야 할 이념이 되었다.

진화과정에서 목표에 도달하거나 근접해 있는 개체 혹은 집단이 그렇지 못한 이들에 비해 우월하다는 관념인 사회진화론은 적자생존(適者生存), 나아가 양육강식의 논리로 연결되었다. 자본축적을 정당화하거나 제국주의와 나치즘에 명분을 제공한 사회진화론은 조선에서는 위기극복논리인 국권회복론으로 수용되었다. 일제강점기에 가장 잘 생존하고 권력을 유지한 이들이 내재화한 논리 역시 사회진화론이었다. 이는 공동체가 간직해 온 가치를 우선시하고 관계적 의무와 책임을 중시하는 전통적 보수주의가 자리 잡지 못하고 불평등을 당연시하고 자유경쟁을 내세우는 세력이 오랜 기간 지배를 유지해온 이유에 대한 한 단서를 제공해준다.

　제4장은 개신교 근본주의의 유입과 교회의 정치화를 살펴보고 있다. 한국 교회의 정치참여는 그 역사가 오래되었다. 이를 추동한 것은 서구 제국주의 열강들의 식민지 쟁탈 경쟁이 치열하게 전개되던 시기에 조선에 파견된 장로교와 감리교 소속 선교사들이었다. 하느님이 마련해준 땅에 기독교 공동체를 건설한다는 독특한 소명의식과 선민적 우월의식으로 무장한 이들 선교사들은 성서와 교리의 해석권을 차지하고, 신학정책, 신학교정책, 교회정책, 선교정책 등을 수립하는 등 전권을 행사했다. 근대주의 혹은 자유주의 신앙을 배척하고 성서의 무오류성과 개인적 구원을 강조한 근본주의 신앙을 유포시키면서 이들은 민족주의적 성향의 신자집단을 주변화 내지 배제하고 신자대중의 의식을 탈정치화하였다.

　교회 지도자들은 신자들로 하여금 기존 질서를 변화시키는 어떤 종교적, 정치적 활동도 못하게 하였다. 이러한 방침은 일제시대에도 그대로 이어져 가톨릭과 개신교를 막론하고 대부분의 교회는 신사를 참배하고 침략전쟁을 찬양하는 등 일제와 야합했다. 교회와 성직자, 신자들이 직·간접적으로 정치적 행위에 가담하여 체제 정당화나 체제 비판 등의 역할을 수행하는 것을 일컫는 '교회의 정치화'는 해방 후 정부 수립 이후에도 이어졌다.

　일본 제국주의의 식민통치도 한국인들에게 강한 권위주의의 유산을 남겼는데 이는 제5장에서 검토되고 있다. 일제는 미국과 맺은 불평등조약을 이웃한 조선에 강요한 데 이어 조선을 식민지화했다. 일제의 초기 한국 침략정책은 친일세력의 육성과 보호 및 이용과 함께 문화운동과 자치운동을 이용한 민족주의자의 타협화 촉진책을 편 데서 알 수 있듯이 교묘한 계층분단과 분할통치에 근거한 것이었다.

그러다가 1937년 이후 일본의 중국 침공에 조선을 전적으로 동원·이용하기 위한 강압정책으로 '내선일체'라는 민족말살정책을 강제하게 된다. 신사참배와 창씨개명이 강요되고 조선어 사용이 금지되었으며 국민징용령을 시행해 많은 조선인을 강제 연행하였다. 황국신민화의 기저에는 에도시대의 봉건윤리인 멸사봉공(滅私奉公), 대의멸친(大義滅親), 상명하복이 자리 잡고 있었다. 이 같은 일제의 식민지 기획은 일제강점기 조선인들의 생활방식을 규정하고 재조직화하였을 뿐만 아니라 그 이후의 시기에도 한국인들의 가치와 규범체계 형성에 심대한 영향을 미친 요인으로 평가된다.

제6장은 분단과 전쟁, 개발독재를 거치면서 반공주의가 어떻게 형성되었고 확산되었는지를 고찰하고 이를 통해 한국형 권위주의가 어떤 과정을 통해 내재화되었는지를 분석하고 있다. 한반도에서 이질적인 이념과 체제를 지닌 두 개의 국가가 출현하게 된 배경은 냉전이었다. 특히 동아시아의 고유한 냉전체제는 남한에서 반공 질서를 강화시키고 군부의 정치화를 가속화시켰으며, 북한과 적대적 공존을 유지하는 토대로 작용했다. 냉전이 만들어낸 정치구조는 정치적 갈등을 이데올로기적으로 양극화하고 정치경쟁의 양상을 극한적인 적대관계로 몰아갈 뿐만 아니라, 반대세력과 비판자들을 배제하는 것으로 나타났다.

한국전쟁은 전쟁이란 생생한 체험과 공포를 배경으로 대다수 민중들에게 체제에 대한 자발적 동의와 복종을 이끌어낼 수 있었던 데서 그전까지 지배세력에 국한되어 있던 반공주의를 지배적 이데올로기로 변화시키는 데 결정적인 역할을 수행했다. 배제와 억압, 자발적 순응을 강요하는 반공은 시민사회에서도 뚜렷한 헤게모니적 지위를 갖게 되었다.

제7장은 지역주의를 중심으로 배제와 차별의 정치가 어떻게 전개되었는지를 살펴보고 있다. 지역주의가 형성된 주된 배경요인은 권위주의 정권이 채택한 불균형 성장 전략과 선 성장 후 분배 원칙이었다. 이로 인해 지역 간 인구 규모의 차이가 커졌고 동질적이고 결집력 있는 정치의식과 투표성향이 형성되었다. 이는 상대적으로 인구가 많은 지역을 지지기반으로 하는 정치세력이 지역주의를 정치적으로 동원하게끔 자극하였다. 제도적 요인으로는 대통령제의 정부형태와 다수대표제 선거제도를 들 수 있는데 이 역시 지역주의를 격화시킨 토양으로 거론될 수 있다. 야당과의 갈등이 첨예화하거나 정권에 대한 제도권 바깥 반대세력의 도전이 행해졌을 때 대통령은 반대세력을 약화·분열시키고 권력 유지와 재생산을 위해 사회균열에 기반한 대중동원이라는 수단에 의존하기 쉽다.

최근 들어와 출신지역별 유권자의 정치적 선택의 동조화 현상이 약화되고는 있으나 투표행태에서 보여지듯이 지역주의에 입각한 균열구도는 와해되지 않고 있다. 공간적으로 살펴보면 강력한 권한을 지닌 중앙정부가 정책결정을 거의 독점하면서 지방을 통제하고 있고, 중앙과 지방의 기득세력은 '후견인·수혜자 관계'를 형성하고 서로 연결되어 있다. 보다 높은 사회경제적 지위를 가진 사람이 낮은 지위를 가진 사람에게 영향력과 자원을 사용해 보호와 혜택을 제공하고 그 대가로 자발적인 충성과 지지를 받는 관계는 전형적인 권위주의의 속성을 보여준다.

현재의 대한민국은 경제적 배분과 '포함의 정치(politics of inclusion)'에 토대를 둔 '노르딕 모델(노르웨이, 스웨덴, 덴마크 등)'보다는 제한된 민주주의와 강고한 권위주의로 특징되는 '동아시아 모델(일본, 싱가포르 등)'에 보다 가깝다. 북유럽 국가들은 광범한 계급 간에 사회협약을 체결한 후 포괄적이고 보편적인 복지제도를 확립함으로써 강력한 재분배와 높은 수준의 사회평등을 달성할 수 있었다. 정치적으로는 전체 사회구성원을 포괄하는 선거제도와 다양한 계층과 집단 및 지역의 이익을 고루 반영하는 정당제도, 민주적인 권력분립과 분산에 토대를 둔 정부형태 등을 내용으로 하는 '포함의 정치'를 구현하였다.[23] 이에 비해 동아시아 국가들의 권위주의는 무엇보다 자본주의 산업화 과정에서 사회분화가 미약했고, 자유주의 전통이 취약하며, 어떤 견제도 받지 않고 권력을 행사하는 지도자와 지배세력은 관용과 다원주의를 거부하고 획일적 질서를 강요했던 역사로부터 비롯되었다.

유럽과는 달리 동아시아 국가들에는 예외 없이 기존 체제와 질서를 유지하기 위해 농민과 같은 피지배계급을 토지에 묶어두고 착취했던 강력하고 중앙집권적이고 억압적인 국가가 존재했다.[24] 국가가 과대 발달한 데 비해 권력에 대한 감시와 비판, 대안 제시와 더불어 시민들의 참여를 고취하고 확대시키는 역할을 수행하는 시민사회는 취약하다. 현대에 들어와서도 불법적 쿠데타든 아니면 합법적인 선거경쟁이든 권력을 장악한 지배집단은 예외 없이 배제와 강압에 의한 통치를 밀어붙이는 동시에 이데올로기적 국가기구를 동원해 지배에 대한 순응을 이끌어내려 했다.

강한 국가와 취약한 시민사회, 짧은 민주화의 역사와 낮은 민주주의 제도화의 수준은 권위주의 정치가 창궐하기 좋은 기반이다. 근대로의 이행 경로에서도 이 점이 뚜렷이 나타난다. 즉, 권위주의 정치가 장기간 유지되는 과정에서 민중 부문에 의한 '아래로부터의 참여'는 지속적으로 억압되거나 탈정치화가 추진된 반면에 관료와 기업, 군부, 전문가집단은 과잉정치화되었다. 권위주의가 사회 도처에 착근된 곳에서 대부분의 대중들은 권리와 참여, 자치, 균형과 합의를 누리지 못한다. 배제와 차별, 억압과 공포가 횡행하고, 타율과 복종이 강제된다. 그런 점에서 권위주의는 민주주의를 제약하는 가장 강력한 요소이기도 하다.

공동체를 구성하는 시민들의 수준 높은 삶의 질을 제도적으로 보장하기 위해서는 무엇보다도 다양한 영역과 수준에서 뿌리내린 권위주의를 '온전한 민주주의(full democracy)'로 전환시킬 구체적인 로드맵과 적실성 있는 대안을 마련할 필요가 있다. 이는 정치제도 영역에 국한된 최소 기준 민주주의에서 벗어나 사회경제 영역과 사회문화 영역을 포함한 최대 기준을 만족시키는 민주주의를 지향한다는 것을 의미한다. 그리고 배제의 원칙에 기초한 다수제 민주주의를 지양하고 '사회적·정치적 포함'에 토대를 두는 합의제 민주주의(consensual democracy) 요소를 갖추는 것을 가리킨다. 정치적 민주주의나 다수제 민주주의는 '결함 있는 민주주의(flawed democracy)'라는 데서 온갖 갈등이 실타래처럼 얽혀 있는 복잡하고 급변하는 현대 사회에는 적합하지 않다.25)

지금 한국 사회는 사회적 불평등이 확대되고 있다. 이에 따라 사회적 배제가 규칙이 되면서 다양한 갈등이 발생하고 있다. 사정이 그런데도 사회의 다양한 이익과 선호를 표출하고 집약해 정치체제 안으로 전달해야 할 대의제 기구들은 여전히 제대로 된 기능을 수행하지 못하고 있다. 노골적으로 유신체제를 상기시키는 '과거로의 퇴행'을 시도한 박근혜 정부 시기 국회와 정당은 비판과 통제 역할을 하지 못하고 무기력만 노정하면서 불신을 자아냈다. 새로운 정부가 출범하고 과거 청산과 부문적으로 개혁 작업이 추진되고 있지만 여소야대 국면과 자칭 보수 세력의 반발로 그리 큰 성과를 내지 못하고 있다. 이런 현실은 민주주의의 내용이 불충분하고 그 수준도 낮다는 것을 보여준다. 어떤 민주주의가 불평등한 사회구조와 시장의 왜곡을 바로잡고 공동체 구성원들의 자유와 평등을 실질적으로 보장해줄 것인지를 사회적으로 고민해야 하는 까닭이 여기에 있다.

그중에서도 사회 갈등을 민주적 절차를 통해 합의로 이끌거나 사회 구성원, 특히 취약계층과 약자들의 권리를 보장하고 삶의 질을 향상시키는 것은 오직 온전한 민주주의를 통해서만 실현 가능하다고 할 수 있다. 다시 말해 정의롭고 인간적인 삶이 가능한 사회는 결함 있는 민주주의가 아니라 온전한 민주주의를 통해서만 가능하기 때문이다. 이 과제를 실현하는 것이 지금 한국 사회의 시대정신이다.

영국의 역사학자인 에릭 홉스봄은 『역사론』에서 "우리는 물고기가 물속에서 헤엄치는 것처럼 과거에서 헤엄치며, 따라서 과거로부터 벗어날 수 없다. 그러나 그 물속에서 살아 움직이는 방식은 분석과 토론을 요구한다"고 말한 바 있다.[26] 홉스봄의 지적대로 과거는 현재와 단절되어 있지 않다. 현재의 세계를 구성하고 우리의 삶에 영향을 미친다. 그런 점에서 과거는 현재를 읽기 위한 거울이고 열쇠이다. 지금보다 나은 내일을 준비하기 위해서도 과거를 제대로 반추하는 것이 필요하다.

정치학은 우리 시대의 주요 문제를 엄밀하게 분석하고 적실성 있는 대안을 제시하는 실천적 성격을 지닌 학문이다. 우리 시대의 문제를 제대로 고찰하기 위해서는 "'과거의 의미'의 본질을 사회 속에서 분석하고 그 변화와 이행과정을 추적하는 것"[27]이 요구된다. 바로 이 점에 착안하여 이 책이 기획되었다.

이 책은 한국 사회에 만연한 권위주의의 기원과 전개과정을 정치적 시각에서 분석하고 있다. 즉, 민주주의의 제약요인으로서의 권위주의가 역사적으로 어떻게 뿌리내렸으며, 그 과정에서 어떤 요인들이 영향을 미쳤는지를 검토하고 있다. 나아가 한국 사회의 권위주의가 갖는 특징과 구조를 살펴보고, 그것의 구체적인 지속과 재생산 메커니즘을 규명하고 있다. 이는 한국 사회가 온전한 민주주의로 발전하기 위한 이론적 기초를 제공해 준다는 점에서 그 의의를 찾을 수 있다. 이런 작업에 기반해 우리는 한국 사회에서 권위주의의 해체와 민주주의의 심화 가능성 역시 모색해볼 수 있을 것이다.

2018년 5월
민주주의의 함성으로 뜨거웠던 그 봄날을 기리며
홍익표

차례

제1장

베헤모스가 되어버린 한국의 권위주의

> 강물이 덮쳐 씌워도 꿈쩍하지 아니하고
> 요르단 강이 입으로 쏟아져 들어가도 태연한데
> 누가 저 베헤모스를 눈으로 흘리며
> 저 코에 낚시를 맬 수 있느냐?　　　　_욥기 40장

1980년대 중반 민주주의로의 이행이 시작된 후 30여 년이 지났다. 이행의 토양은 권위주의 정권이 물리적 강압력의 행사와 각종 이데올로기의 동원을 통해 돌진적으로 추진한 산업화에서 찾을 수 있다. 그 외형적 성과는 성공적이었다. 서구 제국들이 몇 세기에 걸쳐 이룩한 경제성장을 불과 수십 년 만에 압축적으로 달성한 것은 한국 현대사의 자랑스런 성과로 평가된다.

그러나 산업화는 또 다른 변화를 배태하고 있었다. 계급이 분화되면서 사회적 가치변동이 일어났고, 시민사회 영역에서는 기존의 불균등한 권력 및 분배관계에 저항하는 반대세력의 활동 영역이 점차 넓어졌다. 이들 반대세력이 가하는 아래로부터의

29

압력이 증폭되자 결국 권위주의 정권은 정치적 개방을 약속하였다. 이에 따라 여야 정치엘리트들이 민주적 경쟁의 원칙에 합의하고 상대적으로 민주적인 정부가 들어섰다. 이 같은 민주주의로의 이행 과정은 '제3의 민주화 물결'1)의 대표적 사례로도 꼽히게 되었다.

그동안 대다수의 학자들과 정치가들은 한국에서 민주적 정치제도와 경쟁구조가 어느 정도 자리 잡았다고 평가를 내렸다. 민주화와 산업화라는 '두 마리의 토끼'를 잡은 유일한 제3세계 국가라는 자화자찬도 잇달았다. 과연 그렇게 볼 수 있을까? 엄밀하게 살펴보면 한국에서의 민주주의 이행은 정치제도 영역에만 머물렀고 사회경제와 사회문화적 영역까지 아우르는 최대 기준의 민주주의 확립에는 이르지 못했다.

이는 한국의 민주주의가 역사적으로 외부로부터 형식적으로 부과되었을 뿐만 아니라, 그 특징도 '배제의 정치'에 기반하는 다수제 민주주의의 특징을 갖고 있으며, 민주주의 이행도 아래로부터의 압력이 추동했으나 실제 과정은 엘리트 협약으로 이뤄진 데서 그 원인을 찾을 수 있다.2) 외형적으로는 절차적이고 형식적인 민주주의가 유지되고 법의 지배가 관철되는 듯 보이지만 사회 각 영역의 내부를 들여다보면 예외 없이 민주주의와는 거리가 있는 권위주의적 메커니즘이 강하게 작동되고 있음을 알 수 있다. 이는 탈냉전 후 '권위주의의 지속(persistence of authoritarianism)'3)이 동유럽과 중동 등 일부 지역의 국가에 국한되지 않고 1980년대에 '제3의 민주화 물결'을 겪은 국가에서도 나타나고 있음을 보여주는 사례이기도 하다.

권위주의가 사회의 저변에 깊숙하면서도 광범위하게 착근한 사례는 쉽게 발견된다. 한동안 사람들의 입에 오르내리면서 사회

문제화된 이른바 '갑을관계'는 한국 사회에서 권위주의가 얼마나 심대한 영향력을 가졌는지를 잘 보여준다. 수직적 위계질서에서 권력을 지닌 이가 그렇지 못한 이를 윽박지르고 착취하는 '갑질'에 대해 적지 않은 사람들이 분노하고 언론이 야단법석을 떨었지만 그 후 그것이 근절은커녕 줄어들었다는 소식은 없다. 오히려 최근 직장인을 상대로 이뤄진 한 설문조사를 보면 무려 응답자의 97%가 '갑질 상사와 일한 경험이 있다'고 응답했다.[4]

현실이 이러다 보니 해외 언론에까지도 봉건귀족처럼 행동하는 임원들이 부하 직원을 괴롭힌 '갑질' 사례들이 상세하게 소개되는 지경에 이르렀다. 재벌 대기업들이 중소기업, 하청기업, 대리점주, 노동자 등 약자들과 맺고 있는 불공정한 관계는 여전히 개선되지 않고 있다. 거대 자동차 공장의 생산라인에는 회사가 사내 하청이란 형태로 간접 고용한 노동자들이 근로계약서도 작성하지 않은 채 정규직 노동자에 비해 턱도 없이 낮은 임금과 열악한 환경을 감내하면서 일하고 있고, 언제든지 해고될 위험에 처해 있다.[5]

소수자들은 어떤가? 한국 사회의 '주류' 구성원들이 이주노동자, 성소수자, 장애인, 미혼모, 양심적 병역거부자, 혼혈인 등 소수자들에 대해 갖고 있는 편견의 정도나 억압과 차별의 강도는 결코 약하지 않다. 예를 들어, 동남아시아 출신 이주노동자들은 생산 및 소비지출 효과 등 막대한 경제적 효과를 일으키고 있지만 고용허가제에 따라 최장 4년 10개월만 한국에 머무를 수 있다.[6] 그러다 보니 노동자로서의 권리가 지켜지지 않고, 사업장 이탈이 속출하고 있는 실정이다. 작업장을 빈번하게 옮겨 다니면서 장시간 노동과 임금 체불, 신체 폭력, 산업 재해 등을 경험하는 일은 다반사이다.

한국인 남성과 결혼한 동남아시아인 여성들 역시 한국 사회에 유독 강한 인종주의와 더불어, 연고를 달리하는 '남의 집단' 성원들에게는 매우 폐쇄적인 배타적 집단주의로 고통을 받고 있다. 이들은 권력의 위계구조에서 하층부에 위치하면서 토착민들로 이뤄진 주류 사회로부터 다양한 사회적 차별과 배제를 경험하고 있다.[7] 이는 독일의 사회학자인 노르베르트 엘리아스(Norbert Elias)가 지적한 대로 더 많은 권력을 가진 집단의 구성원들이 권력의 우위를 토대로 다른 집단의 구성원들을 아웃사이더로 낙인찍고 자신들이 독점한 자원으로부터 배제시키는 전형적인 방식이라고 할 수 있다.[8]

이러한 현실은 한국인들, 그중에서도 자본과 별다른 연고가 없는 '흙수저'들이 다중의 억압과 차별구조에 노출된 채로 힘들게 삶을 영위해 나가야 한다는 것을 보여준다. 이들은 자본주의 체제하에서의 불평등과 착취와 차별을 감내해야 하고, 권력의 우위에 있는 갑이 행하는 온갖 횡포와 부당행위인 '갑질'에 직면해야 한다. 이뿐만이 아니다. 공정한 기회를 갖지 못한 채 학연과 혈연, 지연, 심지어는 '주연(酒緣)'[9] 등에 토대를 둔 강한 연고주의의 벽에 부딪치기 십상이다. 끼리끼리 패거리를 만들어 밥그릇을 챙기고 서로 편 들어주는 연고주의는 다른 집단과의 관계에서 극도의 배타성과 편파성을 유발하기 마련이다.[10] '패거리'에 끼지 못한 다른 사람들의 기회는 간단하게 박탈된다. 이들은 아무리 '노오력'해도 원하는 자리에는 절대 오를 수 없다. 이런 점에서 연고주의는 권위주의를 번성시키는 비옥한 토양이 된다.

이러한 억압과 차별의 구조가 완고하게 자리 잡은 사회에서 보편적 가치를 내세우고 법을 지키고 윤리를 거슬리지 말라고 주장하는 것은 오히려 절망감과 환멸을 가져오는 무망한 일이기 쉽다. 한국 사회의 낡고 부조리한 모습을 지옥에 비유한 신조어인 '헬조선'에서 알 수 있듯이 전근대적인 신분질서는 단지 이름과 형태만 바꿔 21세기의 지금 여기에도 존속하고 있는 것이다.

사정이 이런데도 이들 소수자에 대한 정치권의 대응은 '망각의 정치(politics of oblivion)'라 불릴 정도로 지극히 낮은 수준에 머물고 있다. 이는 국가권력을 위임받아 정책을 결정하는 사람들이 사회적 약자와 소수자의 상황을 최대로 개선시켜 주는 데 별반 관심을 갖고 있지 않으며 이를 위한 실효적 조치들도 취하지 않고 있는 것을 의미한다. 이들 문제는 역사적으로 구조화된 차별의 문화뿐만 아니라 이를 방관시하고 조장하는 '배제의 정치'로 인해 형성되고 확대되었으며, 그런 까닭에 지금까지 한국 사회를 지배해 온 소위 '주류' 세력은 그 책임을 비켜갈 수 없다. 그러나 현실은 딴판이다. 자칭 보수정당과 '정통'이라 자임하는 보수언론들은 철지난 색깔론과 이념 선동을 통해 반대세력을 공격하는 데는 열심이지만 사회적 약자와 소수자들의 권리를 신장시키고, 이를 통해 사회통합을 이루는 데는 별다른 관심을 보이지 않고 있다.

권위주의의 재생산 기관

엄연히 민주적 제도와 절차가 있는 곳에서도 내부를 들여다보면 비록 정도의 차이는 있지만 권위주의 문화와 메커니즘이 존재하는 곳이 대부분이다. 우리 주변에서 위계를 당연시하고 권력에 복종하며 규율에 순응하는 현상은 흔히 발견할 수 있다.

이같이 권위주의적 위계질서가 지배하는 조직에서 이에 저항하거나 적응하지 못하는 구성원들은 가차 없이 배제되거나 주변화되기 마련이다. 억압과 차별, 배제의 메커니즘이 가장 강하게 작동되는 곳은 잘 알려진 대로 군대 내 병영이다. 병영 내에서 구타와 가혹행위, '없는 인간' 취급하기, 왕따시키기 등의 가혹행위가 바깥으로 알려지면서 사회적으로 큰 파문이 일기도 했다. 그러나 권위주의는 군대에서만 발견되지 않는다. 접대와 회식문화가 관행화된 기업, 신고식과 MT로 위계적 선후배 관계를 만들고 유지하는 대학, 수동적인 생활과 규율에 대한 복종만이 강요되는 중·고등학교와 청소년 캠프, 성직자의 권위에 대한 도전과 교리에 대한 이견이 용납되지 않는 교회 등도 마찬가지이다.

현재 한국 사회에서 권위주의를 재생산하는 대표적 기구들로는 군대, 학교, 교회, 직장 등을 들 수 있다. 군대는 국가를 방위하고 국민의 안전을 지키기 위해 전쟁도구인 병기류를 사실상 독점하고 있는 합법적인 기관이다. 이러한 목적을 갖고 있다 보니 군대는 위계적으로 조직되고 상당히 기율화되었으며, 구성원들에게 일련의 가치와 단체정신을 수용할 것을 요구한다. 한국 사회에서 군대는 남성들의 사회화 기관으로서 가장 중요한 역할을 하고 있다. 이렇게 된 데는 한국이 비서구 제국주의 국가인 일본의 식민지 지배를 받았고, 서로 다른 체제와 이념을 지닌 분단국가이며, 정치지형과 사회문화를 결정지을 정도로 참혹한 전쟁을 겪었고, 여전히 북한과 대치하고 있는 국가라는 점이 배경 요인으로 작용했다.

1990년대 초반까지 군부 출신의 쿠데타 세력이 오랜 기간 통치하면서 한국 사회를 군사화하였고, 그 유산은 지금까지 한국 사회에 깊이 침윤되어 있다. 이는 한 사회가 마치 군대처럼 위계와 통제, 폭력의 행사, 절대적 복종 등과 같은 군사주의적 가치를 당연한 것으로 받아들이게 되는 것을 의미한다. 특히, 남성들은 병역의무를 이행하는 과정에서 군사주의적 가치를 내면화한 후 병역을 마치고 이를 일상생활에서 실천하는 경우가 흔하다. 강한 남성성과 남성 우월주의를 수용한 사람들은 이를 다른 사람에게 인정받고 평가받기 위해 폭력적이고 권위적인 행태를 보이는 경우가 많다.

군대에 입대하는 사람들은 상하관계와 지휘계통을 원활하게 하려고 만든 엄격한 제도인 계급에 구속되며, 이 과정에서 통제와 복종 등과 같은 군사주의적 가치를 더욱 강하게 내면화할 가능성이 높다. 병역의무를 이행하는 청년들에 대한 각종 폭력과 가혹행위 등과 같은 비인간적 통제방식이 사라지지 않고 있는 까닭은 "군대를 다녀와야 사람 된다"는 말이 사회통념화된 현상에서도 찾을 수 있다.[11]

이는 한국 사회의 군사화, 즉 군사주의적 가치가 단지 군인이나 병역을 마친 사람에게만 국한되지 않고 가족과 직장동료, 동창회원 등의 다른 사람에게까지 자연스러운 것으로 확산·수용되었음을 잘 보여준다. 이는 지배계급의 가치와 규범, 인식, 편견 등이 피지배계급에게 상식적인 지위를 획득하는 것을 의미하는 그람시적인 의미에서의 헤게모니(hegemony)[12]가 한국 사회를 분석하는 데서 유용한 개념이라는 것을 보여주는 실례이기도 하다.

정치사회적으로 보면 "싸우면서 건설하자"는 구호에서 나타나듯이 군대적 가치를 정당화하는 이데올로기인 군사주의는 국가안보와 산업화를 연결하고 뒷받침했다. 나아가 군사주의는 가부장주의, 집단주의부터 국가주의, 민족주의, 성장주의, 반공주의, 지역주의 등과 유기적으로 연결되면서 한국 사회에 강한 영향을 미쳤다.

학교는 어떨까? 학교 역시 그리 다르지 않다. 학교는 지식, 기술, 덕목을 가르치고 배우는 활동인 교육이 행해지는 곳이다. 학교가 중요한 까닭은 학교가 교육활동을 통해 인간의 가치를 높이고 사회가 민주적으로 유지·발전되도록 하기 때문이다. 그러기 위해서 학교는 학생들을 민주주의적 가치와 태도를 내면화한 공동체의 구성원으로 기르는 것이 요구된다. 19세기 프로이센이나 20세기 일본제국처럼 학교 교육이 지배세력의 권력 유지와 기득권 보호를 위한 수단으로 전락되어서는 안 되는 것이다.

그러나 한국의 현실은 사뭇 다르다. 과거 권위주의 정권 시절 학교는 노골적으로 정권을 홍보하거나 정권의 프로젝트에 국민을 동원하는 도구였다. 자유, 자율, 자치 같은 것은 학교에서 찾기 힘들었다.[13] 지금은 위로부터의 폭력적 억압은 사라지고 학교는 상대적으로 자율적인 공간이 되었다. 그러나 권위주의적으로 학교를 운영하고 학생들에게 획일적인 문화를 강요하는 것은 크게 달라진 점이 없다고 지적된다.

> "(지금 학교에서) 과거의 유산은 도처에 남아 있어 여전히 큰 영향력을 행사한다고 지적된다. 이데올로기로, 제도로, 관습으로. 부모는 말할 것도 없고, 교사나 학생이 자율적으로 할 수 있는 일은 거의 없다. 학교 운영, 교육과정 편성과 운영, 자치 제도의 운영에서 학생들의 목소리는 들리지 않는다. 심지어 대부분의 학교에서는 아직까지도 복장과 헤어스타일을 선택할 자유도 없다. 특히 사회 참여적 활동에는 강한 제재가 따르기도 한다. 미성숙한 어린이나 청소년들이 정치에 참여하면 안 된다는 것이다."[14]

"교복을 입은 학생에게는 아무런 권력과 권한이 없다 …
다양한 욕구와 인간적 권리는 단지 '학생'이라는 이유로 간단
히 무시된다. 학생들이 자주 듣는 말 중 하나는 "학생이 공
부나 하면 됐지. 그런 거 해서 뭐해"다 … 모든 권력과 권한
을 거의 완전히 박탈당한 존재라는 점에서 학생들은 오히려
수의 입은 죄수와 비슷하다. 오로지 통제받기 위한 제복을
입는 집단은 죄수와 청소년밖에 없다. 제복은 배제와 차별을
유발한다 … 제복을 입은 집단은 대개 철저한 상하서열관계
로 이루어져 있다 … (이런 현실에서) 학생들은 선후배 간 위
계질서를 따르고, '또래집단에게 소외되는 것에 대한 공포'
때문에 교복에 신경을 쓴다 … 학생들은 중·고교 시절부터
작은 차이에 예민하게 반응하고 그것을 '차별의 명분으로 삼
는 것'에 익숙해져 있다."15)

학교 운영에서 민주주의 절차가 무시되고,16) 학생들이 배제
와 차별을 자연스럽게 받아들이는 것은 대부분의 학교가 학생들
을 어려서부터 극심한 입시경쟁으로 몰아넣고 있는 현실과 관련
이 있다. 프랑스 일간지 『르몽드』는 '교육 강박증에 걸린 한국
인'이란 제목의 기사에서 한국의 교육제도가 가장 어렵고 고통스
러우며 경쟁이 심하다며 그런 까닭에 한국 학생들은 세계에서
가장 뛰어난 학생일지 모르지만 가장 불행한 학생이기도 하다고
평가한 바 있다.17)

경쟁을 맹신하는 사람은 공동체적 가치보다는 개인의 이익을
우선시할 가능성이 높다. 이런 사람이 다수를 점할 때 그 사회는
불평등이 만연하고 엄격한 위계질서가 지배하는 곳이 될 개연성
이 크다. 사회정의, 민주주의, 인권, 소수자 보호, 관용과 같이
인류가 오랜 세월 힘들게 지켜온 소중한 가치들은 자리 잡지 못

하는 것이다. 그런데도 한국 사회에서 교육은 최근 들어 시장화가 급속도로 진행되고 있다. 대학 입시 위주의 교육이 행해지면서 학교의 서열화, 사교육 시장의 팽창 등이 나타난 지 오래다. 지난 정권에서는 학교 다양화와 선택권 강화라는 명분으로 특목고와 자사고 등 특권층 학교를 신설하면서 공교육을 쇠퇴시키고 학교 서열화를 심화시키기도 하였다.

고등교육기관인 대학 역시 시장화된 지 오래다. 원래 대학은 '방랑하는 지식인들(wandering scholars)'이 그들의 권익을 지키려고 만든 자치조합인 우니베르시타스(universitas)에서 유래했다. 자유인에게 어울리는 지식인 인문교양을 가르치고 권력에 대한 비판정신을 키우는 곳이 대학이었다. 그런 까닭에 대학은 진리를 추구하고, 민주주의를 숭상하고 실천하는 기관이어야 한다. 현실은 그렇지 않다. 한국의 대학에서는 총장-교수-교직원-학생-비정규 일용직으로 구성되는 위계질서가 엄존한다. 권위주의적 정책결정도 여전하다. 무엇보다도 현재 한국에서 대학은 직업을 훈련하거나 기껏해야 기능적 전문인을 양성하는 기관으로 전락했다. 아예 대학은 교육이 아니라 산업이며, 기업식으로 바꾸어야 한다고 강변한 대학 이사장도 있었다.[18]

한국 대학의 역사를 분석한 책인 김정인의 『대학과 권력』에 따르면 일제 시기부터 미군정기까지 외세라는 타자적 권력이 주도해서 탄생한 한국의 대학은 1950년대 이승만 정권의 방임 속에 난립한 사학을 중심으로 권력이 형성되었다. 당시 대학권력은 대체로 미국 유학-기독교-한민당의 경력을 갖고 있었으며, 그들이 대학교육에서 강조한 이데올로기는 '반공'이었다. 1960년대부터 국가권력은 근대화에 필요한 고급인력을 양성한다는 명분 아래 국공립은 물론 대학의 70~80퍼센트를 차지하던 사립대학에까지 국가재정을 투입했다. 그리고 재정 지원의 대가로 책무성을 강조하며 대학 교육의 방향과 운영에서 자율성을 제한하거나 압박했다. 1990년대에 들어와서는 대학교육의 보편화와 구조개혁이 강도 높게 추진되었는데 이는 오히려 대학을 시장화하는 계기가 되었다. 국가기구에 의해 신자유주의 교육정책이 강요되고, 대학은 사적인 이익 창출을 목적으로 하는 시장권력의 통제하에 들어갔다.[19] 약육강식의 사회진화론적 담론이 버젓이 유포되고 적용된 것은 그 당연한 결과였다. 아무리 부패해도 능력만 있으면 대우받고 불법, 비리, 부정, 탈법의 백화점을 차려도 출세하면 다 무마된다고 믿는 인간상은 이런 학교에서 오래 전부터 길러진 것이다. 오찬호의 『우리는 차별에 찬성 합니다』는 비판이 사라지고 경제적 가치만이 중시되는 대학이 어떻게 젊은 세대들을 변화시켰는지를 잘 보여준다.

> "일부 20대들은 남들보다 시간 관리를 더 잘 해온 사람이 사회적 우대를 받아야 한다는 입장을 지니고 있다. 동일하게 주어진 시간을 더 가치 있게 효율적으로 잘 사용한 능력이 검증되었기 때문에, 이에 대한 직급의 차별은 정당하다는 것이다. '자기계발서'라는 렌즈로 세상을 바라보게 된 이십대들은 자기통제의 고통을 참아내고자 스스로에게 방어막을 친다. 자신이 경험하는 차별이 부당하다고 말하는 순간 '자기계발의 패배자'로 낙인찍히는 사회를 살아야 하는 이십대들은, '사회적 차별'을 수긍할 수밖에 없다. 그 차별에 자신이 당하는 것을 인정할 뿐만 아니라, 자신이 남을 차별하는 것 역시 정당화한다. 그렇게 위계화된 학교 서열에 대한 집착은 이십대에게 가장 통속적인 자기 방어기제가 되었다[20] … 이들은 차별이 근거가 정당하므로, 해고당하거나 비정규

직이 될 위험을 감수해야 하는 차별도 정당한 것이라고 한다
… 취업을 위해 스스로를 희생해가는 자기통제형 자기계발
에 매진하는 이십대들은 노동자들의 요구를 '인생을 날로 먹
으려는 게으름뱅이나 루저들이라'고 간주한다."[21]

아직도 대학에서 만연한 권위주의 문화는 한국에서 민주주
의 이행을 주도했던 세력이 대학생이었다는 점을 고려할 때 아
이러니한 현상이라 할 만하다.[22] 1970~80년대에 한국의 학생운
동 세력은 '68혁명'에 참가한 서유럽의 학생들과는 권위주의에
대한 인식과 태도가 달랐다. '68혁명' 참가자들은 당시 기성세대
가 지닌 전통적 권위주의에 반발하여 일상생활에서는 물론 제도
적 영역에서 권위주의 문화를 재생산하는 구조와 체제를 타파함
으로써 민주적 평등관계를 수립하고자 했다. 이에 비해 한국의
학생운동 참가자들은 거시적 차원에서 기성 체제와 질서의 변혁
을 지향했지만 미시적 차원에서는 위계질서가 굳건했고, 지도부
는 폐쇄성과 관료주의에 젖어 있었다. 그들이 적대시하던 지배
세력의 군사주의 문화를 청산하기는커녕 철저히 답습하였던 것
이다.[23] 특정 이념을 맹신하고 내부에서의 비판은 물론 토론조
차 허용되지 않던 지도부가 이끌던 학생운동이 2000년대 들어와
급속히 쇠퇴했던 것은 다 까닭이 있다.
　　여전히 권위주의적 관행이 자리 잡고 있는 학교가 교육을 왜
곡시키고 학생들의 의식과 생활을 식민화하고 있다는 평가가 나
오는 것은 당연하다. 그런 점에서 보면 현재의 한국의 각종 학교
들은 계급 재생산 기구이자 기득권층 지배의 정당성을 합리화하
는 기구이기도 하다. 어려서부터 지배적 질서와 규범을 숙지시키
고 체화시키는 역할을 하기 때문이다.[24] 이를 가능하게 하는 메

커니즘이 바로 고질적인 학력·학벌주의이다. 이에 대해 홍세화는 다음과 같이 지적한다. "학업 성적의 차이가 사회적 차별을 낳는 것을 '지적 인종주의'라면서 강하게 비판한 사람은 프랑스의 사회학자 피에르 부르디외(Pierre Bourdieu)였다. 그의 말처럼 우리는 모두 '지적 인종주의자'들이다. 인종주의자들이 인종에 따른 차별을 당연히 여기듯이, 우리는 학교 성적이 사회적 차별을 가져오는 것을 아주 당연히 받아들인다. 우리에게 내면화된 '지적 인종주의'는 미성년자들에게 '너는 1등급'이고 '너는 9등급'이라고 등급을 매기는 행위도 마다하지 않는 지경에 이르게했다. 야만의 교육은 야만의 사회를 낳는다."25)

권위주의가 강하게 뿌리내린 것은 종교라고 다르지는 않다. 비록 최근 감소세로 돌아섰다 하더라도 한국 사회에서 종교 인구는 여전히 상당한 비율에 달하며, 정치적·사회적 영향력도 크다. 이미 오래전에 종교는 권력화된 집단이 되었다. 그중에서도 한국 사회의 압축적 성장과정과 맞물려 가장 비약적인 성장을 이룬 곳은 개신교였다. 국가가 주도한 산업화 과정에서 이농한 도시빈민들과 노동자들에게는 '뿌리 뽑힌 삶'에서 오는 고통과 분노를 위로하고, 새로 생겨난 도시 중산계층에게는 그들의 세속적 성공을 정당화하고 정신적 공허함을 채워주는 곳으로 교회만한 곳이 없었다. 이를 이용하여 일부 성직자들은 기도원 운동, 부흥집회 등을 통해 양적 성장을 꾀했고 '성공'을 거둘 수 있었다.

그 결과 재적 교인만 수천 명이 넘는 메가 처치(mega church)가 우후죽순처럼 나타났다. 재적교인 수만 수십만으로 세계에서 가장 큰 규모를 자랑하는 교회도 있다. 문제는 이러한 성장 방식이 당시 권위주의 정권의 통치방식과 너무나 유사하다는 점이다. 애국심과 교회에 대한 충성심을 동일시하면서 가용한 모든 자원을 동원해 성장에 매진하는 모습이 바로 그것이다. 그런 점에서 교회와 국가는 발전주의에 토대를 둔 지배동맹의 주역이었다고 지적된다.

1980년대 후반 이후 민주주의 이행과 세계화 및 정보화의 진전과 같은 사회변화는 한국 사회에서 권위주의 문화를 점차 약화시키고 있다. 이에 비해 지배동맹의 파트너였던 교회는 여전히 권위주의의 '튼튼한 보루'로 남아 있다. 개별교회 안에서 담임목사(위임목사)는 특권적 지위를 향유하며, 여타 목사-장로-집사로 이어지는 위계적 질서를 통해 교회신자들을 지배한다. 수평적 네트워크가 형성되지 못한 한국의 개신교에는 개별교회 수준에서 작용하고 있는 '독특하게 한국적인' 성직자 권위주의가 있다고 지적된다.

이 같은 제도적 장치들은 권위주의적 교회문화를 조장하는 요소들인 서열화된 교회직제, 위계질서를 강화하는 예배양식, 배타적 군림의 상징인 교회 공간 배치, 권위주의적인 교회 생활언어와 성서 번역본, 평신도들의 비주체성 등과 결합하여 더욱 위력을 발휘한다. 특히, 자신이 직접 교회를 설립했거나 수십 년 동안 한 교회에서 담임목사직을 유지해온 목사들은 개별교회 수준에서 얼마든지 '합법적인 종교적 독재'가 가능하다.[26] 그리고 남성 중심적 성직주의가 워낙 강고하게 자리 잡은 까닭에 여성 교인들은 다수를 차지함에도 불구하고 소수 교단을 제외하고는 목사 안수 및 장로 안수의 기회를 갖지 못한다.

권위주의는 정치라고 해서 예외가 아니다. 오히려 권위주의가 가장 두드러지는 영역이라고도 할 수 있다. 이는 한국의 기존 정당들이 이익의 결집과 대표, 사회통합 같은 본연의 기능을 수행하지 못하는 '정치 지체(political lag)'의 현실에서 일부 시민사회단체들이 탈중앙집중화와 풀뿌리민주주의에 기초한 운동을 전개하는 현실과는 대조적이다. 그나마 민주적이라 일컬어지는 정치제도도 다수제 민주주의에 기초한 것이라서 적지 않은 폐해가 드러나고 있다. 대통령이 수장으로 있는 행정부에 권력이 과도하게 집중되다 보니 대통령이 의회와의 협상이나 야당과의 토론을 경시하면서 독선적으로 국정을 이끌고 설혹 국정운영에 실패하더라도 책임을 지지 않는 일이 빈발하고 있다. 이러한 현상은 권력기관 간의 견제와 균형이라는 민주주의의 기본원리가 제대로 지켜지지 않는다는 것을 말한다. 권력의 분산과 배분이 취약하다 보니 사회적 약자와 소수집단이 정치과정에 광범위하게 접근하고 참여하는 일도 쉽지 않다.

한편, 공간적으로 살펴보면 강력한 권한을 지닌 중앙정부가 정책결정을 독점하면서 지방을 통제하고 있다. 이렇게 된 데는 과거 권위주의 정권이 정치권력의 유지와 재생산을 위해 지역 간의 불균등한 경제적 자원배분과 정치대표를 특징으로 하는 지역주의를 조장했기 때문이다. 그레고리 헨더슨(Gregory Henderson)이 지적한 권력과 자원이 오로지 중앙과 서울을 향해 몰려드는 현상인 '소용돌이 정치'는 한국 지역주의의 특징을 정확히 표현하는 용어이다. 헨더슨은 한국 정치가 당파성과 개인 중심의 기회주의를 보이면서 합리적 타협이나 응집을 배양할 수 있는 토양이 황폐화됐다고 주장한 바 있다.[27]

한국 사회의 다른 영역들처럼 영남과 호남 각 지역을 대표하는 서울의 정치인들과 지역의 정치인들과 언론인 등 기득세력은 후견인·수혜자 관계(patron-client relationship)[28]를 맺고 서로 연결되어 있다. 보다 높은 사회경제적 지위를 가진 사람이 낮은 지위를 가진 사람에게 영향력과 자원을 사용해 보호와 혜택을 제공하고 그 대가로 자발적인 충성과 지지를 받는 관계를 가리키는 후견인·수혜자 관계는 전형적인 권위주의의 속성을 잘 보여준다. 한국 사회가 지닌 권위주의 문제의 심각성에 대해 박노자는 다음과 같이 날카롭게 지적한다.

> "전 근대적 사회관계들을 혁명을 통해 정리한 적이 없는, 식민지와 군사독재를 거쳐 지금 사실상 재벌의 경제독재 시대를 살고 있는 대한민국에서는 그 어떤 위계적 관계도 인신 예속화와 폭력화를 수반하게 돼 있다. 직장 상사와 부하라든가 대학교수와 대학원생의 관계는 법적으로 따지면 그저 의미와 권리로 이루어진 계약관계일 뿐이지 그 이상도 그 이하도 아니다. 한데 한국에서는 일터든 배움터든 그 궁극적인 모델은 폭행과 폭언이 난무하는 군부대다. 그래서 '밑엣 사람'이 된 이상 법적 의무와 권리를 따질 것도 없이 그 어떤 지시도 따라야 되고 그 어떤 폭력도 참아야 한다 … '밑엣 사람'이 사실상의 예속관계에 놓여 있어 그 어떤 폭력도 감수해야 하는 사회에서는, 법보다는 폭력을 허용하는 '의리' 관계가 우선한다. 남성들도 자신의 존엄성을 포기하지 않고서는 밥벌이하기 어려운 사회에서 여성이 직면하게 되는 부담과 위험은 훨씬 더 클 수밖에 없다."[29]

이런 사례들에 비춰보면 지금까지 한국은 과거의 권위주의 문화와 단절되지 않았다고 할 수 있다. 앞에서 살펴본 것처럼 폭력과 배제, 억압의 메커니즘이 온존한 채로 한국 사회의 전 영역에서 작동 중이다. 더욱 심각한 문제는 어렵사리 이룬 절차적이고 형식적인 민주주의마저도 최근 들어와 노골적으로 훼손되는 일이 잦았다는 점이다.

이명박 정권 때를 보자. 이 시기에는 감세와 민영화 등 전면적인 신자유주의 정책에 더해 촛불시위에 대한 공권력 투입, '미네르바'의 구속으로 상징되는 표현의 자유 억압, 대화와 타협에 기초한 의회정치의 경시와 독선적 국정 운영, 언론사 노조위원장 구속과 'PD 수첩' 관련자들에 대한 체포조사로 상징되는 민주적 공론장의 파괴 시도가 연쇄적으로 일어났다. 야당과 시민사회단체들이 권위주의 과거의 유산이 해소되기는커녕 오히려 정치의 전면에 등장했다고 비판하고 나선 것은 너무나 당연한 일이었다. 심지어는 해외의 지식인들과 사회활동가들이 정부가 시민에 대한 반민주적 탄압을 중단하고, 집회 및 시위에 대한 자유로운 접근권을 보장할 것을 촉구하고 나서기도 했다.

집권세력이 국정의 주요 정책들을 추진하는 과정에서 야당과 타협을 시도하거나 국민들을 설득하는 데 소극적이고, 국가기관이 지닌 강압력과 유리한 언론지형을 이용해 다수의 의지를 정치적 반대세력에게 관철시키려 하였다.

이러한 현실은 한국 사회의 구성원들이 그들이 거쳐야 하는 거의 모든 공동생활의 영역에서 권위주의적 메커니즘의 영향하에 놓여 있다는 것을 보여준다. 불평등한 권력관계가 존재하는 이들 영역에서는 구성원들이 서로 분리되고 구분된다. 그리고 불균등한 권력 행사와 기회 접근을 합리화하는 규칙과 이에 정당성을 제공하는 이데올로기가 존재한다. 영역 내에서 권력을 소유한 강자들의 이익이 마치 전체의 이익인양 포장되고 선전된다. 분배와 대우의 불공정성을 깨닫고 이에 이의를 제기하는 구성원들에게는 '왕따'와 해고 위협, 손해배상 청구 등 각종 폭력이 행사된다. 이러한 메커니즘이 작동하는 부분 영역이 확대된 것이 바로 한국 사회와 국가이다.

전체적으로 보면 한국 사회는 사회계급, 세대, 지역, 성, 인종 등으로 구분되어 있고, 이들 내외에서 소수자나 타자를 차별하고 억압하는 것이 일상화되어 있다. 차별과 억압에 기초해 기성질서가 유지되고 이를 유지하기 위해 강압력이 동원된다. 이 점에 주목해 민주화를 권위주의 질서가 쇠퇴·약화되고 보다 평등한 구성원 사이에서 민주적 절차가 마련되어 지켜지는 것이라고 하면 지금 한국 사회는 '민주화 이후'라고 지칭될 수 없다.

앞에서 우리가 살펴본 기관들은 비대칭적 권력관계를 지니고 있다. 소수가 물리적 강제력을 행사할 수 있는 지위를 독점하고 구성원들의 의견을 구하지 않고 자의적으로 의사결정을 행한다. 이에 저항하거나 이의를 제기하는 구성원들에게는 강압력을 사용해 '조직의 적'으로 낙인찍고 배제시키거나 가혹한 페널티를 가한다. 이런 관계에서 권위주의를 유지함으로써 이익을 보는 것이 예상되는 행위자와 집단이 존재한다. 여기에 권위주의 조직과 의사결정이 더 효율적이고 생산적이란 담론을 유포시키기도 한다.[30] 이것이 구성원들에게 이익을 초래하고 조직의 안정을 유지한다고 설득되기도 한다. 헤게모니 구축이 성공할 경우 권위주의는 그대로 온존되고, 반대로 실패할 경우 권위주의는 쇠퇴하거나 붕괴한다. 전통적으로 이들 기관에서는 푸코가 언급한 '훈육'이 행해져 오던 곳이기도 하다.

『감시와 처벌』에서 미셸 푸코(Michel Foucault)는 작업장, 군대, 감옥, 병원, 학교 등과 같은 다양한 영역에서 규율이 개체들을 통제하고 훈련시키고 조직한다고 지적하였다. 감옥에서 규율은 '독방', '자리', '서열'을 조직화함으로써 복합적인 공간을, 즉 건축적이면서도 동시에 기능적이고 위계질서를 갖는 공간을 만들어낸다는 것이다.[31] 여기서 규율 테크놀로지가 신체에 적용하는 방식과 절차는 권력에 의해 이뤄진다. 신체를 특정한 목적에 맞게 노동력의 대상으로 만들거나 복종과 순응적인 인간으로 만들어낸다는 것이다.[32)]

"규율·훈련을 바탕으로 하는 권력은 사실상 사취나 강제 징수 대신 '훈육시키는 일'을 주된 기능으로 삼는다. 어쩌면 좀 더 교묘히 징수하거나 보다 더 많이 사취하기 위해서 훈육을 시킨다고 말하는 것이 좋을지 모르겠다 … 권력은 사람들의 힘을 감소시키기 위해 힘을 묶어두는 것이 아니라 그 힘들을 전체적으로 증가시키고 활용할 수 있도록 묶어두는 것이다. 권력은 자신에게 복종하는 모든 것을 일률적으로, 그리고 전체로서 굴복하게 만드는 대신 분리하고 분석하고 구분하며, 그 분해방법은 필요하고 충분할 정도의 개체성에 이를 때까지 계속 추진된다. 유동적이고 혼란하며 무익한 수많은 신체와 다양의 힘을 개별적 요소의 집합체로 만들게끔 '훈육을 시킨다.' 규율은 개인을 '제조한다.' 즉 그것은 개인을 권력 행사의 객체와 도구로 간주하는 권력의 특정한 기술이다."[33)]

권위주의란 무엇인가?

머리말에서 언급했듯이 현재 한국의 민주주의는 '온전한 민주주의(full democracy)'하고는 거리가 멀다. 이는 민주주의를 리더십과 제도의 문제만이 아닌 문화의 문제라는 총체적 관점에서 볼 때 그렇다는 말이다. 민주주의 이행 이후 30여 년이 지났지만 한국의 민주주의는 여러 영역에서 불완전한 민주주의에 머무르고 있다. 굳이 지적하자면 '흠결 있는 민주주의(flawed democracy)'

에 가깝다. 이는 민주주의를 제약하는 수많은 요인들이 산재해 있다는 것을 의미한다. 특히 권위주의는 온갖 영역에서 뿌리를 내리고 민주주의의 확산과 공고화를 가로막고 있다. 이는 베헤모스(Behemoth)라는 괴물에 비유할 수 있다.

베헤모스란 구약성서에 나오는 거대한 크기의 수륙양서 괴물이다. 한 마리지만 마치 여러 마리의 동물처럼 어마어마한 크기이다. 구약성서에는 "보아라, 그 허리의 힘을, 그 배의 근육을. 꼬리는 삼나무처럼 쭉 뻗고 허벅지의 힘줄들은 얽혀 있으며 뼈는 구리 통 같고 갈비는 쇠방망이 같다 … 산들이 그에게 소출을 바치니 들의 모든 짐승이 곁에서 뛰논다 … 보아라, 강물이 소용돌이쳐도 그는 질겁하지 않고 요르단 강이 제 입까지 솟구쳐 와도 태연하다"[34]라고 기록되어 있다. 중세 가톨릭에서는 한번 날뛰기 시작하면 막을 수 없으며, 사람들에게 7대 죄악 중 하나인 분노를 저지르도록 꾀하는 악마로 여겨지기도 했다.

베헤모스와 비슷한 괴물로 널리 알려진 것은 리바이어던(Leviathan)이다. 이 역시 구약성서에 나오는데 혼돈과 무질서로 특징되는 바다괴물을 가리킨다. 이 이름이 널리 알려지게 된 것은 영국의 철학자인 토마스 홉스의 저서인 『리바이어던』을 통해서이다. 다만 홉스는 구약성서와는 달리 통치와 안전을 보장할 수 있는 막강한 권력의 소유자를 지칭하는 의미로 사용했다. 이는 계약을 통해 수립되었지만 질서를 명분 삼아 정작 시민들을 법이라는 '인공적 사슬'로 결박하고 시민들에게 절대적인 권력을 행사하는 국가를 가리킨다.[35]

구약성서에 나오는 괴물인 베헤모스는 한국 사회의 권위주의를 묘사하고 비유하는 데도 이용될 수 있다. 만약 21세기 한국이라는 시공간에 베헤모스가 실재한다면 어떻게 활동하고 있을까?

권위주의를 만들고 퍼트리는 괴물의 활동은 다음과 같이 그려볼 수 있다. 우선 베헤모스는 워낙 오래되어 나이도 가늠하기 힘들고 막강한 힘을 지녔기 때문에 퇴치하기도 어렵다. 세상 곳곳에 자리를 잡고 '천의 얼굴과 몸'을 지닌 괴이한 모습으로 나타나서 다음과 같은 일들을 벌인다. 한국에 사는 베헤모스는 평등한 사회를 혐오하기 때문에 위계적인 사회 구조를 만들고 아래에 위치한 사람들을 수탈하고 착취할 것이다. 온갖 연고를 기준으로 사람들을 구분한 후 해당되지 않는 사람들에게는 사회적 자원을 분배하지 않는다. 낮은 계층 사람들은 고용기회가 거의 없고 있더라도 열악한 노동환경에서 낮은 임금과 장시간에 높은 강도의 노동을 감내해야 한다.

여기에 더해 이들에게는 온갖 갑질과 성폭력이 빈번히 가해질 것이다. 베헤모스는 상대적 빈곤으로 고통받는 이들이 높은 계층으로 이동할 수 있는 길에 출몰하여 '멕시코 장벽'보다 더 큰 장벽을 설치한다. 그리고 베헤모스는 사람들을 억압하고 통제하길 즐긴다. 이에 따라 군대와 학교, 교회 등에서는 시민의 권리를 가르치지 않고 질서와 규율, 권위에 대한 순종을 강요한다. 개인의 자율성과 권리, 공정한 경쟁과 민주적 합의를 주장하는 사람들은 '질서 파괴자'로 간주해 '공동의 적'으로 만든 후 공격한다. 베헤모스의 조종하에 있는 다수의 정치인들은 사회적 배제의 대상이 되는 사람들의 상황을 개선시키려는 조처들을 취하는 데는 별반 관심이 없고 막말을 곁들인 파벌싸움으로 소일할 것이다. 다수의 언론은 권력과 유착해 상위계층의 이해만을 대변하고 적극적으로 공론장 형성을 가로막거나 왜곡하는 데 앞장선다.

앞에서 그려본 대로 지금 한국의 권위주의는 모든 사회 영역에 자리를 잡고 사람들의 사고와 사회적 행동방식에 강력한 영향을 미치고 있다. 힘을 맹신하고 위계적 질서를 당연시하며 복종을 강요하는 것은 사람들이 이성적 사고와 합리적 판단에 기초해 사회적 갈등을 민주적으로 해결하는 것을 가로막는다. 다시 말해, 권위주의는 국가와 사회의 민주주의를 파괴하고 그 싹을 없애는 괴물과도 같다. 이러한 주장에는 우리의 몸과 마음을 지배하고 사회에 심대한 영향을 미치는 권위주의라는 괴물을 퇴치하지 않고는 절대로 온전한 민주주의에 이를 수 없다는 문제의식이 자리 잡고 있음은 물론이다.

그렇다면 왜 지금 권위주의가 문제인가? 이에 답하기 위해 선행되어야 하는 것은 권위주의가 무엇이냐는 것이다. 물론 권위주의라는 개념은 다의적이고 복합적이어서 정의내리기가 쉽지 않다. 우선 권위주의를 이해하기 위해서는 권위(authority)가 무엇인지 먼저 알아볼 필요가 있다. 권위에 대한 최초의 체계적인 연구는 독일의 사회학자인 막스 베버에 의해 수행됐다. 베버는 권력을 사회적 관계 속에서 저항에도 불구하고 자신의 의지를 관철할 수 있는 모든 기회로 봤다.

이에 비해 권위를 지닌다는 것은 명령을 내릴 수 있고 그 명령이 수행되리라는 타당한 기대를 가진 경우에만 해당된다고 한다. 베버는 역사적으로 권위의 유형을 과거로부터 전해 내려온 문화에 의존하는 전통적 권위와 지도자의 특출난 능력에 대한 피지배자의 헌신에 기초하는 카리스마적 권위, 그리고 자본주의의 출현과 더불어 대두된 것으로 법적으로 제정된 규칙과 규정을 통해 정당화되는 법적·합리적 권위로 구분하였다.[36] 이와 같은 베버의 연구는 권력과 지배, 권위의 관계와 그 특징에 대한 연구의 토대를 제공하였다는 점에서 그 의의를 찾을 수 있다.

일반적으로 권위주의는 특정한 개인이나 집단이 권위를 행사하고 이를 다른 사람이나 그 구성원이 수용하는 것을 내용으로 하는 태도나 행동양식을 중시하는 사상체계를 지칭한다. 핵심어는 권위인데 이는 사회적 상호작용을 전제하는 말이다. 권위주의는 타인에게 영향을 미치는 어떤 일을 할 수 있는 정당한 권력을 의미한다. 여기서 권위의 존재 여부는 타인의 수용 여부에 의존한다. 일반적으로 사람들은 권위가 정당성이나 합법성에 근거할 때 수용하지만, 때로는 전통적 규범이나 관행, 물리적 강제, 물질적 보상 등의 요인에 의해서도 영향을 받는다. 정신분석학과 사회과학의 연구를 종합한 테오도르 아도르노의 '권위주의 퍼스낼리티(the authoritarian personality)' 연구가 유명하다. 이에 따르면 권위주의 퍼스낼리티는 반유대적 이데올로기와 반민주적 정치신념에 취약하다.[37]

정치학에서는 보다 엄격하게 책임지지 않고 견제받지 않는 권력, 혹은 권력집단에 의한 비민주적 통치형태와 이를 뒷받침하는 사상체계를 가리킨다. 권위주의에서는 수직적인 위계질서하에서 일방적인 지배가 행해지며, 강한 리더십과 엄격한 규율, 높은 효율성이 중시된다. 개인의 자유에 반하는 권위에 대한 맹목적 복종, 그리고 책임을 지지 않는 개인이나 소수에게 권력이 집중된다. 그러다 보니 복종이나 순응을 자연시하고, 비판과 저항은 바람직하지 않은 것으로 판단된다. 이성과 합리주의에 근거한 사고나 행동양식을 부정한다는 데서 권위주의는 전근대적 특징을 갖고 있다.

권위주의체제에서는 민주적 제도가 부재하거나 존재한다고 해도 제 기능을 수행하지 못한다. 정치과정 역시 민주주의 원리에 입각해 행해지지 않는다. 권력자와 권력집단은 절대적인 권력을 향유하는 데 비해 사회 및 국가구성원, 특히 약자들의 권리는 제대로 보장되지 않는 것도 또 다른 특징이다. 특히, 권위주의체제는 비민주적 체제, 그중에서도 전체주의와 구별되는 체제를 지칭한다. 권위주의는 정치적 억압과 정치적 도전자의 배제로 유지되는 고도로 중앙집중화된 권력이 지배하는 획일적인 체제인 전체주의와는 구분된다.

가장 널리 알려진 권위주의에 대한 정의는 독일 출신의 정치사회학자인 후안 린츠(Juan Linz)가 내렸다. 비민주주의체제와 체제 변화에 대한 연구로 유명한 린츠는 프랑코 시기의 스페인에 대한 그 자신의 체험과 지식을 바탕으로 권위주의를 "종래의 민주주의와 전체주의 사이의 중간 형태로서 책임소재가 불분명한 다원주의를 유지하며, 잘 고안된 지도적 이데올로기가 없으며 내용상으로 고도의 정치적 요인도 없고, 지도자가 형식적으로는 무제한이지만 실제로는 예측 가능한 범위 내에서만 권력을 행사하는 체계"[38]라고 정의 내렸다. 그는 권위주의를 라틴아메리카의 군사정권이나 동아시아의 개발독재 등을 설명하는 개념으로 사용했다.

린츠는 권위주의 정권을 국가가 코퍼러티즘 제도들을 강력한 이익집단을 결성하거나 해체하기 위해 사용하는 코퍼러티즘적 혹은 유기적 국가(corporatist or organic-statistic), 특정한 인종·종족 집단이 완전한 민주적 권리를 향유하는 데 비해 다른 집단들은 대체적으로 완전하게 이들 권리를 거부당하는 인종적·종족적 민주주의(racial and ethnic democracy), 그리고 이데올로기적 정통성이 쇠퇴한 전체주의 기구들이 잔존해 있지만 억압이 감소하고 대중동원 수준이 크게 감소한 후기 전체주의(post-totalitarian) 권위주의 정권이라는 세 가지 하위유형으로 구분한다.[39]

한편, 귀예르모 오도넬(Guillermo O'Donnell)은 라틴아메리카에서 초기의 수입대체산업화의 한계에서 오는 경제적 위기와 이에 기초한 정치적 위기를 해결하고, 산업구조의 심화와 수직적 통합을 가능하게 하기 위해 새롭게 나타난 권위주의체제를 관료적 권위주의(bureaucratic authoritarianism)라 명명하였다. 오도넬에 따르면 이 체제의 특징은 사회적 기반을 대자본가에 두고, 민중 부문의 정치적 배제와 비활성화를 통한 사회질서의 회복과 경제의 정상화를 과제로 삼으며, 자율적인 사회조직과 민주적 정치과정을 폐지하고, 민중부문은 경제적으로 배제하며, 사회적인 여러 문제를 기술적 합리성과 효율성이라는 절충적이고 객관적인 기준으로 다루어 탈정치화시키려고 하는 데 있다.[40]

군부정치에 대한 탁월한 연구서들을 남긴 미국의 정치학자인 아모스 펄뮤터(Amos Perlmutter)는 독재정치와 전제정치가 지배자의 성격을 기술하는 반면에, 권위주의는 정권의 성격과 관리구조를 지칭한다면서 이를 현대적인 개념과 초기의 것으로 구분한다. 후자가 소수의 이름으로 소수에 의해 지배하는 것을 의미하는 반면에, 전자는 다수의 이름으로 소수에 의해 지배하는 것을 의미한다는 것이다.[41] 그러면서 펄뮤터는 현대 권위주의는 비록 제한적이고 배제적이며 억압적이긴 하지만 정치엘리트, 대중적 지지, 그리고 정치적 동원에 의지하며 무엇보다도 전문화된 정치구조와 제도들에 의존한다고 지적하였다. 그는 과두적 정치엘리트가 참여하고 지배하는 독점적·중앙집권적 정치조직을 권위주의의 핵심적 특징으로 본다.[42]

권위주의의 개념과 이론의 풍부성은 지금까지 수많은 학자들이 차별적인 방법을 동원해 여러 방향에서 권위주의에 대해 연구해온 데에 힘입은 바 크다. 초기에 이뤄진 대표적 연구로는 빌헬름 라이히(Wilhelm Reich), 테오도르 아도르노(Theodor W. Adorno), 에리히 프롬(Erich Fromm)이 간전기에 득세하기 시작한 파시즘을 '권위주의적 퍼스낼리티(authoritarian personality)'를 중심으로 분석한 것을 들 수 있다.[43] 전후에도 연구는 이어졌는데 주된 분석의 대상은 독립은 달성했지만 불평등과 빈곤, 저발전, 독재는 사라지지 않은 제3세계 국가들이었다. 아모스 펄뮤터, 귀예르모 오도넬 등의 학자들이 제3세계 국가들의 군부통치와 개발독재를 군부권위주의(military authoritarianism)와 관료적 권위주의 등의 개념으로 고찰한 것이 여기에 속한다.[44] 한편, 배링턴 무어(Barrington Moore, Jr.)[45]는 권위와 불평등이 자본주의와 사회주의에서 사회적·정치적으로 어떤 역할을 하는지를 미국과 소련, 중국의 비교연구를 통해 밝히려 하였다.

최근에는 안드레아스 쉐들러(Andreas Schedler), 스티븐 레비츠키와 루칸 웨이(Steven Levitsky & Lucan A. Way) 등이 선거권위주의(electoral authoritarianism), 경쟁적 권위주의(competitive authoritarianism)와 같은 개념으로 현대 권위주의를 분석하였다. 레비츠키와 웨이는 경쟁적인 권위주의가 완전히 민주적이거나 권위주의적이지 않다는 점에서 독특한 혼합된 유형의 정권이라고 한다. 이들은 권위주의 정권에서는 민주주의 기관들이 정치권력을 행사하는 데 사용되지만 집권자는 민주주의에 대한 최소기준을 충족시키지 못할 정도로 자주 민주주의 규칙을 준수하지 않는다고 지적한다.

이들은 민주주의에 대한 다음과 같은 네 가지의 최소한의 핵심 기준을 제시한다: ① 행정부와 입법부는 공개, 자유, 공정투표를 통해 선출된다. ② 모든 성인들은 투표권을 갖는다. ③ 정치적 권리와 시민적 자유가 보장되어야 한다. ④ 선출된 공직자들의 통치권을 제약하는 군부, 성직자, 종교집단 같은 선출되지 않은 후견세력이 부재해야 한다. 이 같은 기준을 위반하는 것이 집권자에 대한 민주적 도전을 방해하는 것과 같은 경우 그 정권은 경쟁적 권위주의로 분류된다는 것이다. 레비츠키와 웨이는 경쟁적인 권위주의 정권에서는 야당이 현재의 집권세력에게 도전할 수 있다고 말한다. 그렇지만 집권세력은 자신이 선호하는 선거 결과를 이끌어 낼 수 있게끔 다양한 국가 자원에 접근할 수 있다고 한다. 그들은 야당의 존재를 부인하거나 적절한 언론 통제를 가하고, 야당 후보자나 지지자들을 괴롭히고 위협하고, 야당 후보자들에게 불리한 방식으로 선거 규칙 및 결과를 조작할 수 있다는 것이다.[46]

한편, 쉐들러는 정치 지도자가 권력에 어떻게 접근하는지에 따라 가장 민주적인 정도에서 가장 덜 민주적인 정도순으로 네 가지 유형으로 정권을 구분하는데, 자유민주주의, 선거민주주의, 선거권위주의 정권, 권위주의 정권 등이 바로 그것이다. 자유민주주의는 민주주의에 대한 최소 조건을 뛰어넘는 정권이고, 선거민주주의는 자유·공정 선거를 실시하지만 법의 지배, 정부의 책임, 시민적 자유 등과 같은 여타의 핵심적 차원의 민주적 헌정주의를 제도화하는 데 실패한 정권이다.

선거민주주의는 규칙적이면서 자유롭고 공정하게 선거가 행해지는 데서 선거권위주의 정권과 다르다. 선거권위주의 정권에서 선거는 집권자를 위해 조작되기 때문에 진실로 민주적인 것으로 간주되지 않는다. 그럼에도 불구하고, 선거는 결과에 대해 어느 정도의 불확실성이 있기 때문에 권력을 겨룰 수단이다. 야당은 의회의 다수석을 차지하는 일이 흔치 않으며, 대개는 소수의 의석을 얻는 데 그친다. 이런 점에서 선거권위주의 정권은 레비츠키와 웨이가 분류한 경쟁적 권위주의 정권과 유사하다. 마지막으로 통상의 권위주의 정권에서는 선거의 결과가 대부분 미리 결정되며, 집권세력이 큰 표 차로 승리할 것이라는 것을 미리 알 수 있다.[47)

그렇다면 대다수의 학자들이 공통으로 도출한 권위주의의 속성은 무엇일까? 그리고 권위주의는 민주주의와 어떤 상관관계를 갖는가? 이와 관련하여 지금까지의 연구를 검토해보면 대다수의 학자들은 위계질서, 계층성, 억압, 착취, 배제, 차별, 경쟁, 제한된 다원주의, 지배, 복종, 순응 등을 권위주의의 공통된 속성으로 도출하고 있음을 알 수 있다. 구성원들의 권리가 존중되지 않고, 타자가 배제와 차별을 당하며, 민주적 절차가 경시된다는 점에서 권위주의는 반민주적이라고 평가된다. 민주주의는 광범위한 참여와 규칙적 경쟁, 그리고 이 둘이 완전하게 이루어지고 있음을 보증하기에 충분한 수준의 시민적·정치적 자유를 최소한의 기준으로 요구한다[48)는 점에서 그렇다. 아울러서 권위주의는 개인주의나 이에 바탕을 둔 다원주의보다는 집단주의, 국가주의와 친화성을 지닌다고 할 수 있다. 이들 키워드들을 사용하면 권위주의는 다음과 같은 특징을 지닌다고 할 수 있다.

① 불평등·위계질서·계층성: 권위주의는 사회가 불평등하고 위계적인 질서로 짜여 있다고 본다. 사회구성원들은 정치적 혹은 사회경제적 지위와 역할이 여러 층위로 구분되어 있다.

② 억압·착취·차별: 사회구성원들은 자신이 속한 계층에 따라 각기 다른 권력과 사회적 자원을 배분 받는다. 상위계층은

새로운 사회적 범주로 이동할 수 있는 기회를 별반 갖지
못한 하위계층을 억압하거나 착취하고 차별한다.

③ 경쟁·제한된 다원주의: 권위주의체제하에서는 권력엘리트들
간에 독점적인 사회적 지위를 획득하기 위한 경쟁이 전개
된다. 국가와 시민사회는 일방적인 종속관계보다는 병렬
적인 의존관계를 형성하는 경향이 있다. 국가와 시민사회
의 일부 기구는 제한적인 수준에서나마 자율성을 소유하
고 행사한다.

④ 지배·복종·순응: 권위주의는 개인이 집단에, 약자가 강자
에, 하위계층이 상위계층에 복종해야 한다고 본다. 권위주
의는 강압력을 동원해 복종을 강제함으로써 지배질서를
유지하고 재생산하려 한다. 이 과정에서 시민의 권리는 침
해되고 시민사회는 위축되는 경향이 있다.

이들 네 가지 특징을 종합한다면 권위주의는 다음과 같이 정
의될 수 있다. 권위주의는 위계적이고 불평등한 사회에서 소수
의 집단이 지배질서를 유지하고 재생산하기 위해 여타의 다른
구성원들에게 강압력을 동원해 복종을 강제하는 체계를 의미한
다. 자의적인 통치로 인해 최소 기준의 민주주의는 준수되지 않
고 시민들의 권리는 제대로 보장되지 않는다. 이 같은 특징을 지
닌 권위주의는 다양한 유형으로 분류할 수 있다. 대표적인 것은
극단적인 권력의 집중이 이뤄지고 획일적인 통치 이데올로기가
존재하는 강한 권위주의와 시민사회의 일부 기구가 제한적인 수
준에서나마 자율성을 소유하고 느슨한 형태의 다원주의가 존재

하는 약한 권위주의이다. 군부권위주의와 관료적 권위주의는 권위주의체제를 주도하는 세력에 초점을 맞춰 구분한 것이다. 또한, 권위주의와 민주주의를 구분하는 세부 기준을 정하고 그 정도에 따라 권위주의를 공고화된 권위주의와 준공고화된 권위주의 등으로 나눠 살펴볼 수도 있다.

권위주의의 역사적 경로

그렇다면 권위주의는 어떤 역사적 경로를 거쳐 확산·심화되거나 쇠퇴·해체되었는가? 권위주의에 이르는 역사적 경로를 이해하는 데 참고할 수 있는 대표적 저작은 배링턴 무어 주니어(Barrington Moore, Jr.)의 『독재와 민주주의의 사회적 기원』[49]이다.

무어는 전통 사회에서 근대 사회로 향하는 세 가지 역사적 경로로 부르주아 혁명, 파시즘, 공산주의 혁명을 제시한다. 각각의 혁명은 각 나라의 농촌 사회의 성격과 구조에 따라 달라지는데, 그중에서 민주주의 발전을 위해서는 너무 강력한 왕권이나 지주 귀족의 독립성을 벗어난 균형된 발전이 있어야 하며, 지주 계급은 상업적 농업으로 전환할 수 있는 추진력을 가져야 한다는 것이다.

이에 비해 파시즘은 농업 부문 상층계급의 전통을 따르면서 종속적인 산업가계급을 규합하고 있는 지배적인 국가에서 나타난다. 귀족을 제거함으로써 가능하게 된 공산주의 형태는 민주주의가 내세우는 것보다 더 높은 자유를 향유할 수 있다는 명목 아래 정당화된 권위주의적 정치체제 안에 노동자와 농민을 통합시키고 있다. 무어는 파시즘과 공산주의를 모두 독재라는 용어로 사용하는데 이는 두 형태가 권위주의적 정치체제 아래 똑같이 민주주의적 자유를 부정하는 방향으로 흘러 결국 그 차이가 뚜렷이 드러나지 않기 때문이다.50)

지난 세기부터 현재까지 파시즘과 군부독재 등을 포함하는 넓은 의미에서의 권위주의가 겪은 변화의 경로는 다음과 같이 정리할 수 있다. 에릭 홉스봄(Eric Hobsbawn)이 '장기 19세기'에 이은 '단기 20세기'라 지칭한 제1차 세계대전의 발발부터 소련의 붕괴에 이르는 역사적 시기 가운데서 권위주의 운동 및 체제들의 부상이 두드러졌던 기간은 1917년부터 1942년 사이였다.

이 시기에 유럽의 가장자리와 북미 및 오스트랄라시아 지역을 제외한 모든 곳에서 자유민주주의 제도들이 실질적으로 사라졌다. 다행히도 파시즘에 맞선 '자본주의와 공산주의의 일시적이고 기묘한 동맹'이 민주주의를 구했다.51)

제2차 세계대전에서 패배한 독일과 이탈리아, 일본에서 전후 연합국에 의해 권위주의가 해체되었지만, 동유럽 국가들은 '현실사회주의'라는 또 다른 형태의 권위주의체제로 모습을 바꿨다. 서유럽에서도 지중해국가들인 스페인과 포르투갈, 그리스에서는 1970년대 중반까지 권위주의 정권이 집권하였다.

권위주의체제는 1970년대 중반의 남유럽국가를 필두로 1980년대 라틴아메리카와 동아시아, 그리고 1990년 이후 동유럽국가들 순으로 쇠퇴하거나 해체되었다. 세계적인 수준에서 보면 권위주의의 변화 경로는 중심부와 주변부에서 상이하게 나타난다. 이는 각 국가들이 처한 역사적 맥락과 정치·경제적 조건이 차별적이기 때문이다. 이 경로를 정리하면 다음과 같다.

권위주의의 지속: 2차 대전 이전의 독일·이탈리아·일본, 냉전 시기 동유럽 국가들, 1970년대 중반까지의 스페인·포르투갈·그리스, 1980년대 중반까지의 대만·한국·필리핀, 현재까지 중국·러시아

권위주의의 균열과 쇠퇴: 19세기 혁명기 프랑스, 1950년대 일본, 1970년대 중반 이후 스페인·포르투갈·그리스, 80년대 중반 이후 대만·한국·필리핀 〈2008년 이후 부분적으로 권위주의로 회귀〉, 1990년 이후 동유럽국가들

권위주의의 해체: 20세기 초 대부분 서유럽 국가들, 전후 독일·이탈리아, 80년대 이후 스페인·포르투갈·그리스

　　전 세계적 수준에서 살펴보면 주변부라 할 수 있는 동아시아 국가들은 오랜 기간 권위주의체제가 유지됐고, 쇠퇴와 붕괴도 매우 더디게 나타나고 있음을 알 수 있다. 이들 지역에서 지배세력은 별다른 견제를 받지 않은 채 강력한 권한을 행사하였다. 동아시아 국가들에는 예외 없이 기존 체제와 질서를 유지하기 위해 농민과 같은 피지배계급을 토지에 묶어두고 착취했던 강력하고 중앙집권적이고 억압적인 국가가 존재했다.[52] 권력에 대한 감시와 비판, 대안 제시와 더불어 시민들의 참여를 고취하고 확대시키는 데 기여하는 시민사회가 취약한 것은 그 당연한 결과였다. 관용과 다원주의를 거부하고 획일적 질서를 강요했던 역사는 오랜 기간 지속되었다.

　　일본을 제외한[53] 동아시아 국가들은 20세기 중반에 들어와서야 뒤늦게 산업화를 추진하였던 까닭에 자본계급과 노동계급이 광범위하게 형성되고 이들 간에 사회경제적 지위 사다리를 오르내리는 것을 뜻하는 사회분화 역시 미약한 수준에 머무를

수밖에 없었다. 뒤늦게 형성된 자본계급과 노동계급 역시 비대
칭적 권력관계라서 북유럽과 같은 계급타협이 이뤄질 수 없었고
따라서 '동의의 정치'도 이뤄질 수 없었다. 전후에도 이들 국가에
서는 불법적 쿠데타든 아니면 합법적인 선거경쟁이든 권력을 장
악한 지배세력은 예외 없이 강압에 의한 통치를 밀어붙였고, 이
와 동시에 이데올로기적 국가기구를 동원해 지배에 대한 순응을
이끌어내려는 시도도 병행 추진되었다.

　　동아시아 국가들에서 권위주의 붕괴와 해체를 더디게 만드는
요인들은 다음과 같다: 산업화로 인한 사회분화 부재, 부르주아
등 민주화 추진세력의 미약, 위로부터의 산업화로 형성된 부르주
아는 정경유착으로 오히려 민주화를 제약, 노동자 계급 운동과
정치세력화가 억압을 받음, 사회혁명의 부재, 노동계급과 자본계
급은 비대칭적 권력관계로 북유럽 같은 계급타협에 입각한 동의
의 정치 토양이 미형성.

　　강한 국가와 취약한 시민사회, 짧은 민주화의 역사와 낮은 민
주주의 제도화의 수준은 권위주의 정치가 창궐하기 좋은 기반이
다. 동아시아 국가들에서 나타나는 근대로의 특수한 이행 경로
에서도 이 점이 뚜렷이 나타난다. 권위주의 정치가 장기간 유지
되는 과정에서 민중 부문에 의한 '아래로부터의 참여'는 지속적
으로 억압되거나 탈정치화가 추진된 반면에 관료와 기업, 군부,
전문가집단은 과잉정치화되었다. 배제와 차별, 억압과 공포가 횡
행하고, 타율과 복종이 강제되는 등 권위주의가 사회 도처에 뿌
리를 내렸다. 역사적으로 민주주의는 배제와 차별, 여기서 파생
되는 불평등에 대한 자율적이고 집합적인 투쟁을 통해 시민들의
권리를 확대하고 제도화함으로써 발전되었다는 사실에 기초해볼
때 동아시아 지역에서의 민주화는 지체되거나 굴절된 형태로 전

개될 가능성이 컸다.

그렇다면 한국에서 유독 권위주의가 강한 까닭은 무엇일까? 먼저 거론할 수 있는 것은 한국이 서유럽에 비해 상대적으로 짧은 민주주의 역사와 높지 않은 민주주의 수준을 지녔다는 사실이다. 반면 권위주의를 가능하게 했던 제도와 문화는 역사가 길고 한국 사회에 깊게 뿌리내렸다. 이와 관련하여 언급할 만한 점은 지금까지 한국은 유럽의 68혁명처럼 문화의 전복 시도가 아예 부재했다는 것이다. 68혁명 시기에는 성해방과 더불어 신성모독과 권력에 대한 풍자와 저항이 이뤄졌다. 모든 권위와 전통에 도전했던 것이 68혁명이었다. 당시 60혁명의 참가자들은 부모와 교사의 권위 및 지배적 성도덕에 반대했다. 이들이 저항했던 대상은 나치즘 치하에서 교육받고 경력을 쌓은 사람들이었다. 대신 저항자들은 부모세대에 의해 파괴되고 탄압받으며 기피된 사람들과 자신들을 동일시하였다. 그리고 저항운동은 독일의 저명한 극작가인 게오르크 뷔히너(Karl Georg Büchner)의 문장을 변형한 "인간에게 평화를, 제도에게 전쟁을!"이라는 구호에서 잘 드러나듯이 반제도주의 경향도 갖고 있었다.[54]

우리 사회에 만연한 약육강식 논리와 불신, 혐오의 감정이 권위주의를 강화시킨다는 점도 지적되어야 한다. 이는 무엇보다도 현재 한국 사회에 만연한 무한경쟁의 공포감과 극한의 스트레스에서 나온다.[55] 역사적 사례를 보면 이러한 공포와 불안이 팽배할 때 우리가 살고 있는 사회가 분열되고 비민주적 행태를 보이는 절대적 권력자를 추종하는 한편 약자를 배제하고 억압하는 세력이 등장한 경우가 많았다. 사회불안이 권위주의적 인물에 대한 무조건적 복종으로 나타난 대표적 사례는 독일이다.

테오도르 가이거(Theodor Geiger)는 1932년 출간한 『독일

국민의 사회적 계층』이라는 책에서 당시 독일인들 사이에 억압 당할지 모른다는 불안, 사회적 인정의 상실, 그리고 자신을 철저하게 지키고 방어해야 하는 상황이 지배적이었던 사회를 묘사했다. 노동자 계층 구조의 다변화로 인해 생겨난 노동자들, 재산에 집착하던 소상인과 가내 수공업자와 같은 '오래된 중산층'과 각종 이익을 추구하는 자들이 늘어나면서 생활양식이 붕괴된 사무직원들과 같은 중산층, 그리고 세계경제위기로 피해를 입은 실직자들이 히틀러를 지지했다는 것이다. 이들 부류들로부터 전체주의적 세계관이 탄생했다.56) 이는 단지 20세기 전반기 독일에만 국한된 것이 아니다.

21세기 지구촌에서도 차이와 우열을 날조하는 '의사논리'인 인종주의 담론이 대량으로 생산되고 있다. 이러한 이질성 혐오(heterophobia)는 타자에 대한 공포에 근거한다. 이는 군사력에 기반한 전쟁이라는 폭력을 정당화하면서 자신의 이익을 체계적으로 추구하는 '글로벌 자본'과 이 글로벌 자본으로부터 얻는 이익을 체계화하며 법을 통해 국민을 보호하는 소임을 다하지 않는 '국민국가의 정치지도자들,' 그리고 이들로부터 '초과 착취' 당하는 대다수 국민 간에 발생하고 있다.57)

앞에서 살펴본 것처럼 폭력과 배제, 억압의 메커니즘이 온존한 채로 한국 사회의 전 영역에서 작동 중이다. 이명박·박근혜 정권 시기에는 국가기관과 언론, 시민사회단체 등이 누렸던 짧은 독립과 자율의 시기가 다시 보다 강력한 권력에 짓밟히거나 아니면 권력의 추종기관으로 회귀했었다고 평가된다. 여기에 더해 금융외환위기 이후 본격적으로 유입된 신자유주의 역시 승자독식의 무한경쟁을 조장하고 있다. 신자유주의의 이름하에 진행되는 시장의 절대화와 함께 사회적 배제가 규칙이 되면서 대다수

사회구성원들은 자기방어 수단을 갖지 못한 채로 극단적인 경쟁이 지배하는 시장으로 내몰리고 있다. 그런 사회에서 사회적 약자들의 권리를 보장하고 공생하는 일은 결코 쉽지 않다. 웬디 브라운(Wendy Brown)이 지적했듯이 신자유주의 가치 지표에는 데모스가 설 자리나 데모스가 정치 활동을 펼칠 자리 자체가 없기 때문이다.[58]

조선시대와 구한말, 일제 식민지 시기, 해방과 분단, 전쟁, 그리고 군부독재를 거치면서 뿌리 내린 권위주의가 다시 귀환해 기승을 부리는 바로 그런 시대를 우리는 지금 살고 있다. 이와 같은 한국 사회, 특히 정치의 일련의 퇴행적 흐름들은 개방과 참여로 특징되는 서유럽형의 민주주의가 아닌 제한된 민주주의와 사회 제 영역에 광범위하게 뿌리내린 강고한 권위주의로 특징되는 동아시아 형의 정치형태로 고착되는 과정으로도 보여진다. 현재의 대한민국은 덴마크와 스웨덴보다는 일본과 싱가포르에 훨씬 가깝다.

역사적으로 형성되고 발전된 강한 국가는 동아시아의 국제질서를 지배하는 핵심적 행위자로 역할하고 있다. 이들 국가는 무정부상태의 조직원리 속에서 권력으로 정의된 자국의 이익을 극대화하여 생존과 번영을 추구하고 있고, 양자동맹을 주요 수단으로 세력균형의 정치에 의존하고 있다. 동아시아 국가들은 전략산업과 대기업에 대한 집중육성을 핵심으로 한 전형적인 후발산업화 전략을 추진했다. 선진국 추격, 부국강병, 규모의 경제 등을 목표로 한 경제성장을 추종한 국가는 그러나 정치적·경제적·사회적 시민권을 박탈하는 등 민주주의를 억압하고 광범하게 환경을 파괴하고 생태계를 훼손함으로써 가능했다. 집권세력과 유착된 일부 대기업에게 과도한 특혜를 주는 등 자원의 불평등한 분배로 인해 사회적 불평등이 커졌고, 계층 간, 지역 간, 산업부문 간 갈등이 빈발했다. 사회 불평등과 이로 인한 사회갈등은 국가가 지닌 강압력을 동원해 위로부터 억압적으로 해결되었다. 심지어는 내외부의 적을 동원해 공포를 조장하고 규율을 강제함으로써 국민통합을 이루려는 경우도 흔하다.

동아시아 국가들의 또 다른 특징은 취약한 시민사회이다. 비국가 영역의 성격을 독특하게 표현한 용어인 시민사회(civil society)는 1980년대에 들어와 권위주의체제하에서 정치적 반대세력들이 민주화운동을 전개하면서 주목을 받았다. 한국을 비롯한 대부분의 동아시아 국가들에서는 강한 국가의 전통이 지속되고 있는 반면에 시민사회는 발달이 취약하다. 물론 한국에서는 권위주의 정권에 의한 압축적 산업화의 추진으로 시민사회의 물적 토대가 먼저 구축되고, 이에 근거해 1980년대 중반 이후 민주주의 이행이 이뤄지는 과정에서 어느 정도 자율적 시민사회 공간이 형성되었다고 평가된다.[59] 다양한 시민사회단체들이 조직되어 권력에 대한 감시와 비판, 대안 제시와 더불어 시민들의 참여를 고취하고 확대시키는 데 기여했다.

그러나 이명박·박근혜 정권에 들어와서는 집회와 시위의 권리를 제약하고 노조와 사회운동가들을 탄압함으로써 시민사회가 약화되었다. 이 시기에는 민주주의와 인권에 친화적인 시민사회단체는 위축된 반면 정부에 의해 급조된 극우·보수 성향의 시민사회단체만 증가하였다. 이는 공동의 이익을 위해 다양한 형태의 협력을 창출하는 자발적 연결망과 결사체들의 지체로 연결되었다. 나아가 이는 로버트 퍼트남(Robert David Putnam)이 규정한 '사회적 자본(social capital),' 즉 시민사회 행위자들 간에 자발적 협력을 촉진시키는 신뢰와 호혜성의 규범, 시민적 참여의 연결망60)을 축적하는 것을 방해했다. 여기에다 신자유주의적 세계화의 압력은 시민사회 내의 행위자들로 하여금 특수한 이익을 추구하고 배타적 자세를 갖도록 추동하고 있다. 이는 공동체에 관심을 두고 자발적으로 참여하는 자질을 지닌 적극적 시민이 형성되지 못하는 것으로 이어졌다. 지배세력에 물질적으로 포섭되거나 그들의 가치를 아예 내면화함으로써 순응적 삶을 살아가는 사람들이 많은 까닭도 여기에 있다.61)

강한 국가와 취약한 시민사회, 짧은 민주화의 역사와 낮은 민주주의 제도화의 수준은 권위주의 정치가 창궐하기 좋은 기반이다. 근대로의 이행 경로에서도 이 점이 뚜렷이 나타난다. 즉, 권위주의 정치가 장기간 유지되는 과정에서 민중 부문에 의한 '아래로부터의 참여'는 지속적으로 억압되거나 탈정치화가 추진된 반면에 관료와 기업, 군부, 전문가집단은 과잉정치화되었다. 이같은 역사적 경로의 차이 외에도 한국의 경우는 조선왕조 5백여 년 동안 수기치인(修己治人)을 목적으로 하는 위로부터의 정치적 지배이론인 유교가 통치 이데올로기로 작동되면서 형성된 고유한 사회문화적 특성도 거론할 수 있다.

조선은 국가권력을 장악한 특권적인 지배신분층이 법제적으로 피지배신분들을 차별하고 속박하는 것이 허용되던 위계적 사회였다. 구한말 지식인들이 일본과 중국을 통해 받아들인 민족주의가 우승열패와 생존경쟁의 원리를 내용으로 하는 사회진화론과 연결된 것이었다는 점도 중요하다. 이런 유형의 민족주의는 '반민족' 혹은 '비민족'으로 낙인찍힌 소수집단들을 타자로 분류하고 배제하기 때문이다.

이는 일제강점기에 제국주의의 식민지배 논리로 확산되었다. 이 시기에 조선시대의 성리학에 남아 있던 상호성과 상보성을 특징으로 하는 윤리체계는 사라지고 전통 일본의 봉건윤리인 멸사봉공(滅私奉公), 대의멸친(大義滅親), 상명하복(上命下服)이라는 지배복종관계가 수용되었다. 왕과 신하와 백성이 맡은 바 직분을 다하는 것을 일컫는 충(忠)은 일본식 사무라이의 전통을 통해 천황제 국가에 대한 절대적 복종을 강요하는 규범으로 변질되었다. 일제강점기의 사회화 과정을 통해 이들 논리는 대다수의 한국인들에게 자연스럽게 받아들여졌다. 이들 논리는 분단 이후 남북한의 지배자들에 의해 국민들을 효율적으로 동원하는 데 이용되었다.

군부통치 시기에 권위주의는 더욱 두드러졌다. 이 시기에 대통령은 입법권과 사법권을 실제로 행사하는 등 견제받지 않는 권력을 구축하고 민족주의와 국가주의를 명분으로 국가기관을 내세워 강압적으로 동원과 통합을 추구했다. 반대세력과 비판언론을 탄압하고 대중문화를 억압하는 일도 빈번히 발생했다. 정치권력의 재생산을 위해 특정 지역을 배제하고 소외시키는 분할·지배 전략도 사용되었다. 이런 까닭에 한국에서는 최근에 이르기까지 권위주의적 퍼스낼리티를 내재화한 대중들이 위계적 정치질서에 맹종하고 다른 집단을 차별하며 집단 내 약자들에게는 억압적 태도를 보이는 현상이 나타나고 있다고 할 수 있다.

권위주의가 사회 도처에 착근된 곳에서 대부분의 대중들은 권리와 참여, 자치, 균형과 합의를 누리지 못한다. 배제와 차별, 억압과 공포가 횡행하고, 타율과 복종이 강제된다. 그런 점에서 권위주의는 민주주의를 제약하는 가장 강력한 요소이기도 하다.[62] 역사적으로 민주주의는 배제와 차별, 여기서 파생되는 불평등에 대한 자율적이고 집합적인 투쟁을 통해 시민들의 권리를 확대하고 제도화함으로써 발전되었다는 사실을 염두에 둘 필요

가 있다. 공동체를 구성하는 시민들의 수준 높은 삶의 질을 제도
적으로 보장하기 위해서는 무엇보다도 다양한 영역과 수준에서
뿌리내린 권위주의를 민주주의로 전환시킬 필요가 있다. 학문적
으로도 이러한 시대적 과제를 달성하기 위해서는 문제가 되는
권위주의의 역사적 전개과정과 구조적 특징을 비판적으로 고찰
하는 것이 요구된다.

제 1 부

한국 권위주의의 기원과 경로

> 춘추 과도 시기에 이르러 '예'가 사회발전의 질곡으로 작용함으로써 역사를 창조하는 '민'계급을 통제/진압하는 명분으로 기능하게 되었다.
> _조기빈
>
> 유교문화와 군사문화가 여전히 깊숙하게 뿌리내리고 있는 한국 사회는, 남성중심적인 위계적 관계 방식을 종종 '한국적 미덕'으로 강조하며 재생산해 왔다… (이런) 사회에서 '남자다움'의 표상이란 '여성 지배'와 깊숙이 연결되어 있다.
> _강남순

앞 장에서 살펴보았듯이 대다수의 학자들은 위계질서, 계층성, 억압, 착취, 배제, 차별, 지배, 복종, 순응 등을 권위주의의 공통된 속성으로 도출하고 있다. 구성원들의 권리가 존중되지 않고, 타자가 배제와 차별을 당하며, 민주적 절차가 경시된다는 점에서 권위주의는 반민주적이라고 평가된다. 아울러서 권위주의는 개인주의나 이에 바탕을 둔 다원주의보다는 집단주의, 국가주의와 친화성을 지닌다고 할 수 있다. 현재 한국 사회에서는 각 영역에서 예외 없이 민주주의와는 거리가 있는 권위주의적 메커니즘이 강하게 작동되고 있다. 정치영역도 예외가 아니어서 '배제의 정치'에 기반하는 다수제의 폐해와 부작용에 대한 지적이 나온 지 오래되었다.

이같이 한국 사회에 만연한 권위주의의 뿌리는 어디에서 찾을 수 있을까? 이 질문에 대한 설득력 있는 대답 중의 하나는 그 기원이 조선시대라고 언급한다. 조선은 무려 500년이 넘는 기간이나 유지되었던 세계에서도 그 유례가 드문 장기지속 왕조였다. 무엇이 조선왕조를 5세기 넘게 지속되게 했을까? 그 요인은 복합적이라 할 수 있다. 오항녕은 '조선의 힘'으로 최고 권력자인 왕에 대한 교육과 견제를 행했던 경연(經筵)과 사관들이 남긴 조선왕조실록, 국정시스템을 혁신하려 했던 대동법, 그리고 무엇보다도 조선 문명을 이끌어간 사상인 성리학(性理學)을 지목한다.[1]

한국 사회에서 살아 숨 쉬고 있는 유교적 요소들에 대해서는 일본인 철학자 오구라 기조(小倉紀藏)가 『한국은 하나의 철학이다: 리(理)와 기(氣)로 해석한 한국 사회』에서 고찰하였다. 그에 의하면 한국은 사람들의 모든 언동을 도덕으로 환원하여 평가하는 데서 '도덕 지향적 국가'이다. 한국에서 도덕이라고 하면, 기존의 가치체계에 대한 동화를 강요하는 것이기도 하지만, 역으로 낡은 체제에 대한 반항과 새로운 체제를 수립하는 원동력이라는 것이다. 이에 비해 일본인은 '몰도덕적(沒道德的)·현실주의적 경향'이 강하기 때문에 모든 것을 도덕으로 환원하지 않는다고 한다. 이 차이는 다른 역사, 즉 한국은 수백 년 동안 성리학의 나라였지만, 일본은 메이지시대가 되어서야 유교적 국가의 완성을 지향했을 뿐이라는 데서 기인한다고 지적한다.[2]

오구라는 조선 혹은 한국은 하나의 철학이라고 단언한다. 여기서 철학이란 성리학에 의한 국가 통치 이후, 이 반도를 지배해온 '리'라고 한다. 여기서 '리'란 천(天), 즉 자연의 법칙과 인간 사회의 도덕이 한 치의 오차도 없이 일치되어야 한다고 여기는 절대적인 규범이다. 모든 사람은 각자가 체현하는 '리'의 많고 적음에 따라 일원적으로 서열이 정해지며, 격렬한 논쟁에 의해 이 보편을 거머쥔 자가 권력과 부를 독점한다는 것이다.3) 예를 들어, 올바르다·제대로·바람직하다와 같은 질서를 지향하는 말들이 난무하고, 첫 만남 등에서 나이·지위·학력·가문·고향·부 등 상대방의 리가 드러나는 지표를 단번에 파악하고 그에 맞게 잘 처신하는 게 인간관계에서 대단히 중요한 문제가 된다.

성리학, 조선의 통치 이데올로기 ○━━━━

조선 건국의 주도 세력인 신흥사대부들은 성리학을 지도이념으로 채택해 국왕 중심의 중앙집권적 관료체제를 수립하려 하였다. 성리학은 유학의 한 학파로 훈고학에 머물던 유학을 남송의 주희(朱熹: 朱子)가 정리하여 철학적 체계를 세운 것을 가리킨다. 이는 명대에 이르러 왕양명(王陽明)에 의해 다시 한번 새롭게 정립된다. 이들을 신유학(Neo-Confucianism)이라고 부른다. 이러한 변화를 겪은 유학을 종교적 관점에서 일컫는 말인 유교는 2,500여 년 동안이나 지속되면서 동아시아인들의 일상생활과 사고에 지대한 영향을 미쳤다. 유교는 사서오경(四書五經)4)을 경전으로 삼는데 그중에서도 핵심은 공자의 사상이라 할 수 있다.

공자 사상의 정수는 인(仁)이다. 원래 씩씩하고 늠름한 남자다운 외모를 지칭하던 인은 춘추시대 중기 이후에는 선량한 마음가짐, 뛰어난 기량같이 사람이 지녀야 하는 내면의 아름다운 자질을 가리키는 말로 변화했다.5) 사람 인(人)과 두 이(二)의 합성어인 데서 알 수 있듯이 인은 두 사람 이상의 인간관계와 연관된 말이다. 이러한 점에서 공자는 "인이란 사람을 사랑하는 것이다"[6]라고 했으며 "내가 이 사람의 무리와 더불지 않고 누구와 함께할 것인가"[7]라고 했다. 이 같은 공자의 애인 사상은 인의 본질이자 그의 정치사상의 토대가 된다. 여기서 인을 실현하는 방법이 바로 '자기가 원하지 않는 것을 남에게 하지 않는 것(己所不欲勿施於人)'[8]이며, '자기가 서고 싶으면 남을 먼저 세우고 자기가 이루고 싶으면 남을 먼저 이뤄주는 것(己欲立而立人 己欲達而達人)'[9]이다. 이러한 공자의 주장은 황금율(golden rule), 즉 상호주의를 강조한 윤리의 대표적 사례로 불교와 이슬람교뿐만 아니라 고대 그리스 철학과 조로아스터교, 기독교 사상 등에서도 유사한 것이 존재한다.[10] 그러나 공자의 사상은 이기적 사랑이 아닌 이타적 사랑으로 외부 세계에 대한 정복이라는 역사적 특징을 갖는 서구적 윤리관과 대비된다.[11]

물론 상반된 해석도 존재한다. 중국의 철학자인 조기빈(趙己彬)이 대표적이다. 그는 『논어신탐(論語新探)』에서 역사주의 방법론에다 언어분석방법론을 동원해 공자 철학의 계급성을 논증했다. 그는 다른 학자들과는 달리 인(人)과 민(民)을 분류한다. 춘추시대의 인 개념은 통치 계급만을 지칭하는 명사라고 한다. 그러므로 공자가 말하는 '애민'은 '통치 계급을 사랑하라' 또는 '노예주 귀족을 사랑하라'는 의미라는 것이다. 당시 역사적 조건에 비춰보더라도 인에 속하지 않는 민, 곧 노예와 농노 그리고 '우리 중화 민족의 종족이 아닌' 변방 이민족 출신의 포로들은 모두 당연히 사랑해야 할 대상에 포함되지 않는다고 한다. 정리하면 『논어』에서 말하는 애인은 완전히 공자의 복례(復禮) 노선 중의 특수한 정치 용어이지 근본적으로 윤리 범주가 아니기 때문에 '인자애인'에서 "모든 사람을 사랑하라"는 함의를 도출해내는 것은 애인이 원래 갖고 있는 의미에 대한 오해인 동시에 글자의 표면에 나타난 의미만을 보는 데서 오는 결과라는 것이다.[12]

민과 이민족 등과 같이 자기 장소를 갖지 못하고 추방된 사람들 혹은 자기 소리를 낼 수 없는 계층을 유교가 배제하고 경시했다는 비판은 주목할 필요가 있다. 이러한 비판은 문화대혁명 시기 중국에서 전개되었던 '비림비공(批林批孔)' 운동을 상기시킨다. 비림비공 운동은 린뱌오(林彪)사건으로 인해 마오쩌둥의 권위가 흔들리면서 린뱌오를 공자와 연결시켜 비판한 운동이었지만 실제로는 살아 있는 저우언라이(周恩來)를 겨냥한 운동이기도 했다.

당시 마오쩌둥은 공자를 비판하고 진시황을 옹호하는 내용의 시인 "봉건론을 읽고 궈(郭)노인에게 바치다"를 발표했고, 이어서 역사학자인 양롱궈(楊榮國)가 "공자—완고하게 노예제 사상을 옹호한 사상가"라는 논문을 『인민일보』에 게재하면서 비림비공은 시작되었다. 그러나 이 운동은 억압적 국가권력에 의해 공자와 유학에 대해 획일적인 견해를 강요했고 다른 시각의 견해는 아예 배제한 데서 그 한계가 분명한 것이었다. 이는 체제를 정당화하거나 정치적 반대자를 비판하려는 목적으로 유교가 동원될 때는 어떠한 이단도 허용하지 않았다는 것을 잘 보여준다.[13]

이와 함께 가(家)와 국(國)을 연속선상에서 바라보고, 가정 내의 인륜적 규범과 국가의 통치질서를 동일시하며, 법치 대신 인치와 덕치를 선호해 온 유교문화에서는 공적 영역과 사적 영역의 가치와 규범 간에 구분이 불분명하다는 점도 지적된다.[14] 그렇다면 이와 같은 유교는 한반도에 어떻게 수용되어 한 왕조의 통치이데올로기로까지 작동되게 되었을까?

유교가 한반도에 전래된 것은 고려 말 충숙왕 시기로 알려져 있다. 그 후 이색(李穡), 정몽주(鄭夢周) 등이 주희의 『사서집주(四書集註)』를 성균관에서 가르친 데서 알 수 있듯이 주자학은 고려 말기에 이미 관학적 지위를 확보하고 있었다. 이 시기에 정도전(鄭道傳)과 권근(權近) 같은 신흥사대부들은 주자학을 우주론과 인성론의 수준에서 이해를 시도하면서 당시 왕실과 귀족의 절대적 비호를 받고 있던 불교의 윤회설(輪廻說)과 인과설(因果說)을 비판하고 나섰다. 또한 이들은 토지의 사전화 경향을 방지하기 위해 과전법(科田法)을 실시함으로써 가산관료제(家産官僚制)적 유교정치체제의 경제적 기초를 마련하였다.[15] 가산관료제의 성격을 띤 조선 사회에서는 지배자인 왕은 유교적 공순을 바탕으로 한 관료층의 도움으로 권력의 중앙집권화를 유지했고 그 대가로 양반 관료층은 왕으로부터 독점적인 신분권을 획득할 수 있었다.[16]

그러나 이들은 철학적으로 체계화된 주자학의 수신론을 주장하기보다는 법전 편찬사업에서 보듯이 새로운 국가의 정치체제의 기초가 되는 제도개혁론에 보다 많은 관심을 갖고 있었다. 핵심사업은 『경국대전(經國大典)』의 편찬이었다. 이는 군주가 왕정의 핵심에 위치하면서 실질적으로 의정부(議政府)·육조(六曹)·삼사(三司)를 중심으로 관료지배체제를 수립하는 것이었다. 그런 가운데 왕권과 신권(臣權)이 조화를 이룬 가운데 이상적인 유교정치를 구현해 나가려 했다.

군신 간의 관계는 상하의 예의가 존재하므로 『주자가례(朱子家禮)』를 본받아 종묘에서 치러지는 일정한 의식을 통해 국왕과 신하 혹은 민 간에 주종적인 종법(宗法) 질서관계를 형성하려고 하였다. 한성의 성곽건설에 예제적 성격과 기준을 적용한 것도 군신 간의 질서를 구조화하려는 의도였다.[17] 조선 초기에 왕대별로 왕권의 위상은 변동을 겪었다. 행정계통의 실권 장악 및 정치 운영의 주도권을 둘러싸고 갈등이 표출되었고 이는 권력관계 변동의 요인이 되기도 하였다. 성종대에 정비된 체계는 국왕이 절대적 위치에 놓여 있었으나 왕권의 행사는 관료제를 통해 실현되도록 짜여졌다. 이 같은 왕권의 위상은 연산군대 이후 사화와 반정이 속출하면서 상호균형과 견제의 단계로 변화하게 된다.[18]

성리학을 실질적인 통치 이데올로기로 발전시켜 나가야 한다는 여론이 강력하게 형성된 시기는 15세기 말과 16세기 초였다.[19] 중앙집권적 관료체계가 수립되는 과정에서 훈구파의 세력 확장과 척신정치(戚臣政治)의 출현은 향촌 지배세력인 사림파(士林派)들 중심으로 성리학에 대한 가치를 재조명하게 만들었다. 이들은 성리학적 명분론에 입각하여 훈구와 척신세력들을 비판하고 성리학적 이상 사회를 실현코자 하였다. 명분론은 지주·전호제(地主·佃戶制)를 기반으로 한 신분 사회 질서를 유지하기 위해 상하 질서를 중시하고 있으며, 성리학의 발전을 위해 사람들은 현량과(賢良科) 실시와 유향소(留鄕所) 혁파,[20] 유향소 복립운동, 향약의 조직·활용 등을 통하여 향촌 질서를 재확립하려고 노력하였다. 이는 사람들이 관인 사회의 기강이 문란으로 사회 파탄이 가속화되는 것을 염려해 그 극복 방안과 수단으로 성리학을 활용하는 것을 가장 현명하고 바른 길이라고 확신하였음을 의미한다.[21]

성리학이 조선의 통치 이데올로기로 작동하였다는 것은 성리학이 특정의 인간집단에 의해 공유되고 이 집단의 불가결한 일과 연관성을 맺으면서 이 집단과의 관계를 기능화하였다는 것을 가리킨다.[22] 이데올로기는 특정한 사회적 범주에 속한 구성원들에게 정체성을 형성하게 하고 소속감을 고취시키며 특정한 행동에 정당성을 부여하며, 나아가 기존 체제와 그에 기초한 질서의 유지와 재생산에 기여한다고 할 때 바로 이 같은 기능을 수행한 것이 조선시대의 성리학이었다. 무엇보다도 성리학은 조선시대에 존재하던 사회적 위계를 도덕적 명분으로 정당화하였다. 그런 점에서 성리학은 체제 유지와 재생산을 목적으로 하는 보수적 이데올로기로서의 역할을 수행하였다.

사림파가 명분으로 내세운 성리학은 유교의 가치체계를 존중하면서도 그 인륜과 도덕을 우주의 질서와 연결시켜 파악한다.[23] 즉, 우주와 인간의 질서는 형이상학의 리와 형이하의 기(氣)와의 융합에 의해 구성된다고 한다. 여기서 리는 물(物)의 성(性)을 결정하고 기는 물의 형(形)을 결정짓는다는 것이다. 리는 우주만물과 인간에 근원적으로 내재하는 것으로, 순수하고, 지극히 선하여 인성의 근원이 되는 것에 비하여, 기는 기질의 성으로 선악(善惡)·현우(賢愚)·장단(長短)·통새(通塞) 등의 차이가 있어 악과 범죄가 발생하고 인간들 사이에 각종 차별이 생기게 한다.

그러므로 인간은 부단한 수양을 통해 범죄·차별·정욕·악 등을 버리고 본연의 성을 되찾는 데 주력해야 한다. 이 같은 인간 사회의 결점을 바로잡고 인간을 교화하는 데 목적이 있는 것이 바로 정치이다. 그 순서는 수신(修身) → 제가(齊家) → 치국(治國) → 평천하(平天下)이다. 존심(存心)과 양성(養性) 격물치지(格物致知)가 개인의 수신에 필요한 방법이라면, 제가·치국·평천하에 필요한 도덕은 삼강오륜(三綱五倫)이다.

유가에서 치국의 근본원리는 민본정치(民本政治)라 할 수 있다. 민본은 『서경』에 나오는 "백성은 가까이 친애해야 할 것이요, 하대해서는 안 된다. 백성은 나라의 근본이니, 근본이 경고

해야만 나라가 편안하다."는 기록에서 연원한 말이다. '백성이 나라의 근본'이라는 주장은 '나라를 편안하게 하려면 근본을 경고하게 해야 한다'는 주장으로 연결되는데, '근본을 견고하게 함'은 곧 '백성을 위함(爲民)'을 뜻하니, 그리하여 민본과 위민은 서로 표리를 이루게 된다.24) 민본정치를 가장 잘 보여주는 것은『맹자』의 다음 구절이다.

"민이 가장 귀한 것이요, 그다음으로 중요한 것이 사직의 하느님이다. 군은 가장 무게가 없는 가벼운 존재이다. 그러므로 뭇 백성 구민의 마음을 얻는 자가 천자가 되는 것이다(孟子曰 民爲貴, 社稷次之, 君爲輕)."25) '백성은 귀하고 왕은 가볍다(民貴君輕)'는 맹자의 혁명적인 주장은 인류 정치사상 최초라고 할 수 있다. 군주와 사직은 바꾸어놓을 수 있지만 백성은 바꿀 수 없다는 것이다. 유가 정치사상에서 백성은 정치의 중심이며, 군주와 사직, 즉 왕과 국가는 모두 백성을 위해 존재한다. 정치란 백성을 사랑하고 편안하게 해주는 것일 뿐이다. 그러므로 정치의 핵심은 민생에 있다. 맹자는 백성을 자식처럼 아끼고 사랑하는 마음으로 정치를 한다면, 백성은 왕을 돕는 것이 자신을 위한 것임을 알기 때문에 헌신적으로 왕의 뜻을 따를 것이라고 한다. 정치의 근본을 설파한 것이다.

대만의 철학자인 채인후(蔡仁厚)는 이를 백성을 부양함(養民), 백성을 가르침(敎民), 백성을 부림(使民), 백성을 보호함(保民)의 네 가지로 나누어 설명한다.26) 첫째, 백성을 부양한다는 것은 백성을 위해 생업을 정해 주어야 하고, 농사철을 어기지 않게 하며, 부역을 가볍게 하는 것을 가리킨다. 둘째, 백성을 가르친다는 것은 상서의 가르침을 철저히 실시하여 효제의 도리를 가르치는 것이다. 백성들에게 중점적으로 가르치는 것은 인륜인 부자유친·군신유의·부부유별·장유유서·붕우유신이다. 셋째, 백성을 부리는 방법은 백성과 함께 근심하고 즐거워하는 것이 제일이다. 편안하게 해주기 위한 방법으로 백성을 부리면, 비록 수고스럽더라도 백성들이 원망하지 않고, 살려주기 위한 방법으로 백성을 죽이면, 비록 죽이더라도 죽이는 자를 원망하지 않는다는 것이다.[27] 넷째, 백성을 보호하고 왕 노릇한다는 것은 타인의 불행을 그대로 보아 넘기지 못하는 마음인 '불인지심(不忍之心)'을 통해 남을 차마 해치지 못하는 정치를 하는 데 있다.[28]

이 중에서도 백성을 부양하는 것의 중요성을 맹자는 다음과 같이 강조한다. "왕께서 만일 인정(仁政)을 백성에게 베풀어 형벌을 줄이고 세금 걷는 것을 적게 하신다면, 백성들은 여유가 생겨 밭갈이를 깊게 하며 김매기를 잘하고, 장성한 자들이 여가를 이용해 효성, 공경, 충성, 신의를 배우게 될 것입니다. 이것으로써 집에 들어가서는 부형을 섬기며, 나와서는 그 어른과 윗사람을 섬길 것이니, 그리 된다면 그들 스스로 나무 몽둥이를 만들어 진과 초나라의 정예군과 맞서게 할 수 있을 것입니다."[29]

이는 양혜왕이 과거의 패배를 설욕할 수 있도록 부국강병(富國强兵)할 수 있는 구체적인 방법을 질문한 것인데, 맹자는 이에 대해 직접적으로 대답하지 않고 근본적인 방법을 제시함으로써 질문 자체의 의미를 소멸시켜 버린 것이다. 맹자는 양혜왕에게 왕도와 인정을 시행하려는 정신을 가져야지 다른 사람을 통치하려는 패도의 사상을 품어서는 안 된다면서 인정을 실시하는 몇 가지 방법을 제시하였다. 이러한 '인정의 도'[30]는 맹자 사상의 핵심 중 하나로 평가된다.

유교문화와 위계질서의 정당화 ∘────

조선을 개국할 때 국가의 근본 틀을 설계한 정도전은 이러한 맹자의 사상을 기본으로 삼았다. 신흥 사대부 세력과 무장 세력이 중심이 되어 개국한 조선은 불교를 배척하고 신흥 사대부가 수용한 성리학을 사회 지도 이념으로 채택했다. 조선의 정치 조직은 국왕 중심의 중앙집권적 관료체제로, 정치의 이상을 유교적 덕치에 두고 민생의 안정을 앞세웠다. 절대왕정 국가에서 최고 권력자는 왕(君主)이다. 그런데 군주는 지켜야 할 도리가 있다는 것이다. 즉, 군주는 덕으로써 인을 행하며(以德行仁), 덕을 숭상하고 선비를 존경하고(貴德尊士), 백성과 더불어 좋아하고 싫어해야(與民同好惡) 한다는 것이다. 이는 좋은 군주를 분별하는 기준이 되었다. 만약 군주가 이런 도리를 지키지 않으면 백성과 신하들 중에서는 목숨을 걸고 도리를 지킬 것을 간하는 자들도 있었다. 신하의 도리가 군주의 나쁜 마음을 바로잡고(格君心之非), 군주를 바른 데로 이끄는(引君於正) 것이었기 때문이다.

한편, 삼강오륜은 사회적 관계를 형성하고 유지하는 데 있어 준수되어야 하는 핵심적인 덕목이었다. 우선 '세 가지 강'이란 뜻의 삼강은 군위신강(君爲臣綱), 부위자강(父爲子綱), 부위부강(夫爲婦綱)을 가리킨다. 강이 고기 잡는 그물의 코를 꿰어 그물을 잡아당길 수 있게 한 동아줄인 벼리를 말하는 데서 보듯이 삼강은 군주, 아비, 지아비가 각각 신하, 자식, 지어미의 벼리가 된다는 의미이다. 벼리와 그물의 관계처럼 이들 간의 관계에는 주종, 상하, 지배복종이라는 사회적 의미가 존재한다. 그리고 '다섯 가지 인간관계'인 오륜은 부자유친(父子有親), 군신유의(君臣有義), 부부유별(夫婦有別), 장유유서(長幼有序), 붕우유신(朋友有信)을 가리킨다. 부자유친은 부모와 자식 관계를 작동하는 원리가 친밀함이라는 것이고, 군신유의는 군주와 신하 간의 관계를 맺어주는 열쇠가 의라는 뜻이다. 부부유별은 부부가 서로를 특별히 대접해야 한다는 뜻이고, 장유유서는 형과 아우, 윗사람과 아랫사람 간에는 서로를 존중해야 한다는 의미가, 그리고 붕우유신에는 친구와 동료 또 거래관계에는 신뢰가 핵심이라는 의미이다.

삼강은 진나라에 이어 건국한 한나라 제국의 통치논리로부터 연원한다. 한나라는 '겉으로는 유가를 표상하면서 속으로는 법가'를 말하는 이른바 외유내법(外儒內法)을 제국의 통치술로 삼았다. 제국의 통치이념이 일통(一統)과 삼강오상(三綱五常)이다. 일통은 황제를 중심으로 천하를 수직적으로 결합하려는 논리이고, 삼강오상은 제국의 통치논리를 정당화하려는 정치·사회적 이데올로기이다. 그 설계자인 동중서가 삼강이 음양론에 기초했다고 언급한 데서 보듯이 삼강은 주종관계로 이루어져 있다. 이 중에서도 핵심은 군위신강이라 할 수 있다. 그런 점에서 삼강은 군주독재의 정치논리를 사회의 기본단위인 가족 속으로 침투시키려는 이데올로기였다. 이에 비해 오륜은 전국시대 사상가인 맹자에 의해 인륜의 필수요건으로 제시되었다. 그러나 오륜은 삼강과는 달리 부모와 자식, 군주와 신하 상호간에 동시적으로 작용되는 원리라는 점에서 차이가 있다. 부부와 장유, 붕우 역시 어느 일방만이 아닌 상호간을 제어하는 원리이다.[31]

그러나 중요한 점은 삼강오륜, 특히 삼강이 인간 사이의 평등한 관계보다는 위계적 관계를 염두에 둔 규범이라는 사실이다. 공자의 가르침에 보다 가까운 것은 오륜이고 삼강은 공자 이후의 시대에 통치자들과 그들을 떠받들던 학자들이 불평등한 사회에서의 위계질서를 유지함으로써 자신들의 기득권을 유지하려는 의도로 만들어졌다. 성리학은 조선시대에 존재하던 사회적 위계를 도덕적 명분으로 정당화하였다고 할 수 있다. 이는 후대에 유교가 권위주의적이고 지배질서를 유지하려는 보수 이데올로기에 불과할 뿐이라는 평가를 듣게 되는 중요한 단초를 제공했다. 성리학은 이러한 삼강오륜을 우주자연의 이치인 천리(天理)로까지 해석하면서 백성들에게 도덕지침으로 강요하였다. 이는 다시『소학(小學)』과 같이 일상생활에서 지켜야 하는 유교적 규범을 수록한 저서를 통해서 조선인들의 행태뿐만 아니라 내면정서의 저변에 자리 잡게 되었다.

유가가 제자백가의 다른 학파와 구별되는 결정적인 분기점은 가족세계를 모든 인간적 활동의 출발점으로 본다는 점이다. 여기서 가족은 자연적으로 주어진 혈연가족을 바탕으로 하되 아버지를 인위적으로 하늘처럼 높이는 가부장적 가족이다. 이를 유지하는 최고의 덕목은 지존의 아버지에 대한 자식의 순종을 가리키는 효이다. 그리고 효를 위시한 아버지중심적인 각종 가치를 실현하는 구체적인 방법이 예이고, 그 예에 의한 정치가 바로 예치이다. 삼례(三禮)로 불리는『의례(儀禮)』·『주례(周禮)』·『예기(禮記)』는 고대 중국의 민간 습속과 행정제도 가운데 유학적 가치에 부합하는 것들이나 유학적 가치에 맞게 변용된 것들을 집대성한 경전들이다. 그리고 삼례가 제시하는 예제의 근간에는 종법이 있는데 이는 자연적으로 주어진 혈연가족의 공시적 구조와 통시적 변화를 모두 지존의 아버지를 중심으로 인위적으로 바꿈으로써 가부장적 가족을 형성하고 이를 대대로 영속시키려는 친족 조직의 원리이다.[32]

여기서 가부장제(patriarchy)는 유교를 권위주의적 질서로 특정지우는 핵심내용이다. 가부장제는 좁게는 특히 연장자인 남성이 연하자인 여성에게 가하는 권력의 저항할 수 없는 상태 또는 불이익을 뜻하는 한편, 넓게는 성별, 연령과 상하관계에 따른 억압과 복종의 상태라는 의미까지 포괄한다. 사회 전반에 걸쳐서 발생하는 남녀, 노소, 상하 간의 불이익을 가져오는 억압상황의 대부분을 가부장제로 규정하고 있는 것이다.[33] 가산관료제의 성격을 띤 조선 사회에서는 지배자인 왕은 공순(Pietät)을 바탕으로 한 관료층의 도움으로 권력의 중앙집권화를 유지했고 그 대가로 양반관료층은 왕으로부터 독점적인 신분권을 획득할 수 있었다. 조선조의 가부장적인 권위에 대한 공순은 가장 기본이 되는 의무로 가내에서도 받아들여졌을 뿐만 아니라 모든 정치, 사회적인 윤리는 공순관계가 변형된 것이다. 그리하여 의리를 기반으로 한 상호교환이 일상생활의 유교적 의례와 농경 사회의 토대가 되었다.[34]

조선시대 양자의 입양관행을 연구한 미국의 한국학자인 마크 피터슨(Mark A. Peterson)은 17세기 이전의 조선의 친족체계가 공계체계(cognatic system)라고 부를 수 있다면 17세기 이후에는 전형적인 부계체계(patrilineal system)가 형성되었다면서 다음과 같이 주장한다.

"한국 사회는 전형적인 부권 사회(patriarchal society), 부계 사회(patrilineal society), 부처 사회(patrilocal society)로 규정된다. 정치적인 권위가 남성의 수중에 있고, 재산 또한 남성을 통해 상속되며 결혼 후의 거주지도 남성의 집으로 정해졌다. 이처럼 남성이 모든 것을 지배하는 사회에서 여성의 지위는 과연 어떠하였을까? 이는 여성의 지위를 잘 드러내 주는 일상적인 문구에서 그 모습을 찾아 볼 수 있다. 예컨대,

한국 사람이면 누구나 다 알고 있는 남존여비(男尊女卑)라는 말이 그것이다. 그리고 딸은 한번 결혼하면 남의 집 사람이 된다는 출가외인(出嫁外人)이라는 말도 있다. 이처럼 한국의 종족은 한마디로 '남성과 남성끼리만 연결되며 이 연결도 모두 남성을 통해서 이뤄진다'라고 표현할 수 있다. 여성은 단지 부수적인 존재였을 뿐이다."35)

유교는 가부장적 질서를 뒷받침하는 봉건적 이데올로기로서 남녀 불평등을 정당화하는 전근대적 사상이라는 비판을 받아왔다. 조선시대 이후 성 차별과 적서 차별, 신분 차별 등 다양한 종류의 인간 차별주의의 사회·정치적 구조를 확고히 했다는 것이다. 또한 신분을 초월하여 남성과 여성이 평등 공동체를 구가한 역사적 자취가 전혀 없다는 것이다.36) 이들 비판을 유형별로 정리하면 다음과 같다.

첫째, 유교는 남성과 여성의 생물학적 차이를 본질화하면서 남자를 양으로 여자는 음으로 대비하고 있다. 유교는 둘의 조화를 강조하지만 양이 음을 다스리는 것을 원칙으로 하기 때문에 결국 남성은 성적으로 우월한 존재로, 여성은 성적으로 지배받는 존재로 위계화한다. 유교는 성차별을 자연의 섭리에 따른 당연한 이치라고 정당화할 뿐 아니라 이에 대한 어떤 도전도 수용하지 않는 경향이 있다.

둘째, 유교는 그 근원적 이해에서 남성과 여성, 적자와 서자, 남편과 아내, 아들과 딸, 양반과 상민, 장유(長幼) 등을 위계적이며 남성 중심적 관계성을 기초로 성립하는 것으로 본다. 그래서 인간을 개체로 보는 인식을 근본적으로 결여하고 있다.

셋째, 유교는 우리나라 역사에서 여성을 위한 해방적·변혁적 원리가 된 적이 없고 현재도 되고 있지 않다. 뿐만 아니라 다양하고 철저한 성차별 윤리와 가치, 제도를 고착하는 데 주도적 역할을 해왔고 지금도 하고 있다는 것이다.[37]

이런 비판에 대해서는 서구의 여성주의자들이 서구 전통에 있었던 역사상의 가부장주의적 타락에도 불구하고 자신들의 전통을 버리지 않고 거기에 감추어진 성 평등적 요소들을 찾아내 새롭게 이해했듯이 오늘날 우리 모습을 형성하는 데 직접적이고 핵심적인 역할을 수행한 유교 전통을 새롭게 해석해내고 거기서 지금까지 남성들이 보지 못했고 왜곡했던 삶의 모형적 진실들을 찾아내어 우리의 양식으로 삼을 수 있다는 주장이 개진되었다.[38]

역사적 사실에 비춰보면 분명한 사실은 유교가 폐쇄적이고 불평등한 신분 사회를 떠받치던 사상이었다는 점이다.[39] 지배계층은 학문적·도덕적 엘리트인 군자에 국한되었다. 민은 항상 계몽과 교화의 대상이었다. 군자에 대한 복종과 예를 핵심 내용으로 하는 것이 유교였다. 민이 가장 귀하고 그다음이 사직이며 임금이 가장 가볍다는 맹자의 구절을 언급하기도 했지만 그러나 안민이나 위민을 거론한다 해도 민을 정치적 주체로 본다는 것은 아니었다. 민주는 아래에서부터 위로 올라가는 것이며, 백성들이 자각적·자발적으로 자유, 인권과 평등, 행복을 쟁취하는 것이기 때문이다.[40]

더 나아가서 민주주의라는 것은 그저 사람들이 스스로 통치하는 것이라고 단순하게 이해할 수도 있지만, 동시에 이 개념에는 급진적 요소가 담겨 있다. 즉 민주주의는 인간이 서로 평등한 존재로서 이 땅 위에서 어떻게 함께 살아갈지를 두고 스스로 결정을 내리는 데 필요한 각종 제도를 발명하고 활용할 수 있는 존재라고 가정하는 것이다. 이런 의미에서 민주주의는 소름 끼

칠 정도로 굉장한 발명품이었다.[41)

문제는 민주주의가 동아시아가 아니라 지중해와 중동지역의 발명품이란 점이라는 사실이다. 기원전 2,500여 년 전 고대 그리스의 폴리스에서는 공동체와 평등에 대한 의식을 갖춘 시민들이 존재했다. 아테네를 비롯한 폴리스에서는 모든 자유시민들이 민회(ekklesia)에 직접 출석하여 투표하는 민주정을 실시하고 있었다. 민회의 대의체이던 평의회(boule)는 각 부족에서 추첨을 통해 구성했다. 집회에 참석한 사람은 누구든지 발언권을 가지며, 의회의 제안에 대해 수정을 요구할 수 있었다. 최근에는 고고학의 성과를 통해 그리스보다 2천 년 전인 후기 청동기시대의 '동방(현재의 시리아, 이라크, 이란 지역)'에서 평등한 사람들의 '자치적 회의체'가 시작되었다는 점도 밝혀졌다. 아테네 이후에도 민주주의는 소멸하지 않고 이슬람 지역에서 '와크프(waqf, وقف)'와 '모스크(mosque, مَسْجِد)' 같은 자치적 결사체와 '샤리카(sharika, شركة)'라는 일종의 공동 경영 조직으로 존속되었다.[42)

이에 비해 동아시아 사회에서는 민주주의의 토대가 되는 평등과 자치라는 의식이 상대적으로 미약했다. 물론 조선에서도 선비들이 유교적 덕성에 기반한 공동체의 수립을 희구했지만 성리학이 지닌 한계로 인해 불평등한 사회에서는 그런 공동체가 구현될 가능성이 그리 크지 않았다. 실제로도 그 이상은 조선 후기에 들어서면서 세도정치(勢道政治)와 삼정의 문란 등 정치부패가 만연하면서 현실 속에 꽃 피지 못하고 실패로 끝났다.

순조 때부터는 왕의 신임에 힘입어 정치권력을 남용해 독단적으로 국정을 운영하는 세도정치가 기승을 부리게 되었다. 안동 김씨, 풍양조씨 등 외척 권세가들이 발호했고, 여기에 국가 재정의 3대 요소인 전정(田政)·군정(軍政)·환곡(還穀)의 재정행정을 둘러싼 정치부패가 극심하였다. 이로 말미암아 전국 각지에서 민란이 발생했다. 이는 조선왕조가 치국의 근본원리로 삼았던 민본정치가 형해화되었다는 것을 가리킨다. 그 후 서양의 사상 조류들이 유교를 대체하는 데는 그리 시간이 오래 걸리지 않았다.

일제와 독재정권에 포섭된 유교 ○━━━━━

> 유림이라는 사람은 먼저 우리 국체의 존경과 현대의 중대 시국을 인식하고, 종래부터 습득해 온 유교정신을, 황도정신에 합치시켜서 황국신민으로서의 길을 실천궁행함으로써, 국가적인 대사업에 공헌해 주기를 바라마지 않는 바인 것이다.
> _ 이명세

　지금껏 살펴본 대로 조선왕조는 유교를 통치 이데올로기로 삼았고 그 결과 유교는 조선 사회의 보편적 문화로 자리 잡았다. 원래 중화체제의 부분을 구성한 유교문화였기에 소중화를 자부한 조선의 지배층에게 유교는 왕조의 정당성을 뒷받침하는 사상으로 기능할 수 있었다. 그러나 조선 후기에 들어서면서 유교적 통치 질서는 흔들리기 시작하였다. 서구 제국주의 열강에 무력한 모습을 노정한 청나라는 조선의 유교지식인들에게 충격을 주었다. 일본과 청나라에 이어 조선에도 서구 국가들의 침탈이 시작되었지만, 오직 성리학만 금과옥조로 떠받든 채 세상의 변화에 둔감하던 전통 유림들은 이에 제대로 대응할 수 없었다. 기껏 내세운 것은 금수와 같은 서양인들을 절대 상종해서는 안 된다는 위정척사론이었다.

서양 배격을 외쳤던 유생들 일부는 1905년 을사늑약이 체결되었을 때와 1910년 국권이 상실되었을 때 자정순국하거나 의병 봉기에 나서는 등 일제에 저항하였다. 특히, 국권을 지키기 위해 자발적으로 민병을 조직해 일제에 저항한 이들 중에는 유인석, 류치명, 이설, 김복한 등 유림이 많았다. 유인석과 이상설, 이회영 등 만주·연해주 지역으로 국외망명을 선택해 독립운동을 벌인 인사들도 있었다.[43]

서양과 일본 제국주의의 침략이라는 국가적 위기 상황에서 조금 더 유연한 흐름을 보인 이들은 발달된 서양기술은 배우되 윤리는 동양의 정신(道)을 지켜야 한다는 동도서기론(東道西器論)을 내세웠다.[44] "서양의 교(敎)는 나쁘니 마땅히 멀리해야 한다. 그러나 그 기(器)는 이롭다. 이용후생(利用厚生)을 위하여 그 교는 배척하되 그 기는 배워야 한다"고 한 김윤식이 대표적이다. 이는 당시 중국의 중체서용론(中體西用論)이나 일본의 화혼양재(和魂洋才)와 일맥상통하는 것이었다.

이와는 다르게 서세동점(西勢東漸)을 시대의 대세로 수용하고 이에 순응해 개화의 길을 걸어야 된다고 주장한 사람들도 나오기 시작했다. 청일전쟁의 패배를 계기로 유길준, 신채호, 박은식 같은 일부 지식인들은 중화체제로부터 노골적으로 이탈해 새로 소개된 서양사상이나 한국 고유의 역사와 사상으로 그 관심을 옮겨갔다.

유림들은 1910년대 일제의 강압 일변도의 무단통치가 전개되면서 점차 무력함을 노정하게 된다. 무단통치에 저항해 전국에서 펼쳐진 독립만세 시위운동인 3.1운동 때의 민족대표에도 유교는 없었다. 아예 조선 총독부의 시책에 적극적으로 협력하면서 급속히 친일화되었다. 그 계기는 3.1운동 후 새로 부임한 조선 총독인 사이토 마코토가 일본 정부가 만든 '조선민족운동에 대한 대책안'에 따라 친일파 육성책에 나선 것이었다. 조선에서 명망이 높은 지식층이었던 유림들은 그 주된 대상이었다. 지방 유림의 동향을 파악하고 감시하던 기관인 경학원(經學院)은 3.1 운동 이후 유림들에 각종 편의와 지원을 제공함으로써 각 지역에 친일 유림 단체를 조직하고 회유에 나섰다. 이에 따라 결성된 '대동사문회(大東斯文會)'는 표면적으로는 유교의 진흥을 표방하였지만 실제로는 일제의 통치에 적응할 수 있는 교양을 키우는 연구사업과 사회교양사업을 담당하였다.

경상북도 유생들이 일본 시찰을 갔다온 후 도 참여관이었던 신석린의 주선으로 만든 '유도진흥회'는 취지서 및 회칙에서 "국헌을 존중히 여기고 국법에 순종하며 백성의 복리를 염두에 둘 것", "세상 돌아감에 뒤지지 않도록 평상시 대국을 눈여기고 경거불온한 행동을 삼가며 일반 민중에 모범이 되도록 힘" 쓰면서 식민통치에 협력하였다.[45] 1939년 10월 경성에서 일제에 협력한 유림들은 '전선유림대회(全鮮儒林大會)'를 개최하고 전국적인 유림단체인 '조선유도연합회'를 결성하였다.

조선유도연합회는 일제강점기 마지막에 등장한 최대의 유림 단체로 일제의 침략 전쟁에 적극적으로 협력한 조선총독부 관변 단체였다. 조선유도연합회 주요 간부들은 각 지방을 돌면서 시국강연과 강습회 등을 활발하게 전개하였고, 소위 '성지참배단(聖地參拜團)'을 조직하여 일본의 성지를 참배하였으며, 심지어는 각도 유림이 일본의 육·해군에 군용기용 자금으로 헌납한 10만 3천 원으로 일명 '유림호(儒林號)' 군용기를 만들게 하였다.[46]

경성제국대학 문학부 교수였던 다카하시 토오루(高橋亨)는 식민지 조선에서 내선인(內鮮人)의 문화 정도의 차이에 기초한 차별화가 동반된 동화정책을 강조했는데, 이는 총독부의 유교 정책에 큰 영향을 미쳤다.[47] 일제 통치에 대한 유림의 협력은 1930년대 후반 일제가 동화정책으로 '내선일체론'을 주창하면서 더욱 강화되었다. 일제는 조선인의 사상과 정보를 완전히 장악하려는 목적으로 사상범 보호관찰법을 통과시킨 데 이어 종교단체를 통제하기 위해 종교단체법을 만들어 공포하였다. 이에 따라 유교를 비롯한 종교계는 '총후보국(銃後報國)'이란 이름으로 일제의 전쟁 수행에 적극적으로 협조하였다.[48]

결국 이는 다카하시 토오루가 만든 이론인 황도유교(皇道儒敎)설을 떠받드는 데까지 이르게 된다. 황도유학이란 일본의 신국사상, 즉 천황을 살아 있는 신으로 섬기는 신도를 유교의 왕도정치와 결합시켜 만들어 낸 충효일치(忠孝一致)의 일본화된 유학이었다. 일제가 황도유학을 내세운 것은 조선 민중으로 하여금 일본의 침략 전쟁에 자진하여 인적·물적 자원을 바치도록 강요하는 침략 논리를 뒷받침하려는 것이었다. 황도유학은 유학에서 이상적인 정치 형태인 왕도정치를 일본의 천황제와 결부시켜 황도유학이라고 변조한 것이었다. 이는 시대의 변화를 무시한 독선이며, 조선인을 전쟁에 동원하기 위한 기만적인 술책에 지나지 않았다.[49]

일제협력유림인 안인식과 이명세는 이런 황도유학을 더욱 확대하고 포장하였다. 안인식은 일본의 국체와 유학을 결합시킨 충효일치의 일본화된 유학에 다시 공자의 대동사상을 연결시켜 일제의 소위 대동아전쟁을 합리화시켰다. 그리고 이명세는 일제가 저지른 태평양전쟁을 정의로운 전쟁일 뿐만 아니라 동양을 위한 숭고한 의전(義戰)으로 격상시켰다. 이들은 다카하시보다 황도유학을 세련되게 발전시키고 범위를 확대시켰을 뿐만 아니

라 황도유학을 스스로 체화시켰다.[50)]

　식민지 조선의 유림들이 천황을 떠받드는 황도유학을 수용하고 일제를 찬양한 것은 조선시대에 이룩한 높은 수준의 유학사상의 단절을 초래하여 한국 유학사상의 발전적 흐름을 끊은 악영향을 남겼다. 충량한 황국신민이었던 이들 유림은 인과 의를 핵심으로 하는 유학의 정신을 저버린 명백한 매국행위로 한국 유교사에 오점을 남겼다고 평가된다.[51)]

　유교 본래의 정신에 배치되는 데도 정치권력과 결탁해 이익을 꾀하는 일탈된 흐름은 1950년대 이승만 정권 시기에 유교문화가 민족 고유의 전통적 가치라는 미명하에 정치적 목적을 위해 이용되는 것으로 이어졌다. 과거 황국신민화 운동에 앞장섰던 황도유학자들은 1956년 자유당 의원들과 함께 당시 유도회 총본부 위원장이자 성균관장으로 있던 민족유학자 김창숙의 반대에도 불구하고 '유도회선거추진위원회'라는 조직을 만들어 자유당 선거운동을 벌였다.

　유도회사건 이후에는 김창숙을 몰아내고 일명 기독교 신자로 자처한 이승만을 유도회 총재로, 또 다른 기독교 신자인 이기붕을 유도회 최고고문으로 추대하였다. 이승만 역시 "예전부터 우리가 배워서 행해오던 삼강오륜은 고칠 수 없는 것"이라면서 예의와 도의를 지킬 것을 강조하였다. 이는 자신의 독재 연장을 위해 한국 사회의 일반정서인 유교문화를 포섭하고자 하는 기회주의적 정치의식에서 연유하는 것이었다.[52)]

　쿠데타로 집권한 박정희 역시 자신의 권력 강화를 위해 전통문화를 복원하고 충효사상을 강조하였다. 박정희는 충효사상은 "오늘의 한국 사회가 절실히 필요로 하는 시대적 요구"이며, "공산주의에 대처하여 국토를 방위하고 자아를 확립할 수 있는 민족적 주체성이 필요"하기 때문에 청소년에게 충효사상을 고취해야 한다고 밝혔다.

이런 인식은 민족 고유의 정체성을 확인시키는 사상교육을 동반하는 한편, 민족주의를 내세워 서구의 민주주의와 북한의 사회주의에 대한 대항담론으로 삼으려는 것으로 나타났다. 그러나 이는 당시의 시대적 상황을 고려해 개발된 독창적 담론이 아니라 일본 메이지유신 시기에 강조된 일본 민족의 주체성과 공동체주의에 입각한 '충효일본론(忠孝日本論)'의 단순한 모방에 불과한 것이었다.[53] 박정희에게 인의예지에 기초한 사회를 실현하고, 인정에 기초해 민본정치를 구현하는 일은 아예 안중에 없었다. 그가 관심을 기울인 것은 오직 독재체제를 정당화하고 정치적 반대세력을 억압하는 데 유용한 통치의 기술뿐이었다. 유교의 핵심 정신과 이에 기초한 정치의 근본하고는 사뭇 거리가 있는 배타적 집단주의와 절대적 복종을 특징으로 하는 사이비 유교는, 자기 소리를 낼 수 없는 사회적 약자들을 보호하지 못하고 오히려 배제하거나 추방하는 허울 좋은 명분으로만 기능했다.

> 20세기의 국가경쟁은 그 국민 전체에게 있다. 따라서 그 승패
> 의 결과가 한 개인에게 있는 것이 아니고, 그 국민 전체에 있다.
> 정치가는 정치로 경쟁하며⋯ 실업가는 실업으로 경쟁하며, 혹
> 은 무력으로 하며, 혹은 학술로 한다. 그 국민 전체가 우(優)한
> 경우에는 승리하고, 열(劣)한 경우에는 패배한다.   _신채호
>
> 개인이든 민족이든 간에, 힘이 약한 사람들은 힘이 정의라는 사
> 실을, 즉 힘이 정의를 만든다는 사실을 개탄해 마지 않는다. 그
> 러나 곰곰이 생각해보면, 힘이야말로 한 국가가 엄청난 값을 치
> 르고 구하는 하나의 상품이다.   _윤치호

한국 권위주의의 기원을 논구하는
데 있어 근대를 향한 특수한 경로로서 배타적 민족주의가 수용
되고 확산되는 과정이 빠질 수 없다. 근대 민족주의가 지닌 다면
적인 특징 가운데 타자에 대한 적대시와 억압은 권위주의와 친
화성을 지니기 때문이다. 이러한 민족주의가 수용된 시기는 조
선 말인 19세기였다. 당시에 유길준을 비롯한 지식인들은 성리
학의 대체물로서 부강을 우선시하는 사회진화론적 민족주의에
주목했다. 힘의 논리가 지배하는 근대 공간에서 인간의 도덕성
에 기초한 사회를 실현하고자 하는 성리학적 세계관은 낡아서
버려야 할 이념이 되었다.[1)]

조선왕조가 위기에 처했을 때 국권회복론이라는 일종의 극복

논리로 수용된 것이 바로 사회진화론이었다. 중국에서 양무운동(洋務運動)이 실패하면서 중체서용(中體西用)[2]의 한계를 느낀 강유위(康有爲)[3] 등이 사회진화론을 수용해 변법자강운동(變法自強運動)을 추진한 것도 조선의 지식인들에게 큰 영향을 미쳤다. 일제강점기에 가장 잘 생존하고 권력을 유지한 이들이 내재화한 논리 역시 사회진화론이었다.[4] 이는 공동체가 간직해 온 가치를 우선시하고 관계적 의무와 책임을 중시하는 전통적 보수주의가 자리 잡지 못하고 불평등을 당연시하고 자유경쟁을 내세우는 세력이 오랜 기간 지배해온 이유를 밝히는 데 중요한 단서를 제공해준다.

민족주의란 무엇이고 왜 중요한가?

민족주의의 수용과정을 알아보기 전에 먼저 살펴보아야 하는 것은 민족주의란 무엇이고 왜 중요한가 하는 점이다. 민족주의는 근대 정치 질서의 형성과 변화 과정에서 핵심적인 역할을 수행한 이데올로기이다. 민족주의는 자유주의와 더불어 근대국가의 성립을 도왔고, 서구 강대국들이 해외에서 제국을 건설하고 제국주의 전쟁을 벌이도록 추동했으며, 식민지에서는 대항적 민족주의 운동을 촉발하기도 했다. 물론 배제와 차별을 특징으로 하는 민족주의에 대한 비판도 만만치 않다. 민족주의를 이해하기 위해서는 우선 민족이 어떤 의미로 사용되는지 살펴볼 필요가 있다.

민족의 정의는 시대와 국가별로 다르다. 이럴 경우 민족에 해당하는 nation의 어원을 추적하면 그 의미의 모호함이 덜해질 수 있다. nation의 어원은 '출생하다'의 뜻을 가진 라틴어 nascor이다. 이 말이 고대 로마에서는 natio의 형태로 다양한 외국인을 지칭했고, 중세에는 파리대학이나 라이프치히대학 등에서 학생들을 출신 지역 언어에 따라 natio로 분류해 불렀다. 그러다가 근대에 들어와서 국가의 통일된 영토 안으로 민족 구성원들을 집중시킬 필요가 생기면서 민족을 국가의 근거로 삼는 관념이 생기게 되었다. 민족은 '우리'라는 공동체의 감정, 즉 사람들이 집단 속에서 공유하는 공통의 정체성에 초점을 두게 되었다. 독일어에서 nation에 해당하는 단어는 Volk이다. Volk는 원래 18세기 중엽까지 군대 등의 집단이나 모멸적인 의미에서 사회 하층의 민중을 가리키던 용어였다. 그러던 중 18세기 말 '질풍노도 운동(Sturm und Drang)'을 이끈 낭만주의 운동의 선구자인 헤르더(Johann Gottfried von Herder)가 '공통의 언어를 기초로 하고, 역사적으로 형성되었으며, 독자적인 개성을 갖는 문화 공동체'라는 의미를 부여했다.

헤르더는 다른 인간 활동에서와 마찬가지로 예술에서 진정으로 근본적이고 창조적이며 자극적인 요소를 형성하는 것은 '민족정신(Volksgeist)'이라고 지적한 바 있다. 이후 독일에서는 나폴레옹 침략이 가져온 보편주의적 합리주의에 대항하는 낭만주의와 역사주의의 영향으로 독일의 전통이나 독자적인 민족성을 강조하게 된다. 당시에 Volk라는 개념은 윤리적이고 사회적으로 통합되었으며, 가부장제에 바탕을 두고, 종족적 특징과 언어를 공유하는 사람들의 공동체라고 이해되었다.[5] 그러나 20세기 초 바이마르 헌법에서는 Volk가 주권자로서 국민 내지 인민을 의미하는 공식 용어로 사용되기도 했다. 이런 점에 비춰보면 Volk는 민중, 민족, 국민, 인민 등 다양한 의미를 지니며 역사적으로 다양한 변화를 겪어왔다고 할 수 있다.

민족의 정의와 관련해서 중요한 문제는 어떤 요인들이 공통된 정체성과 공동체라는 감정을 만드는가 하는 점이다. 흔히 민족의 속성으로는 인종적 동일성, 공통의 역사와 언어 및 문화 등이 거론되지만 이 역시 고정적이거나 불변적이지 않다. 그렇기는 해도 민족의 정의는 크게 둘로 구분이 가능하다. 먼저 객관적인 정의는 민족을 구성하는 혈통, 언어, 관습, 종교, 영토 등의 단일하거나 복합적인 기준들을 제시한다. 반면에 민족에 대한 주관적 정의는 민족 성원들의 집단적이거나 개인적인 소속감과 소속 의지를 가장 중요한 기준으로 내세운다. 주관적 정의의 대표적인 사례가 프랑스의 철학자이자 종교사가인 르낭(Ernest Renan)이 보불전쟁 시기인 1882년 소르본느대학에서 행한 유명한 연설이다.

> "하나의 민족은 하나의 영혼이며 정신적인 원리입니다. 둘이면서도 사실 하나인 이것은 한쪽은 풍요로운 추억을 가진 유산을 공동으로 소유하는 것이며, 다른 한쪽은 현재의 묵시적인 동의, 함께 살려는 욕구, 각자가 받은 유산을 계속해서 발전시키고자 하는 의지입니다. …… 한 민족의 존재는 개개인의 존재가 삶의 영속적인 확인인 것과 마찬가지로 매일매일의 국민투표입니다."[6]

르낭은 민족국가의 경계는 자발적인 인간 의지에 의해 만들어진다고 규정하고 국민투표처럼 민족은 그 구성원들에 의해 끊임없이 만들어지고 확인받아야 하는 생성체라고 주장한다. 그러나 민족에 대한 주관적 정의는 설명해야 할 것을 단순히 전제하고 있다는 점에서 동어반복의 맹점을 지닌다. 민족에 대한 객관적 기준들 역시 대단히 모호하고 유동적이어서 민족을 규정하는 토대일 뿐 민족 자체가 되지 못한다고 할 수 있다. 그러니 민족은 주관적 요인과 객관적 요인을 오갈 수밖에 없는 '뫼비우스의 띠'와 같다. 결국 민족 개념에 내포되어 있는 모호함과 모순성을 고려하면 차라리 특정 지역에서 민족 개념의 역사적 변형 과정에 초점을 맞추는 편이 민족주의를 더 구체적이고 풍부하게 이해하도록 해준다고 할 수 있다.[7]

유럽의 경우 종족과 종족적 정체성이 생성된 것은 로마 제국 말기 게르만족의 대이동기였다. 이 시기에 앵글로·색슨, 프랑크, 고트, 롬바르드, 수에비, 반달 등 게르만 종족들이 옛 로마 제국 안으로 이동해 왕국들을 건설했다. 그러나 다양한 부족과 종족들을 하나의 법률 아래 통합시켜 단일한 로마시민을 창조한 로마인들에게 종족적 정체성은 생소한 것이었다. 게르만족의 대이동은 법률적 정체성과 종족적 정체성이 뒤얽히게 했다. 종족적 정체성은 가변적이고 유동적이었으며, 개인이 갖는 여러 정체성 중 하나였을 뿐이다. 권력과 부를 기준으로 고귀한 자라는 뜻의 honestiores와 미천한 자라는 뜻의 humiliores가 구분되었듯이 중세는 사회적 정체성이 중요한 시기였다.[8]

근대에 들어 유럽에서 제일 먼저 대중적인 민족주의가 출현한 곳은 대륙 국가들이 아니라 섬나라인 잉글랜드였다. 잉글랜드에서는 종교개혁이 로마 교황청에서 벗어난 앵글리칸 처치(Anglican Church)의 발전을 가져오고 영어판 성경의 발간을 통해 민족의식이 고양되었다. 그러나 유럽 대부분 지역에서 근대적 의미의 민족에 눈을 뜨게 된 것은 프랑스 혁명과 나폴레옹 전쟁을 거치고 나서였다.

민족에 대한 이해에 근거해 우리는 민족주의란 무엇인가에 대해서도 살펴볼 필요가 있다. 민족주의 역시 모호한 개념인 민족을 대상으로 삼는 운동이자 이데올로기라는 점에서 정의 내리기가 어렵다. 그런 까닭에 민족주의는 그 용어가 사용되는 정치적·사회적·문화적 환경의 맥락 속에서 살펴봐야 한다. 역사적으로 보면 사람들은 오랫동안 자신이 속한 씨족, 촌락, 도시, 직업, 신분, 지방, 왕조, 제국, 종교 등에 일체감을 느끼면서 자신들의 충성심을 과시해왔다.

이러한 맥락에서 보면 먼저 민족주의란 개인이 민족에 최고의 충성을 바쳐야 한다고 믿는 교리라고 정의를 내릴 수 있다. 이 정의는 민족의 이해관계와 가치가 다른 것들에 우선해야 한다는 전제를 깔고 있다. 나아가 이 정의는 충성심의 최고의 대상인 민족은 가능한 한 독립적이어야만 하며, 이를 위해 정치적 주권을 획득할 필요가 있다는 주장으로 연결된다. 바로 이 점에 착안해 많은 학자들이 민족주의를 정의한다.

그 대표적인 학자가 체코 출신의 어니스트 겔너(Ernest Gellner)이다. 겔너는 민족주의란 산업화가 진척되고 사회가 발전하면서 국가가 대내적으로 국민들을 동원하고 대외적으로 다른 국가들과 경쟁하기 위해 만든 정치적 논리이자 이념이라 주장한다. "민족주의가 민족을 만들었다"라는 것이다. 이러한 관점에서 겔너는 민족주의가 "일차적으로 정치적 단위와 민족적 단위가 일치해야 한다고 주장하는 정치 원리"[9]라고 정의를 내린다.

이 정의는 민족 경계가 정치 경계를 자르고 지나가서는 안 된다는 것으로, 한 국가 안에서 민족 경계로 인해 권력 보유자들과 그 나머지 사람들 사이가 분리되어서는 안 된다는 점을 강조한 것이다. 영국의 사학자인 에릭 홉스봄(Eric Hobsbawm) 역시 민족주의를 겔너가 규정한 의미로 사용하고 있다. 이에 더해 홉스봄은 민족은 민족주의에 의해 형성되며 그 과정에서 가공이나 발명, 사회공학이 중요한 역할을 한다면서 '발명된 전통(the inven-tion of traditions)'이라 칭한다.10)

겔너의 제자인 앤서니 스미스(Anthony D. Smith)는 민족의 뿌리와 근원을 탐색하려고 했고, 그것을 '족류공동체(ethnic community, ethnie)'라고 정의했다. 스미스는 민족을 '그 구성원들이 공유된 기억, 상징, 신화, 전통, 가치를 배양하고, 역사적 영토나 고토(故土)에 거주하고 거기에 애착을 느끼며, 독특한 공공문화를 창조 및 전파하고, 공유된 관습과 표준화된 법률을 준수하는, 이름과 자기인식을 지닌 인간 공동체'라고 정의한다. 그리고 민족들은 거의 대부분 족류공동체에서 발전되어 나온 것이라고 설명한다.

한편 서유럽에서 흔했던 보다 영토적-정치적 형태의 시민민족주의와는 달리, 동유럽과 아시아의 족류민족주의들은 민족적 소속을 위한 계보적 유대, 언어, 관습, 숭배의식과 같은 지방토착(어)문화, 토착문화보호주의적 족류사와 구전되어 내려온 공유된 기억, 대중동원의 중요성을 강조한다. 그리고 민족을 국가보다는 주로 민족정체성에 의해 설명하고, 민족정체성을 "민족들의 독특한 유산을 구성하는 가치, 상징, 기억, 신화, 전통의 패턴에 대한 연속적인 재생산 및 재해석과 그 유산 및 그것의 문화적 요소들과 개인들의 동일시"라고 정의한다.

따라서 족류상징주의자들에게 가장 중요한 것은 족류성의 역사와 내용이다. 결국 민족/민족주의 연구는 근대 이전으로 거슬러 올라가야 하고, 국가엘리트에 의한 위로부터의 민족형성 과정만이 아니라 민족들과 민족주의의 형성과 생성방식에서 중요한 역할을 한 문화, 상징요소들에도 관심을 기울여야 한다는 것이다.11)

베네딕트 앤더슨(Benedict Anderson)은 근대론의 입장에서 민족주의의 형성과 특징을 독창적으로 고찰했다. 앤더슨은 근대에 들어 전통적인 종교 공동체나 왕조적 질서가 사라진 공간을 민족이 메웠다고 한다. 기독교가 지배하던 중세시대의 과거·현재·미래를 넘나드는 초월적인 시간관 대신, 사람들이 현세적인 시간관을 갖게 됨으로써 같은 시간대에서 다른 사람들과 동시성을 느끼거나 16세기 이래 발전한 인쇄 자본주의가 만든 문화적 동질성이 소설이나 신문 같은 인쇄 매체들을 통해 멀리 떨어져 있는 사람들을 하나로 묶어준다는 것이다.

그 결과 익명의 개인 간에 상상 속의 기반이 만들어지고 같은 시간과 공간을 공유하는 내셔널리티로 이루어지는 '상상된 공동체(imagined communities)'에 대한 소속감이 생겼다고 주장한다.[12] 민족주의의 성격에 대해서는 저명한 민족주의 이론가인 한스 콘(Hans Kohn)의 다음과 같은 고전적인 정의가 여전히 유효하다.

> "민족주의는 국가가 국제정치적 원칙이나 개인 수준의 이해관계보다도 더욱 큰 중요성을 갖는다는 주의로서 정책이나 사상 체계라기보다는 정치적 견해라고 할 만하다. 역사적으로는 자기 민족을 다른 민족이나 국가와 구별하고 그 통일·독립·발전을 지향하는 사상 혹은 운동이며, 정치적으로는 민족을 사회공동체의 기본단위로 보고 그 자유의지에 의해 국가적 소속을 결정하려는 입장이라고 요약할 수 있다. 일민족 일국가의 원리를 주장하는 이러한 민족주의는 자각적 민족의식이 성립한 근대 이후의 현상으로서 시민적 자유주의와 궤를 같이 한다."[13]

민족주의는 어떻게 보느냐에 따라서도 다양하게 해석된다.

터키의 외즈키림리(Umut Özkirimli)에 따르면 민족주의에 대한 이론은 크게 셋으로 구분된다.[14] 첫째, 원초론(primodialism)은 민족주의 연구의 초기 패러다임으로 민족은 역사적으로 존재해 왔고 자연스러운 현상이라고 한다. 둘째, 근대론(modernism)은 민족주의가 근대의 산물로서 정치적 이유로 출현했다고 한다. 서양학계의 주류 담론으로, 앞에서 언급한 겔너나 홉스봄이 이에 속한다. 마지막으로 종족적 상징론(ethno-symbolism)은 원초론 과 근대론을 절충해서 근대론자들 주장의 일부를 수용하고 있기 는 하지만 공유된 역사의 기억, 문화적 공통성, 신화 및 상징 등 전근대적 요소의 연속성도 중시한다. 이들을 어떻게 평가할 수 있을까?

이 중에서 민족을 오래전부터 존재해 온 본연적인 역사적 실체로 보는 이론은 별반 설득력이 없다. 반면 민족을 근대적 현상으로 간주하는 이론은 연구자별로 민족형성의 구체적 조건들을 상이하게 제시한다. 그러나 근대 이전부터 존재해온 종족적 과거와 문화와의 연관성을 간과하는 한계를 지닌다. 그런 점에서 민족을 다양한 시각에서 이해해야 한다는 이론이 상대적으로 설득력이 크지만 이 역시 논의의 범주가 명확하지 못하다는 비판을 받는다. 이들 세 이론들이 젠더, 계급, 이민, 문화 등과 같은 새로운 범주와 연결되어 논의가 이뤄져야 함은 물론이다. 아울러서 민족이 유럽중심적이고 서구중심적인 관점을 벗어나야 할 필요도 있다.

제3세계 국가들에게도 민족주의는 근현대의 정치·사회 변동을 추동한 이데올로기라고 할 수 있다. 제3세계에서는 민족주의가 19세기 말에서 20세기에 걸쳐 동아시아를 필두로 서남아시아, 북아프리카, 남아메리카 등 식민지 전역으로 확산되었다. 서유럽과의 접촉을 통해 수입되어 그 지배를 받으면서 성숙했고, 나아가 독립을 쟁취하는 원동력이 되기도 했다. 예를 들어, 제3세계 민족주의가 서양 제국주의가 행한 수탈과 착취에 대한 반응으로 발전된 사례는 적지 않다.15)

1880년대부터 1차 세계대전에 이르는 '제국의 시대'는 국경을 넘는 인구의 이동이 급증하고 민족 간의 충돌이 빈발하였던 시기였다. 이 과정에서 비서구의 주변부 지역에서는 자국민들에게 타민족에 대항하여 민족의 정체성을 강화하려는 여러 가지 노력이 행하여졌다. 이를 위해 민족을 구성한다고 여겨지는 전통이 새로 부각되거나 심지어는 '발명'되기도 하였다. 반봉건적 성격의 고전적 민족주의에 비해 제3세계 민족주의는 반제국주의 성향이 강하고 사회주의나 해당 지역의 종교와 결합하는 경우도 있었다. 다른 한편으로 제3세계에서 유행했던 민족주의의 논리는 사회진화론(social darwinism)이라는, 서구에서 만들어낸 제국의 법칙을 그대로 따랐다는 한계를 갖고 있기도 하다.

근대 이후 유럽적 맥락에서 형성되고 발전된 민족이란 개념이 동아시아에는 언제, 어떻게 수용되고 변용되었을까? 이와 관련된 연구를 진행한 송규진에 의하면 동아시아 3국은 근대 이전에 '종족'의식이 존재했으며, 이것이 근대 '네이션' 개념의 수용과정에서 일정한 영향을 미쳤다. 한국의 경우는 종족적으로 단군계승의식을 지니고 있었고 문화적으로 기자계승의식을 지니고 있었다. 중국의 경우는 중화사상으로 특징지을 수 있는데 이는 종족적 개념을 지니면서도 문화주의를 내세웠다는 데에 큰 특징이 있다. 일본의 경우는 섬나라라는 지역적 특성 위에 '신국사상'이 존재했다. 그런데 여기에서 한국과 일본의 경우, 중국에 비해 상대적으로 안정적인 단일의식이 존재했다.

동아시아에서 '네이션' 개념이 형성되는 데에는 청일전쟁과 러일전쟁 등 동아시아 지역 내의 긴장과 상호작용이 중요했다. 대외적으로 위기의식이 발생하자 3국의 지식인들은 기존의 정체성을 갖고서는 새로운 위기에 대처할 수 없다는 인식을 갖게 되었다. 이로 인해 3국은 새로운 정체성을 확립하기 위해 노력했는데, 이때 서구의 '네이션' 개념이 수용되었다. 그렇지만 이 개념은 각국이 처한 이질적인 역사상황으로 인해 서로 다른 방향으로 나가게 되었다. 한국과 중국은 서구의 위기뿐만 아니라 일본에 대한 위협감으로 인해 보다 방어적인 차원에서 '민족'을 강조한 반면 일본의 경우는 국가체제가 완비되면서 보다 팽창적이고 공격적인 수단으로 활용하기 위해 '민족'을 내세웠다.16)

초기에 한국 민족주의는 서구 제국주의의 침략과 침탈에 직면한 시기에 지식인들이 스스로 개화하여 부강해져야 제국주의를 물리치고 국권을 회복할 수 있다는 논리로 전개되었다. 일종의 방어 논리로서 수용되었다는 점에서 한국 민족주의는 전형적인 제3세계 민족주의의 특징을 띠고 있다. 보다 구체적으로 강정인은 한국의 민족주의가 세계사적 시간대와 일국사적 시간대의 불일치가 일으키는 '비동시성의 동시성'을 일반적 원인으로, 그리고 19세기 후반 이래 한국이 겪어온 독특한 역사적 경험인 자체적 근대화의 좌절, 일제 식민지 경험, 남북한 분단 등을 그 특수한 원인으로 삼고 있다고 지적한다.

한국의 민족주의는 한편으로 단군의 혈통을 이어받은 단일민족임을 강조하는 종족적 민족주의의 자부심에 국권강탈, 식민지 경험, 분단과 6·25전쟁의 체험 등이 덧씌워짐으로써 형성된 손상된(상처 받은) 민족주의가, 다른 한편으로 식민지 시기에 박탈당한 국가에 대한 강렬한 집착, 일제강점기에 부과되고 내면화한 파시즘적 국가관, 남북한에서 분단국가가 민족을 온전히 대표한다고 고집하는 분단국가주의 등이 한데 응축된 국가주의가 복합적으로 결합해 강고한 국가민족주의로 출현하였다는 것이다.[17] 무엇보다 초기 한국의 민족주의는 서양의 초기 민족주의와 달리 개혁적 색채가 부재한 타협적 민족주의에 머물렀다. 비타협적 민족주의가 나타난 것은 3.1운동 이후 신채호와 1920년대 중반 이후 사회주의자에 의해서였다.

사회진화론과 민족주의 ○──────────────

사회진화론에 기초를 둔 민족주의는 시기적으로는 유럽의 독일과 이탈리아에서 먼저 출현했다. 뒤늦게 근대화 과정에 뛰어든 독일과 이탈리아에서 민족주의는 '비민족적' 혹은 '반민족적'으로 간주된 내부의 소수집단들을 '타자' 혹은 '내부 식민지'로 분류하고 주변화하며 배제하는 것으로 나타났다. 두 나라가 통일후 걸어간 '폭력을 통한 국민화'라는 '특수한 길'은, 개인의 자유와 민족의 독립을 통합적으로 사고하려 한 19세기의 자유주의적 민족주의가 이들 국가에서 자리 잡는 것을 방해했다. 평화로운 시민 공동체는 이들 국가에서 아직 요원한 것이었다. 20세기에 들어서자 이들 국가에서는 서서히 혈연적 위계와 인종적 요소를 강조한 사회진화론에 근거를 둔 민족주의가 유행하기 시작했다. 이 극단적 민족주의자들은 민족을 살아 있는 유기체로 간주하고 개인의 자유보다는 공동체의 조화를 강조하는 이데올로기를 내세우면서 정치권력을 장악하려는 노력을 전개했다.

진화는 종국적 목표를 향해 진행되며 그 목표에 도달한 혹은 근접해 있는 개체 혹은 집단이 그렇지 못한 이들에 비해 우월하다는 관념인 사회진화론은 자본가들의 자본축적 행위를 정당화하거나 제국주의의 식민지 지배와 나치즘의 '열등' 민족 절멸행위에 명분을 제공한 괴물이기도 했다. 이는 선별적인 번식을 통해 인간종을 진화시킬 수 있다고 믿는 우생학(eugenics)[18]과 '우월'한 인종이 '열등'한 인종을 지배하거나 차별하는 것을 당연시하는 사상인 인종주의의 결합이라고 할 수 있다.

사회진화론을 비롯해 우생학, 인종주의 모두 인종 간의 유전적·생물학적 근거를 모든 물질적이고 정신적 힘과 자질의 준거틀로 이용하는 데 공통점이 있다. 이는 세계의 문명화, 즉 서구 국가들이 근대에 이르러 성취한 모든 것을 갖추는 것은 '문화인종(Kulturrasse)'만의 의무이고, 이 과정에서 열등한 인종의 복종과 억압과 착취는 자연스러운 것이라는 사고와 행동으로 이어진다. 한국 사회에도 구한말 위기극복의 논리로 수용된 사회진화론은 일제강점기와 해방 후 권위주의 통치 시기를 거치면서 일종의 통치 이데올로기로 자리 잡은 민족주의와 국가주의 담론에 강하게 착색되었다. 이는 박노자가 지적했듯이 많은 사람들이 세계를 전장으로, 인생을 전투로 인식하며, 강한 자만이 살아남는다는 적자생존의 논리가 지배하는 작금의 한국 사회에도 짙은 그림자를 드리우고 있다.[19]

찰스 다윈(Charles Darwin)은 1859년에 발간된 『종의 기원(The Origin of Species)』에서 생물종이 자연선택(natural selection)의 메커니즘에 따라 진화한다는 사실을 과학적이고 포괄적으로 밝혔다. 이 책에서 다윈은 "인간에게 유용한 변이가 반드시 일어나고 있는 상황을 보면서, 위대하고 복잡한 삶의 전투 속에서 생물 상호간에 유용할 수 있는 변이가 수천 세대를 거치면서 언젠가는 일어날 수 있다고 생각하는 것이 타당하지 않은가?"라고 질문을 던진다. 그러면서 "이러한 변이가 일어났을 때, 그 변이가 아무리 사소하더라도 그것이 해당 개체에게 이득을 주기만 한다면 그들이 생존해서 자기와 닮은 후손을 남길 수 있는 아주 좋은 기회가 된다 … 아무리 사소하더라도 개체에게 해로움을 끼치는 변이는 곧 사라질 것이다"라고 언급한다. 유리한 변이가 보존되고 해로운 변이가 제거되는 것을 자연선택이라고 불렀다.[20] 이는 특수한 환경하에서 생존에 적합한 형질을 지닌 종이, 부적합한 형질을 지닌 종에 비해 생존과 번식에서 유리하다는 것을 가리킨다.

생명이 마치 나뭇가지가 자라면서 뻗어 나가듯이 진화한다는 것과, 그 과정이 자연선택이라는 메커니즘을 통해 일어난다는 다윈의 이론은 전통적인 자연관과 생명관을 완전히 뒤집는 것이었다. 당시의 지배적인 사고에 의하면 인간은 '존재의 대사슬(great chain of being)'이라 불린 생명의 사다리에서 맨 위에 있는 가장 우월한 존재였다. 그러나 다윈은 이런 지배적 사고에 반기를 들고 인간이란 다른 생물종처럼 하나의 공통 조상에서 갈라져 나온 가지일 뿐이라고 주장했다.[21]

이러한 도발적 주장은 종교적 신념을 기반으로 했던 당시 사회에 큰 충격을 주었다. 삼라만상을 만든 '지적인 설계자'를 믿던 사람들에게 앞을 내다보지도 못하고 절차를 계획하지도 않으며 목적을 드러내지도 않는 자연선택 과정을 통해 인류가 현재에 이르렀다는 주장은 자연과학은 물론 인문·사회과학 전반에도 새로운 시각과 이론적 틀을 제공했다. 특히, 진화론은 빅토리아 시대의 자본주의 및 자유주의자들이 신봉했던 발전의 맥락과 부합하는 것이었다. 부르주아들은 다양한 측면을 지닌 진화론 중에서 경쟁 논리를 자본 축적을 정당화하는 이론으로 역전시켰고, 사회주의자들도 유물론적 세계관을 정당화하는 이데올로기로 이를 수용했다.

특히 허버트 스펜서(Herbert Spenser)는 사회진화론(Social Darwinism)을 주장해 눈길을 끌었다. 스펜서는 『종의 기원』이 발간되기 그 이전인 1851년에 이미 적자생존이라는 용어를 사용했다. 다윈은 스펜서의 사회진화론에서 중요한 영향을 받았다. 그는 다윈의 진화론을 범우주적인 법칙으로 확대할 수 있다고 보았고, 사회도 적자생존의 원칙에 적용된다고 보았다. 생물이 진화하면서 몸의 기능이 분화하거나 통합하는 것처럼, 사회도 발전하면서 그 기능이 분화하거나 통합한다는 것이다. 이는 당연하게도 진화의 목표에 도달한(혹은 근접해 있는) 개체 혹은 집단이 그렇지 못한 이들에 비해 우월하다는 관념으로 연결되었다. 바로 적자생존과 양육강식의 논리였다.

스펜서는 사회진화론의 원동력을 경쟁이라고 했다. 사회에서 모든 성원들은 생존경쟁을 하는데, 이 과정에서 오직 최적자만이 살아남는다는 것이다(최적자생존(survival of the fittest). 지적열패자(the inferior intelligence)가 도태되는 것은 생물계에서의 자연도태와 다름없는 것이라고 하였다. 스펜서의 이론은 당시 자본주의가 발달된 영국 사회에서 자본가들의 이기심과 무한 자본축적 행위를 정당화시켜주는 이론으로 주목을 끌었다.

스펜서는 다윈보다 먼저 진화(evolution, 처음에는 development로 표기)라는 개념을 구상하고, 이를 자연계와 인간 사회에 적용한 인물이었다. 그는 생물의 발달뿐만 아니라, 사회·정부·공업·상업·언어·문학·과학·미술에 걸친 전 영역에 걸쳐 전 우주적 과정을 간단한 것에서 복잡한 것으로, 동질의 것에서 이질의 것으로, 미분화에서 분화된 형태로 계속해서 변화해가는 것으로 설명하였다. 또한 그는 일종의 진화론적 형이상학이라고 할 수 있는 거대 이론의 틀 속에서 최적자 생존이라는 유명한 말을 만들어냈다. 그런 의미에서 스펜서의 사회이론은 다윈의 영향보다도 라마르크의 영향이 크다고 할 수 있으며, 이 점에서 그의 사회진화론은 사회 라마르키즘(Social Lamarckism)의 일종이라 할 수 있다는 평가도 있다.[22]

그러나 경쟁을 통해 더욱 진화한 존재인 백인이 문명화된 서구 사회를 이룩했고 열등한 유색인종을 지배하게 되었다는 주장은 이를 뒷받침하는 과학적 근거도 없는 단순히 백인우월주의에 토대를 둔 것이다. 진화론의 옹호자로 '다윈의 불독'이라고까지 불렸던 토마스 헉슬리(Thomas Henry Huxley)는 스펜서의 주장을 반박하면서, 자연법칙(cosmic process)과 윤리법칙(ethic process)의 진화원리는 별개라고 주장하였다. 헉슬리는 자연상태를 극복한 인간 사회의 현 상태를 문명 사회라고 할 때, 이 문명상태를 지속시키는 동력은 주어진 환경에 가장 잘 적응하는 사람들이 아니라 윤리적으로 가장 훌륭한 사람들의 생존이라고 주장했다.[23] 하지만 노예제도에 반대하고 인류가 하나의 공통 조상이 있다는 이론을 지지했더라도 다윈과 그의 친구인 헉슬리 둘 다 실제로는 흑인과 백인이 지적으로 동등하다고 믿지 않았다.

1865년 헉슬리는 이렇게 주장했다. "일부 흑인이 일부 백인보다 더 나은 것은 맞다. 하지만 그 사실을 알고 있더라도 합리적인 사람이라면 평균적인 흑인이 평균적인 백인과 동등하다거나 더 뛰어나다고 생각하지 않는다. 그리고 … 턱이 튀어나온 우리의 친족이 … 뇌가 더 크고 턱이 더 작은 경쟁 상대와 물고 뜯고 싸우는 것이 아닌, 지적인 능력으로 싸워 이길 수 있다고 …

믿을 수는 없다. 문명 체계의 제일 윗자리를 거무스름한 우리의 사촌들이 차지할 수 없다는 것은 확실하다."[24]

사회진화론자들은 근대 사회가 가져온 안락함과 빈곤층에 대한 지원이 부적자(unfit)의 생존과 사회의 도태로 이어질 것을 우려했다. 일부 사회진화론자들은 오직 강한 지도자만이 대중이 나태와 무기력에 빠져드는 것을 막을 수 있다고 생각했다. 그들은 또한 민족국가 간에는 불가피한 패권 다툼이 존재하며, 때에 따라서 개인의 운명은 민족의 운명에 비해 그다지 중요하지 않다고 여겼다.[25] 강한 지도자에 대한 강조는 오늘날에도 세계 도처에서 민주주의를 지키지 않거나 파괴하는 독재자에 대한 열광적 지지로 나타나고 있다. 사회진화론은 19세기 당시의 기준으로는 분명 과학적이었으나, 현대의 시각에서 보면 대부분 유사(pseudo) 과학일 뿐이다. 이렇게 된 데는 사회진화론이, 심지어 그것보다도 더 수상쩍은, 인종에 대한 '과학'과 연결되어 있기 때문이다. 그 기원은 프랑스의 왕정옹호자인 아르튀르드 드 고비노(Joseph Arthur de Gobineau)가 1853년에 쓴 『인종불평등론(*Essaisur L'inegalité des Races Humaines*)』에서 찾을 수 있다.

발간 이후 줄곧 주목을 받지 못했던 이 책은 1890년대부터 추종자들에게 읽히기 시작했는데 그중 한 명이 독일의 작곡가인 리하르트 바그너(Wilhelm Richard Wagner)였다. 그는 반유대주의, '유대적 요소'가 제거된 게르만 기독교, 다신교적 전승을 혼합하여 이상화된 게르만 신화를 창조하였다. 그의 사위 스튜어트 체임벌린(Houston Stewart Chamberlain)은 여기에다 사회진화론과 인종주의 사상을 첨가했다. 히틀러는 체임벌린의 추종자였고, 승리 아니면 죽음이라는 바그너의 꿈을 일생 동안 쫓았다. 인종주의는 제국주의의 필수적인 구성 요소였다. 유럽의 강대국들은 인종과학을 이용하여 '열등한' 비유럽인에 대한 지배를 정당화했고, 덕분에 필요할 때마다 법치의 원칙을 무시할 수 있었다.[26]

스펜서의 사회진화론은 진화론을 자의적으로 해석해 무리하게 사회 분석에 적용시킨 데서 한계가 분명하다. 사회란 다양한 행위자들 간에 수직적, 수평적으로 복잡하게 관계가 얽혀 있는 공간이란 점에서 보면 사회진화론처럼 단순히 힘을 통한 지배·피지배 관계로 사회를 해석하는 것은 너무 일방적이고 단순하다. 사회에 대한 관계적이고 구조적인 사고가 결핍되어 있는 사회진화론은 그러나 최근 인류 역사에는 적지 않은 영향을 미쳤다. 다윈의 조국인 영국보다 후발 자본주의 국가인 미국에서 더욱 각광을 받았다. 사회적 진화론이 자유방임주의와 경쟁의 중요성을 부각시킨 이론이라 해석되었기 때문이다.

미국의 사회다윈주의자 윌리엄 섬너(William Sumner)는 "적자생존을 받아들이지 않는다면 당신은 부적자 생존을 받아들일 수밖에 없다."고 하면서, 심지어 "백만장자는 자연선택의 당연한 결과"라고 강조했다. 그 연장선상에서 그는 사회적 약자를 보호하는 국가복지 정책을 비판했다. 섬너의 철학을 받아들인 미국의 부호 록펠러(John Davison Rockefeller, Jr.)는 "미국 대기업의 성장은 적자생존의 결과"이며, "이것은 사악한 경향이 아니라 자연의 법칙, 신의 법칙의 구현"이라고 주장하기에 이르렀다.[27]

앨버트 소밋(Albert Somit)과 스티븐 피터슨(Steven A. Peterson)은 『다위니즘, 지배와 민주주의(*Darwinism, Dominance and Democracy*, 1997)』에서 인류역사에서 논쟁의 여지가 없는 사실인 압도적인 수의 정치 사회는 다수에 대한 소수의 지배, 지배와 복종, 명령과 순종에 의해 특징 지워졌다면서, 왜 권위주의 정권이 그렇게 흔하고 지속적인가, 이에 비해 민주주의의 성공 사례는 적은가라는 질문을 제기한다. 여기에 대한 대답에서 진화론은 중요한 부분을 차지한다고 한다. 자연 선택의 대상이 된 결과 인간이라는 종은 위계질서의 지배를 받고, 권위에 복종하며, 사회질서를 유지하는 다양한 수단을 주입(indoctrination)하려는, 즉 특정한 교리나 신념으로서 가르치려는 경향을 지니게 되었다는 것이다.

사회적 영장류인 인간은 권위적인 삶에 대해 태어나면서부터 편견을 가지고 있는데, 이는 지배적인 행동을 하려는 경향과 지배적인 위계질서의 형성에 근거하는 것이다. 이러한 편견을 강화하는 것은 복종에 대한 충동이다. 이러한 요인들은 인간이 권위주의체제를 받아들이는 성향과 관련이 있다. 인간 본성을 진화론적 관점에서 이해하는 것은 정치체계가 어떻게 그리고 왜 발전되었는지 설명하는 데 도움이 될 수 있다고 주장한다.[28]

동북아의 사회진화론 수용

무엇보다 사회진화론은 배타적 민족주의를 떠받치는 이론이다. 유럽 제국주의와 나치즘(Nazism)의 정당화에 이용되면서 위력을 발휘했던 사회진화론은 동북아에서는 19세기 말에 위기 극복 논리로 수용되었다.[29] 동아시아 국가에서 사회진화론은 서구의 제국주의 국가에서처럼 강자의 이해를 정당화하기 위한 이론이 아니라 약자가 어떻게 생존경쟁에서 패했는지, 그리고 어떻게 문명화와 근대화를 통해 강자가 될 수 있는지를 해명하는 이론으로 변형되었다.[30] 한, 중, 일은 수용경로와 형태가 차이가 있다. 가장 빠른 것은 일본이다. 이렇게 된 데는 주변부 위치 지리적 특수성으로 유교적 국제질서에 편입 정도가 상대적으로 약했기 때문이었다.

이러한 상황에서 일본은 18세기 이후 서양의 압력이 가해지자 유교적 국제 질서에서 신속히 벗어나 서구적 국제질서로 편입할 수 있었다.31) 이후 사회적 진화론은 현실 정치에 적용되었고, 일본 정치가 국가주의적 색채가 진하게 만든 한 요인이 되었다. 제국주의 정책과 노선을 합리화하였음은 물론이다. 사회진화론을 중국은 서양 유학과 번역 작업을 통해 수용하였고, 한국은 이들을 통해 우회적으로 수용하였다.

19세기 중엽부터 동아시아 지식인이 가장 적극적으로 수용하고 이해하고자 한 서양사상은 사회진화론이다. 그것은 근대 초기 계몽 지식인의 주요한 사상 배경이기도 했다. 지식인들은 사회진화론에서 새로운 세계관이나 역사관을 찾으려 했다. 이런 상황에서 사회진화론 같은 서양사상은 동아시아 내부에서 다양하게 유통됐고, 활발한 지적 연쇄를 일으켰다. 동아시아 삼국에서 사회진화론이 수용되는 시기와 경로 등은 상당한 정도 밝혀졌다.

메이지 일본에서는 1870년대부터 미국의 동물학자 모스(E. S. Morse), 영국의 사상가 스펜서를 통해 사회진화론을 직접 수용하였다. 1880년대에 들어와서는 가토 히로유키가 국가주의의 색채가 강한 독일의 사회진화론을 수용하기도 하였다. 중국에서는 계몽사상가였던 옌푸가 토마스 헉슬리의 『진화와 윤리(*Evolution and Ethics And Other Essays*, 1894)』를 중국어로 『천연론(天演論)』이라고 번역하면서 사회진화론이 소개되었다. 이 책을 통해 당시 중국인들은 세계가 '물경(物競: 생존경쟁)'과 '천택(天擇: 자연선택)'이라는 진화의 원리에 따라 부단히 변화하고 있다는 주장을 접하게 되었다.

한편 한국에서는 1880년대부터 유길준, 박영효 등 개화파 지식인을 통해 부분적으로 수용되기 시작하여, 1890년대에는 서재필, 윤치호 등과 같이 미국에 유학했던 지식인들을 통해, 20세기 초에는 박은식, 장지연, 신채호 등을 비롯하여 국내의 유교적 지식인들이 주로 중국의 저작을 통해 사회진화론을 학습하고 수용하였다.[32]

동아시아에서 민족주의 관념이 대두하게 된 데는 서양 제국주의의 침략과 청·일전쟁과 러·일전쟁 등 동아시아 지역 내의 긴장과 상호작용이 배경으로 작용했다. 동아시아 3국은 새로운 위기에 직면하여 새로운 정체성을 확립하기 위해 노력했는데, 이때 서구의 민족 개념도 수용되었다.[33] 국가들 간의 상호 주권의 인정과 더불어 국가구성원의 권리와 의무의 평등을 내용으로 하는 민족 개념의 생성에 영향을 미친 것은 민권론이었다. 시기적으로 앞선 나라는 중국이다. 중국에서는 청일전쟁의 패배와 서구 열강에 의한 영토분할, 그리고 의화단의 난을 거치면서 민권론이 전개되었다. 청일전쟁 이후 절박한 위기의식을 느낀 중국의 지식인들은 청국 조정의 제도개혁과 민권 신장이라는 두 가지를 통해 중국의 부강을 모색했다.[34] 이는 무술개혁의 실패 이후 제도개혁보다는 민권신장을 통해 부국강병을 달성하고자 했는데, 그 대표적 인물이 옌푸(嚴復, 1854~1921)이다.

옌푸는 1877년 영국으로 파견되어 포츠머스와 그리니치의 해군학교에서 당시 세계 최강이던 영국의 해군 기술을 공부했다. 또한 그는 서양의 법 집행을 연구하는 데 많은 시간을 보냈고 서양 정치이론에 대해서도 폭넓은 독서를 했다.[35] 옌푸는 토머스 헉슬리, 애덤 스미스, 몽테스키외, 존 스튜어트 밀 등의 책을 중국어로 번역하면서 '서양이 부강해진 비밀은 무엇인가'라는 질문에 사로잡혔고, 이에 대한 답을 스펜서의 사회진화론에서 찾았다.

사회진화론은 대다수 중국의 지식인들에게 조국의 어려운 처지와 유사성을 지닌 것으로 인식되었다. 당시는 서양 국가들이 제국주의의 팽창 과정에서 중국에 대한 압력이 가중되고 온갖 불법행위를 자행하던 시기였다. 독일은 자국 선교사를 공격했다는 구실로 산둥 성의 항구 칭다오(靑島)를 점령하고 근교의 광산 채굴권과 철도부설권을 요구했다. 영국은 산둥반도 북부 웨이하이웨이 부근의 항구를 점령하고 홍콩 북쪽 카우룬 반도의 비옥한 넓은 평야를 90년간 조차하도록 강요하고 나섰다. 프랑스는 윈난·광시·광둥의 접경지인 통킹과 하이난 섬에서 이권을 주장했다. 러시아와 일본도 예외는 아니었다.

일부 중국인은 이제 곧 조국이 '오이처럼 조각조각 잘릴(瓜分)' 것이라는 공포에 떨기 시작했다. 이러한 적대감과 공포 분위기 속에서도 중국 안에서는 민족주의라는 용어로 아우를 수 있는 하나의 역동적인 힘이 커가고 있었다. 중국인에게 민족주의는 그들과 외세나 만주족의 관계에 대한 새롭고 시급한 자각을 요구하는 것이었다. 게다가 그것은 중국 인민이 자신의 생존을 위해 다함께 나서야 하는 하나의 단위라는 대응의식을 낳았다.[36]

바로 이러한 시대상황에 가장 부합하는 사상으로 발견된 것이 사회진화론이었다. 이에 관심을 갖고 연구했으며, 관련서들에 대한 번역을 통해 중국 사회에 널리 유포시킨 사람이 바로 앞에서 언급한 옌푸이다. 그러나 옌푸는 사회진화론의 창시자인 스펜서와는 달리 개인의 자유를 바탕으로 한 역동적 에너지의 분출이 생존투쟁을 거쳐 이룩한 힘이 국가의 힘으로 연결된다고 믿었다. 옌푸는 스펜서를 옹호하기 위해 그에 반대하는 헉슬리의

『진화와 윤리』를 번역했다. 이 책에서 옌푸는 자연의 운행에서 변하지 않는 것이 천연(天演)이라는 원리라면서 '천연'이란 "영어의 이볼루션(義和祿尙, evolution)이며, 스펜서가 처음으로 사용한 단어"라고 소개한다.

천연에는 물경과 천택이라는 두 가지 법칙이 있는데, 물경은 생물이 스스로의 생존을 위해 싸우는 것이고, 천택은 경쟁 끝에 홀로 살아남는 것이다. 천택은 하늘로부터 타고난 자신의 능력을 충분히 드러내고 시대적 조건과 지리적 환경, 그리고 자신을 둘러싼 물질적 힘 등 모든 조건을 적절히 갖춰야 한다고 언급한다.[37] 이 번역서에는 사회진화를 둘러싼 스펜서와 헉슬리의 상반된 논의가 소개되어 있고 이에 대한 옌푸의 평가도 포함되어 있다.[38]

또한 이 책은 자연계에서의 진화의 원리와 인간 사회의 윤리를 분리시킴으로써 자연의 원리를 인간 사회에 적용하고자 하는 전통적인 자연주의적 사고인 '천인합일(天人合一)'을 해체시킨 데서 근대 중국지성사의 변화과정을 보여준다. 한편 옌푸는 『법의 정신』 번역서에서는 민주제를 주창한 몽테스키외에 반대하여 스펜서와 뒤르켐의 진화론적 결정론에 스며 있는 미래의 약속을 열렬하게 포용했다. 그러나 그는 중국인으로서 그들의 낙천적인 정관적 태도, 즉 역사의 '자발적인' 힘에 대한 의존을 같이 나눌 수 없었다. 그는 중국의 발전은 결국 스펜서와 젠크스에 의해 밝혀진 사회진화의 법칙들에 합치되지 않는다는 잔혹한 사실에 직면할 수밖에 없었다.[39]

힘의 논리가 지배하는 가혹한 생존경쟁의 국제정치 현실에서 사회진화론은 강자의 논리였지 중국과 같은 약자의 논리가 될 수 없었다. 그리하여 강조된 단어가 원래 『주역』에서 하늘의 질서를 본받아 자신의 인격을 고양하는 군자의 기상을 가리키던 '자강(自强)'이었다.[40] 옌푸가 자강을 스스로 부국강병의 국가를 만들자는 의미로 바꿔 사용한 것도 자연의 법칙인 사회진화론을 중국의 사정에 맞춰 해석하고 그 대안을 제시한 것이기도 하다.

옌푸의 저작은 중국의 지식인 세대나 정치 엘리트들에게 상당한 영향력을 행사했다. 중국학자인 벤자민 슈워츠(Benjamin Schwartz)는 량치차오(梁啓超, 1873~1929)가 옌푸의 영향을 깊이 받았고, 후스(胡適), 차이위안페이(蔡元培), 루쉰(魯迅), 마오쩌둥(毛澤東) 같은 다양한 인물들 모두 젊은 시절에 그의 영향을 실감했다고 언급한다.[41] 이 중에서도 캉유웨이의 제자로서 계몽사상가였던 량치차오에 대해 살펴볼 필요가 있다.

량치차오는 '신민체(新民體)'로 불리는 알기 쉬운 문체를 사용하여 대중의 호응을 얻었으며, 서양사상의 수용과 전달에 힘썼을 뿐만 아니라, 서양사상을 토대로 중국의 정치를 분석하고, 중국의 철학, 역사, 문학을 새롭게 서술하고 정립하고자 하였다.[42] 량치차오는 변법자강운동의 실패 이후 일본에 망명해 활동하면서 위기에 처한 중국을 다시 일으켜 세우려는 의도로 시대에 적응할 새로운 국가의 국민인 신민을 제시했다.

사회진화론은 자연계의 진화법칙을 설명하는 데 쓰일 뿐만 아니라 백일유신을 전후하여 중국을 개조하고자 하는 많은 정치가와 지식인들에게 규범으로 받아들여졌다. 국가와 민족 또한 우주 아래 자연계에 속해 있고, 스스로 끊임없이 나아가지 못하면 세계의 수많은 민족 가운데 열등민족으로서 언젠가는 멸망할 것이라는 것이다.[43] 량치차오는 『신민설』에서 우승열패의 전쟁터에서 승리하는 존재 그 자체로 증명되는 신민의 성과를 거론하고, 그 힘의 원천은 백성 개개인의 힘이 모인 민족주의라고 강조하였다.

"민족주의로 나라를 세우는 오늘날, 백성이 약하면 나라가 약하고 백성이 강하면 나라도 강한 것은, 마치 그림자가 형체를 따르고 메아리가 소리에 응하는 것과 같이, 조금의 오차도 용납하지 않는다 … 지구의 민족은 크게 백인, 황인, 흑인, 홍인, 종인 다섯으로 나뉜다. 오늘날 세상에서 가장 세력을 가진 것은 누구인가? 백인종이다. 백색 민족 안에 중요한 것이 라틴 민족, 슬라브 민족, 튜튼 민족 셋이다. 그 가운데 오늘날 세상에서 가장 세력을 가진 것은 누구인가? 튜튼인이다. 튜튼 민족 가운데 중요한 것이 게르만 민족과 앵글로색슨 민족 둘이다. 그 가운데 오늘날 세상에서 가장 세력을 가진 것은 누구인가? 앵글로색슨인이다."[44]

"앵글로색슨인이 다른 튜튼인보다 뛰어난 점은 무엇인가? 그들은 독립자조의 기풍이 강하다. 그들은 어려서부터 가정과 학교에서 부모와 스승, 연장자들이 (자식, 제자, 연소자들을) 부속물 부리듯이 대하지 않고, 세상일을 익히고 단련하게 해서, (그 자식, 제자, 연소자들은) 조금 크면 자립할 수 있어 타인에게 의지하지 않는다. 기율을 지키고 질서를 따르는 생각이 가장 두텁고, 상식은 가장 풍부하며 항상 무모한 경거망동을 하려 하지 않는다. 그들의 권리사상은 매우 강해서 권리의 제2의 생명으로 보아 조금도 포기하려 하지 않는다. 그 체력은 매우 강하여 온갖 모험을 감행할 수 있으며, 그 성질은 매우 강인하여 백 번 꺾여도 굴복하지 않는다. 그 사람들은 실업(實業)을 주로 삼고 허영을 숭상하지 않아 사람들이 모두 직업을 갖는 데 힘쓰며, 고하를 막론하고 무위도식하는 관리나 정객은 세상에서 존중받지 못한다. 그 보수의

성질 역시 매우 강하면서도 늘 시세를 따를 줄 알아, 외부의
사회를 거울삼아 그 고유의 본성을 광대하게 발휘할 줄 안다
… 앵글로색슨인이 19세기에 세계를 제패할 수 있었던 것은
천행이 아니라 그 민족의 우월함 때문이다. 그렇다면 우리는
누구를 모범으로 삼아야 하는지 알 수 있을 것이다. 저 종족
들이 쇠약해지고 이 종족들이 강성한 이유를 살피고, 한번
스스로를 돌아봐야 한다."45)

량치차오가 『신민설』에서 내세운 주장은 청국으로부터 신문
물을 수입해오고 있던 한국의 동시대 지식인들에게도 깊은 영향
을 미쳤다. 1902년에 간행된 이 책은 1908년 한글로 번역돼 나
왔고, 거의 모든 개화학교에서 한문교과서로 사용되었다. 망명지
일본에서 량치차오가 신학문을 섭취하며 동서 사상의 가교를 구
상한 책인 『음빙실문집(飮氷室文集)』과 『자유서(自由書)』는 1906
년에 『황성신문』에 나란히 소개되었다.

이후 『자유서』에 실린 소품들이 『대한자강회월보』, 『태극학
보』, 『서우』 등의 학회지에 게재되었고, 1908년에 '탑인사본'과
'언해본'으로 출판되었다. 또 다른 저서인 『월남망국사(越南亡國
史)』와 『이태리건국삼걸전(伊太利建國三傑傳)』 역시 현채와 신채
호에 의해 각각 1906년과 1907년에 번역·출간되었다. 이들 책
에서 소개된 외국의 근대사, 근대문명과 국가개혁에 관한 각종
이론과 사례들은 변법과 자강을 추구하던 조선의 지식인들을 매
료시켰다. 대한제국 시기 지식인들에게 끼친 량치차오의 사상적
영향력은 실로 지대하다고 평가된다.

이 중에서 1890년대와 1900년대를 거치면서 일본과 중국으
로부터 유입되던 사회진화론은 특히 『음빙실문집』과 『자유서』

가 국내에 소개된 후 지식인 계층에 급속히 확산되었다. 조선의 지식인들이 다분히 의식적이고 주동적으로 중국인 량치차오로부터 영향을 받은 데는 한·중 양국의 오랜 교류 전통, 동병상련의 현실 상황, 량치차오가 많은 저작 가운데 조선의 비참한 운명에 대해 동정하고 일제의 강권에 분노했던 점, 그리고 한말 개화파 지식인이 신분이나 사고 면에서 그와 비슷했던 점, 일어보다 한문이 더 접하기 쉬웠던 점 등등이 작용했다고 보아진다.[46]

량치차오가 쓴 『자유서』에서 특히 눈에 띄는 부분은 여러 국가를 빈국약병·빈국강병·부국약병·부국강병으로 분류하고, 중국 땅은 가난하지 않지만 국가는 가난하고 중국 인민은 약하지 않으나 병력은 약하다고 진단한 '부국강병' 절이다. "가난하고 군대도 약한 나라가 있고, 가난하지만 군대는 강한 나라가 있으며, 부유하지만 군대는 약한 나라가 있고, 부유하고 군대도 강한 나라가 있다 … 중국은 장차 가난하고 약한 나라로 끝날 것인가? 아닌가? … 중국의 자원이 적지 않으나 나라가 가난하고 중국의 백성이 약하지 않으나 군대가 약한 것은 세계의 괴이한 현상이다."[47] 그리고 문명과 야만을 단계별로 구분한 '문명과 야만의 세 등급' 절 역시 전형적인 사회진화론적 사고이다. "서양학자들은 세계 인류를 세 등급으로 분류한다. 첫째는 야만인이고, 둘째는 반개화인이며, 셋째는 문명인이다 … 모두 단계가 있고 순서대로 올라간다. 이것은 진화의 공리(公理)이고 세계 인민이 공통으로 인정하는 것이다."[48]

이들 책에 실린 글들을 살펴보면 량치차오가 중국 입장에서 서구를 타자로 인식하고, 다시 그 타자의 이미지를 통해 중국을 재인식하였음을 알 수 있다. 다시 말해, 정치적인 목적의식이 내면화된 사회진화론적 관점에서 서구를 '보편적인 세계'로 두고 중국을 '특수한 것'으로 배제시키는 오리엔탈리즘적 사유 방식을 능동적으로 수용했다고 할 수 있다. 그리고 그 과정에서 그는 서구 및 일본을 있는 그대로 인식하려고 하기보다는 중국의 근대화라는 수요에 부합하는 특정 이미지를 골라 의미화하고 이를 서구의 형상으로 설정했다. 이는 옥시덴탈리즘, 즉 동양이 자신의 특수한 이데올로기적 요구에 의해 서구를 상상적으로 표상하는 상황이라고 할 수 있다.[49]

한국의 지식인과 사회진화론

사회진화론을 받아들인 초기 인물은 조선왕조 최초의 관비 도미 유학생이었던 유길준(兪吉濬)이다. 1881년부터 1882년까지 도쿄에서 유학한 유길준은 게이오의숙(慶應義塾)에서 후쿠자와 유키치(福澤諭吉)로부터 배우는 한편, 당시 도쿄제국대학에 교환교수로 와서 일본 학계에 엄청난 반응을 불러일으키던 미국의 진화론자 에드워드 모스(Edward S. Morse)의 강의를 듣고는 유교적 우주관을 바꿨다. 1883년 조선 최초의 도미 사절인 보빙사(報聘使)의 일행으로 미국에 간 유길준은 모스를 스승으로 삼고 그의 집과 그의 고향 근처 예비학교(Governer Dummer Academy)에서 1885년까지 공부하다가 갑신정변 소식을 듣고 귀국하였다. 미국으로 떠나기 직전 유길준은 일본에서 익힌 사회진화론의 원리들을 『경쟁론(競爭論)』이란 소책자로 정리하였다. 그 서두는 다음과 같다.

"대개 인생의 만사가 경쟁을 의지하지 않는 일이 없으니 크게 천하 국가의 일부터 작게 한 몸 한 집안의 일까지 실로 다 경쟁으로 인해서 먼저 진보할 수 있는 바라, 만일 인생에 경쟁하는 바가 없으면 어떤 방법으로 그 지덕(知德)과 행복을 증진할 수 있는가? 만약 국가들 사이에 경쟁하는 바가 없으면 어떤 방법으로 그 광위(光威)와 부강을 증진할 수 있는가? 대개 경쟁이라는 것은, 무릇 지혜를 연마하고 도덕을 닦는 일부터 문학, 기예, 농공상(農工商)의 백반 사업까지 사람마다 그 고비우열(高卑愚劣)을 서로 비교하여 타인보다 초월하기를 욕심내는 일이라."50)

유길준이 이 문장을 쓰는 순간은 한국 사상사뿐 아니라 한국어 역사에서도 혁명적인 순간이었다. 사람의 욕심을 막아야 할 대상으로 생각해야 할 조선의 유학자가 그의 스승 후쿠자와 유키치의 설대로 남보다 더 잘되기를 바라는 욕심을 사회 발전의 원동력으로 인정한 것도 혁명적이었지만, '경쟁'이나 '진보', '문학'과 같은 메이지 일본이 만들어낸 신조어들을 조선유학자가 쓰기 시작한 것도 근대적 개념 습득상 결정적인 순간이었다.51) 이후 유길준은 미국에서 귀국한 후 저술한 『서유견문(西遊見聞)』에서 우리 사회가 서양의 발전된 모습과 같은 근대 문명의 단계로 전환되어야 한다고 주장하였다.

이 책은 사회진화론에 토대를 두고 국가 사회의 문명화의 단계를 미개(未開) → 반개(半開) → 문명화(文明化)의 발전 단계로 이해하였다. 사회진화론자답게 제4편 '인간 세상의 경쟁'에서는 빈부격차가 경쟁정신의 강약으로 인해 생기는 것이라고 주장한다. 빈곤을 사회의 문제라기보다는 가난뱅이 본인의 열등성의 문제로 생각하고 빈곤을 자력으로 벗어나지 못하는 부적자(不適者) 자신의 능력 탓으로 돌린다.52)

"고금의 인간사를 위아래로 살펴보면서 그 출발과 결말을 자세히 풀어 보면, 나날이 달라지고 다달이 새로워지는, 크고 작은 천 가지 변화와 드러나고 숨은 만 가지 변모가 실상은 모두 경쟁이라는 한 가지 길에 따라 드나들었음을 알 수 있다 … 한 나라의 부강은 그 나라 국민들이 이러한 길을 얼마나 잘 닦아 나아가느냐 하는 데 달려 있다. 학자는 학문에 힘쓰고, 농부는 농사에 힘쓰며, 직공과 장사꾼도 각기 종사하는 일에 힘을 다하여 남에게 미치지 못할까 걱정한다면, 자연히 경쟁하는 습관이 생겨서 훌륭하고도 아름다운 경지에 나아갈 수 있게 된다 … 경쟁이라고 하는 것은 논쟁하고 다투는 분쟁이 아니라, 훌륭한 경지로 나아가는 면려(勉勵)를 가리킨다."[53]

사회진화론은 당시 국가적 위기에서 고심하고 있던 진보적 지식인과 정치인들에게 국제 사회의 권력정치와 서구 제국주의에 의한 아시아의 침탈을 매우 잘 묘사할 수 있는 설명으로 받아들여졌다.[54] 유길준도 마찬가지였다. 미국 유학 후 저술한 '중립론'이라는 글에서 그는 강대국의 약소국에 대한 침략의 기본입장을 인간 사회가 '약육강식(弱肉强食)'하고 '적자생존(適者生存)'한다는 사회진화론적 견해로 파악하고 있다. 그러면서 서구열강의 침략의 와중에서 조선의 자주독립을 유지할 수 있는 방안을 제시한다.[55] 그 방안으로 이 글에서는 강대국들의 보장 아래 조선을 중립지대화하자는 주장을 펼친다. 이는 조선에 대한 러시아와 일본, 특히 러시아의 침략을 예상하고, 이에 대한 중국의 군사적 능력과 미국의 관여도가 가지는 한계성을 충분히 인식하고 구상한 것이었지만 정부에 의해 수용되지 못했다.[56]

"대개 러시아는 만여 리에 달하는 거칠고 추운 땅에 위치하고 있으면서 100만 명의 정예 병력으로 날마다 그 영토를 넓히는 데 여념이 없다. 중앙아시아 지역의 작은 나라들을 회유하여 보호 아래에 두기도 하고 혹은 그 독립권을 담임하여 인정한다고 말하였지만, 맹세한 피가 마르기도 전에 결국 그 토지를 군현(郡縣)으로 삼고 그 인민을 노예로 만들었다. 강한 자가 약한 자를, 큰 나라가 작은 나라를 병탄하고자 하는 것은 본래 인간 사회에서 해 보고 싶은 마음이지만 러시아는 그중에도 특히 무도(無道)하기 때문에 천하가 탐욕스럽고 포악한 나라로 지목하고 있다. 그 호랑이와 이리 같은 마음이 더욱 왕성해져 그칠 줄 모른다. 교인(敎人)들의 일을 빙자하여 터키에 군사를 끌고 가서 멸망시키려고 하였다. 콘스탄티노플을 차지하여 지키고 장차 터키를 잠식해 가자, 유럽의 토대인 영국과 프랑스 등 여러 나라가 일제히 일어나 터키를 도와 그 칼날을 막고 그 계획을 저지시켰다. 러시아인이 강대한 여러 이웃 나라들과 반목할 수 없다는 것을 알고 드디어 그 군대를 동쪽으로 옮겨 많은 병사를 블라디보스토크에 주둔시키고 시베리아 철로를 가설하기에 이르렀다. 그 비용이 매우 거대해 얻는 것이 잃는 것을 감당하지 못하니, 그들의 뜻이 어디에 있는지는 지혜로운 자가 아니라도 알 수 있다. 그러므로 우리나라의 위태로움은 아슬아슬한 지경에 있는 것이다."[57]

갑신정변이 실패한 후 일본에 망명하고 있던 개화파 인사인 박영효(朴泳孝) 역시 장문의 상소문인 '건백서(建白書)'에서 국제 정치를 사회진화론적 관점에서 파악하였다. 그는 조선을 둘러싼 국제정치를 '강자가 약자를 병합하며 큰 자가 작은 자를 삼키는' 약육강식의 현실로 분석하고 국제 사회에 만국공법이나 공의(公

義)가 있긴 하지만 국가가 힘이 없으면 의지할 수 없다는 것을 강조하였다. 또 유럽인들이 입으로는 공법이나 공의를 제창하면서도 마음으로는 범이나 이리와 같은 침략욕을 품고 있다고 주장하며 예로서 남북아메리카, 아프리카, 남양군도, 오스트레일리아, 아시아의 병탄을 들었다.[58] 복잡한 국제정세 속에서 약소국 조선이 생존할 수 있는 길로 박영효는 국정을 개혁하고 봉건적 신분제도를 철폐하며, 근대적 법치국가를 확립하는 것을 거론했다. 자주독립과 부국강병을 주장한 것은 다른 사회진화론자들과 다르지 않았다.

저항적 민족주의자이자 아나키스트로 널리 알려진 신채호도 애국계몽운동을 전개하던 시기에 사회진화론을 수용하였다. 신채호는 자신의 사상을 실천에 옮긴 행동하는 지성인이었다. 어렸을 때 한학을 학습한 신채호는 성균관에 입학한 후 서양문명을 소개한 서적들을 접하고, 만민공동회에 적극 참여하면서 개화 자강사상가로 변신하였다. 성균관 졸업 후에는 『황성신문』과 『대한매일신보』의 논설기자로 활동하였고, 1905년 을사늑약 후에는 구국계몽운동을 전개하게 된다. 당시 그의 사상적 기반은 사회진화론이었다. 신채호는 역사적 발전과 변화에서의 비약이나 도약을 부인하고 점진적이고 누진적인 변화를 인정하였다. 민족과 국가를 단위로 한 생존경쟁이 이루어지는 국제 사회도 생존경쟁과 자연도태라는 사회진화론적 법칙이 관철된다고 보았다. 이러한 상황에서 제국주의 침략과 팽창에 대해서는 민족의 보존을 목적으로 하는 민족주의로 대항하는 길밖에 없다고 생각했다. 신채호는 제국주의 침략을 거부하지만, 제국주의 열강들이 이룩한 문명세계와 가치는 침략을 당한 민족도 공유해야할 보편적 가치로 인식하였다.[59]

사회진화론은 1906년 제2회 만국평화회의에 특사 파견을 빌미로 일제가 고종을 강제로 퇴위시키고 식민지화를 서두른 결과, 자강운동이 극심한 탄압을 당하는 상황에서 두 조류로 분화되었다. 사회진화론의 요소 중에서 진화의 측면을 중시하는 근대문명지상주의적 입장과 경쟁의 측면을 중시하는 입장이 바로 그것이다. 전자는 독립국가를 건설하기 위해서는 실력양성이 우선이고 실력을 양성하기 위해서는 문명국인 일본의 도움이라도 받아야 한다며 선실력양성론을 내세웠다. 이에 비해 후자는 자력에 의한 독립을 주장하면서 실력양성도 중요하지만 독립이 선차적이라는 독립우선론을 내세웠다.

　　선실력양성론을 주장한 자들은 헌정연구회·대한협회 등의 학회, 천도교계,『황성신문』계열, 서북지방의 신흥상공인들로 구성된 신민회 내의 온건파 등이었으며, 독립우선론을 내세운 이들은『대한매일신보』의 양기탁·신채호, 상동청년학원의 전덕기·이동녕·이회영, 무관 출신의 이동휘 등 주로 신민회 내의 급진파 계열이었다. 신채호는 교육보급을 위한 학교 설립, 실업 발달을 위한 식산흥리(殖産興利), 단체 집합을 위한 회단 조직, 사회개량을 위한 완습환성(頑習喚醒) 등은 목적지에 도달하는 방법일 뿐이지 목적지 그 자체는 아니라고 하였다. 대한국민의 목적지는 "국가의 정신을 발휘하고 만유(萬有)의 사업을 국가에 공(供)하여 신성한 국가를 보유"하는 것이라고 하면서 독립국가 건설이 최우선이라고 주장하였다.[60]

　　김기승은 신채호가 사상적 노력의 결과 민족독립이라는 시대적 과제 실천을 직접적이고 구체적으로 지향했다는 점에서 한국 근대 민족주의 이념을 정형화시켰다고 평가한다.[61] 시대의 변화와 다양한 사상의 수용을 통해 단재의 역사관은 1910년 전후의 사

회진화론적 진보사관으로부터 1920년대의 혁명사관으로 탈바꿈
했다고 한다. 여기서 혁명사관은 점진주의적 축적에 의한 진보보
다 파괴와 투쟁을 통한 혁명적 변화를 추구하는 관점을 가리킨
다. 신채호는 민족 이외에 계급적 평등을 주요 가치로 제시했고
민중을 위한 희생적 도덕의 중요성을 강조했다. 신채호는『조선
상고사』총론에서 역사를 '아와 비아의 투쟁'이라고 규정하였다.

그러나 김기승은 이러한 단재의 투쟁사관이 사회진화론적 역
사관과는 근본적으로 구별된다고 본다. 단재의 역사관이 투쟁사
관으로 귀착하게 되기까지에는 사회진화론적 역사관에 대한 철
저한 부정과 극복이 전제되어야 한다. 왜냐하면 사회진화론적
역사관은 점진적이고 누진적인 변화를 선호하고 혁명적 변화를
거부하는 관점이기 때문이다. 그는 역사를 야만에서 문명으로
미개화에서 개화로 진보하는 과정으로 인정하였다. 고대에서 현
재에 이르는 시간의 흐름은 시대의 다름만을 의미하지 않고 시
간의 질적 차이 혹은 힘의 우열을 갖는다고 본다. 이러한 진보적
변화에 부응하지 않으면 도태하게 된다고 본다.[62]

이호룡은 신채호를 대표적 민족주의자로 규정하는 시각이 과
연 옳은 것인가라는 문제를 제기한다. 그에 의하면 신채호는 결코
자신의 삶을 민족주의자로 마감하지 않았다고 한다. 한국인 아나
키스트들의 민족해방운동론을 집대성한『조선혁명선언』에서 '민
중직접혁명론'을 제시하였고, 1936년 초에는 변화된 국제정세 속
에서 '민족전선론'을 감옥에서 가장 먼저 제기하였다. 사회진화론
을 극복하고 아니키즘을 수용하기 시작한 시기는 1919년 3.1운
동이 일어나고 대한민국 임시정부 수립에 참여하면서부터였다.
사회진화론에 기초한『꿈하늘(1916)』과 사회진화론적 사고를 부
정하고 있는『대동단결의 선언(1917)』사이에 사상이 전환되었다

면, 그 계기는 1917년 러시아혁명이라고 추측된다.[63) 이런 점에서 보면『조선상고사』에서 역사를 '아와 비아의 투쟁의 기록'이라 본 것도 민족주의적 관점이라기보다는 1910년대의 저술에서는 보이지 않던 계급투쟁사관이 반영되어 있다고 볼 수 있다.[64)

그러나 점차 붕괴되어 가고 있던 한국 봉건 사회가 외세의 침략까지 받아 그 운명이 어찌 될지 한 치 앞도 알 수 없는 한말의 시대 상황을 반영하여 근대화를 이끌어갈 이념으로 사회진화론을 수용했던 것은 분명한 사실이다.[65) "20세기의 국가경쟁은 그 국민 전체에게 있다. 따라서 그 승패의 결과가 한 개인에게 있는 것이 아니고, 그 국민 전체에 있다. 정치가는 정치로 경쟁하며 … 실업가는 실업으로 경쟁하며, 혹은 무력으로 하며, 혹은 학술로 한다. 그 국민 전체가 우(優)한 경우에는 승리하고, 열(劣)한 경우에는 패배한다."[66) 이 글에서 잘 보여주듯이 신채호는 사회진화론에 입각해 개화운동과 자강운동을 전개했다. 나라를 구하고 자주적 근대화를 이루기 위해서는 서구의 선진문물을 수용하고 실력을 양성해야 된다는 것이다. 또한 신채호는 교육운동과 언론계몽운동에도 가담했다. 그러나 일제의 제국주의 침략이 노골화되자, 반제국주의 사고체계로서 민족주의를 제창하고 거기에 근거해서 민족주의 역사학을 개척하고 민족주의적 민족해방운동을 전개하였다.[67)

민족에 대한 이해가 심화된 것을 보여주는 신채호의 글이 '독사신론(讀史新論, 1908)'과 '제국주의와 민족주의(1909)'이다. '독사신론'에서 신채호는 국가를 민족정신으로 구성된 유기체로 규정하고 약육강식의 정세 속에서 국맥을 보유하기 위해서는 민족주의를 널리 퍼뜨리고 국가관념으로 청년의 정신을 새롭게 해야 한다고 강조하였다. '제국주의와 민족주의'에서는 민족주의를 '타민족의 간섭을 받지 않는 주의'로 규정한 뒤, 세계를 지배하고 있는 제국주의에 저항하는 방법으로 민족주의를 분휘하는 것이 유일하다고 주장하였다.[68] 그러면서 민족주의로 인민의 완몽(頑蒙)을 깨우치기 위해서는 그들을 묶어세울 구심점인 국혼(國魂) 내지 국수(國粹)가 있어야 한다고 지적하였다. 그는 국수를 전래하는 풍속, 습관, 법률, 제도 중에서 지킬 만한 가치가 있는 것이라고 하면서 국수가 존재해야만 국민의 애국심을 환기하고 국가를 유지할 수 있다는 점을 역설하였다.[69]

신채호와 흔히 비교되는 인물이 한말·일제강점기에 애국계몽사상가이자 독립운동가로 활동한 백암 박은식(朴殷植, 1859~1925)이다. 박은식은 마흔이 넘도록 전통 학문인 주자학을 공부하다 서세동점의 흐름에서 위기에 처한 조선의 현실을 보고 새로운 학문과 지식을 찾게 된다. 당시 청나라와 일본으로부터 세계역사, 지리, 법률, 자연과학 관련 서적들과 신문과 잡지 등이 소개되고 있었다. 이 중에서도 양계초의 『음빙실문집』과 『신민설』 등의 저서는 박은식이 사회진화론을 수용하는 데 큰 영향을 미쳤다. 1905년 을사늑약이 강제로 체결되자 『황성신문』과 『대한자강회월보』 등에 애국계몽과 관련된 논설을 발표하였고, 비밀결사조직인 신민회에 가입해 활동하였다. 국권이 피탈된 후에는 중국으로 망명해 『한국통사(韓國痛史)』와 『한국독립운동지혈사(韓國獨立運動之血史)』 등을 집필·발간해 민족정신과 독립정신을 고취시키려고 하였다.

이들 저서들에서 박은식은 당시를 공법(公法)과 인도(人道)의 시대가 아닌 생존경쟁과 약육강식의 시대로 인식하였다. 그는 당시를 천지진화의 법칙에 따라 강권주의와 평등주의가 교체되는 전환과 개혁의 시대로 보고 이에 적응하지 못하면 생존을 얻을 수 없다고 하였다. 그러면서 문명(文明)한 영국과 덕의(德義)의 미국이 인도와 필리핀에 사용한 정책과 수단을 실제 사례로 들어 제국주의의 본질이 침략에 있다고 폭로하였다.

박은식은 이러한 침략을 막아 독립을 회복하는 길은 단군의 후예인 대동민족(大同民族)이 대한정신에 입각한 자강의 단결된 단체의 힘으로 평등사회 건설과 세계 인권의 평등주의를 실행하는 선봉이 되어 자주독립의 국가와 인민의 행복을 스스로 쟁취하는 것이라고 주장한다.[70] 그리고 세계의 풍조에 맞추어 사상을 갱신하고 지식과 문명을 높이는 것은 어떤 특정한 인물이나 계층에만 국한된 것이 아니라 2천만 동포에 관계되는 일이라는 것이다. 그리하여 박은식은 어느 누구도 신뢰하거나 의존해서는 안 된다고 하면서 스스로 자기 민족이 강해지는 자강의 성질을 배양하여 자립의 기초를 뿌리박게 해야 된다고 강조하였다.[71]

여기서 보듯이 박은식은 사회진화론을 수용한 다른 지식인들처럼 당대를 국가 간 경쟁시대라고 파악하고, 자강을 이룬 근대국가를 건설하고자 하였다. 그러나 사회진화론을 문명화의 논리로 수용한 후 이에 성공한 일본의 지도를 받아야 한다면서 친일의 길로 나간 자들과는 달리 문명화는 민족을 위한 수단일 뿐, 문명화 자체가 일차적 목표가 될 수는 없다고 판단했다. "약육강식은 공례라 하고 우승열패를 하늘의 법칙으로 인정하여 나라를 멸하고 종족을 멸하는 부도불법(不道不法)을 정치가들이 책략으로 삼은 결과 소위 평화재판이니 공법담판이니 하는 문제는 강권자와 우승자의 이용물에 불과할 뿐이다"[72]라고 지적한 데서 보듯이 박은식은 사회진화론의 경쟁원리가 강자의 권리만을 인정하여 약자와 열자의 고통을 도외시하고 전쟁과 군국주의를 보호했다고 신랄하게 비판하였다.

이는 강권론에 의해 지배되는 제국주의는 타도해야 한다는 주장으로 이어지게 된다. 문명경쟁이 인류 전체를 위해 바람직하지 않다고 본 박은식이 20세기의 병폐를 해결할 방법으로 제시한 것은 경쟁과 힘에 의한 상하관계가 아니라 개인·국가·민족이 모두 함께 길러지는 대동평화사상이었다.[73] 이 역시 다른 사회진화론자들과의 차이점이라 할 수 있다.

박은식의 역사관에서 두드러지는 특징은 동양적 사유방법이다. 박은식은 고대동양사유 → 공자 → 주자학 → 양명학의 흐름을 관통하고 있는 '혼백사상(魂魄思想)'에서 출발하여 이를 독창적으로 발전시키는 방식으로 그의 독특한 역사관을 수립하고 이에 기초하여 자기 나라의 역사를 서술하였다.[74] 박은식은 국가를 국혼(國魂)과 국백(國魄)으로 구성된다고 하였다. 여기서 국혼은 국교·국학·국어·국문·국사와 같은 민족문화와 민족정신을 가리키며, 국백은 경제·군사·영토·과학기술처럼 물질적인 것을 뜻한다. 그는 부강한 국가가 되려면 국혼과 국백이 다 같이 풍부해야 하며, 설사 국백이 이민족에게 정복당한다 하더라도 국혼만 살아 있으면 광복을 이룰 수 있다고 보았다. 따라서 박은식에게 있어서 광복은 한편으로 국혼을 유지 강화시킴과 동시에 다른 한편으로 잃어버린 국백을 찾아다가 국혼에 재융합시키는 것, 즉 국혼과 국백의 재결합에 의한 부활과 재생을 의미하는 것이었다.[75]

> "옛사람이 이르기를 나라는 멸할 수 있으나 역사는 멸할
> 수 없다고 하였으니 그것은 나라는 형(形)이고 역사는 신(神)
> 이기 때문이다. 이제 한국의 형체는 허물어졌으나 정신만이
> 독존(獨存)할 수는 없는 것인가 … 신이 보존되어 멸하지 아

니하면 형은 부활할 시기가 있을 것이다 … 혼의 됨됨은 백에 따라 죽고 사는 것이 아니다. 그러므로 국교와 국사가 망하지 아니하면 그 나라도 망하지 않는 것이다. 한국의 백은 이미 죽었으나 이른바 혼이란 것은 남아 있는 것인가 없어진 것인가."76)

사회진화론에 입각해 역사와 사회를 인식했던 또 다른 인물이 개화·자강운동의 지도자이자 일제 시기 조선 기독교계의 원로였던 윤치호(尹致昊, 1865~1945)이다. 윤치호는 어린 나이에 신사유람단의 일원으로 일본에 건너가서 후쿠자와 유키치와 교유했다. 1885년 초 중국 상하이에 미국 선교사 앨런(Young J. Allen)이 설립한 종시학원(中西學院)에서 유학할 때 기독교와 처음 접했으며 1887년 세례를 받았다. 이어서 미국 남감리교의 후원을 받아 밴더빌트(Vanderbilt)대학에서 신학을 전공한 후 에모리(Emori)대학에 편입하여 인문과학을 공부했다.

윤치호가 유학하던 당시의 미국은 건국의 아버지들이 꿈꾸던 독립되고 부강한 나라가 되기 위한 미국만의 길인 아메리칸 시스템이 계승자들에 의해 완성된 후의 국가였다. 특히 제조업의 육성 및 보호와 거대한 단일 시장의 구축에 힘입어 미국은 급속한 경제성장을 달성할 수 있었다.77) 이제 미국은 신흥 산업국가로 서유럽의 강대국들과 어깨를 견주게 되었다. 윤치호는 미국의 경제적 부가 진보된 자연과학적 지식과 기술, 그리고 근면한 미국인의 노력에 의한 끊임없는 자연 정복의 결과라고 생각했다. 경제적 번영으로 인해 사회의 최하층민들도 동양 사회와는 비교가 안 될 정도로 생활수준이 높은 현실도 윤치호의 감탄을 자아냈다.

그는 유교적인 세계관과 완전히 단절하고, 서구 문명의 원리를 실현했다고 생각되는 미국 사회를 '문명의 궁극적인 종착점'이라 부를 만한 세계 최고의 사회라고 평가했다. 그에게 조선은 단순히 빈곤하고 약한 나라가 아니라 "명예롭게 생각할 어떠한 가치도 없는" 암흑의 나라이며, 유교에 얽매어 '문명의 원리'로 회심하기를 굳게 거부하는 반가치의 '덩어리'였다. 그는 조선의 열등함을 깊이 수치스러워하면서 경멸과 증오를 품고 이 불명예의 나라를 조국으로 하여 태어난 자신의 생을 '우환'이라고 원망했다.[78]

윤치호는 일본 유학 시 가토 히로유키(加藤弘之) 류의 이론을 통해 사회진화론을 접하였다. 메이지 초기 진화론 수용에 앞장섰던 히로유키는 국가 간의 경쟁에 중점을 두고 자국의 승리를 위한 개인의 희생과 '상하합심'을 강조하였다.[79] 서구화의 정도가 유길준과 달랐던 만큼 윤치호는 사회진화론의 인식도 더 깊기도 하고, 훨씬 더 갈등적이고 비극적이기도 했다. 미국에서 동료 학생의 홀대를 받기도 하고, 호텔 투숙을 거부당하고, 불량배로부터 악의적 '장난'을 당하면서 윤치호는 사회진화론적 의미의 부적자로서 쓰라린 경험을 하였다.[80]

그럼에도 윤치호는 '적자생존'의 사회진화론적 테제를 하나의 '과학적 사실'로 받아들였다. 그는 인간이 갖고 있는 "자기보다 열등하다고 생각하는 것을 경멸하고 차별하는 본성"이야말로 "중력의 법칙과 같이 보편적으로 작용하는 자연법"이라고 보았다. 강자의 법칙이기도 한 억압은 끝나지 않을 것이라는 것이었다. 이런 생각에서 윤치호는 야만적 상태에 놓여 있는 미개국 조선에 머무느니 차라리 문명국의 식민지가 되는 게 낫겠다고 주장을 하게 된다. 서구주의자 윤치호는 세계 발달의 진로가 바로 '문명화'이며, 조선도 타의든 자의든 문명화되지 않을 수 없다고

보았다.[81)

　"이탈리아가 에티오피아를 조선화 또는 만주화하기로 단단히 작심한 모양이다. 무솔리니는 강제로라도 이 흑인 왕국을 보호령으로 만들려고 군대와 전투기들을 주저 없이 에리트레아로 출정시키고 있다. 자기 권리를 지킬 수 있을 만큼 강해지기 위해 세상의 변화에 적응하기를 거부하거나, 적응에 실패한 민족 또는 국가는— 일본은 성공했다— 조선화나 만주화를 자초하게 마련이다. 왜 이탈리아를 탓하나? 어차피 이탈리아가 아니더라도 다른 열강이 에티오피아를 병합하고 말 텐데."[82)

　"개인이든 민족이든 간에, 힘이 약한 사람들은 힘이 정의라는 사실을, 즉 힘이 정의를 만든다는 사실을 개탄해 마지 않는다. 그러나 곰곰이 생각해보면, 힘이야말로 한 국가가 엄청난 값을 치르고 구하는 하나의 상품이다. 예를 들어, 일본이 힘을 얻기 위해 치러야만 했던 대가를 생각해보자. 일본은 두 차례의 큰 전쟁에서 40만 명의 인명과 이후 헤아릴 수 없는 막대한 재산을 제물로 바쳤다. 자신의 권리를 지키고, 힘으로 다른 민족의 권리를 안전하게 차지할 수 있는 지위에 오르기 위해서였다 … 하나의 지상 목표를— 일본을 강대국으로 만드는 걸— 달성하려고, 6천만 전 국민이 60년간 한 사람처럼 일사불란하게 끊임없는 노력을 기울여왔다는 게 정말이지 경이롭기만 하다. 이것이 다 2천 년 동안 일본 민족의 호전정신을 활기차게 유지시켰던 봉건제 덕분임에 틀림없다."[83)

　윤치호가 미국에서 자유롭고 풍요로운 면만 목격한 것은 아니었다. 대표적인 것이 아메리카 원주민과 흑인, 동양인에 대한 노골적인 인종차별이 만연한 것이었다. 심지어는 교회 안에서도 백인의 번영을 위해 원주민과 흑인을 말살해야 한다는 주장이 당당히 행해지는 것도 목격했다. 미국 사회에 만연한 인종 차별을 보고 겪으면서 윤치호는 미국이 자랑하는 '천부 인권'은 미국인의 허영심 가득한 거짓말에 지나지 않는다고 보았다. 미국의 민주주의도 백인에게만 한정된 것으로 미국은 궁극적으로 민주주의 국가가 아니라 인종차별 국가라고 인식했다. 그렇지만 윤치호는 인종차별의 배경에는 사회진화론에서 말하는 '적자생존의 원리'가 작용한다고 파악했다.

즉, 백인의 문명이 우월한 것은 그 인종의 생물학적인 우월함이 나타난 결과이고, 차별은 열등자 자신의 열등한 본질 때문에 일어난 것이라는 것이다.[84] 여기에 기독교적인 제국주의 사상이 더해졌다. 즉, 열등자에게 가해지는 정복과 차별은 신의 뜻에 합당한 것으로 앵글로색슨 인종은 시민적인 자유와 기독교, 문물제도를 갖고 지구상의 모든 인종을 교화하고 복음화 할 사명을 지닌 다는 것이 바로 그것이다.

윤치호는 인종차별이 심한 미국, 음침한 중국이 아닌 '동방의 낙원' 일본을 '대리적인 마음의 조국'으로 여겨 선망하게 되었다. 1893년 11월 1일 자 일기에서 윤치호는 일본에 대해 우호적인 견해를 표출한다. "만일 내가 살 곳을 마음대로 선택할 수 있다면 일본이 바로 그 나라일 것이다. 나는 지독하게 냄새나는 청국에서도, 인종적 편견과 차별대우가 무섭게 지배하는 미국에서도, 극악한 정부가 계속되는 한 조선에서도 살기를 원치 않는다. 오, 축복 받은 일본이여! 동양의 낙원이여! 세계의 정원이여!"[85] 그에 따르면 비서구 사회가 선택할 길은 문명화를 성취해 존속하는 것이었다. 다른 대안은 없었다. 나아가 문명국의 지배를 받는 것은 비문명의 상태로 독립을 유지하는 것보다 행복하다고 확신했다. 문명국의 지배로 인해 생활이 향상되고 교육과 계몽을 통해 수천 년간 지속된 정체와 야망의 상태에서 해방될 수 있기 때문이다.[86)]

윤치호는 서재필이 떠난 후 독립신문을 운영했고, 이완용에 이어 1898년 8월부터 독립협회 회장을 맡아 이후 전개되었던 정치개혁 운동을 실질적으로 주도했다. 1911년 이른바 '105인사건'으로 3년 징역을 산 이후 윤치호는 적극적 친일파로 변모하였다. 조선의 운명은 일본의 운명과 분리될 수 없고, 조선인들 입장에서 최상의 이익은 일본인과 하나가 됨으로써 증진될 수 있다는 것을 깨달았다는 윤치호는 전시에는 각종 단체를 조직해 운영하는 한편 총독부 중추원 고문이 돼 시국 강연을 다녔다.

사회진화론에 입각해 세상을 인식하고 대안을 제시한 윤치호는 기독교도였다. 그가 일견 모순적이라 할 수 있는 사회진화론을 수용한 이유는 무엇일까? 양현혜가 쓴 『윤치호와 김교신: 근대 조선의 민족적 아이덴티티와 기독교』에 의하면 윤치호에게 기독교의 신은 근대 산업 문명이라는 지고의 가치를 수호하는 신이고 세계의 역사는 '적자생존의 원리'에 따라서 신적 목표를 실현해가는 무대였다. 따라서 그의 신앙은 산업 사회의 '향상주의적 금욕'의 에토스를 자기 강제하는 윤리이고, 동시에 '부정된 존재'인 자신을 보호하는 '신의 사랑'에 합일함에 의해서 자기의 안태(安泰)와 휴식을 얻으려는 정서였다.

광대한 부를 자랑하는 미국 사회를 직접 체험함으로써 윤치호는 모든 비서구 제국이 추구해야 할 유일한 가치는 '서구화'에 있다고 파악했다. 그리고 '비적자(非適者)의 배제론'에 공명하면서 비로소 윤치호는 유교적인 세계관에서 탈피할 수 있게 된다. 이제 윤치호의 세계관은 '산업문명국=선=영원의 지복, 비산업 문명국=악=영원의 멸망'이라는 도식에서 '강자=지배=약탈, 약자=복종=피박탈'이라는 도식으로 변용되었다.[87]

중일전쟁 이후 윤치호는 본격적으로 친일행각에 나서게 된다. 그 까닭은 무엇일까? 우선 윤치호는 당시의 정세를 황인종과 백인종, 특히 앵글로색슨인과의 대결구도로 파악하고 일제가 오만한 앵글로색슨인을 꺾어주기를 바랐다. 또한 소련에 대해 강한 적개심을 갖고 있던 윤치호는 사회주의를 배격하고 박멸하는 것이야말로 조선인의 행복이라고 여겼다. 그리고 조선인의 민족성이 저열하고 독립 능력이 결여되어 있다는 이론을 고수하는 가운데 이 시기에 일제가 제창한 '내선일체론'을 민족차별의 철폐, 곧 조선인의 지위 향상을 도모하는 정책이라고 긍정적으로 인식했다. 그는 중일전쟁의 진행 과정에서 일본인의 야망과 실력을 확인하면서 일본인에 대해 감탄하면 할수록, 조선인에게 실망감을 느꼈다. 그는 심지어 일제가 독립을 허용해도 조선인은 분파투쟁과 살육밖에 할 일이 없을 것이라고 생각했을 정도로 조선인의 독립국가 경영에 비관적인 견해를 지녔다.[88]

일제강점기에 발간된 대중잡지인 『삼천리』 1940년 9월호에 실린 '我觀 히틀러 總統'이라는 코너에는 여러 인사가 히틀러에 대한 찬사를 늘어놓았다. 변호사 신태악은 "독일 민족이 나은 불출세의 영웅. 천재적 신인"이라 칭했고, 시인이자 『삼천리』의 발행인인 김동환은 "나라를 위하여 취처도 안하였고, 그의 거댁에 미희미주가 있단 말을 못 들었고. 이러니 그는 큰 사람 진실된 사람"이라고 썼다. 소설가 이광수도 거들었다. "나는 쇼와 5년(1930)경에 히틀러의 『마인 캄프』의 일부를 번역·출판하였다(동광총서). 그리고 이 전체주의야말로 명백의 세계를 풍미할 것이라고 지적하였다. 한자로 전체주의란 말은 『동광』에 내가 처음 쓴 말이다. 그때에는 파쇼라는 말은 있었으나 전체주의란 말은 없었다. 『민족의 제전』이라는 영화에 히 총통이 올림픽대회 구경하는 스냅(사진)이 수매 있었다. 독일선수가 아슬아슬할 때에 두 주먹을 쥐고 조바심하는 것이며, 독일선수가 이긴 때에 기뻐하는 광경 등이었다. 인간으로의 그의 풍모를 보는 듯하여서 기뻤다. 그는 가정도 없고 향락도 없고 오직 애국으로 생활을 삼고 있는 사람이다."[89]

이미 이광수는 일본 유학 시절 사회진화론을 수용해 "힘이 있는 자만이 자유와 개성을 논할 수 있다"고 주장하였고, 그 이후 그는 적자생존과 약육강식의 신조를 갖고 있었다. 1922년에 발간된 『민족개조론』에서 이광수는 조선인이 "비사회적이고 이기적이고 나태하고 겁이 많고 진실성이 없는, 아주 열등한" 민족성을 지녔으며, "모래 알알이 흩어진 개인들이지 무슨 한 원리로 조직되고 통일된 민족은 아니다"라고 했다. 그러면서 조선 사람들이 레닌과 무솔리니, 손문 같이 조직하는 힘을 지닌 위대한 개인을 기다린다고 강변한다. 조선인이 "중심인물과 개조 단체의 목적의식이 뚜렷한 개조 노력이 있으면 그 아름다운 근본적 성격이 회복되어 우등민족이 될 수 있다"는 것이다.[90]

여기에 더해 그는 어용화된 사이비 불교라 할 수 있는 황도(皇道)불교를 절대시하고 '임금의 은혜'를 부처나 뭇 중생의 은혜보다 더 높은 위치에 올리고 그 은혜에 대한 '사심 없는 보답'을 '인간 수행'의 중심으로 삼으라고 한다. 이는 불교의 '보시(布施)' 논리가 이광수에 의해 천황에의 봉공(奉公)이라는 파시즘적 논리로 돌변하였음을 보여준다. 이런 신조를 지닌 이광수가 "남아의 숙원이란 군대에 자원입대하여 용약 출정해 역투해서 전사하는 일"이라면서[91] 조선의 청년들을 제국주의 침략전쟁으로 몰아넣는 데 적극적으로 나서게 된 것은 그 당연한 논리적 귀결이었다.

지배논리로 변용된 사회진화론

지금까지 살펴보았듯이 사회진화론의 한국 이식과 확산에 결정적인 역할을 한 사람들은 주로 윤치호, 유길준, 신채호, 박은식, 장지연 등 개신 유림 계통의 주요 논객들이었다. 이들은 1900년대에 일본이나 중국을 통해 '국가적 생존' 위주의 사회진화론을 널리 보급시켰다. 이에 대해 박노자는 특히 중국의 량치차오를 스승으로 떠받들며 량치차오 책 몇 권씩 번역, 보급도 하고, 거의 '새로운 공맹'으로 삼아 절대적으로 신뢰한 신채호, 박은식, 장지연 등 세 사람은 전통의식이 강하고 '국가' 위주의 논리인 일본이나 량치차오의 영향을 받아 "국가나 민족의 생존을 위한 절대적 헌신"을 강조했다고 지적한다. 그렇지만 근대적 인권의식 훈련이 전혀 없는 그들이 '헌신'을 '우매한 민중'의 '계몽한 지도자'에 대한 복종으로, 그리고 '현모양처'가 될 여성의 남성위주 가족과 민족에 대한 절대적 봉사로 이해한 것이 문제라는 것이다. 그들의 '생존' 논리에는 '인권'은 '생존'의 하찮은 도구에 불과했다고 한다.[92]

구한말에 유길준과 신채호, 박은식 등에 의해 일종의 위기 극복 논리로 수용된 사회진화론은 대한제국이 일제의 식민지로 전락한 후 변용을 겪게 된다. 민족개조론, 일선동화론, 내선일체론이 바로 그 변종이었고, 장지연, 최남선, 이광수 등이 그 대표자였다. 이들은 식민지로 전락한 조선의 현실에 절망하고 아시아 국가 중에서 강대국이 된 유일한 국가인 일본을 찬양하고 나섰다. 약육강식 논리를 수용하고 일본과의 공영을 내세우면서 파쇼 일본의 정책에 협력하였고, 백인종에 대항하는 황인종의 단결을 주장하였다. 또 다른 배경에서 변용된 식민지의 사회진화론은 해방 후 남한 보수지배세력의 정신적 토대를 형성하게 된다.

박노자는 『우승열패의 신화』에서 이 점을 예리하게 분석하고 있다. 1900년대 신지식인들한테 사회진화론은 매우 매력적인 것이었다. "약육강식이 곧 우주와 사회의 도리"이며 "적자생존은 우주 불변의 법칙"이라는 등식으로 집약되는 사회진화론은 유교의 성리설을 대체하는 진리로 받아들여져, '부적자는 스스로 도태돼야 한다' '백인종에 맞선 황인종의 대동단결'은 국가 민족주의, 힘의 이데올로기, 아시아주의의 토대로 자리 잡았다. 특히 '힘의 숭배'는 우파 신지식인들 사이에서는 종종 강한 자인 서구와 일본에 대한 예찬과 일본의 식민지배를 합리화하는 수단으로 이용됐다.

"우리는 생명을 가진 지라 … 생존욕이라는 것을 가졌으며 … 나는 국가라는 것의 성립이 옳은지 그른지는 몰라 … 그러나 그것이 나의 생존에 밀접한 관계 있는 것을 깨달았노라"고 고백한 이광수는 강한 대일본제국의 애국자를 자처한다. 박 교수는 사회진화론이 전근대의 절대 우상에서 깨어나는 근대화의 순기능도 지녔다고 평가하면서도, '강자'인 서구·일본제국과 달리 '약자'인 한국에서는 힘의 맹목적 숭배와 합리화, 개인 인권에 앞선 국가·민족주의의 발달 등 역기능을 일으켰다고 비판한다. 그런 점에서 해방 이후 이어진 박정희 정권의 반공 안보가 만든 '레드 콤플렉스,' 스포츠 애국주의, 수출의 종교화, 승자 독식 사회, 국가 경쟁력주의 등은 식민적 사회진화론의 계보에 포섭돼 있다. 힘의 이데올로기인 사회진화론을 숭배했던 1900년대 개화 신지식인들의 사상 풍토에서 비롯했다고, 『우승열패의 신화』는 지적한다. 식민 상황에서 퍼진 힘의 숭배와 합리화는 해방 이후엔 박정희 정권의 반공주의와 개발독재에 스며들어 있다.[93]

대표적으로 개화파의 지도자로 사회진화론의 관점에서 인간 세상을 인식하고 국제관계를 파악했던 박영효는 20여 년의 일본 망명과 제주 유배를 거친 후 일제의 회유정책에 후작의 작위를 받고 중추원 고문, 식산은행 이사로 이어지는 친일파의 길을 걷게 된다. 일제에 부역한 인사들이 미군정에 의해 대거 등용되면서 지배세력으로 다시 득세하면서 반민특위와 반민법이 좌절되었고 과거청산은 실패로 끝났다. 이들은 친미와 반공으로 그들의 행위를 정당화하면서 기회주의적으로 처신했고 다시 지배세력으로 부상했다.

1949년 4월 즈음에 반민특위 제1조사부장 이병홍의 활동 경험담을 보자. "친일파들은 인간성 이하의 모든 사악한 습성과 기술과 사상을 모조리 갖추고 있으며, 동포를 초개처럼 알고 허언, 회뢰, 고문, 폭행, 테러 등 모든 악덕과 기술을 갖추고 있다. 이들은 경찰에 들어와서는 폭력철학을 고취하고, 관계에 들어와서는 부패한 공기를 양성하고, 경제계에 들어와서는 흉악한 모리로써 공익을 해치고, 정계에 들어가서는 이간중상을 일삼아 정치혼란을 조장하고 있어, 이들이 일소되지 않는 한 우리 민족의 장래에는 언제나 암운이 깃들 것이다."[94] 이병홍이 언급한 부역자들은 정계와 재계, 군부뿐만 아니라 학계, 언론계를 장악하고 강력한 재생산구조를 형성하였다. 이들이 신봉했던 것이 바로 사회진화론이었다.

조선에서 사회진화론은 이탈리아와 독일처럼 민족주의를 강조하는 방향으로는 나가지 않았다. 오랜 기간 정치적으로 분열되었던 독일과 이탈리아는 서유럽의 다른 국가들에 비해 뒤늦은 19세기 후반에 통일을 이뤘지만 아직 완전한 민족국가(nation state)가 되기에는 부족한 점이 많았다. 양국의 영토경계 내에 존재하는 소수민족들과 이념적, 문화적 소수집단들을 동질화해서 '국민화(nationalization)'를 이루려는 작업이 지배세력에 의해 시도되었다. 이는 '비민족적'혹은 '반민족적'으로 간주된 내부의 소수집단들을 '타자' 혹은 '내부 식민지'로 분류하고 주변화하며 배제하는 것이었다. '특수한 길'이라 불리는 이러한 과정은 개인의 자유와 민족의 독립을 통합적으로 사고하려 한 19세기의 자유주의적 민족주의와 구별된다고 평가된다. 이는 혈연적 위계와 인종적 요소를 강조한, 사회적 다위니즘에 근거를 두는 민족주의로 기형적으로 발전하면서 결국 질서를 파괴하고 인류를 고통으로 몰아넣은 파시즘(fascism)으로 귀결되고 말았다.

종족민족주의를 극단적인 형태로 발전시킨 파시즘이 계몽주의의 이상인 사회적 진보의 집단적 실현을 추구했던 프랑스혁명의 가치들을 부정한 것은 당연한 것이었다. 19세기 말에 일부 지식인들에 의해 조선에 유입된 사회적 다윈주의는 단지 적자생존, 약육강식의 논리를 주장하는 데 그쳤다. 이 과정에서 가장 잘 생존하고 권력을 유지한 세력이 바로 보수세력이었다. 앞에서 언급한 것처럼 그들에게 공동체는 별로 중요하지 않았다.

제국주의의 식민지배 논리인 사회진화론이 급속히 확산되면서 이를 내재화한 보수세력은 단지 인간의 자기보존 본능과 이기주의를 미화하는 데만 관심을 쏟았다. 공동체가 간직해 온 가치를 우선시하고 관계적 의무와 책임을 중시하며 때로는 불가피한 현실에 대해 타협적인 자세를 보이는 전통적 보수는 한국에서 굴절되고 변형되었다. 보수에게 정치란 단지 칼 슈미트(Carl Schmitt)가 언급한 대로 '적'을 구분해 타자화하고 악마화하는 것이었다.[95] 친일과 친미, 반공과 반북은 이들이 자기이익을 중심에 두고 자신과 다른 세력을 구별 짓기 위해 선택한 기준이었다. 일제강점기와 해방 후에 가장 잘 생존하고 권력을 유지한 이들이 내재화한 논리 역시 사회진화론이었다.

이들은 또한 어떤 국가나 사회도 인간의 자유와 권리를 침해하지 않는 한도 내에서만 정당화될 수 있다는 최소국가론을 주장했다. 그러나 현실 사회에서 다양한 행위자들은 권력과 부를 불평등하게 소유하고 있으며 그들 사이의 자유경쟁은 약육강식의 정글과 다를 바 없다는 사실을 이들은 묵과했다. 이들은 모든 인간들이 자유와 이익을 추구하는 가운데 형성된다는 자연적 질서를 옹호한다면서 다른 한편으로는 사회적 약자들이 스스로를 보호하기 위해 자연적으로 만드는 각종 단결은 억제하고 탄압하는 식으로 모순된 행동을 보여주었다. 나의 자유와 타인의 자유, 나와 사회는 서로 연결되어 있으므로 전체와 관계없는 개인의 자유란 부재하다는 '관계의 논리'를 이들은 제대로 인식하지 못했다. 그리고 자원을 공정하게 배분해 사회의 평화를 유지함으로써 사람들이 이익을 얻고, 이에 공감이 결합하여 결과적으로 평등과 연대가 강조되는 사회를 향한 길을 걷게 되었다는 역사적 사실도 무시한다. 순전히 이기적인 동기에 의해서만 형성된 사회는 부를 생산해낼 수는 있어도 삶을 가치 있게 만드는 단합이나 상호신뢰를 이끌어내진 못한다.[96]

서구 사회에서 보수는 자유와 풍요를 가져다 준 가치와 제도를 긍정하고 보존하려는 세력이었다. 이를 떠받치는 사상체계가 바로 전통적 보수주의이다. 이를 정립한 이가 에드먼드 버크이다. 『프랑스혁명에 대한 성찰』에서 버크는 계몽사상의 합리주의와 프랑스혁명에 반대하였다. 인민을 옹호하고 역사적 제도의 사악함을 강조한 루소와 인민의 이름의 절대적 권력인 자코뱅의 행위는 평등이란 이름의 평준화에 불과하다는 것이다. 버크에 의하면 인간이성은 불완전하고 인간본성에는 도덕적 사악함이 내재해 있다고 한다. 반면 전통과 관행, 편견(전통 속에 존재하는 권위와 지혜의 요체를 개인정신이 습득한 것)은 인류의 진보적인 경험과 지식을 담지(역사적 공리주의)하고 있다는 것이다. 보수주의는 교회(무정부, 악, 상호파괴 경향 인간을 안정시키고 영구적인 틀 안에 순응), 사회계급, 가족의 권리를 중시한다. 정치는 자연이 내린 지도자의 몫이라고 한다.[97]

1632년 광해군 폐위 후 한국의 정치적 지배블록은 바뀌지 않았다. 노론이 일제 시기 권력의 상층부를 차지하였고, 해방 후에도 청산되지 않았다. 이들은 보수주의와 걸맞지 않은 주장을 내세우면서 자칭 보수라 강변하였다. 체계적 이론과 사상적 기초 없이 반공/반북주의라는 배제적 준거틀에만 의존한 것도 이들이었다. 자칭보수들은 적자생존, 약육강식의 논리를 토대로 생존하고 권력을 유지하였다. 인간에 대한 지식과 관심, 폭넓은 사회생활에 바탕을 둔 인격과 품위, 문화에 대한 소양, 공동체 내 관계적 의무와 책임은 존재하지 않았다. 이들에게 정치란 적을 구분해 타자화하고 악마화하는 것에만 머물렀다.[98]

지속가능한 보수는 시대의 변화와 요구에 대한 뛰어난 적응력과 유연한 대처로 끊임없이 변신해왔다는 역사적 교훈을 이들은 제대로 돌아보지 않은 것으로 보인다. 사회진화론은 지난 세기 말의 금융외환위기로 본격적으로 유입되고 확산된 신자유주의와 결합해 한국 사회에 더욱 위력을 발휘하고 있다. 사회진화론은 자본가들이 앞장서 유포했지만 압축적 근대화 과정과 신자유주의의 확산 과정에서 경쟁으로 내몰린 대중들도 이를 내면화하였다. 국가도 노골적으로 이를 강제하였다. 각자도생과 서열주의가 바로 그것이다. 그 결과 왜곡된 정의관을 지니게 된 젊은 세대들도 곳곳에서 눈에 띈다. 노동자가 자본의 논리를 내면화하는 등 다수 대중이 지배 이데올로기에 주입된 사회에서 대안적 세상은 결코 오지 않는다.

> 개신교 목사의 한 사람으로서 판단하기에,
> 한국적 근대의 요소를 가장 극명하게 표상하는
> 종교는 단연 개신교다.   _ 김진호
>
> 한국 기독교의 자기보호적 배타성의 신앙은
> 그 일관된 속성에서 변함이 없되
> 정치적 국면에 따라 타협과 저항 사이를 오갔다.   _ 최형묵

한국 사회에서 권위주의가 착근되고
확산되는 데 영향을 미친 또 다른 요인으로는 기성 종교를 들
수 있다. 비록 최근 감소세가 두드러진다 해도 한국 사회에서 종
교 인구는 여전히 상당한 비율에 달한다.[1] 정치적·사회적 영향
력도 여전히 크다. 이미 오래전에 종교는 권력화된 집단이 되었
다. 주요 사회적 쟁점에 대해서 가장 크게 목소리를 내고 압력을
행사하는 집단도 종교계이다. 그러나 기성종교에 대한 사람들의
이미지는 부정적인 평가가 적지 않다.[2]

이 글에서는 기성 종교 중에서도 최근 들어 매스미디어에서
가장 많이 비판적 기조의 기사와 얽히면서 사회적 호감도가 급
락한 것으로 지적되는 개신교를 중심으로 논의를 집중하고자 한

147

다. 여러 종교 중에서 개신교가 빈번하게 사회적 논란의 대상이 되고 가장 많은 안티세력을 거느리게 된 까닭은 쉽게 찾을 수 있다. 학자들은 대형교회를 중심으로 벌어진 목회자들의 부정부패와 세습, 성추문, 비민주적이고 가부장적인 질서와 제도, 물신주의, 타종교를 인정하지 않는 편협한 종교관 등이 개신교의 사회적 공신력을 추락시켰다고 지적한다.[3] 그런 점에서 한국의 개신교는 사회적 영향력과 공신력 간에 상당한 괴리가 존재한다고 볼 수 있다.

최근에도 종교인 과세에 대한 반대, 일부 대형교회의 담임목사직 세습과 과시적 교회 건축을 둘러싼 논란이 사회적으로 주목을 끌었다. 국정농단에 항의하는 수많은 시민들이 광장에 나와 촛불을 들었을 때, 오히려 어떤 교회들은 교인들에게 박근혜 탄핵에 반대하는 맞불집회 참여를 독려했고, 어떤 목사들은 집회에 나와 대형 십자가를 이끌고 퍼레이드를 벌였다.[4] '빨갱이,' 무슬림, 동성애자 등을 적으로 지목하고 반대 투쟁을 벌이는 것도 유독 개신교가 두드러진다. 타종교에 대한 증오와 공격도 여전하다.

이전에 서남아시아에서 지진해일로 가장 가난하고 신실한 신앙인들이 희생되었을 때[5] 여러 지역에서 신의 존재와 역할에 대한 논쟁이 불붙었음에도 대부분의 기독교, 유대교 및 기타 종교 지도자들은 '지진이 신의 분노였다'라는 말을 꺼내지 않았다. 그러나 한국 개신교는 예외였다. 한 대형교회의 담임목사는 "쓰나미 희생자들은 예수를 제대로 믿지 않는 자들이다. 그건 우연히 아니라 하나님의 심판이다"라고 말했다. 일본 도후쿠 대재앙 앞에서 '우상숭배, 무신론, 물질주의에 대한 하나님의 경고'를 운운했던 목회자도 있었다.[6]

이러한 개신교 지도자들의 언행은 화합과 치유가 아니라 오히려 갈등을 유발하고 사회적 분노를 고조시킨다는 지적이 끊이지 않는다. 특정 대상을 폄훼하고 적대시하는 개신교 지도자들의 배타주의적 행보들은 역설적이게도 교회를 시민사회의 타자로 고립되게 만든다. 물론 한국 개신교의 주류 전통 밖에 있는 많은 교회들이 주류 교회가 적대시하고 배제했던 이들과 함께해 온 오랜 전통을 갖고 있다는 사실도 간과되어서는 안 된다.[7]

그러나 낯선 타자에 대한 배타주의적 발언이 난무하는 데서 보듯이 기독교인과 교회의 무례한 태도, 그리고 꾸준히 드러나고 있는 교회와 목사에 대한 각종 추문, 미국에 대한 순응적 태도와 북한에 대한 냉전적 태도의 고집, 시대에 뒤떨어진 가부장적 문화 등은 여전히 바뀌지 않고 있다. 이러한 현실은 많은 사람들에게 교회를 시대에 뒤떨어진 공간으로 인식하게 했고, 청년층들은 그들을 끌어당기는 유인력이 현저히 감퇴한 교회에 거리를 두기 시작했다.[8] 다른 한편으로, 개혁과 민주화를 추구했던 이들이 교회로부터 철수하면서 교회는 급속도로 보수화되었다고 평가된다.[9]

이는 앨버트 허시먼(Albert O. Hirschman)의 용어를 빌리자면 쇠퇴하는 조직에서 '이탈(exit),' 즉 떠나버리는 성원들이 늘어난다는 것을 가리킨다.[10] 교회 안의 부조리와 부패행위에 대해 항의하는 것이 충분히 유효하다는 확신이 서지 않을 경우 남은 선택지는 기존 권력구조와 의사결정에 맹목적으로 충성을 이어가거나 아니면 교회를 나가는 것이다. 그러나 어떤 조직이 쇠퇴와 실패에 처했을 때 남아서 항의하는 사람보다 이탈하는 사람 수가 더 많다면 그 조직의 몰락은 더 빨라질 수밖에 없을 것이다. 바로 여기에 개신교가 처한 위기가 있다. 사정이 이러하다보니 종교계 내부에서도 간헐적으로 반성의 목소리가 나오고 있다. 2017년 12월 28일, 평신도와 재가불자들 그리고 종교 관련 시민단체 50여 곳으로 구성된 '불교·개신교·천주교 종교개혁선언추진위원회' 회원들이 발표한 다음과 같은 성명서가 대표적이다.

> "대다수 절과 예배당은 성스러움과 무한, 빛과 소금을 상실한 채 영화 한 편보다 더 가르침을 주지 못하고, 일개 상담소보다 더 마음을 치유하지 못하는 곳으로 전락했습니다. 지극한 부끄러움에 얼굴을 들 수조차 없습니다. 우리 모두 공범자이고 탐욕과 이기심을 일소하지 못한 채 남의 탓만 하고, 성직자와 수행자들의 반민주적 언행을 방관하거나 침묵했습니다."[11]

개신교회의 비약적 성장과 권위주의 문화

한국 사회의 압축적 성장과정과 맞물려 가장 비약적인 성장을 이룬 곳은 개신교였다. 대부분의 개신교 교회들은 가용 자원을 총동원해서 성장을 추구했고 그 결과 재적 교인만 수천 명이 넘는 메가 처치(mega church)가 우후죽순처럼 나타났다. 그중에는 재적교인 수만 수십만으로 세계에서 가장 큰 규모를 자랑하는 교회도 있다. 국가가 주도한 산업화 과정에서 이농한 도시빈민들과 노동자들에게는 '뿌리 뽑힌 삶'에서 오는 고통과 분노를 위로하고, 새로 생겨난 도시 중산계층에게는 그들의 세속적 성공을 정당화하고 정신적 공허함을 채워주는 곳으로 교회만한 곳이 없었다. 이를 이용하여 일부 성직자들은 기도원 운동, 부흥집회 등을 통해 양적 성장을 꾀했고 '성공'을 거둘 수 있었다.

이러한 성장 방식은 당시 권위주의 정권의 통치방식과 너무나 유사하다. 1960년대와 70년대 한국은 국가·민족주의에 입각해 국가 주도로 정치적 권위와 질서를 제공하고 국민동원과 통합을 추구하는 개발독재가 지배하던 시대였다. 이를 주도한 권력자인 당시 대통령은 행정권뿐만 아니라 입법권과 사법권을 실제로 행사했고, 의회 다수당을 차지한 여당을 통해 견제받지 않고 독주할 수 있었다. 한·일 국교 정상화, 베트남 파병, 3선 개헌 등이 학생들과 야당의 반대에도 불구하고 전격적으로 추진되었다.

권위주의와 친화적인 교회의 모습은 그 역사가 오래되었다. 일제강점기에 초지일관 도덕주의적 기독교관을 강조했고, 성서에 바탕을 둔 국가 건설을 위해 노력한 김교신은 겉으로는 기독교를 통해 문명화를 추구한다고 주장하는 기독교인들이 내면에는 권위주의적이며 사대주의적인 틀에 갇혀 있다고 일갈한 바 있다. "'권세'란 무엇인가. echousia에는 능력, 권위, 엄중, 도덕적 혹은 영적 권위의 뜻이 있다 … 기독교에는 옛날 선지자 시절 시대로부터 두 가지 종류의 권위가 흘러왔음을 볼 수 있다.

하나는 인공적 권위니, 이를테면 신학교 졸업 증서, 기타 학위, 안수례 등등으로서 권위를 붙이는 것이요, 다른 것은 하나님께서 친수하시는 권위니 모세, 이사야, 에레미야, 아모스, 세례요한, 예수, 바울의 군위는 다 이 후자에 속한 것이었다 … 예수는 '권세 있는 자'처럼 말씀하셨다 한다. 대개 하나님 외에 최고, 무결한 권위를 가졌던 예수의 권세란 것은 어떤 모양의 것이었던가. 저는 필경 자기의 권위에 의탁하여 설교하려는 생각은 추호도 없었을 것이요, 진리와 생명이 약동하며 유로(流露)하노라니까 자연히 권위가 첨가해졌을 것이다."[12]

기독교인이 된다는 것은 교회 내의 형식주의와 결별하는 것이라는 김교신의 강조가 그때부터 80여 년이 지난 21세기 현재 한국 교회에서 얼마나 지켜지고 있는지는 불확실하다. 예수는 교리를 절대화한 바리새인을 인정하지 않았다. 예수가 거듭 강조한 것은 교리나 강령이 아니라 관계, 즉 핍박받고 가난하며 남겨진 자들과의 연대였다는 점에서 김교신의 지적은 되새겨볼 만하다. 애국심과 교회에 대한 충성심을 동일시하면서 가용한 모든 자원을 동원해 성장에 매진하는 모습 역시 별반 달라지지 않았다고 생각된다. 압축적 성장을 달성한 지난 40여 년만 보더라도 한국의 교회는 권위주의 국가와 너무나 닮았다. 그런 점에서 교회와 국가는 발전주의에 토대를 둔 지배동맹의 주역이었다고 지적된다.[13]

이러한 지배동맹은 1980년대 후반의 민주주의 이행 이후 그 결속이 약화되었다. 두 번의 여·야 간 정권교체를 겪으면서 국가가 지녔던 권위주의 속성은 상대적으로 쇠퇴하고 있다고 평가된다.[14] 정보화의 진전이 가져온 쌍방향 소통의 확산도 권위주의 문화를 점차 약화시키고 있다. 이에 비해 지배동맹의 파트너였던 교회는 여전히 권위주의의 '튼튼한 보루'로 남아 있다. 비종교인을 대상으로 한 개신교 이미지 평가에서 '이기적이다', '물질중심적이다'와 더불어 '권위주의적이다'라는 응답 비율이 높은 사실[15]도 이런 지적을 뒷받침한다.

개별교회 안에서 담임목사(위임목사)[16]는 특권적 지위를 향유하며, 여타 목사-장로-집사로 이어지는 위계적 질서를 통해 교회신자들을 지배한다. 이는 개별교회의 상급기관인 노회·연회, 교단 총회, 교단연합기관의 총회 등에서도 작동되는데, 이곳에서는 의사결정 권한이 신자 수나 교회 수로 파악되는 교회 규모, 그리고(혹은) 재정적 기여도에 따라 결정된다.17) 수평적 네트워크가 형성되지 못한 한국의 개신교에는 개별교회 수준에서 작용하고 있는 '독특하게 한국적인' 성직자 권위주의가 있다고 지적된다. 즉, 목사의 권한을 장로의 권한으로부터 체계적으로 분리하여 목사에게만 '치리권(治理權)'18)을 귀속시키고, 당회의 존재를 절대시함과 동시에 당회의 의장인 담임목사를 부목사 등 여타의 종속적인 목사들과 차별화하고, 담임목사의 임기를 정하지 않을 뿐 아니라 개별교회 신자들의 합의만으로는 권고사면도 불가능하게 만들었다는 것이다.19)

이 같은 제도적 장치들은 권위주의적 교회문화를 조장하는 요소들인 서열화된 교회직제, 위계질서를 강화하는 예배양식, 배타적 군림의 상징인 교회 공간 배치, 권위주의적인 교회 생활언어와 성서 번역본, 평신도들의 비주체성 등과 결합하여 더욱 위력을 발휘한다. 특히, 자신이 직접 교회를 설립했거나 수십 년 동안 한 교회에서 담임목사직을 유지해온 목사들은 개별교회 수준에서 얼마든지 '합법적인 종교적 독재'가 가능하며, 은퇴 후에도 원로목사라는 신분으로 막강한 영향력을 유지할 수 있다.20) 그러다 보니 아예 교회를 사유화하여 예산과 인사 정책을 독단적으로 운용하는 목회자들이 적지 않다고 지적된다.21) 교회재산은 교인 모두의 것임에도 교회정관에 재산 관리를 비롯한 제반 사항을 담임목사 혹은 당회장이 결정하도록 규정하는 등 공사가 불분명한 경우도 존재한다.

그리고 남성 중심적 성직주의가 워낙 강고하게 자리 잡은 까닭에 여성 교인들은 다수를 차지함에도 불구하고 소수 교단을 제외하고는 목사 안수 및 장로 안수의 기회를 갖지 못한다. 전체 목회자 중에서 여성 비율은 매우 낮고, 안수를 허용한 교단에서도 차별이 존재하고 있는 실정이다.22) 이는 여성, 그리고 청소년과 청년들이 교회의 주요 의사결정 과정에서 온당한 권리를 보장받지 못한다는 것을 보여준다. 모든 신도가 '하나님의 사람들(Laos tou Theou)'이라는 성경적 진리가 정작 교회 안에서는 지켜지지 않고 있는 것이다. 그러다 보니 '사랑의 교회'와 '명성교회'의 사례에서 보여지듯이 때로는 사회적으로 논란과 반대가 예상이 되는 사안이라도 담임목사의 관심과 이해가 걸린 것이라면 일사천리로 추진된다. 이 과정에서 다른 목소리를 내는 교인들이 '은혜스럽지 못한 사람'으로 낙인찍혀 철저히 배제되고 억압의 대상이 되는 경우도 흔히 발견된다.23)

기독교 신자라면 응당 '하나님을 닮은 것(Imitatio Dei)'이자 하나님 나라를 이루는 삶인 사랑과 정의를 행해야 하지만24) 현재 한국 교회의 현실은 위에서 살펴본 것처럼 이와는 거리가 있다고 평가된다. 오히려 500여 년 전 종교개혁의 선구자들이 개혁하려 했던 유럽의 교회와 유사하다. 종교개혁이 일어나기 전에 독일에서 선풍적인 인기를 끌고 인문주의자들의 애독서가 되었던 『바보배(Narrenschiff)』25)에 나오듯이 당시 유럽 사회는 인간의 탐욕과 부패, 나태가 만연했던 혼란스러운 곳이었다. 가장 부패한 곳은 가톨릭교회였다. 대부분의 사제들은 목회에 아무런 관심이 없었고, 금전을 지불하고 성직과 수도원장, 주교 지위를 샀으며 구입한 지위가 주는 봉록을 받아 챙기기에만 열심이었다. 가장 심각했던 곳은 역시 가톨릭교회 서열의 맨 꼭대기였다.

예컨대 보르지아 출신의 교황 알렉산더는 1500년경에 바티칸 영토를 전부 가족들에게 넘겨주려 했다. 성당과 수도원을 짓는 대규모 공사를 지원하기 위해 교회가 면죄부를 남발하면서 그 부패는 절정에 달했다. 판매수익의 3분의 1은 관행적으로 교황에게 보내졌지만 세속의 권력들, 그러니까 도시국가의 군주와 제후들, 그리고 면죄부 판매상인도 수익의 일부를 가졌다.26) 당연히 대중들 사이에서 불만이 싹텄고 분노가 들불처럼 퍼져나갔다. 이런 상황에서 정의로운 지도자들이 나타나 대중들의 분노를 대변했다. 그 대표적 인물이 영국의 존 위클리프와 체코의 얀 후스였고, 독일 비텐베르크의 이름 없는 수도사였던 마르틴 루터였다.

한국 교회를 향한 무수한 비판과 질타는 현재 한국 교회가 종교개혁의 가르침에 충실하지 못하고 벗어난 데서 비롯되었다고 할 수 있다. 심지어 세상은 달라졌는데 교회 권력은 더 타락했다는 평가까지 나오는 실정이다. 한때 교회는 비록 소수일지언정 가난하고 고난을 받는 사람들 곁에 다가가 헌신했던 일부 성직자들이 있었다. "무슨 일을 해야 영원한 생명을 얻을 수 있겠습니까"(누가복음 10장 25절), "누가 저의 이웃입니까"(누가복음 10장 29절)라는 한 율법학자의 질문에 예수는 '선한 사마리아 사람'이라는 역사적 사례를 들어 답했다.27) 온전한 이웃사랑을 실천한 이들 성직자들 덕분에 교회는 사회적 신망을 얻었지만 지금 교회는 이마저도 저버렸다. 대부분의 교회의 안중에는 왜곡된 사회구조 속에서 고통받는 소외되고 가난한 이들이 없다. 예수가 어떤 사람들과 어울렸고 누구를 멀리했는지를 도통 잊은 것 같다. 오히려 재물을 섬기고 재벌의 문어발 경영처럼 규모를 키우는 데만 몰두하다 보니 마치 기독교가 부자들의 종교인 것처럼 비춰지고도 있다.

개인의 구원과 행복만 강조하는 데서 알 수 있듯이 교회가 시대의 표징을 읽지 못하고, 사회적 책임과 사명을 소홀히 하는 탈사회적 집단으로 변했다는 비판도 종종 제기된다. 교회 내에서 공공연하게 들리는 "예수 믿으면 부자 된다"란 말은 지금 한국의 교회가 얼마나 성서를 멋대로 해석하고 불의한 현실과 타협하고 있는지를 잘 보여준다. 신자들에게 내세를 위해 신의 말씀뿐만 아니라 세속 권력에도 절대적으로 복종해야 된다고 가르치는 곳이 교회이다. 그러다 보니 개신교 신자들이 파워 엘리트로 떠올랐고, 아예 목사들이 직접 권력 핵심부에 몸을 담거나 영향력을 행사하는 것도 낯설지 않게 되었다.[28] 어떻게 이렇게 되었을까? 이는 비교적 근래에 이뤄진 변화일까? 아니면 오랜 역사적 기원을 갖는 것일까? 그리고 그 원인은 한국 교회의 내부, 혹은 외부 행위자 어디에서 찾을 수 있을까?

개신교의 조선 전래

조선에 개신교가 전래된 시기는 서구 제국주의 열강들의 식민지 쟁탈 경쟁이 치열하게 전개되던 시기였다. 그때까지 조선은 사대교린(事大交隣)[29]의 대외관계와 국제질서관을 표방하면서 전통적인 쇄국정책인 해금책(海禁策)을 견지하고 있었다. 조선은 중국 및 일본과 일정한 사행(使行)이나 교역을 행하는 것을 제외하고는 동아시아 문화권 밖의 외국인의 접근은 차단하고 있었다. 그러나 서세동점(西勢東漸)의 물결은 조선에까지 그 여파가 미쳐오기 시작했다. 청국의 수도인 연경(지금의 북경)을 중심으로 천주교가 전래 유포되었고 새로운 서양 문물 및 학술서가 유입되었다. 수백 년 동안 성리학을 지도이념으로 하여 국왕 중심의 중앙집권적 관료체제를 유지해오던 조선의 봉건지배층은 동요할 수밖에 없었다.

그렇지만 이들은 당시의 변화된 국제 질서에 대한 이해가 부족하였다. 그러다 보니 기존 체제와 질서를 지키는 데 급급하여 보수적인 대응책을 내놓는 데 머물 수밖에 없었다. '사악한 것을 부수고, 바른 것을 드러낸다'는 뜻의 '파사현정(破邪顯正)'을 내세워 서학(西學)을 비롯한 이단·이설을 철저히 배격한다는 척사위정론(斥邪衛正論)이 전개된 것이 바로 그것이다.

19세기 중엽이 되면서 구미의 제국주의 열강이 동아시아에 본격적으로 침투하기 시작하면서 상황은 일변하였다. 청나라는 1, 2차 아편전쟁에서 굴욕적인 패배를 당하였고 연이어서 난징조약, 베이징조약과 같은 패전국 조약을 체결하였다. 일본은 페리(M. C. Perry) 제독이 이끄는 흑선의 위협에 굴복하여 미·일화친조약과 미·일수호통상조약을 맺고 개항을 하였다. 조선 조야에서는 비로소 서양의 위력과 중화체제의 취약성을 실감하였지만 적극적인 대외정책의 마련으로 연결되지 않았다. 내부적으로는 봉건체제 말기의 모순이 첨예화되면서 민란이 빈발하는 등 내우외환의 위기가 고조되고 있었다.

이런 상황 속에서 섭정을 시작한 흥선대원군은 서양 제국에 굴복한 청의 전철을 밟지 않으려고 쇄국양이(鎖國壤夷)정책을 고수하였다. 1866년에는 프랑스 선교사를 포함한 수천 명의 천주교도를 체포해 처형하는 병인사옥이 일어났고, 무장한 미국 상선 제너럴셔먼호가 대동강에서 통상을 요구하다 불살라진 사건이 발생했다. 두 사건은 프랑스와 미국의 조선 침공의 구실이 됐다. 일본 역시 청국과 대등한 조약을 요구하고 나섰다.

개신교 선교사로서 최초로 조선을 방문한 사람은 독일인 칼 프리드리히 구츨라프(Karl F. A. Gutzlaff)였다. 1832년 구츨라프는 영국 동인도회사 소속의 로드암허스트호의 통역 겸 선의(船醫)로 충청도 연안에 도착해 1개월을 머물렀지만 조선 측의 강경

책으로 선교 목적을 달성하지 못하고 돌아갔다. 대원군에 의한 쇄국정책이 추진되는 동안 두 차례에 걸쳐 조선을 방문한 영국인 선교사로 로버트 토마스(Robert J. Thomas)가 있다. 원래 중국 선교에 종사하던 토마스는 조선인들을 만나 조선의 사정을 알게 되면서 조선선교에 관심을 갖게 되었다. 첫 번째 방문에서 서해안에 머무르면서 조선말을 배우고 한문 성서를 배포했다. 두 번째 방문에서 그는 미국인 소유의 무장한 상선인 제너럴셔먼호에 탑승하여 대동강을 거슬러 올라 평양에 도달했지만, 통상을 요구하면서 행패를 부리는 상인들에 분노한 평양군민들의 공격을 받고 목숨을 잃었다.[30]

　쇄국정책으로 엄청난 탄압과 박해를 당했던 천주교에 비할 바는 못 되지만 개신교 역시 초기 선교 과정에서 반발에 부딪쳤다. 이미 18세기 후반부터 유림들은 서구의 문물과 사상을 사학(邪學)으로 보고 배격하는 운동을 전개하고 있었다. 19세기 후반 개신교의 전래가 시작되던 시기에도 영남 유생 이만손이 조정에 '만인소(萬人疏)'를 올려 개화 반대 여론을 일으켰다. 이들은 개국으로 서양과 왕래가 잦아지면 사교에 물들기 마련이고 이는 마치 호랑이를 뜰에서 키우는 것과 같다면서 김홍집과 같은 개화파들을 힐책하고 나섰다.[31] 그런 와중에도 성서가 한글로 번역되어 평안도 등 북부 지방[32]에 다수 배포되고 이를 읽은 사람들이 선교사를 찾아가 세례를 받는 일이 늘어났다.

　1880년대 초에 이르면 중국 동북지방과 한반도 북부지방에 신앙공동체가 출현하게 된다.[33] 이렇게 된 데는 선비를 위시한 조선의 지식인층에게는 이들 선교사들을 통해 서양의 발전된 문물을 받아들일 수 있었기 때문이다. 그리고 오랫동안 신분제 사회에서 소외받았던 일반 민중 및 하층계급들에게 하나님 앞에서

만인이 평등하다는 기독교 정신은 매우 매력적인 것이었다. 이는 조선 사회에서 신분차별을 받던 노비와 서자들, 조선 후기 세도정치에서 소외되었던 남인과 유학이 강하게 뿌리내리지 못하고 중앙요직 진출이 막혀 있던 서북지방 사람들이 대거 기독교로 귀의한 데서 알 수 있다. 시대의 변화를 읽지 못하고 고루한 신분질서를 떠받치는 성리학을 여전히 금과옥조로 떠받드는 지배세력은 점차 통치의 정당성을 잃어가고 있었다.

조선에 대한 개신교의 전파에서 획기적인 계기가 되었던 것은 1882년 조선왕조가 미국과 맺은 수호통상조약이었다. 미국은 제너럴셔먼호사건이 발생한 지 5년이 지난 1871년 통상조약 체결을 요구하면서 한강의 입구에 위치한 강화도에 군함을 파견하였다. 미국의 무력시위에 조선 정부는 어재연을 진무중군에 임명하고 미군에게 외국과 교역하지 않는 것이 400여 년 전부터 규범화된 원칙이라는 대원군의 친서를 전달했다. 이후 초지진, 덕진진을 시작으로 광성보에서 전면전이 벌어졌는데 이것이 바로 신미양요이다. 조선의 완고한 쇄국정책은 1873년 대원군이 실각하고 민씨척족파가 집권하면서 이완되었다.[34]

1876년 강화부에서 조선이 외국과 맺은 최초의 근대적 국제조약이며 굴욕적인 불평등조약인 '조일수호조규(朝日修好條規)'가 체결되었다. 이어서 구미제국과의 수교가 이어졌다. 이는 1880년 2차 수신사 김홍집이 청·러 관계의 악화, 일본의 유구(琉球) 강제복속 등 급변하는 동아시아 정치정세에 대해 보고하고 황준헌의 『조선책략(朝鮮策略)』을 소개함에 따라 일본의 독점적 침투를 저지하고 북방 러시아의 남하를 견제하기 위한 정책의 일환으로 이뤄졌다.

조미수호통상조약이 체결되자 미국의 성직자들은 조선 조정에 정식으로 조선 선교를 허가해달라는 편지를 올렸다. 이에 고종은 선교는 허락하지 않았으나 의료와 교육 사업은 허락했다. 미국의 북장로회와 북감리회 소속 선교사들이 차례로 들어왔다. 1884년에 의사이자 선교사인 호러스 알렌(Horace Newton Allen, 1858~1932)이, 1885년에는 감리교 목사인 헨리 아펜젤러(Henry Gerhard Appenzeller, 1858~1902)와 장로교 목사인 호러스 그랜트 언더우드(Horace Grant Underwood, 1859~1916)가, 1886년에는 선교사이자 의사인 윌리엄 스크랜튼(William Benton Scranton, 1856~1922)이 조선에 도착하였다.

뒤이어 영국 성공회, 오스트레일리아의 빅토리아장로회, 미국의 남장로회, 침례교 계통인 미국 엘라딩기념선교회, 미국 남감리회, 캐나다 장로회, 미국의 안식교회, 성결교회의 모체인 미국의 동양선교회, 영국의 구세군 소속 선교사들이 내한했다. 이들은 왕실 어의가 되어 조선 최초의 서양식 병원인 광혜원을 하사받아 운영하거나, 각종 학교를 설립하고 성서 번역과 순회 전도를 실시하는 등 한국 개신교의 초석을 쌓은 인물들로 평가된다.

이전의 천주교 선교사들과 달리 이들이 체계적이고 대규모적으로 선교활동을 할 수 있게 된 데는 수호통상조약 이후 서양의 선교사들에 대한 가혹한 탄압이 사라졌기 때문이다. 1894년과 1899년 기독교 박해가 일어났지만 영국과 미국 등 열강의 공사들이 개입하여 사태를 해결했다. 이러한 일을 거치면서 교회와 선교사가 운영하는 병원이나 학교는 일종의 치외법권 영역으로 인식되었고 이것이 신자가 비약적으로 증가하는 원인의 하나가 되었다.[35]

이에 비해 개신교보다 먼저인 18세기 후반에 조선에 전래된 천주교는 1831년 로마 교황청에서 조선대목구(朝鮮代牧區)를 설치하고 파리외방전교회에 선교를 위임하여 선교활동이 시작되었지만 공식적으로 전교활동을 금지한 조선 정부의 정책 때문에 혹독한 탄압을 받았다. 그중 12명의 선교사들이 조선 관헌들에게 체포되어 참수형을 당했고, 9명의 선교사들은 과로로 병사하였다. 그럼에도 박해의 피해를 감수하고 이들 선교사들이 신앙의 씨앗을 뿌린 것은 높이 평가할 만하다. 수년씩 은둔생활을 하는 상황에서도 몇몇 선교사들은 최초의 조선어 사전과 문법서를 만들기도 하였다.[36)]

특히, 19세기 중엽 조선에서 활동한 프랑스 출신의 천주교 선교사들은 조선에 대해 부정적 이미지에만 근거해서 조선 사회를 문명화하려고 하지 않았다. 그들은 미개하고 전제적인 조선의 지배자들이 지속적으로 천주교 선교사들과 조선인 신자들을 가혹하게 탄압하고 있지만, 다른 한편으로는 조선은 자생적으로 천주교 신자들이 생겨난 '기적의 나라'라는 두 개의 얼굴을 지녔다고 보았다.[37)]

문명화의 사명과 기독교 근본주의 ○────

바로 이 점이 19세기 말엽에 활동한 미국의 개신교 선교사들과 다른 점이다. 서구문명의 우월성에 대해 아무런 의심도, 유보적인 태도도 갖고 있지 않던 이들은 당시 조선 사회가 정체되어 있으며, 비문명·반야만적인 상태에 있기 때문에 자신들이 '문명화의 사명(mission civilisatrice)'을 수행해야 한다고 판단했다.[38)] 원래 '문명화의 사명'이라는 것은 임마누엘 칸트(Immanuel Kant)가 지적했듯이 역사 속에 숨겨진 목적이지 우월한 위치에 있는 자들이 덜 우월한 위치에 있는 자들에게 강요해야 할 어떤 것이 아니었다.[39)] 더군다나 이 개념에는 '문명화'와 '문명'의 구분이 모호한 것과 같이 많은 난점이 있다. 그럼에도 문명인과 비문명인의 구별은 식민지화를 정당화하는 논리로 활용됐다. 당시 조선에 입국했던 선교사들과 서양인들도 다르지 않았다. 이들은 조선인들의 생활 상태를 문명화가 전혀 이루어지지 않은 야만적인 것으로 인식하고, 조선을 위생의 관념도 전혀 없고 이해할 수 없는 관습에 얽매어 빈곤의 나락에서 헤어나지 못하는 지역으로 생각했다.[40)]

이들 선교사들의 궁극적 목적은 조선 사람들에게 기독교 복음을 전파하여 '하느님 나라의 백성'이 되도록 만드는 것이었다. 선교사들은 '회심(기독교화)'과 '문명화'를 동일한 것으로 간주함으로써 기독교 우월주의를 서구 중심주의와 곧바로 결합하고 있었다. 당시 유행했던 사회진화론의 영향으로 서양의 문명화된 나라들이 비서양의 뒤떨어진 나라들을 지배하는 것은 자연의 법칙에 따른 자연스러운 일일 뿐만 아니라 도덕적으로 당연한 일로 간주되었다.[41)]

여기에 더해 당시 선교사들의 의식 속에는 미국주의(Americanism)가 숨어 있었다. 이는 다름 아닌 미국이야말로 인간이 꿈꾸는 가장 완전하고 이상적인 나라이며, 하나님이 세계를 구원하기 위해 미국인을 선택했다는 신념을 표방한다. 이에 따라 선교사들에게는 세계선교는 하느님이 미국을 훈련시키기 위해 내린 선물이며, 이를 통해 미국이 확장되고 번영되는 것은 하느님의 섭리이고 신앙이라는 사고가 자연스럽게 내재되어 있었던 것이다.[42)]

초기에 한국에 파견된 선교사들은 주로 미국의 장로교와 감리교 소속이었다. 한 조사에 의하면 해방 이전까지 한국에 왔던 선교사 1,530명 중 65.9%가 미국인이었다. 그리고 개신교 선교사들 중에서 70.7%가 장로교와 감리교 소속이었다.[43] 당시 미국의 교계는 교파주의가 극에 달하던 시기였다. 한국에 파견된 장로교와 감리교 선교사들은 초교파적 협력을 행하기도 했지만 때로는 교파 간 경쟁의식으로 인해 갈등을 빚기도 하였다. 이 같은 사실에 비춰볼 때 한국 개신교의 성격을 제대로 이해하려면 미국의 장로교와 감리교 교회들, 그리고 그 교회들이 파견한 선교사들의 성격을 파악하는 것이 무엇보다도 중요하다고 할 수 있다.

미국 개신교 교회들이 동아시아 지역에 선교를 개시한 시기는 미국이 이 지역을 둘러싼 서구열강들의 세력 경쟁에 뛰어든 때와 대체로 일치한다. 중국과 일본이 그랬듯이 조선에서도 수호통상조약을 체결한 뒤 미국인 선교사들의 입국이 시작되었다. 미국을 건국한 세력인 청교도들은 캘빈주의적 천년왕국 관념에 입각해 자신들이 떠나온 부패한 구세계를 구원해야할 뿐만 아니라 하나님이 마련해준 새 땅에 기독교공동체를 건설함으로써 스스로를 구원해야 할 사명을 부여받았다는 독특한 '소명의식'을 발전시켰다. '아메리카의 이스라엘(American Israel)'이라는 선민적 우월의식과 결합하여 이 같은 소명의식은 19세기 말 이후 세계의 구원자인 미국이라는 관념으로 구체화되어 서부로, 태평양으로 영토를 확장할 때마다 사용되었다.

당시에 언론인 존 L. 오설리반(John Louis O'Sullivan)은 "해마다 증가하는 우리 수백만 미국인들이 자유롭게 뻗어나갈 수 있도록 하나님께서 할당해주신 대륙을 온통 뒤덮기 위한 명백한 운명(manifest destiny)을 이행하자"라면서 노골적으로 팽창을 부추기는 논설을 쓰기도 했다.[44] 신으로부터 남의 땅을 빼앗을 권리를 부여받았다는 주장은 이후 미국의 역사에서 보듯이 멕시코 영토 약탈, 쿠바 정복, 남미 침략 등을 종교적으로 정당화하는 데 이용되었다. 이런 사실에서 알 수 있듯이 미국의 개신교 교회는 미국의 제국주의적 팽창과 단지 병행한 것만이 아니고, 미국의 제국주의적 정책을 적극적으로 요구하고 정당화하는 이데올로기적 기구로 역할을 했다.[45]

19세기 미국 기독교계의 상황에 대해서는 미국의 사학자인 리처드 호프스태터(Richard Hofstadter)가 쓴 『미국의 반지성주의(*Anti-intellectualism in American Life*)』에서 자세히 설명되고 있다.[46] 호프스태터에 의하면 19세기 초 미국의 발전 상황은 새롭고 독자적인 형태의 기독교를 낳았고, 교회의 조직이나 성직자의 수준 면에서도 독특했다고 한다. 아메리카 식민지에서는 처음부터 종교개혁 이후 유럽에서 성장한 갖가지 신조와 교파의 다양한 이민자 집단이 정책해왔다.

이러한 교파주의(denominationalism)의 본질은 교회가 자발적인 조직이 되었다는 점이다. 즉, 평신도들은 여러 교파 중 어디에 충성을 바칠지를 자유롭게 선택할 수 있었다는 것이다. 이들 대다수 교파를 하나로 묶은 것은 새롭게 형성되어 공유된 목표나 동기였다고 한다. 교파들의 신앙고백에는 일치점만 있으면 충분했기 때문에, 신학적 쟁점들에 관한 이성적 논의는 혼란이나 분열을 야기하는 것으로 여겨지게 되었다는 것이다.[47] 그 결과 부흥운동의 물결이 미국을 휩쓸었고, 수많은 선교협회가 설립되었다. 이들의 목적은 종교적 무기력과 불신, 로마 가톨릭 등으로부터 기독교를 구제하고 궁극적으로는 모든 미국인, 더 넓게는 전 세계를 개심시키는 것이었다. 이런 목적을 고려하면 교양 있는 목사들의 정교한 신학 지식은 불필요한 장식일 뿐만 아니라

심각한 장애물이기도 했다.[48]

일본과 달리 한국에서는 미국 출신이 대부분인 선교사들이 교회를 압도했고, 한국 교회는 선교사들의 가르침을 의심 없이 수용했다. Korea Mission Field는 1908년 3월호 사설에서 "우리의 표준이 그들의 표준이 될 것이다. 우리의 행동이 그들의 행동이 될 것이다. 우리는 그들의 성경이다"라고 선포했다. 한국에 파견된 선교사들은 적어도 공식적으로 표현된 신학적, 교회정치적 견해에서 미국에 있는 모교회의 대변인들이었다. 선교부에서 월급을 받고 일하는 피고용인으로서, 선교사들은 각 교단의 신학, 교회정치, 선교정책 등을 선교지에 충실하게 전달할 의무가 있었다. 그들은 모교회의 신학을 별다른 여과 과정 없이 그대로 한국 땅에 이식시켰다.[49]

선교사들의 신학과 신앙 역시 신학교육을 통해 초기 한국의 목회자들과 신자들에게 깊이 각인되었다. 장로교와 감리교의 신학반 교과과정에서 성서원어나 근대적 성서신학은 전혀 강의되지 않았다. 이는 한국 목회자들에게 고등교육을 거부하도록 이끈 네비우스(Nevius)정책과 함께 초기 한국 교회의 신학교육이 기초적 수준, 혹은 근본주의적 차원에 한정되도록 하는 제도적 장치가 되었다.[50]

당시 선교사들이 지니고 있던 절대적인 권위와 영향력에 비춰보면 미국 선교사들이야말로 한국 개신교의 틀을 만들었고, 이데올로기 지형을 결정하였다고 할 수 있다. 그들은 성서와 교리의 해석권을 차지하고, 신학정책, 신학교정책, 교회정책, 선교정책 등을 수립하는 등 전권을 행사했다. 독특한 소명의식과 선민적 우월의식으로 무장한 이들 미국인 선교사들에게 선교에 대한 정열을 제공한 것은 자유주의(liberalism)가 아니라 근본주의(fundamentalism) 신앙이었다. 자유주의는 문학비평과 역사비평에 근거해 복음서 기록의 역사성을 문제시했다. 성경의 무오성을 부인하고 그리스도의 동정녀 탄생, 부활, 승천, 기적과 같은 성경의 초자연성을 부정했다. 최고의 권위를 성경 자체에 둔 것이 아니라 인간의 이성과 경험에 두었으며 개인 문제보다는 사회 문제에 관심을 갖는 데 자유주의의 특징이 있다.

이에 비해 근본주의는 19세기 후반에 미국의 경제성장을 배경으로 확산되기 시작한 근대주의(modernism) 혹은 자유주의 신앙을 배척하고 성서의 완전한 무오류성과 개인적 구원을 강조하는 데 특징이 있었다. 조선에 들어왔던 최초의 두 선교사였던 언더우드와 아펜젤러 모두 미국 근본주의 태동에 결정적 역할을 한 드와이트 무디(Dwight L. Moody)의 영향을 받았던 사람들이다.[51] 이들 선교사들 대부분은 대학에 설치된 '학생자원단(Student Volunteer Band)'에서 근본주의 교리를 학습하고 수용하였으며, 전 세계에 복음을 전파함으로써 종말론적 구원의 시기를 앞당긴다는 생각에서 선교운동에 뛰어 들었다.

미국 개신교 근본주의는 19세기 중반 미국에서 발생한 급격한 사회적, 문학적, 신학적 격변을 배경으로 형성되었다. 독립 이후 100여 년간 영토가 확장되고 인구가 증가하였으며 경제와 산업 면에서 놀라운 성장을 이룩한 미국인들은 아메리칸 드림의 신화를 꿈꿀 수 있게 됐다. 그러나 남북전쟁이 발발하고, 북부 중심의 산업화와 도시화가 급속히 추진되면서 계급 갈등이 심화되고 범죄율이 증가하였다. 기독교 윤리를 지키지 않는 많은 이민자들이 유럽으로부터 몰려들었다. 여기에 더해 성서비평학을 중심으로 한 자유주의 신학이 신학교와 교회강단으로 확산되기 시작했다.

이러한 변화는 미국 땅에 하나님의 나라가 도래할 것이라는 희망에 부풀어 있던 미국인들에게 충격을 주고 위기감을 고조시켰다. 이에 따라 전통적 신앙을 지켜야 된다는 반작용이 프린스턴 신학교를 중심으로 일어났다. 성서예언대회가 개최되고 보수적 교리를 담은 책자들이 무료로 배포되었다.[52] 이러한 움직임에 중심 역할을 한 인물이 세대주의적 전천년설을 내세우는 영국 출신의 존 달비(John N. Darby)와 무디였다.[53]

근본주의가 보다 분명하게 자기 입장을 보인 것은 1895년 발표된 '5대 근본교리'를 계기로 해서이다. 이는 성경의 절대무오설(inerrancy of the Bible), 그리스도의 동정녀 탄생, 그리스도의 대속적 죽음(substitutionary atonement by Christ), 그리스도의 육체적 부활, 그리스도의 임박한 육체적 재림을 말한다. 20세기 들어와 조직화되기 시작한 근본주의 운동은 1910년 미국 북 장로교회 총회가 5대 근본교리를 기독교의 본질적 신앙으로 선언하는 것으로 이어졌다.[54]

이후 다양한 문서 출판을 통해 근대주의에 대한 비판적 논리가 개발되고 내용이 체계화되게 되는데, 그 결정적 계기가 되었던 것은 자유주의 신학자 해리 포스딕(Harry E. Fosdick)에 대한 종교재판과 진화론 교육을 둘러싸고 일어난 존 스콥스(John Scopes) 재판이었다.[55] 이들 논쟁을 통해 성경의 절대무오설의 근거로 '축자영감설(逐字靈感說, verbal inspiration)'[56]이 강조되었고, 전천년설(premillenialism)과 세대주의(dispensationalism)에 토대를 두고 임박한 종말이 주장되었다. 가톨릭의 로마 교황과 공산주의는 '적그리스도'로 해석되는 등 강한 반공주의 입장도 취해졌다.[57]

근본주의자들은 정통주의 신학사상에서 몇 가지 교리를 꺼내서 이를 기독교신앙의 본질적인 것으로 간주하고 정통성의 표준으로 삼았다. 침례교단에서는 1919년 북침례교회의 라일리(William B. Riley), 남침례교회의 모리스(Frank Morris), 캐나다 침례교회의 쉴즈(Thomas T. Shields)의 주도로 필라델피아에서 세계 기독교 근본주의 협회(World's Christian Fundamentals Associations)가 창립되었다. 한편, 근본주의 진영 내부에서 분열이 발생했다. 근본주의를 추구하는 방법과 태도에는 동의하지 않는 그룹이 근본주의의 논쟁 지향적이며 반지성주의적 경향과 사회 문제에 대한 무관심에 반기를 들었다. 이들은 1914년 미국복음주의협회(National Association of Evangelicals)를 창설했는데 이 새로운 운동이 신복음주의다.

한국에 들어온 개신교 선교사들은 모두 미국과 영국, 캐나다, 오스트레일리아 출신이었고, 따라서 한국 교회의 신앙과 신학은 영어사용권 문화에서 형성된 신학에 많은 영향을 받았다고 할 수 있다. 대표적 교파인 장로교와 감리교에서 한국인 목회자 양성을 위해 설립한 신학교 교수 가운데서도 미국인이 절대다수였다. 출신 학교를 보면 미국 신학교의 경우 장로교에서는 프린스턴신학교 출신이 7명으로 가장 많고 그다음에 매코믹신학교, 유니언신학교의 순이며, 감리교에서는 드루신학교가 5명, 밴더필트대학 3명, 에모리대학 및 컬럼비아대학 2명의 순이다. 가장 많은 교수들이 나온 프린스턴신학교, 매코믹신학교, 드루신학교, 밴더필트대학은 보수주의 신학 전통을 고수하고 있었다.

특히 프린스턴의 경우 보수·정통주의 신학의 보루로 꼽히던 학교였다. 보수주의 신학자 매첸(J. Gresham Machen)은 자유주의 신학노선으로 바뀌기 전까지 23년간 프린스턴에 재직하면서 보수신학의 파수꾼 노릇을 했고, 1929년 북장로회 총회가 자유주의 신학노선을 인정하자 프린스턴을 떠나 웨스터민스터신학교를 따로 세웠고, 1936년에는 정통장로교회라는 별도의 총회조직을 구성하였다.[58]

한국에 파견된 선교사들 중에는 무디의 '전천년주의 재림운동'과 그가 이끄는 해외선교운동에 영향을 받은 이들이 많았다. 이들은 성경 중심적 보수주의 신앙과 신학을 한국인들에게 주입하였다. 개신교가 전해진 초기에 선교사 중심의 초교파 연합기구가 조직될 수 있었던 것도 당시 선교사들이 보수적 신학을 배경으로 하였기 때문이다. 한국의 미국인 선교사들은 자신들이 독점한 종교권력을 활용하여 극단적인 보수주의 신앙을 유포하고 고착시켰다. 을사늑약을 전후로 해서는 전국적으로 개최된 부흥운동을 통해 독립협회나 신민회 계열의 민족주의 성향의 신자집단을 주변화 내지 배제하고 신자대중의 의식을 탈정치화하려고 나섰다.[59]

1903년 원산에서 미국의 유명한 부흥전도자이자 스칸디나비아선교회 회장인 프랜슨(F. Franson)이 이끄는 집회로부터 시작된 부흥운동의 불길이 서울과 개성, 인천 등 전국으로 퍼져나갔는데 이를 원산부흥운동이라 부른다. 죄의 자백과 회개를 핵심 내용으로 하는 부흥운동은 1907년 평양대부흥운동에서 절정에 달했다. 이는 기독교 신앙이 한국에 뿌리를 내리고 개신교가 현격하게 교세를 확장하게 되는 결정적 계기가 되었다고 평가된다.

그러나 부정적 평가도 존재한다. 보수적 신앙을 지니고 있던 선교사들이 한국교인들이 정치·사회적 문제에 관심을 갖는 것을 용납하지 않음으로 인해 한국 교회가 비정치화되고 몰역사적인 곳이 되도록 기여했다고 평가가 바로 그것이다.[60] 1920년대 후반 미국에서 근본주의 논쟁이 전개된 데 이어 1930년대 중반 이후 식민지 조선에서도 진보주의 신학이 나타나 보수주의 신학에 도전하였다. 장로교회의 '김춘배 목사 여권 옹호 발언 사건', '김영주 목사의 창세기 모세 저작 부인 사건,' 그리고 '아빙돈 단권성경주석' 번역에 참여한 장로교 신학자 처리 문제는 근본주의와 자유주의 신학 간의 갈등을 고조시켰다.

그러나 미국과 달리 근본주의자들이 다수를 차지한 한국 교회에서는 이들 사건들이 성경의 신성과 권위에 대한 능욕이며, 성경이야말로 '정확무오한 유일한 법측'이라는 결정이 다시 확인되었다. 이들 일련의 사건에서는 보수주의 신학 원리에 입각해 진보적 신학을 이론적으로 공격한 박형룡 목사가 중요한 역할을 하였다. 미국 근본주의 신학의 상징인 매첸의 충실한 제자였던 그는 금욕적 청교도 신앙을 바탕으로 근본주의 신앙 전통을 평양신학교에 심는 데 주도적 역할을 하였다.[61]

근본주의 신학은 이를 바탕으로 한 학생운동과 대중 전도 집회가 교회의 성장과 선교활동에 크게 기여했다고 평가된다. 그러나 근본주의가 지닌 배타적 전투성과 그로 인한 교회 분열이라는 부정적 측면 역시 아울러 지적된다. 근본주의 신학은 당시 엄혹한 시대적 상황에 놓여 있던 한국 민족에 대한 사회적 책임을 회피함으로써 몰역사적이었다는 비판도 받는다. 정교분리라는 기본 원리는 해방 이후 보수교회에서 계속 유지되었고, 이러한 원리에서 1960년대 이후 진보적 기독교 인사들의 민주화 운동과 사회참여운동이 '용공(容共)'과 '반신앙'으로 단죄되었던 것이다. 그러면서 근본주의 신학과 교회들은 독재 권력의 폭압에 침묵하거나 그들의 통치에 호응하는 별종의 정교유착을 범하였다.[62]

이와 함께 장로교와 감리교 선교회들이 일종의 경쟁방지협약이라 할 지역분할협정을 완료함으로써 교세의 지역적 편중과 지역 간 갈등을 초래한 점 역시 지적되어야 한다.[63] 명분은 "가장 빈번한 마찰의 요인이 되고 있는 (사업의) 중첩을 피하고 돈과 시간과 힘의 낭비를 줄이기 위한 것"이었다. 분할협정은 1892년 미감리회와 북장로회 사이에 이뤄진 것을 시작으로 북장로회와 남장로회, 북장로회와 캐나다장로회, 북장로회와 호주장로회, 남감리회와 미감리회, 남감리회와 북장로회 간에 계속해서 협정이 추진되었고, 1909년 미감리회와 북장로회 사이의 협정으로 마무리되었다. 이로 인해 이미 교파적 교회로 정착된 한국기독교가 다시 교회 안에서 선교부 배경에 따라 세분되는 분파적 현상을 보이게 되었다.[64]

신사참배와 침략전쟁의 독려

이런 배경하에서 일제강점기에 가톨릭과 개신교를 막론하고 대부분의 교회는 신사를 참배하고 전쟁 참여를 독려하는 등 일제와 야합했다. 물론 초기에 선교사들은 조선의 황실과 유대관계를 맺고 있던 터라 일제의 만행과 억압정책에 대해 비판적인 입장을 지니고 있었다. 당시 미국 국무장관이던 그레샴(Walter Q. Gresham)은 일본이 약하고 방위력이 없는 인접국에게 불의의 전쟁의 공포를 가져다준다면 클리블랜드(Stephen Grover Cleveland, 1885~1889, 1893~1897 재임) 대통령이 매우 실망할 것이라는 전문을 도쿄 주재 미국공사에게 보낼 정도였다. 그러나 이런 태도는 오래가지 않았다.

1897년 대선에서 승리한 후보는 공화당 소속의 윌리엄 매킨리(William McKinley, 1897~1901 재임)였고, 매킨리가 암살된 후에는 시어도어 루스벨트(Theodore Roosevelt, Jr., 1901~1909 재임)가 대통령직을 승계했다. 보수적 정치성향을 지녔던 두 정치가들은 남북전쟁으로 인한 대내적 혼란이 어느 정도 정돈되자 해외로 눈을 돌려 제국주의 경쟁에 뛰어들었다. 보호무역을 통해 자국 산업을 발전시키려 했고, 영토 확장을 목적으로 스페인과 전쟁을 벌였다.[65]

그러나 미국 정부는 청일전쟁에서 일본이 승리하자 일본과의 관계 악화를 우려하여 미국 공사들로 하여금 선교사들이 조선의 정치 문제에 일체 간섭하지 못하도록 지시하였다. 그럼에도 친일세력에 의해 감금되었던 고종을 탈출시키려했던 '춘생문 사건'에 미국 공사 알렌과 러시아 공사 워베르(Carl Friedrich Theodor von Waeber)를 위시하여 언더우드, 헐버트(Homer Bezaleel Hulbert)와 같은 선교사들이 직간접적으로 관여하는 일이 발생했다. 이에 일본 정부가 강력히 항의하자 1897년 5월 미국 정부는 재차 주한 미국 공사에게 한국에 있는 모든 미국인들이 어떤 반일적인 견해도 표명하지 말도록 지시를 내렸다. 이 지시는 그 후 선교사에 대한 미국 정부의 공식적인 정책이 되었다.

> "외지에 나가 있는 미국 시민으로서 올바른 길은 주재국 국내 문제에 전혀 개입하지 아니하는 것이 본국 정부에 대한 국민의 의무로 되어 있다. 그 국가의 내정에 관하여 어떤 견해를 피력하거나 충고를 주는 일을 엄격히 삼가야 하고 또한 정치적 문제에 개입하는 일도 없어야 한다 … 타국에 머무는 미국 시민들의 올바른 길은 외지에 머무는 동안 선교사업이나 교육사업이나 환자를 돌보는 일이나 어떤 다른 직업이나 사업에 있어서 합법적인 일에만 종사함으로써 본국 정부에 충성하는 것이다."[66]

선교사들은 대부분 이러한 본국 정부의 지시를 충실히 이행했다. 미국 선교본부의 방침도 정교분리와 내정 불간섭을 표방하고 선교사들에게 권고한 데서 미국 정부의 것과 다르지 않았다. 1901년 한국을 방문한 선교본부의 브라운(A. J. Brown) 총무도 "현지 선교사들은 선교본부와 같은 보조를 취하여 합법적으로 성립된 관권을 존중하고 그들이 하는 일을 필요 없이 방해하지 않도록 각별히 주의할 것이며, 또한 그 나라의 모든 법령을 준수하며 자신들이 일하고 있는 나라에 대항하기보다는 그리스도의 제자로서 다소간 불의가 있더라도 참고 견디면서 기독교를 전해야 한다"[67]고 지시했다. 이러한 방침은 선교사들에 의해 1905년 을사늑약과 1910년 한일병탄 후에도 고수되었다. 미국은 고종의 밀사로 파견된 헐버트의 면담을 거절하고, 을사늑약이 강제로 체결되자마자 신속하게 공사관을 철수시켰다.[68]

일제강점기 일제와 선교사들의 관계에 대해 분석한 김승태의 『한말·일제강점기 선교사 연구』에 의하면 1906년 초대 조선통감으로 부임한 이토 히로부미는 선교사를 회유 이용하여 일본의 한국 국권침탈에 대한 세계여론의 비판을 무마하고 한국인들의 저항의식을 분열·저지시키고자 하였다. 그리하여 선교의 자유를 공인하고, 선교사들과의 접촉을 강화하여 외국 선교사들과 협력하였다. 선교사와 기독교도들을 비난하는 발언을 한 친일파의 거두이자 본인의 심복이었던 송병준을 사퇴시키는 등 선교사들의 환심을 사려고 하였다. 선교사들을 회유하기 위해서 기독교 교육도 이용하였다. 선교의 자유는 먼저 허용해주고 대가를 요구한 반면에, 기독교 교육의 자유는 타협을 거쳐 요구조건을 미리 내걸고 허용해 주었다.

선교사들은 을사늑약에 저항하는 시위가 벌어지자 "모두 하나

같이 있는 힘을 다해서 반란과 폭동이 일어나지 않도록 기독교인들을 진정시켜서 달래"었고, "황제가 퇴위한 뒤에 평양의 기독교인들은 거리로 나가 사람들과 함께 참고 견디자는 얘기를 나누었다."[69] 선교사들의 이런 태도는 1930년대 신사참배를 대하는 인식과 대응에서도 그대로 이어졌다. 감리교 선교부는 일제에 회유당한 윤치호, 양주삼 등의 지도자들과 일본 교회의 '신사 문제'에 대한 인식을 그대로 받아들여 순응하는 길을 택했다. 감리교 해외선교부는 신사참배를 공식적인 입장으로 확정하였다.[70]

북장로회는 처음에는 신사참배가 기독교인으로서의 양심과 하나님의 법을 어기는 것이라면서 반대하지만 학생들에게는 "충성스러운 일본제국의 신민으로서 가정이나 학교, 국가 특히 천황과 황실에 대해 존경과 복종의 원리를 주입하도록 격려한다"는 타협책을 제시했다. 그러나 일본 당국에 의해 받아들여지지 않았다. 언더우드와 쿤스 등은 일제의 정책에 순응하고 학교를 계속 경영하기를 원하는 등 분열된 태도를 보였다. 이들은 일본 국가신도의 성격과 '참배'와 '예배'의 의미를 구분하면서 신사의식에 종교적 의미가 없다는 일제의 주장을 액면 그대로 받아들였다.[71] 신사참배 문제를 대하는 태도는 교단별로 작은 차이는 있었지만, 일제 식민통치의 합법성을 인정하고 그 안에서 그들의 양해를 얻어 피식민지인들에게 포교와 교육사업 등 선교 사업을 계속하기를 원한 것은 대동소이했다.[72]

여기서 보듯이 해외선교부와 이에 소속된 선교사들은 일본의 천황제 이데올로기의 본질을 제대로 인식하지 못했다. 19세기 중반에 이미 일본은 제정일치를 내걸고 천황의 종교적 권위를 부활시켜 신도와 불교의 분리를 강행하고 모든 신사를 국가 제사의 시설로서 일원적으로 재편성했다. 천황의 조상신을 모시는 이세

신궁(伊勢神宮)은 본종(本宗)으로서 정신사(正神社)의 정점에 두었고 천황의 종교적 권위와 신사 신도를 직결시키는 것을 통해 새로운 국교(國敎)인 '국가신도'를 창출해냈었다.[73]

이는 1889년 2월에 발포된 메이지 헌법(대일본제국 헌법)에서 뚜렷하게 명시되었다. 여기에는 천황이 신성불가침한 존재이며, 일본은 만세일계의 천황이 통치하는 나라라고 되어 있다. 천조혈통의 자손이자 현인신으로 신민과는 태어나면서부터 그 격을 달리하는 천황이 통치권을 총괄한다는 것이다.[74] 1930년대에 일본 문부성이 발행해 학교를 비롯한 공공기관에 수백만 부를 배포한 『국체의 본의(國体の本義)』에서는 "천황이 황조황종(皇祖皇宗)의 뜻에 따라 우리나라를 통치하는 현인신이고, 영구히 신민과 국토가 생성·발전하는 근원으로서 한없이 높으신 분"이라고 하고 있다.[75]

메이지 정부가 원시적인 제정일치의 체제로 '국가신도'를 새로운 국교로 만들었으며, 각종 신사가 천황이나 황실 조상신을 제신으로 하고 있는 데도 불구하고 신사가 단순히 건국자들과 국가에 기여한 사람을 기념하는 국가의 구조물이라는 일본 정부와 총독부의 주장은 명백한 거짓말이었다. 그럼에도 불구하고 정부의 주장을 받아들인 일본기독교계처럼 한국에 파견된 선교단체들도 명백한 사실에 눈감고 불의한 식민통치 권력에 투항하고 말았다. 유교에 근거한 한국인들의 조상 숭배를 선교의 가장 큰 장애물로 보고 이를 우상숭배로 엄금했던 선교사들이지만 정작 일제의 압력이 강해지자 일제에 협력하는 손쉬운 길을 택하고 말았다. 이는 기독교의 근본에도 배치되고 종교적 양심에도 어긋나는 것이었다. 과거 성경의 절대무오설과 그리스도의 대속적 죽음 등 5대 근본교리를 기독교의 본질적 신앙으로 선언하였던 이들이 신사에 참배하고 황국신민화에 앞장선 것은 매우 모순된 행동이었다. 그들은 기만적인 일본 정부와 타협하고 그들의 부당한 요구를 받아들여서더라도 선교 사업을 계속하려 했다.

그러나 다른 한편으로 선교사들의 종교권력 독점에 대항하여 일부 토착인 성직자들과 평신도 지도자들은 종교권력의 분점을 요구하고 '자치 자유교회 분립운동'과 '조선적 기독교' 수립운동을 전개하기도 했다. 평양과 원산을 중심으로 한 이용도 목사의 '예수교회,' 함흥을 중심으로 한 김교신의 무교회주의운동, 서울 중심의 최태용의 '기독교조선복음교회' 등이 여기에 속한다. 대표적으로 김교신은 서양 선교사들의 성서 해석과 복음 이해를 그대로 따르지 않고, 조선 사람의 다리로 체험되어지고 조선 사람의 심장으로 녹아진 순수한 '조선산 기독교'를 형성하고자 했다.[76] '성서를 조선에 … 그러므로 조선을 성서 위에'는 김교신이 내건 모토였다.[77]

한국의 개신교 신자들 중에서는 기독교가 상황의 변화에 민감하게 반응해야 된다는 점을 내세우는 자유주의의 영향을 받아 활발하게 민족운동에 참가한 사람들도 생겨났다. 자유주의가 기독교 신자들의 사회참여를 정당화한 측면이 분명히 있지만 일제 말엽에 이르러서는 자유주의자들이 이 신앙에 근거해 일제지배에 동참하는 것으로 변질되기도 하였다. 반면에 근본주의는 신자들의 탈정치적, 탈사회적 태도를 강화하면서 결과적으로 기존 질서를 유지하고 강화하는 데 기여했지만 다른 한편으로 이 신앙을 내면화한 일부 한국인 신자들이 신사참배에 격렬히 저항하기도 하였다.[78]

개신교회의 반공·친미주의

미국 선교사들의 영향으로 이후 교권세력이 형성된 이후에도 오랫동안 한국 개신교, 특히 장로교는 근본주의를 정통신학으로 고수하였고 나아가 근본주의에 의해 강력하게 뒷받침된 반공친미주의의 대변자 노릇을 하였다. 반공주의가 정립되고 확산된 과정은 가톨릭과 개신교가 차이가 있다. 일제시대에 한국 가톨릭은 교황청이 발표한 『무신론적 공산주의에 관한 회칙』(1937)과 같은 사회교리들을 번역·소개하는 형식으로 반공주의를 직수입하여 무비판적으로 수용하였다. 이에 따르면 공산주의자들과는 어떤 것도 함께할 수 없으며, 우리 시대에 격퇴해야 할 악마적 존재였다. 이에 비해 개신교의 사회주의에 대한 태도 형성에는 어느 정도 자생성이 발견된다. 특히 YMCA 지도자들은 자체의 국제적 조직망을 통해 사회복음운동을 접하면서 국내의 반기독교운동에 대응하는 자신들의 반공주의적 입장을 정립해 갔다.[79]

1930년을 전후하여 항일운동의 축이 사회주의 그룹으로 옮겨가고 미국계 선교사들이 장악한 교회는 빠르게 체제내화됐다. 이에 개신교 교회 내부에서는 교권의 권력 독점에 대한 문제 제기가 빗발쳤고 이념적 갈등이 첨예화됐다. 나아가 교회를 떠나는 이도 속출했다. 이렇게 되자 교회 지도자들은 공산주의를 악마화하는 담론을 유포하기 시작했다. 반공주의를 내건 데는 기독교인들이 일제의 사상통제 요구에 부응해야 했기 때문이기도 했다. 당시 일제는 "'조선방공협회'를 조직하고 일반 대중을 총동원하여 공산주의 사상 및 공산주의 운동의 오류를 주지시키고, 박멸·방위를 기함과 동시에 나아가 일본 정신의 앙양과 사상 국방의 완벽을 기하려고 하"[80]고 있었다.

'조선야소교성결교회'의 지도자로 후에 "제국 신민된 자는 더욱 결의를 굳게 하며 일심협력으로서 충성을 다하자"[81]고 말하고 다녔던 이명직은 1938년 성서 '요한묵시록'에 나오는 '붉은 용'이 소련 공산주의라고 하면서 일본·이탈리아·독일의 반공연맹을 지지한다는 글을 썼다. 이는 개신교 각 교단과 단체들이 연합해 만든 조선예수교연합공의회의 '사회신조'(1932)에 담긴 반공의 교리화와 맥을 같이하는 것이었다.[82]

> "묵시록 12장 3절 '하늘에서 또 다른 이적이 나타나니 한 큰 붉은 용이 있어 머리가 일곱이요, 각이 10이라' 하였으니 이는 곧 사탄의 화신이다 … 이와 같이 사탄이 무형하게 숨어 있어서 활동을 하였거니와 장래에는 구체적으로 나타날 터인데, 곧 붉은 용으로 나타나게 될 것이다. 붉은 용이 한 일과 적색 러시아의 하는 일을 비교하여 보아 이 적용(赤龍)이 적색 러시아를 이용하여 자기의 뜻을 이루고자 하는 줄 가히 알 것이다. 이 붉은 용이 하는 일을 보면 종교 박해, 인명 살상, 사상 혼란의 큰 운동을 일으킨 것이다 … 이상에서 말한 종교 파멸, 윤리와 도덕을 멸시하는 사상은 다 공산주의라는 커다란 보자기 속에서 흘러나오는 적사상(赤思想)이라. 이제 우리는 이러한 시국을 당했다. 우리는 어떠한 태도를 취할 것인가? 현하 일, 독, 이 3국은 방공협정을 맺어 무력으로 반공을 실시하고 있으나 공산주의라는 사상은 무력으로만 넉넉지 못하다 … 우리는 진리의 말씀으로 이 사탄 즉, 적용래(赤龍來)의 사상과 건전한 싸움을 해야 하겠다."[83]

이는 해방 후 미군정과 이승만 정권 시기에 정치권력의 중심부로 진출한 개신교 지도자들이 사회주의자들에 대한 공격에 앞장서는 것으로 이어졌다. 북한의 사회주의 정권 수립과정에서 저항을 하다 피해를 입은 많은 기독교 신자들의 월남까지 이어지면서 한국전쟁이 끝나갈 무렵 남한 개신교 교회는 매우 공격적인 반공주의자들의 집결지로 변모되었다.[84] 해방 정국에서 개신교의 정치화를 부추긴 요인으로는 북한 소군정과 공산주의자들에 의한 탄압 외에도 남한에서 활동한 유력한 정치인들이 대부분 개신교 교리의 충실한 신봉자이거나 분명한 기독교적 배경을 가진 이들이라는 사실, 그리고 남한에서 개신교에 대해 극히 우호적인 미군정과 이승만 정권이 수립되었다는 사실에서 찾을 수 있다.

미국 망명기간 중 줄곧 교회를 중심으로 활동했고 귀국 후에는 "그리스도 위에 나라를 세우자"고 말하고 다닌 이승만은 말할 것도 없고, 김규식은 젊은 시절에 언더우드 집안의 '친밀한 성원'이었고 새문안교회의 초대 장로로 선임되었으며, 김구는 1905년 감리교의 전국엡윗청년회연합회에 진남포 대표로 참여했고 1945년 임정요인 환영대회에서는 독실한 개신교 신자로서의 면모를 유감없이 보여주었다. 이승만을 중심으로 한 임정 구미위원회 및 동지회 계통의 인사들은 개신교 신자 일색이었고, 한민당 역시 다수의 개신교 신자들이 포함되어 있었다.[85]

반면 일제강점기 때 황국신민사상을 전파하고 시국강연 등을 통해 기독 청년들을 전쟁에 내몰았으며, 심지어는 예수의 가르침을 전면 부정하기도 했던 적지 않은 교회지도자들은 해방 후에도 청산되지 않았다. 이들은 전투기와 기관총 대금을 헌납하고 교회 종을 떼어다 바쳤으며, 교회를 통폐합한 뒤 교회 건물과 부지를 일제에 상납하기조차 하였다.[86] 이들 부역자들은 교회와 민족 앞에 저지른 죄를 고백하고 회개하기는커녕 오히려 미군정과 이승만 정권을 거치면서 다시 교계의 지도자로 군림하였다.

해방 전후 월남한 기독청년들은 서북청년단의 발족을 주도하고 반탁운동, 대구노동자파업 진압, 4.3사건 당시 제주도민 학살 등을 통해 이승만 정권의 단독정부 추진을 지원했다.[87] 기독교의 득세는 대한민국 정부 구성까지 영향을 미쳐 자유당 초대 내각 21개 부서 장관 중 9명이 기독교 신자였으며 이승만 정권 12년간 이기붕 부통령 등 135명의 장관급인사의 절반이 기독교 인사로 채워졌다. 그중 백낙준(문교부장관, 전 연세대 총장), 임영신(상공부장관, 전 중앙대 총장), 김활란(공보처장관, 전 이화여대 총장) 등 미국 유학파들은 실세로 군림했다. 기독교 지도자들 역시 이승만 정권을 기독교 정권으로 간주하고 노골적인 지원을 아끼지 않았다. 그 절정은 이승만·이기붕이 정·부통령으로 출마한 1960년 대통령 선거였다. 이 당시 기독교 지도자들은 전국적으로 선거대책위원회를 조직한 후 민주당 부통령 후보였던 장면이 천주교 신자인 것을 이용해 "기독교는 공산주의와 싸우는 것은 물론 가톨릭과도 싸워 이겨내야 한다"고 주장하기도 했다.

여기서 볼 수 있듯이 기독교는 반공과 친미의 강력한 보증수표였다. 기독교 스스로 반공과 친미를 위해 적극적인 이념성과 정치성을 띠는 걸 마다하지 않았고, 종교지도자들은 그것을 적극적으로 부추겼다. 일제강점기부터 서북지역 장로교는 강력한 근본주의 신앙으로 무장하고 있었는데, 이런 그들에게 신사참배는 굴욕감과 수치심을 불러일으키는 것이었다. 해방 정국에서 '인민의 정치'가 고도로 활성화되고 악마적 대상인 공산주의자들이 정국을 주도하는 상황에서 이들은 재산을 강탈당했다. 수많은 그리스도교 신자들이 월남했다. 군정 당국은 이들에게 일본인이 두고 간 막대한 종교 재산을 무상으로 공여했고, 이것을 토대로 영락교회 등 '월남자 교회'가 속속 세워진다. 월남자 교회는 남한 사회의 반공주의를 추동하는 중심이 됐다.

이 교회들은 남한 정국에서 극우 테러리즘의 행동대원들이 충원되고 조직화되는 주요 공간이었고, 반공주의가 담론화·제도화되는 마당이기도 했다. 기독청년면려회, 서북연합회나 대동강동지회, 서북청년단 등 각종 테러 정치의 행동대 역할을 한 단체들이 월남자 교회를 중심으로 활동했다.[88] 한국전쟁 역시 반공주의의 확산과 강화에 크게 기여했다. 한국전쟁을 계기로 한국 사회 전반에서 반공주의가 사회성원들에 내면화되고 가중 중요한 지배 이데올로기로 부상되는 것에 발 맞춰 개신교 내부에도 '반공주의의 종교화' 과정이 집중적으로 진행되었다.[89]

천주교도 마찬가지였다. 조선왕조 말에 서양인 신부와 선교사들에 의해 전래된 천주교는 선교과정에서 가혹한 박해를 받았다. 그러나 천주교가 공인된 후 교회 지도자들은 정교분리 정책에 따라 신자들로 하여금 기존 질서를 변화시키는 어떤 종교적, 정치적 활동도 못하게 하였다. 이러한 방침은 일제시대에도 그대로 이어져 교회는 한민족의 민족주의적 관심에 대해서는 공식적인 침묵을 지키는 한편, 일본 식민정부와는 직·간접적으로 협력했다. 이 시기의 교회는 한국 사회와 '분리(disjunction)'된 상태에 있었다. 이승만 정권하에서도 가톨릭교회는 기독교 신자인 이승만에서 가톨릭 신자인 장면 지지로 태도를 바꾼 것 외에는 한국의 민주화를 위해 거의 아무 일도 하지 않았다.[90] 이 시기에 대주교 등 고위성직자를 중심으로 이승만의 친미주의와 단독정부 수립 노선에 동참하고 가톨릭교회의 국제조직을 이용하여 서방국가들의 지지를 도출하는 등 교회에 대한 국가 쪽의 체제 정당화 요구를 적극적으로 수용하였다.[91]

이러한 사례에서 보여지듯이 신·구교를 막론한 교회와 성직자, 신자들이 직간접적으로 정치적 행위에 가담하여 체제 정당화나 체제 비판 등의 역할을 수행하는 것을 일컫는 '교회의 정치화'는 이후 한국 사회의 이데올로기 지형 형성에 결정적으로 기여했다. 이승만 정권에 이어 박정희 정권도 초기에는 개신교와 협력관계를 유지했다. 정권의 기반이 취약했던 박정희는 정권 유지를 위해 반공 이데올로기에 의지해야 했고, 또 미국 등 국제사회의 지지도 필요했다. 당시 이를 지원할 수 있는 민간 세력은 개신교가 유일했다. 개신교 지도자들은 미국 선교사들과의 인맥을 동원하여 박정희를 도왔다. 박정희와 보수 개신교의 밀월관계는 점점 더 짙어졌다. 심지어는 1972년 긴급조치로 민주인사들이 투옥될 때도 구국기도회를 열어 박정희를 지원했다. 월남 파병도 개신교가 '자유의 십자군' 운운하며 나서서 찬성했다.[92]

박정희 정권의 종교정책은 국가의 확고한 우위를 기초로 종교 전반에 대한 통제를 한층 강화하고, 저항적인 종교에 대해서는 강·온 양면전략과 분할지배를 시도하였다.[93] 이 시기에 가톨릭과 일부 개신교회는 3선 개헌과 유신헌법을 통해 장기집권을 꾀하면서 사회적 약자들의 인권을 무시하고 민주주의를 파괴하는 박정희 정권에 대해 조직적으로 반대운동을 전개했다. 이들은 온갖 탄압에도 불구하고 1974년의 '민주회복국민회의' 결성과 1976년의 '민주구국선언' 발표에서 보듯이 교파를 초월해 활동하기도 했다. 특히 1970년대 가톨릭 사제들에 의한 저항운동은 한국의 민주화 과정에서 특징적인 현상이라 평가된다.

이승만의 친미주의와 단독정부 수립 노선에 동참하고 교회에 대한 국가 쪽의 체제 정당화 요구를 적극적으로 수용하였던 가톨릭 성직자와 신도들의 정치적 태도 변화에 결정적으로 영향을 미친 것은 1962년부터 1965년 사이에 개최된 제2차 바티칸 공의회(Sacrosanctum Concilium)였다. 당시 교황이었던 요한 23세는 기독교와 사회진보, 평화 수립에 대한 회칙들을 통해 세계의 문제들에 대한 실천적이고 창조적인 해결책을 제시하면서 인권의 개념을 사회경제적 권리를 포함하는 데까지 확장시켰다.

바티칸 공의회는 정신적 영역과 현실적 영역을 단일하게 파악하고 오랫동안 선호해 온 교회와 국가의 긴밀한 결합을 배격하였으며, 교회로 하여금 정의와 인권, 자유를 증진시키도록 적극적으로 헌신할 것을 강조했다. 이는 한국 가톨릭 성직자들도 새로운 진보적 가르침을 이론적으로 받아들였다. 그러나 이를 실천으로 연결하고 일상화한 것은 국가권력에 의해 가해진 탄압을 경험한 후였다.

사회정치적 문제에 대해 진보적이고 초교파적인 추기경은 강론과 공식 메시지들을 통해 여러 차례 노동 문제와 민주화에 대한 관심을 표명하였다. 다른 사제들도 사회정의를 위한 미사를 행하고, 불의에 대한 규탄대회와 연좌시위를 개최하였다. 지학순 주교가 민청학련사건에 관련되었다는 혐의로 투옥되었을 때 이에 대항해 젊은 사제들은 1974년 9월에 원주 원동교회에서 '천주교 정의구현 전국 사제단'을 발족시켰다. 교회에 가해진 정치적 탄압에 대한 교회의 제도적 대응으로 결성된 정의구현사제단은 1970년대와 1980년대 민주화와 인권운동에서 교회를 대표하는 '촉매'적 지도자 역할을 수행하였다고 평가된다.[94] 1970년대와 1980년대에 걸쳐 가톨릭교회는 국가와 갈등관계를 노정했지만 다른 한편으로 인권과 민주화에 대한 헌신은 가톨릭교회에 대한 공신력과 흡인력을 높여주는 결과를 가져왔다.

이런 움직임과는 상반되게 정치권력과 긴밀히 협력하고 정치체제를 정당화하려는 활동 역시 활발히 전개됐다. 각종 조찬기도회는 그 대표적인 사례라 할 수 있다. 정부 수립 직후에 외무부 초대 정보국장이던 황성수의 주도로 시작된 '중앙청기도회'에서 유래된 조찬기도회는 1960년대 중반에 김준곤 목사가 미국의 국회조찬기도회와 국가조찬기도회를 주관하는 '국제기독교지도자협의회(ICL)'의 총무와 담임목사의 권유로 한국에 도입했다. 1965년 처음 열린 국회조찬기도회는 국회 내 개신교 신자들의 상설 조직으로 개신교 교회의 국회 창구 역할을 담당하고 있다. 1966년부터 대통령조찬기도회로 개최되다 이름을 바꾼 국가조찬기도회는 현재까지 이어지고 있다.

교계의 대다수 지도자들이 참여한 이 기도회에서는 원색적인 정권 및 정책에 대한 찬양이 행해지는데 그 대표적 사례가 1973년 5월에 TV로 생중계된 제6회 대통령조찬기도회에서 김준곤 목사가 행한 다음과 같은 설교이다. "각하의 치하에서 일어나고 있는 전군신자화운동이 종교계에서는 이미 세계적 자랑이 되고 있는데, 그것이 만일 전 민족 신자화 운동으로까지 확대될 수만 있다면 10월 유신은 실로 세계 정신사적 새 물결을 만들고 신명기 28장에 약속된 성서적 축복을 받을 것이다."[95] 광주민주화운동이 무력으로 진압된 지 얼마 안 된 1980년 8월 6일에는 바로 전날 대장으로 진급한 전두환 국가보위비상대책위원회 상임위원장을 주인공으로 한 '나라를 위한 조찬기도회'가 23명의 교계 지도자들이 참석한 가운데 열리기도 했다.

1970년대 들어와 일부 기독교 세력에서 반공주의에 대한 경직된 태도가 변화한 것도 주목할 만하다. 당시 국제 사회의 긴장 완화 움직임은 한국의 반공주의를 신봉하는 기독교도들에게 혼란을 초래했다. 1970년대 전개된 민주화운동 와중에서 기독교 운동가들은 군부정권이 반공을 이용해 비판세력을 탄압하는 등 독재를 정당화하고 있다는 사실을 깨닫게 되면서 반공 혹은 국가안보 담론에 숨어 있는 이데올로기적 함정에 고민해야만 했다. 7·4남북공동성명에 대한 한국기독교교회협의회(NCCK)의 성명이 남북한 간의 긴장완화와 평화적 방식에 의한 통일을 지지한 것 역시 이전의 경직된 반공주의가 변화했음을 보여준다. 1980년대 중반부터 전개된 소련의 개혁·개방정책과 사회주의 블록의 해체 움직임, 남한의 민주화와 북방정책은 1988년 2월 교회협이 '민족의 통일과 평화에 대한 한국기독교회 선언'을 발표하는 것으로 나타났다.

이 선언에서 교회협은 "남한의 그리스도인들이 반공 이데올로기를 종교적인 신념처럼 우상화하여 북한 공산정권을 적대시한 나머지 북한 동포들과 우리와 이념을 달리하는 동포들을 저주하기까지 한 죄를 범했음을 고백"했다. 그리고 "정의롭고 평화로운 하나님의 나라가 임하도록 우리 그리스도인들은 평화와 화해의 복음을 실천해야 하며, 동족의 고통스러운 삶에 동참해야 한다. 이 일을 감당하는 것이 곧 민족의 화해와 통일을 이룩하는 데 있다"고 선포했다.96)

그러나 개신교 반공주의에 대한 교회협의 사망 신고는 반공주의를 여전히 금과옥조처럼 여기고 근본주의 신앙을 고수하는 개신교 보수그룹의 분노를 자아냈다. 이는 결국 1989년 12월 주요 교단을 망라하는 36개 교단과 6개 단체가 참여하는 한국기독교총연합회의 창립으로 이어졌다. 탈냉전이라는 국제정세의 변화 흐름과는 반대로 한국 개신교 내의 권력구도는 반공주의 신념으로 무장한 개신교 보수그룹이 장악하는 것으로 나타났다.

2000년대 들어와서 개신교의 정치 참여는 그 이전 시기에 비해 더욱 적극적으로 변했다. 2004년 총선에는 사상 처음으로 '한국기독당'이 창당돼 선거에 나섰고, 개신교 최대 단체인 한국기독교총연합회는 사학법 개정과 같은 사회적 쟁점에 목소리를 높이면서 각종 선거에 노골적으로 개입하였다. '뉴라이트전국연합', '기독교사회책임' 등 이른바 뉴라이트 단체의 결성을 주도한 일부 목회자들은 2007년 대선에서는 아예 장로 대통령을 만들자며 정권 교체를 운동의 목표로 내걸기도 했다.

　이명박 정권 시기에는 '고소영 내각'이란 조어가 유행할 정도로 개신교회와 정권의 유착관계가 정점에 달하였다. 이 대통령은 집권 초기부터 노골적으로 기독교 편향정책을 폈고, 이에 호응해 보수 개신교 지도자들은 대운하 건설, 미국산 쇠고기 수입, 교육의 시장화 등과 같이 정부가 밀어붙이는 논란 많은 사업을 시종일관 옹호했다. 이들은 위임된 국가권력을 사유화하고 헌정질서를 훼손한 박근혜 정권 시기에도 대통령을 찬양하고 미화하는 데 앞장섰다. 다른 한편으로 보수 개신교회는 "한미동맹을 약화시켜 북한을 이롭게 하려는 친북좌파들의 준동"[97]을 규탄하는 대규모 구국기도회를 연이어 개최하고 세를 과시하였다. 이는 2016년 말부터 2017년 초까지 전개된 촛불정국 기간에 서울 도심에서 대규모 집회를 열고 태극기와 성조기를 흔들며 '탄핵 무효' '종북 척결' '국회 해산' 등을 외치는 것으로 이어졌다.[98]

　'교회의 정치화'의 극단적인 사례라 할 일부 개신교회의 이러한 활동은 역동적인 역사와 시대 상황에 대한 기독교 신학적 통찰에서 나온 것이 아니라고 판단된다. 무엇보다도 이는 사람을 종교체계 안에 가두려는 모든 시도에 저항한 예수의 가르침에서 매우 동떨어진 것이다. 이들에게는 핍박받는 자, 가난한 자, 남은 자와의 연대를 몸소 보여주었던 예수의 삶이 자리 잡지 못하고 있다. 현실 속에서 하나님 나라의 실현을 망각한 채 단지 교리를 절대화하거나 교회권력에만 집착하는 모습은 존 위클리프와 얀 후스, 마르틴 루터와 같은 종교개혁을 이끈 선구자의 가르침에도 반하는 것이다. 이러한 현실은 적지 않은 개신교회가 시대정신을 읽지 못하고 사회적 책임과 사명을 소홀히 하는 탈사회적 집단으로 변했다는 것을 보여준다. 또한 이는 더 이상 교회가 기존 체제 내에서 억압과 소외, 차별을 당하는 '낯선 이'를 도덕적 공동체로 초대하는 '환대'의 장소가 되지 못한다는 것을 의미한다.[99]

> 우리가 관심을 가져야 할 부분은 결과적으로
> 한국이 물려받은 식민지의 사회적 유산이다. _카터 J. 에커트

일제의 황국 신민화 정책 ∘────

오늘날 왜 일본 제국주의의 유산을 살펴봐야 하는가? 그 까닭은 일제가 효율적인 식민지 지배를 위해 경제, 법, 정치, 교육, 문화 등 사회의 제반 영역에 걸쳐 이식시킨 '근대'가 해방이 된 지 반세기가 지난 오늘날에도 우리의 삶과 의식에 부정적인 영향을 미치고 있기 때문이다. 이는 우리가 1945년의 해방을 계기로 왜곡된 근대성을 청산하는 데 실패했다는 것을 의미한다.[1] 일본 제국주의의 식민통치가 한반도에 남긴 부정적인 영향 가운데 하나로 우리는 강한 권위주의를 꼽을 수 있다. 1910년 대한제국을 강제 병합하고부터 1945년 패망할 때까

지 일제는 지속적으로 조선인들을 일본 천황에 충실한 신민으로 만들려 하였다. 이에 따라 '민족적인 것'을 억압하거나 말살하려는 시도도 이어졌다. 토지를 약탈하고 민족산업을 억압하였으며 민족문화를 억압하고 농민을 수탈한 것이 바로 그것이다. 조선에 대한 일제의 식민지배정책이 1910년대의 무력지배정책을 거쳐 1920년대의 민족분열화정책, 1930~45년의 병참기지화정책으로 그 주안점이 변하는 동안에도[2] 조선인을 일본에 예속시키려는 시도는 변하지 않고 일관되게 나타났다.

보다 구체적으로 이는 식민지 조선을 동화주의(同化主義) 또는 내지연장주의(內地延長主義)에 입각해 통치하려는 것으로 나타났다. 동화는 서구 제국주의가 식민지를 침략하고 지배할 때 대의명분으로 내건 문명화와 비교되는 용어로 이민족을 내면세계까지 일본인화하는 것을 가리킨다. 문명화는 동화를 현실에서 작동시키는 축 중 하나였다.[3] 그리고 내지란 식민지 종주국인 일본을 가리키는 말이다. 말 그대로라면 내지연장주의는 조선을 일본과 같은 방식으로 통치하겠다는 것을 의미한다. 조선인들에게도 일본신민으로의 의무와 권리를 일본인들과 동등하게 부여한다는 것을 말한다. 이를 정당화하는 용어가 메이지 천황이 『병합조서』에서 사용한 '일시동인(一視同仁)'이다. 조선총독부 기관지인 『매일신보』는 이를 "당초부터 식민적 관념이나 민족의 우월이 있었던 것은 아니요 종족의 구별이 있었던 것이 아니다"라고 선전했다.[4] 그러나 이 말은 거짓말이었다.

일제는 해외에 거주하는 조선인을 포함한 모든 조선인에게 일본 신민이라는 법적 지위를 부여했지만 실제로는 다양한 제도를 통해 조선인을 내지 일본인과 구별하고 차별했다. 대표적 사례가 국적법을 조선에는 적용하지 않은 것이다. 조선인에게는 제국의회에서 제정한 민법, 형법 등의 일본 법체계가 적용되지 않았다. 대신 조선총독부에서 법보다 한 단계 낮은 제령으로 제정한 '조선민사령', '조선형사령' 등 별도의 법체계가 적용되었다. 참정권도 외지인인 조선 사람에게는 인정하지 않았다. 선거권이나 피선거권은 고사하고 조선인에게는 정당이나 정치적 성격을 띤 단체를 결성하는 것조차 허용되지 않았다. 식민지 조선은 처음부터 끝까지 민족 차별의 원리가 관철되는 불평등사회의 성격을 벗어나지 못했던 것이다.5)

조선인을 황국신민으로 만들려는 정책은 1930년대 일제가 침략전쟁을 벌이면서 더욱 강경해졌다. 1938년 3월 일본에서 공포된 국가총동원법이 조선에도 시행되었다. 이에 맞춰 조선총독부는 국민정신 총동원과 물자 총동원이라는 제국 정부의 방침에 부응하고 긴요한 사항에 대한 정책을 자문하기 위해 동년 9월 시국대책조사회(時局對策調查會)라는 것을 개최하였다. 조사회에서는 준비위원회가 작성한 '자문 사항'과 '답신안 시안'을 중심으로 18개 항목의 시국 대책을 3개의 분과로 나누어 심의하였는데, 주된 내용은 군수공업을 확충하기로 함으로써 조선을 명실상부한 대륙 전진 병참기지로 자리매김하고, 중일전쟁 후 총독부의 최고 통치 목표가 '내선일체(內鮮一體)'임을 명시적으로 밝힌 것이었다.

제1분과회가 작성한 자문답신서의 첫머리는 다음과 같이 시작한다. "조선 통치의 근본은 반도의 동포로 하여금 일시동인의 성지에 기초한 광대무변한 황택을 입게 하여 명실공히 완전한 황국신민화를 도모하되 조그만 치의 간격도 없는 내선일체를 조성하고 … 능히 제국의 대륙경영의 병참기지로서의 사명을 다함과 동시에 나아가 팔굉일우(八紘一宇)의 조국의 대정신을 현현하는 데 있다."[6]

조선에 대한 일제의 초기 침략정책은 친일세력의 육성과 보호 및 이용과 함께 문화운동과 자치운동을 이용한 민족주의자의 타협화 촉진책을 편 데서 알 수 있듯이 교묘한 계층 분단과 분할 통치에 근거한 것이었다. 그러다가 1937년 이후 일본의 중국 침공에 조선을 본격적으로 동원하고 이용하기 위한 강압정책으로 조선과 일본이 동일 민족이라는 것을 주장하기 위해 역사를 왜곡하여 내선일체, 일선동조(日鮮同祖) 등을 내세웠다. 내선일체는 일본 본토를 지칭하는 '내지(內地)'의 첫 자와 '조선'의 '선' 자에서 따온 것으로 '일본과 조선은 일체,' 즉 하나라는 뜻이며, 일선동조는 '일본과 조선이 같은 조상을 갖고 있다'는 의미로 일본이 형이고 조선이 아우라는 일본 우위의 사상을 말한다. 이에 따라 신사참배와 창씨개명이 강요되고 조선어 사용이 금지되었다. 모든 조선인들은 강제적으로 '황국신민의 서사'를 암기하고 학교를 비롯해 관공서, 은행, 회사, 공장, 상점 등의 모임에서 이를 제창해야 했다.[7]

1938년 3월에는 '내선공학(內鮮共學)의 일원적 통제를 실현'한다는 명분으로 조선교육령을 개정했다. 그 내용은 종래의 국어를 사용하거나 사용하지 않는 학교의 제도 구별을 철폐하고, 일본에서와 똑같이 소학교령, 중학교령, 고등여학교령에 의한 '완전한 일본인'이 되기 위해 획일적인 교육을 추진하는 것이었다. 학교명을 변경하고 교과서의 연한을 같게 하였으며 교수상의 요지, 교과목, 교과과정도 일본과 동일하게 했다. 소학교 규정을 보면 제1조에 '충량(忠良)한 황국신민을 육성하는 데 힘쓸 것'이라 되어 있고, 제16조에는 유의해야 할 사항으로 다음의 것을 들고 있다.[8]

① 교육에 관한 칙어의 취지에 기초한 국민도덕의 함양에 힘
쓰고 국체의 본의를 명징하고 아동으로 하여금 황국신민
으로서의 자각을 일으켜 황도부익의 도에 철저케 하도록
힘쓸 것.

② 아동의 덕성을 함양하여 순량한 인격의 도야를 꾀하고 건
전한 황국신민으로서의 자질을 갖추어서 나아가 국가 사
회에 봉사한다는 생각을 돈독히 하여 내선일체, 동포집목
(輯睦)의 미풍을 기르는 데 힘쓸 것.

③ 국어를 습득케 하여 그 사용을 정확하게 하고 응용을 자
유자재로 할 수 있도록 국어교육의 철저를 기함으로써 황
국신민으로서의 성격을 함양하는 데 힘쓸 것.

이러한 유의사항은 소학교뿐만 아니라 중학교와 고등학교의
규정에도 포함되었다. '일본 국가의 현상과 반도의 현실정세에
적응하여 세워진 조선교육의 신조'라는 3대 교육방침도 강조되
었다. 이는 조선에 있어 황국신민 교육의 본의를 철저히 하려는
것이라며 국체명징, 내선일체, 인고단련이 제시되었다. 국체명징
은 천황을 현인신(現人神)으로 하고, 군신일체, 충효일본의 국체,
만세일계의 황통을 절대 부동으로 하는 국체 관념을 전 국민에
게 확고하게 배양하는 것을 의미하고, 천황과 국가를 위해서 헌
신적으로 봉사하게 하는 것을 지도정신으로 하는 것이었다. 내
선일체는 '역사적 관계에 밀접하여 떨어질 수 없는 관계를 가진
신애협력의 정신이며 국가에의 헌신과 희생의 정신'이라고 설명
되었다. 그리고 인고단련은 헌신보국의 정신으로 어떠한 시련에
도 인내하고 목적을 관철하는 것이라 했다. 여기서 국체명징과
내선일체는 '우리들은 황국신민이며'라는 의식을 공통 분모로 하

고, 인고단련은 황국신민으로서의 활동을 보증하는 것이라고 되어 있다.[9]

이러한 데서 계속 발견되는 표현이 국체를 명징하게 한다는 것이다. 여기서 국체란 '일본은 천황의 국가'이고 국민은 신민, 즉 천황의 백성이라는 말이다. 이는 이토 히로부미(伊藤博文), 이노우에 고와시(井上毅) 등이 초안을 만들고 1889년 반포된 메이지 헌법의 첫 조문에 명시되어 있다. 국체를 '명징'할 필요는 1937년 5월 일본 문부성이 발간한 『국체의 본의(国体の本義)』라는 서적에 잘 나와 있다. 이 책의 서언을 보면 메이지 유신에 의해 개국한 이래로 서양 문명을 섭취해 크게 발전한 일본이 지금은 국난에 직면해 있다는 것이다.

"메이지 유신으로부터 70년이 흘러 오늘날 성대를 구가하기에 이르렀다. 그러나 이를 가만히 돌아보면 … 안으로도 밖으로도 파란만장하여, 발전의 앞길에 수많은 곤란함이 도사리고 있었고, 융성의 내면에는 혼란이 담겨 있었다. 즉, 국체의 본의는 자칫 투철하지 않아, 학문, 교육, 정치, 경제뿐만 아니라 국민 생활 전반에 수많은 결함을 낳았다 … 이러한 폐해는 너무나도 급격히 다종다양한 구미의 문물, 제도, 학술을 수입한 탓에, 자칫 근본을 잊고 말단을 좇아 엄정한 비판을 결여하고 철저한 순화를 이루지 못한 결과이다 … 서양의 개인 본위 사상은 더욱 새로운 기치 아래 실증주의와 자연주의로 들어왔고, 그것을 전후하여 이상주의 사상과 학술도 수용되었고, 이어서 민주주의, 사회주의, 무정부주의, 공산주의 등이 침입하게 되었다 … 마침내 오늘날 우리가 당면하는 사상과 사회에서 혼란을 야기하여 국체에 관한 근본적 자각을 환기하기에 이르렀다."[10]

『국체의 본의』에서 개진되는 이러한 주장을 어떻게 평가할 수 있을까? 분명한 것은 '만세일계의 천황'이 '살아 있는 신'이고 일본을 세세대대로 통치한다는 것은 황당무계하기 이를 데 없다는 사실이다. 역사적 근거가 불분명한 신화를 바탕으로 한 사상이라고밖에 볼 수 없다. 이와 같이 정치적 필요에 의해 날조된 전통 안에 내재된 지배계급의 허구적 논리는 에릭 홉스봄이 『전통의 창조(*The Invention of Tradition*)』에서 주장한 것을 연상시킨다.

홉스봄은 19세기 말에서 20세기 초까지 '전통의 창조'가 집중적으로 일어났는데 그런 전통들이 역사적 사실에 근거하지 않는 것으로 정치적 의도에 의해 조작되고 통제된다고 지적했다. 당시 서유럽에서는 급격한 사회변화를 겪고 있었다. 이때 국가는 구성원들의 복종과 충성심을 확보하고 유지하기 위해 스스로를 대중과 연결시키는 의례나 레토릭, 상징물을 필요로 했다. 초등교육 의무제를 도입하고, 자국의 역사와 전통을 아동들에게 주입시켰고, 공식의례를 발명하였으며, 공공기념물을 대량생산했다. 이는 따라잡기식 산업화 후발 국민국가 만들기에 나선 일본에도 그대로 적용된다.

> "통상 낡은 것처럼 보이고 실제로 낡은 것이라고 주장하는 이른바 '전통들(traditions)'은 실상 그 기원을 따져보면 극히 최근의 것일 따름이며, 종종 발명된 것이다 … 실제로 발명되고 구성되어 공식적으로 제도화된 '전통들'은 특정한 가치와 행위규준을 반복적으로 주입함으로써 자동적으로 과거와의 연속성을 내포한다 … 새로운 전통은 종종 낡은 것 위에 쉽게 접목되고, 공적 의례·상징주의·도덕적 권고라는 잘 구비된 창고로부터 재료를 빌려옴으로써 고안될 수 있었을 것이다 … 존재하는 관습적인 전통적 관행들은 새로운 민족적 목표에 따라 수정되고 의례화되고 제도화되었다 … 무수한

정치제도와 이데올로기적 운동 및 집단이 너무도 전례 없는
것들이라, 즉각 역사적으로 기념할 만한 연속성을 발명해야
했다. 완전히 새로운 상징과 고안물들이 민족운동과 민족국
가의 일부가 되었다."11)

  정치적 필요에 의해 발간된『국체의 본의』는 수백만 부가 인
쇄되어 전국의 학교, 사회교화단체, 각 관공서에 배포되었다. 전
시하의 국민교육에 이 책이 미친 영향은 막대하다고 평가된다.
이렇게 한 이유는 개인주의와 자유주의, 공산주의 사상을 배격하
고 식민지의 민족독립사상을 탄압하기 위한 데서 찾을 수 있
다.12) 모든 국민을 획일적 사상으로 묶어 순응적 인간으로 만든
후 침략전쟁에 용이하게 동원하기 위한 것이었다.
  이 점은『국체의 본의』의 제2장인 '국사(國史)에 현현(顯現)
된 국체'에서 무사도에 대해 설명한 부분에서 잘 드러난다. 여기
서는 무사도를 '오랜 씨족에서 보이는 우리나라 특유의 전체적인
조직 및 정신'이라면서 "주종 간에는 은혜와 의리로 결합되어 있
으면서 그것이 은의를 넘어 몰아의 정신이 되고 죽음을 보기를
마치 집으로 돌아가는 것처럼 여겨 죽음을 두려워하지 않"는 것
이라고 말한다. "전체를 통해 전체를 살리기 위해 자기 개인을
죽이는 것"이라는 것이다. 그러면서 "이 무사도가 메이지 유신과
함께 봉건의 구태를 벗고, 더욱 그 빛을 더해 충군애국의 길로
서, 또한 황군의 정신으로 전개되어 온 것이다"라고 강조한다.13)

천황제 이데올로기와 식민주의 ○────────

　미국과 맺은 불평등조약을 이웃한 조선에 강요한 데 이어 조선을 식민지화한 일제의 초기 한국 침략정책은 친일세력의 육성과 보호 및 이용과 함께 교묘한 계층분단과 분할통치에 근거한 것이었다. 문화운동과 자치운동은 총독부 당국자가 민족주의 우파를 유도해서 민족운동의 좌경화에 맞서고 반일역량의 분열을 노린 것이라 할 수 있다.[14) 헌병과 경찰을 이용해 전 조선에 경비체제를 강화하는 것과 동시에 조선인들을 매수하는 식으로 교묘한 탄압정책이 행해졌던 것도 이 시기였다.[15)

　최린, 이광수, 최남선 등으로 대표되는 이른바 민족개량주의자들은 식민지 통치 권력에 동조해서 문화운동과 자치운동을 추진하였다. 그러나 이마저도 지속되지 못하고 1930년대 들어 일제의 폭압적 지배가 강화되자 모습을 감추게 된다. 그러다가 1937년 이후에는 일본의 중국 침공에 조선을 본격적으로 동원하고 이용하기 위한 강압정책으로 '내선일체'라는 민족말살정책을 강제하게 되었던 것이다. 이에 따라 신사참배와 창씨개명이 강요되고 조선어 사용이 금지되었으며 국민징용령을 시행해 많은 조선인을 강제로 연행하였다. 일본이 강압을 통해 만들려했던 것은 충성스러운 신민을 구성원으로 하는 천황제 제국이었다.

　막번체제를 끝내고 왕정을 복고한 메이지유신(1868년)[16) 이후 일본이 서둘러 만들어낸 것은 시민이 주체가 되는 민주국가가 아니라 전통에 뿌리를 둔 천황제 제국이었다. 이는 '비서구적 근대화'의 한 유형이라고 평가된다. 근대 이후 일본이 지키려 한 전통은 천황제에 집약돼 있다. 20세기 전반의 천황 국체론은 식민주의를 합리화하고 전쟁 동원을 뒷받침하는 강력한 이데올로기였다. 일본은 2차 대전에서 패배해 미국에 무조건 항복하게 된 상황에서도 천황제만은 고수하려 했다. 미국이 강요한 민주주의와 제반 개혁정책으로 천황은 상징적 존재가 됐지만, 이전 천황제 국가의 흔적은 지금도 일본인들의 정신과 관행, 제도에 깊이 남아 있다. 아베 총리가 외조부인 기시 노부스케(岸信介) 전 총리를 통해 이어받은 것도 천황제 국가의 정신이라고 지적된다.17) 그렇다면 천황제 국가란 어떤 특징을 가질까?

후지타 쇼조(藤田省三)에 의하면 천황제는 근대 일본의 국가 권력의 중핵을 이루며 지배체제 그 자체를 의미한다. 쇼조는 천황제가 다음과 같이 복합적인 의미를 갖는다고 주장한다: ① 단순히 군주로서 천황이 존재하는 것, ② 근대 일본의 정치구조이자 체제, ③ 특정한 사회적 현상이 천황제 지배양식이 갖는 어떤 특징적 성격을 갖추는 경우. 근대 유럽의 절대왕정이 교황·교회와의 격렬한 투쟁을 거쳐 종교적 권위로부터 왕의 정치적 권력을 분리·독립함으로써 수립된 것과 정반대로 천황제는 종래 자신이 갖고 있던 봉건적 권위를 이용함으로써 권위적 권력으로써 성립되었다. 그런 까닭에 천황제는 절대군주의 정치력을 갖출 수 없었다. 그 권력의 정통성을 뒷받침하고 있는 이데올로기가 국가를 가족의 연장과 확대로 이해하는 가족국가관이다. 이에 따르면 천황은 가부장이며 신민은 천황의 적자(赤子)이다. 충효일치(忠孝一致)가 주장되었으며, 그 위에서 조국애는 충군애국(忠君愛國)으로 변형된다. 나아가 천황제는 일본 내셔널리즘의 끊임없는 극단화를 초래했다고 지적된다.18)

오카와 슈메이(大川周明)의 주장도 살펴볼 가치가 있다. "역사성을 되돌아보면, 많은 가족이 결합하여 씨족이 생기듯이 씨족 전체의 생명 본원으로서 씨족 조상이 숭배되고, 다음으로 많은 씨족의 결합에 의해 국가가 생기면, 국민 전체의 생명의 근원으로서의 국조(國祖)가 숭배된다. 그리고 우리 일본에서는 국조 정신을 그대로 유지하고 있는 천황이 국초부터 지금까지 국가에 군림하였기 때문에 천황에 귀일수순(歸一隨順)하는 것에서 충이란 결코 서양풍의 충실이라는 것 같은 도덕이 아니라, 효와 마찬가지로 종교적 취지를 띤 것으로 즉 천황을 통해 신에게 종순(從順)하는 것이다."19)

"종족에 있어서 아버지는 개인적 생활의 종교적 상징이며, 아버지에 대한 올바른 종교적 관계가 효라는 이름으로 불리는 것이다. 일본에서는 천황을 국조의 현신으로 숭상하여 지금까지 자연스럽게 발달해왔고, 천황은 국민의 종교적 대상이 되어, 그 올바른 관계 실현을 충이라고 부르고 있다 … 모든 생명을 통일하는 최고위 생명이 일본 국가에서는 천황에 의해 표현되고 있는 것이다."20)

일본의 독자적인 국가론인 국체론은 황실과 국민을 사회적 관계로 다시 파악하여 새로운 논리를 설정하였다. 이전에는 '시라스'형 통치론이라 할 수 있는데, 이는 황조신이나 역대 천황의 통치방식으로 토지와 인민을 사유하여 지배하지 않는 순수하게 공적인 통치를 말한다. 1890년 메이지 천황은 국민이 지켜야 할 도덕적 규범을 제시한 교육칙어를 발표했다. 대신의 부서 없이 천황이 국민에게 직접 내리는 칙어였다. 당시 법제국 장관이었던 이노우에 고와시(井上毅)는 "대신의 부서가 있으면, 교육칙어 또한 그 대신의 '지혜를 빌린' 것으로 인식될 가능성이 있으며, 따라서 진정으로 복종하는 자가 나오지 않을 우려"가 있다고 언급하였다.

1911년 교육칙어의 공인 해설서인 『칙어연의(勅語衍義)』의

저자인 이노우에 데쓰지로(井上哲次郎)는 '우리 국체와 가족제도'
를 발표하여 일본이 황실을 총본가로 하는 거대한 동족집단이라는
국체론을 체계화했다. 그 핵심 내용은 다음과 같다. "우리나라는
'종합가족제도'의 궁극적인 형태를 취하는 나라로 그 가장이 바
로 천황이다. 건국 이래 천황과 신민의 관계는 가족적인 성격을
띠고 있다. 가족제도에서 가장이 가족의 중심에 있는 것처럼, 종
합가족제도의 형태를 취하는 일본은 그 국가적 성격상 총본가인
황실의 가장인 천황이 중심이다."21)

　　이러한 황실은 이에(家) 사회의 체현자로 불린다. 여기서 이
에란 원칙상 혈족으로 구성되는 가족이 그 가산·가업·가명을
유지하기 위해 가장의 지휘와 감독에 따라 생활하는 조직을 가
리킨다. 이러한 이에는 에도시대 중기에 이르러 농민들 사이에
서도 형성되었다. 메이지 유신기에는 인구의 8할이, 태평양전쟁
직전에도 5할이 이에에 토대를 둔 농업경영에 종사하였다. 자본
주의 발달로 노동자와 도시 하층민 증가하였는데, 이들 역시 이
에적인 규범에 바탕을 둔 생활양식과 그 의식을 지향하고 있었
다. 이에 질서는 여전히 민중적인 계층에서 재생산되고 있던 것
이다. 그것의 가치기준이 국민 사이에서 최고위 가문이자 귀종
인 황실의 존재를 시인하는 조건을 제공하였다. 군주가 도덕의
모범적인 체현자여야 한다는 생각은 유교를 수용한 일본에서도
오래전부터 끊임없이 주장되어왔다.

　　그러므로 근대 일본과 같은 이에 사회에서 천황과 황실은 이
에 질서의 모범적 체현자가 아니면 안 되었다.22) 이에 따라 메
이지 헌법을 제정할 때도 "우리나라에서 (사회 질서의) 기축으로
삼을 수 있는 것은 오로지 황실뿐이다"라고 강조되었다. 이러한
사실에서 알 수 있듯이 천황과 황실은 일본의 사회질서인 이에

질서를 이상적으로 체현함으로써 이에 질서로 편성된 사회에 군림했다고 할 수 있다.[23)]

청일전쟁 후의 국체론에서는 천황통치의 정당성을 논증하는 것보다 오히려 만세일계의 천황이 통치하는 일본의 국가적 성격, 일본 민족의 우월성이 강조되었다. 전쟁 후 국체론은 '만방무비(萬邦無比)'의 국체, 곧 세계 어느 나라에도 비교할 수 없을 정도로 뛰어난 일본의 국가적 성격을 강조하는 것으로 바뀌어 갔다. 이는 국체론이 일본의 독특한 내셔널리즘으로 전개되기 시작하였다는 것을 의미한다. 이는 아시아에 대한 일본의 우월감에 토대를 둔 것이었다. 다른 한편으로 일본은 제도·문물 면에서 서구에 대한 열등감을 해소시켜줄 만한 민족적 정체성을 필요로 하고 있었다. 국체론은 1차 대전 후 급속히 발전한 민주주의 풍조에 맞서 천황 통치의 정당성을 주장하는 데 방파제 역할을 하였다.[24)]

제국 윤리의 내면화 ○──────────

황국신민화의 기저에는 에도시대의 봉건윤리인 멸사봉공(滅私奉公), 대의멸친(大義滅親), 상명하복(上命下服)이 자리 잡고 있었다.[25)] 이들 윤리를 국민들에게 내면화시키는 데 핵심적 역할을 한 것은 학교와 군대 등과 같은 이데올로기적 국가기구였다. 대표적으로 학교에서는 1890년 천황의 이름으로 발포된 '교육칙어'에 입각해 사회와 국가에 진력하는 법을 배우는 것을 교육의 목표로 삼았다. 전국의 모든 학교에는 그 사본이 천황의 진영과 함께 모셔졌으며, 의례가 있는 날에는 교장 등이 한 자리에 모인 학생들 앞에서 봉독했다.

이 문서에는 효도와 우애, 화목 같은 유교의 덕목뿐만 아니라 19세기 유럽의 민족주의와도 상통하는 국가에 대한 충성을 호소하는 다음과 같은 표현도 담겼다.[26] "나아가서는 널리 공익을 도모하고, 훌륭히 의무를 다하고, 언제나 국가의 법률을 준수하고, 만약 위급한 경우가 있으면, 의용(義勇)의 정신으로 윗사람을 위해 몸을 바쳐야 한다."

이는 '황국신민서사(皇國臣民誓詞)'를 강요하는 것으로 이어졌다. 황국신민서사는 한국인을 일본의 천황에게 충성하는 국민으로 동화시키겠다는 노골적인 강압정책이었다. 조선총독부 학무국은 이를 '교학진작(教學振作)과 국민정신 함양을 도모'한다는 명목으로 기획하였다.[27] 1937년 10월 미나로 지로(南次郎) 총독의 결재를 받은 황국신민서사는 이후 학교와 관공서, 은행, 회사, 공장, 상점 등 모든 직장의 조회와 각종 집회에서 강제로 암송·제창하도록 강제되었다.[28] 모든 출판물에도 게재되었고, 학교 성적통지표는 물론이고 일장기를 담아두는 봉투를 비롯해 납세용 소책자나 조합 통장 따위에도 새겨져 있는데 가장 눈에 잘 띄도록 책장 앞에 새겨 놓았다.[29]

성인용은 "1. 우리는 황국신민(皇國臣民)이다. 충성으로서 군국(君國)에 보답하련다. 2. 우리 황국신민은 신애협력(信愛協力)하여 단결을 굳게 하련다. 3. 우리 황국신민은 인고단련(忍苦鍛鍊)하여 힘을 길러 황도를 선양하련다."이고, 아동용은 "1. 우리들은 대일본 제국의 신민(臣民)입니다. 2. 우리들은 마음을 합하여 천황 폐하에게 충의를 다합니다. 3. 우리들은 인고단련(忍苦鍛鍊)하고 훌륭하고 강한 국민이 되겠습니다."이다. 이를 외우지 못할 경우에는 일반인들은 형사계에 잡혀 가서 조사를 받고 벌금을 물어야 했으며, 학생들은 수업시간에 체벌을 받아야 했다.

다음 해에는 황국신민화를 추진할 어용단체인 '국민정신총동원 연맹'이 창설되었다. 이와 더불어 일어 사용, 창씨개명, 신사참배도 강요되었다.

이 같은 일제의 식민지 기획은 일제강점기 조선인들의 생활 방식을 규정하고 재조직하였을 뿐만 아니라 그 이후의 시기에도 한국인들의 가치와 규범체계 형성에 심대한 영향을 미친 요인으로 평가된다. 이렇게 된 데는 서구에 대한 열등감과 인접 국가에 대한 우월감을 배경으로 하는 일본 제국주의의 식민지 정책이 강력한 억압과 폭력성을 수반하는 것이었기 때문이었다. 이는 일본 제국주의의 특수성에서 비롯된 것이다. 후발 제국주의 국가였던 일본은 내부 문제를 해결하기 위한 수단으로 식민지를 개척한 데서 독일과 유사하다. 이는 자원 수탈과 시장 확보라는 경제적 이익 추구를 주된 목적으로 제국주의 경영에 나선 영국과 다른 점이다. 그러나 독일과 달리 일본은 미국의 페리 제독에 의해 강제로 개국한 데서 보듯이 외세에 의한 안보 불안을 우려해야 하는 취약한 제국이었다. 대내적으로도 몰락한 번벌 세력과 하급 무사층, 농민의 반란 등으로 야기된 사회적 불안이 완전히 해소되지 않고 잠재해 있었다. 이를 해결하기 위해 일본은 급속하게 산업화를 추진하고 강력한 군사력을 갖춘 후 주변국을 복속시키는 제국의 길을 택했다.

폭압적인 일본 제국주의의 조선 통치는 일본인 관료뿐만 아니라 조선인 협력자들을 통해서도 위로부터 강압적으로 시행되었다. 조선인의 일상까지 치밀하게 통제했던 군대와 경찰 등과 같은 국가기구뿐만 아니라 학교와 군대 등과 같은 이데올로기적 국가기구를 통해 일본제국의 윤리는 조선인들에게 강제적으로 주입되었다. 적지 않은 이들이 식민지 지배체제에 동화되었고, 제

국의 지배논리를 내면화하였다. 해방 이후 정부가 수립된 뒤에
도 이는 청산되지 않고 남아 새로운 국가의 통치 이데올로기의
주된 구성 요소가 되었다. 이렇게 된 데는 일제에 복무한 관료와
장교 출신 정치엘리트들이 이승만 정부의 고위직으로 대거 진출
했기 때문이었다. 이들이 일제강점기 때처럼 국민들을 체제순응
적 인간으로 만들려고 시도한 것은 물론이다.

　　군대와 경찰, 학교는 식민지 이후 단절되지 않고 지배세력에
의해 그대로 존속되었다. 해방 후 한국에서 민주주의는 독재에
항거한 투쟁이 벌어진 거리에서, 그리고 착취에 저항해 인간다운
삶을 외친 노동의 현장에서 싹 텄다. 미군정과 이승만 정권, 박
정희 정권으로 이어지는 동안에 이들 기관들은 권위주의 통치
질서를 지탱케 하는 핵심 축으로 기능했고, 억압과 복종으로 특
징되는 권위주의적 인간 양성의 주된 요람이 되었다. 이와 관련
하여 일제의 식민정책이 구체화된 최초의 교과서인 『국어독본』
은 향후 간행되는 교과서의 기본틀이 되는 교본이라는 데서 살
펴볼 가치가 있다. 무엇보다도 『국어독본』은 문화통치의 주요
수단이었다. 일제는 한국을 강점한 뒤 무단통치와 문화통치를
병행했는데, 교과서는 조선 사람들을 개조하고 통제하는 가장 효
과적인 도구였다. 일본어가 공식어가 된 상황에서 국어(일어) 교
육을 받지 않을 수 없었고, 또 교과 내용을 받아들이고 내면화하
지 않을 수 없었다.[30] 일제는 교과서를 통해서 식민정책을 홍보
하고 시행하는 등의 노력을 아끼지 않았는데, 이는 조선인의 생
활 전반을 일본식으로 개조하는 일종의 정형화(stereotype) 작업
이었다.[31]

　　『국어독본』에는 일본어 학습부터 단어, 단문, 인사 예절, 세
시풍속, 속담, 민담, 근대 문물, 지리, 일본의 명절과 지리, 고대

신화 등이 다양하게 소개되고 있다. 이 중에서 핵심 내용은 정형화 작업에 있었다. 예를 들어, '순사'와 '관청' 단원에서는 관의 역할과 임무를 소개하고 잘 따라야지 그렇지 않으면 단호하게 처벌한다고 강조한다. 관에 순응하는 사람을 만들려는 이런 태도는 일시동인이라는 구호와는 달리 조선인에 대한 차별적 시선을 전제한 것으로, 조선은 계도하고 발전시켜야 할 대상으로 보는 폄하의 태도에 바탕을 두는 것이다. 일제는 일본의 신화를 소개하면서 조선을 차별적으로 위계화하는 또 다른 근거를 제시하는데 과거 신화시대부터 조선과 일본은 긴밀한 관계를 가졌다는 것이 바로 그것이다.[32] 한편,『국어독본』에서 가장 많은 비중을 할당한 것이 천황과 관계되는 단원이라는 것은 교과서가 식민체제의 가치와 이념을 집약한 교본이라는 점을 잘 보여준다.

보통학교용 조선어 교과서인『조선어독본』역시 일제의 식민지 정책이 집약되어 있다. 이 책에서 가장 큰 비중을 차지하는 항목은 식민 주체로서 학생들이 구비해야 할 행위의 구체적 내용들인 예절과 도덕이었다. 예를 들어, 부자와 사제, 친구와 어른을 공경해야 한다는 내용이 있는데 이는 대부분 유교적 가치와 이념에 바탕을 둔 것으로 위계적 서열의식과 그에 맞는 품성의 함양을 강조한다. '성실'에서는 성실이란 추호라도 허위의 마음이 없이 여하한 일에든지 진정 근직(謹直)을 위주로 하는 선행이고, 성실한 사람은 그 행동에 표리가 없고 이심(二心)을 갖지 않으며, 궁극적으로는 '군에 충'하게 된다고 한다. 이러한 내용들은 천황을 정점으로 한 가부장적 도덕 질서를 강조한 것이다. 그리고 조선인이 매사에 순응하고 공경하는 자세를 가져야 한다는 것으로, 일제가 양성하고자 했던 식민 주체의 성격이 어떠했나를 짐작케 해준다. 여기에 의하자면 조선인은 강자에게 순응하고

복종하는 공손한 내면의 소유자로 스스로를 정립할 수밖에 없게 된다.33)

    제국의 윤리의 핵심 내용은 주군에 대한 충성과 무조건적 복종이다. 이는 일본의 무사도를 특징짓는 가치이다. 이에 대해서는 이케가미 에이코(池上英子)의 『사무라이의 나라(원제: *The Taming of the Samurai*)』를 살펴볼 수 있다. 이 책의 15장 '유학파 사무라이와 포스트 유학파 사무라이,' 그리고 16장 '통제와 변화'에서는 사무라이의 명예문화와 이것이 근대 국가 형성에 미친 영향에 대해 구체적으로 설명하고 있다.34) 에이코에 의하면 사무라이의 직분은 일반 민중을 다스리는 것이기 때문에 다른 직분의 구성원보다 높은 도덕적 기준을 보여야 했다. 그들은 학문이나 무술 외에 도덕적 자질을 갖추어야 했는데 이는 엘리트주의의 신념에서 나온 것이었다. 사회의 위계질서는 신유교가 정의하는 우주, 그 영원한 자연의 법칙인 '리(理)'에 의거한 근본적인 우주원리로 중시되었고, 도쿠가와 정치체제 그 자체와 동일시되었다. 이와 관련하여 신유교 하야시 학파의 선조인 하야시 라잔(林羅山)은 "하늘은 높아 위에 있고 땅은 낮아 아래에 있다. 마찬가지로 세상에는 위·아래 계급의 차이가 있다. 사람관계에서 주군은 더 명예롭고 신하는 덜 그러하다"라고 말했다. 이는 인간질서의 위계질서가 보편적 우주질서의 반영이라는 것을 의미한다.35)

    도쿠가와시대 말기에 일본은 최초로 서구 제국주의와 접촉하게 되면서 국가의 위기감이 널리 확산되었다. 서구함대의 도래 후 아편전쟁 소식, 유교제국인 중국의 패배가 일본인 사이에 긴박감을 형성했고, 사무라이가 본래 갖고 있던 무사라는 집합적 정체성을 소생시켰다. 서구에 나라를 개방해야 한다는 바쿠후(幕

府)의 주장과 행동을 도쿠가와 사무라이는 일본의 독립에 대한 수치스러운 타협이라고 공격했다. 사무라이들은 나라의 안전에 대한 서구의 위협을 그들 개인의 긍지와 자립에 대한 공격이라고 느꼈다.

이 시점에서 사무라이들은 이데올로기적 시도나 급진적인 사회운동이라는 정치적 행동주의를 선택했다. 이것이 최종적으로 도쿠가와 정부의 붕괴를 초래했다. 그러나 사무라이의 정치적 의견이 주군의 의사와 다른 경우, 어떻게 행동해야 할 것인가? 이 모순은 충의의 덕을 재정의하는 것으로 해결되었다. 19세기의 가장 급진적인 이론가로 당시 정치인들에게 큰 영향을 미친 요시다 쇼인(吉田松陰)은 명예를 보다 좋은 사회질서를 위한 정치행동을 통해 표현되는 개인성에 대한 긍지라고 규정하고, 사람이 자신의 원리에 따라 행동할 수 없는 것이야말로 수치스러운 것이라고 주장했다. 쇼인에 의하면 자신의 확신에 의거해서 주인에게 반복해서 간언하는 것이야말로 진정한 충의의 형태였다. 이러한 쇼인의 사상은 다른 많은 사무라이 지식인들도 공유하는 것이었다. 이에 따라 명예로운 일본의 절대자로 정의된 천황이 새로운 충성의 중심으로 등장하게 되었다.[36] 에이코는 이를 앨버트 O. 허시먼(Albert O. Hirschman)이 그의 저서인 『떠날 것인가, 남을 것인가』에서 만든 용어인 '이탈(exit)'을 사용하여 설명한다. 전국 무장 사이에서 계속되는 내전은 사무라이 가신들에게 이탈의 선택권, 즉 현재의 주군을 떠나 새로운 주군으로 옮기는 기회를 제공했다는 것이다.[37]

도쿠가와시대 사무라이의 정치사회적 순응은 특히, 개인이 자신의 정체성에 대한 의식을 제도가 정한 역할이나 책임과 조화하도록 이끄는 정신풍토로 확립되었다. 이는 정신적 자원이 되어 이후 공업화로 국가적 노력이 필요한 국면에서 조직의 연대와 능률을 높이는 데 충분히 이용되었다. 에이코에 의하면 사무라이의 명예문화는 역사적으로 볼 때 두 개의 중요한 주제인 통제와 변화 및 투쟁과 관련되어 있다. 통제의 첫째 구성 요소는 개인적인 수준에서 장기적인 목표를 달성하기 위해 단기적인 욕망을 스스로 규제하는 것이고, 둘째는 통제의 조직적인 측면에서 개인의 충동이나 욕망을 사회조직적으로 정의한 목적과 조화시키는 것이다. 이는 도쿠가와시대에 조직 속에서 서로 협력하여 공적인 책임을 완수하는 형태로 나타났다.

도쿠가와 국가는 가신 사무라이의 이에나 촌락, 그 외의 종교적, 직업적, 신분적 집단이라는 기존의 자율적인 사회조직을 능숙하게 재편성하였다. 변화는 확고한 명예심과 자존심에 뒷받침된 개인의 자립과 성실성의 유연함으로 나타났다. 이는 위험을 무릅쓰고 대세에 저항하지만 적절한 사회목표와 결합하면 사회변화의 시동에 도움이 되었고, 후대 일본의 문화에 결정적 영향을 미쳤다.[38] 나아가 이는 강점기를 거치면서 식민지 조선인들의 생활방식을 규정하고 재조직하였을 뿐만 아니라 그 이후의 시기에도 한국인들의 가치와 규범체계 형성에 심대한 영향을 끼쳤다.

일본 제국주의의 충실한 계승자들 ○───────

식민지 시기 일제에 의해 강요된 천황제 이데올로기, 그중에서도 국가를 가족의 연장과 확대로 이해하는 가족국가관은 수많은 조선인들에게 영향을 미쳤다. 적지 않은 조선인들이 가부장인 천황이 다스리는 가족 국가에서 충효일치를 당연시했고, 조국

애를 충군애국으로 등치시켜 받아들였다. 가족 내에서 가장은 절대적인 권력을 갖고 가족 구성원들을 지배하며, 구성원들은 가장에 복종함으로써 질서를 유지하는 것은 한·중·일 동양 3국이 유사하다. 이는 유교의 영향을 받은 것이다. 가정에서 규율이 제대로 잡혀야 나라가 바로 선다고 생각한 공자는 국가 통치의 가장 기본적인 단위를 가정으로 보았다.

집에서 아버지에게 절대 복종하는 것은, 나라의 중심인 왕에게 절대 복종하는 것과 똑같은 것으로 본 것이다. 이른바 군사부일체(君師父一體)가 여기에 해당된다. 이는 일본의 문화가 집단주의로 특징 지워진다는 것을 가리킨다. 집단주의는 집단 내의 비판적 소수의견이나 개인의 돌출적인 행동을 잠재우고, 집단이 추구하는 공동의 목표만을 절대적 가치로 간주하는 흐름을 정당화하는 특징을 지닌다.[39]

배타적이고 폐쇄적인 일본 집단주의 문화를 떠받치고 있는 것은 '화(和)'의 정서이다. 이는 공동체 내에서 통속도덕의 실천윤리로 발달했는데 구성원이 여기서 벗어나는 행동을 했을 때 공동체가 가차 없이 제재를 내린다. 그러한 제재양식이 일본의 공동체 사회에서는 오키테(掟: 공동체의 규칙)나 무라하치부(村八分: 공동체의 룰을 어긴 자에 가해지는 집단적인 제재양식)로 전해 내려오고 있다.[40] 통속도덕을 전제로 하는 공동체의 생활양식과 이에 근거하는 집단주의 문화의 전통은 조직이나 국가의 통합을 용이하게 하는 획일적 이데올로기의 확립을 용이하게 하였다. 그 대표적인 사례가 막말유신기의 천황대망론이다. 19세기에 접어들어 내우외환이라는 난국을 극복하고 새로운 근대국가의 창출을 선도할 지배이념으로 천황제 이데올로기가 만들어진 것이다. 그 연장선상에서 근대 일본의 '기축(機軸)'으로서의 '국체(國

體)'사상의 창출이 가능했던 것이다.[41]

이는 집단주의가 극단적인 배타성을 띨 때 전체주의나 파시
즘으로 변질될 수 있다는 것을 보여주는 사례이기도 하다. 그러
나 국체사상은 지배계급의 논리였다. 민중들의 저항 논리는 억
압되어 버렸다. 1870년대의 자유민권운동이나 1920년대의 대정
데모크라시운동, 전후의 민주화운동도 짧게 지속되다 실패로 끝
났다. 일본의 집단주의는 집단 내의 비판적 소수의견이나 개인
의 돌출적인 행동을 잠재우고, 집단이 추구하는 공동의 목표만을
절대적 가치로 간주하는 흐름을 정당화하는 특징을 지닌다.[42]

물론 모든 조선인들이 천황제 이데올로기를 받아들인 것은
아니었다. 그러나 일제가 지속적이면서도 치밀하게 추진했던 친
일화 공작으로 인해 식민지 사회는 분열되었고 '민족적인 것'은
점차 파괴되었다. 일제가 공작을 실시하는 데는 일제에 협력한
조선인 지도자들도 앞장섰다. 임종국이 쓴『일제하의 사상탄압』
에 의하면 일제는 조선인 지도자들에 대해 관직, 금품, 이권 등
으로써 유혹하거나 검거, 투옥과 병행한 세뇌공작을 실시하였다.
특히, 독립운동자의 친일화 공작은 돈과 희생을 가장 적게 들이
는 독립운동자 소탕방식이기도 했다. 이는 민족분열의 조장을
거쳐서 궁극적으로 민족해소를 목적으로 한 것이었다.[43]

이들 친일 세력은 해방 후 남한에서 미군정의 지원 정책에
힘입어 청산되지 않고 오히려 지배세력이 되었다. 이들이 받아
들였던 일본 제국주의의 통치술과 이데올로기 역시 살아남아 이
들이 주도했던 권위주의 통치의 주춧돌로 역할 했다. 이들이 집
권했던 시기에는 노동 탄압, 지역주의의 조장과 특정 지역민에
대한 차별 등에서 보여 지듯이 억압과 배제, 분열과 차별을 조장
하는 정책이 뒤따랐다.[44]

해방 후 남한의 지배세력으로 변신한 만군과 황군 출신 조선인들 중 대표적 인물은 박정희이다. 박정희는 일본 학교와 군대에서 지식을 주입받고 가치관이 형성된 인물이다. 보통학교 → 대구사범학교 → 만주군관학교 → 일본육군사관학교로 이어지는 이력에서 보듯이 제국주의 치하에서 받은 학교교육과 군사교육은 박정희의 가치관과 사고방식 형성에 가장 크게 영향을 미쳤다. 박정희가 갖고 있던 식민지 조선인으로서의 콤플렉스는 일제 시기에는 일본인과의 동일시로 나타났고, 집권 이후에는 자국민을 일본제국의 충성스런 신민처럼 만들려는 시도로 연결되었다. 국가기관이 노골적으로 국민에게 국가에 대한 충성을 강요하고 그 여부를 감시하는 것은 일제강점기에 식민지 조선인들을 신민으로 만든 후 '멸사봉공'을 강요하고 이에 저항하는 사람들을 처벌했던 것의 재판이었다.

일례로, 모든 국민들이 강제로 복창해야 했던 '국기에 대한 맹세'는 일제시대에 복창하던 '황국신민서사'를 모방한 것이었다. 전 국민이 의무적으로 참여해야 했던 '정례 반상회의 날'은 일제가 주민 통제를 목적으로 조직했던 애국반상회가 그 기원이다. 일제가 총력전체제를 구축하기 위해 바꿨던 '국민학교'란 명칭도 그대로 남았다. 학생들에게는 '국민정신'을 함양한다는 명분으로 '국기에 대한 맹세'를 복창하고 국민교육헌장을 강제로 암기하게 했다.[45] 오후의 국기 하강식 때는 모든 사람이 걸음을 멈추고 국기에 대한 경례를 해야 했다. 황군장교 출신인 박정희 체제는 무려 18년 동안이나 지속됐다. 박정희의 권위주의적 통치는 한국 사회와 정치를 규정지었고, 대다수 한국인들의 가치와 규범으로 자리 잡았다. 그것이 절정에 달한 시기는 유신체제 7년 기간이었다.[46]

박정희 정권이 추진했던 새마을운동 역시 조선 총독부가 1932
년부터 전개한 관제농민운동이었던 조선농촌진흥운동을 모방한
것이었다. 새마을운동의 최고 지도자인 박정희뿐만 아니라 새마
을운동을 주도했던 관료들이나 마을 청장년들이 모두 농촌진흥
운동의 유경험자들이었다. 당시 일제는 피폐해진 농촌 문제가 농
민들의 태만과 낭비에 있다고 규정하고 근검절약과 근면 성실을
강조하는 소위 농촌진흥운동을 벌여나갔다. 이를 위해 먼저 농
민들의 자율적 자치공간인 마을공동체를 농민층을 견인하고 포
섭하는 기반으로 이용했다.

이 운동의 수행조직인 농촌진흥위원회의 산하조직인 마을진
흥회가 동회를 대신했으며 행정보조자인 구장은 명실상부한 마
을 지도자가 되었다. 식민지 권력의 농촌마을에 대한 지배력 강
화는 식민정책의 효율성을 보장하는 토대가 되었으며 해방 이후
에는 대한민국 정부의 농촌 사회에 대한 효율적인 지배의 기반으
로 기능했다. 운동의 실행방법으로 내세운 '자력공려(自力共勵)'
라는 구호에서 보여지듯이 일제는 구조적 문제에서 발생한 농촌
의 위기를 농민 개인의 문제로 사사화(私事化) 함으로써 농민들
의 체제에 대한 저항성을 거세하였다.[47]

이런 전략은 박정희 정권이 추진한 새마을 운동의 주요 전략
이기도 했다. 박 정권은 1960년 경제개발의 혜택이 도시에 집중
되면서 농촌의 낙후성 문제가 대두되자 새마을운동을 들고 나왔
다. 농촌의 낙후성을 정부정책의 잘못이 아니라 나태와 무기력,
협동심의 결여 등 농민들의 생활태도와 정신태도 등에서 비롯된
문제로 돌리고 있었다. 근면, 자조, 협동 등 정신적 개조에 대한
정부의 끊임없는 강조의 효과는 커서 유신체제라는 고도의 권위
주의 정치체가 수립되었을 때 대부분의 농촌 주민들은 자신들의

빈곤을 스스로의 생활태도 탓으로 돌리고 자기 연마에 노력하고 있었던 것이다.[48]

미국의 언론인인 돈 오버도퍼(Don Oberdorfer)는 한반도 근대사에 대한 객관적이고 생생한 기록으로 평가받은 저서인 『두 개의 한국』에서 일제강점기에 박정희의 배경이 군부 쿠데타 후 권위주의 통치로 연결되었다고 언급한다. 즉 일제강점기에 받은 일본식 교육이나 유교문화에 대한 애착, 군인이었다는 배경 등에 비추어 볼 때 박정희가 거추장스럽고 비생산적인 관행으로만 비추어지는 미국식 민주주의를 신봉할 이유는 전무했다는 것이다.[49] 이와 관련하여 오버도퍼는 1975년 주한 미군 사령부의 박정희에 대한 다음과 같은 평가를 소개하고 있다.

> "박 대통령은 1961년 군부 쿠데타를 주동했을 당시부터 정치 활동을 즐기지도 않고 관심도 없었다. 대한민국 국가원수로서 그가 보여주고 있는 태도는 정치적 토론 과정을 거치지 않고 자신의 명령이 바로 시행되기를 바라는 전형적인 군인의 사고방식이었다."[50]

박정희에 대한 평가와 관련하여 특히 중요한 것은 그가 일본군 장교로서 교육과 훈련을 받았고 사관학교와 군대에서 습득한 군국주의 가치관을 내재화한 인물이었다는 점이다. 박정희가 지녔던 식민지 조선인으로서의 콤플렉스는 일제강점기에는 일본인과의 동일시로 나타났고, 집권 이후에는 자국민을 일본제국의 충성스런 신민처럼 만들려는 시도로 나타났다. 억압과 배제, 분열을 조장하는 것이 뒤따랐다. 황군장교 출신인 박정희 체제는 무려 18년 동안이나 지속됐다. 이후에도 그가 육성한 소장파 군부

세력으로 계승되었다.

박정희 체제는 당시 한국 사회와 정치를 규정지었고, 대다수 한국인들의 가치와 규범으로 자리 잡았다. 그것이 절정에 달한 시기는 유신체제 7년 기간이었다. 이 시기에 한국 정치의 지배 이데올로기와 한국 사회의 주요한 균열구조가 틀 지워졌다는 점에서 박정희 가치관의 근간이 배태된 일본 군대의 역사와 특징을 구체적으로 살펴볼 필요가 있다.

일본 군대는 메이지 유신 이후 일본이 국민국가를 건설하고 근대화를 추진하는 과정에서 핵심 역할을 했다고 평가된다.[51] 1936년의 2·26쿠데타와 쇼와유신 이후 조선에서도 징병령을 통해 천황에 순응하는 국민으로 만든 후 제국주의 침략전쟁에 소모품으로 이용했다. 이에 관해서는 호사카 마사야스(保阪正康)가 쇼와 육군의 병리적 체질에 주목해 그 조직과 그들이 자행한 만행을 구체적으로 분석한 책인『쇼와 육군』이 상세하다.

마사야스는 일본 군부를 장악한 것이 육군유년학교와 육군사관학교, 육군대학교로 이어지는 엘리트 코스를 거친 고위 군인들이라고 한다. 쇼와시대에 들어와서 이들은 통수권을 독립시켜 일본 사회와 정치를 실질적으로 지배했다는 것이다. 권력욕과 명예욕으로 가득 차 권력투쟁을 일삼던 그들은 결국 동아시아 전역을 전쟁이라는 대재앙으로 끌고 들어갔다.[52]

야마모투 시치헤이(山本七平)는『어느 하급 장교가 바라본 일본제국의 육군』에서 일본제국 육군이 군인을 연기했을 뿐 내실은 텅 비었던 이들이라면서 이들의 사고 정지가 결국 비참한 말로를 초래했다고 강조한다. 시치헤이는 인간의 질서란 말에 의한 질서인데 일본 군대가 동포에게 말을 빼앗았고 그런 까닭에 남아 있었던 것은 동물적 공격성에 기반한 폭력 질서뿐이었다고

지적한다.53)

쇼와 유신은 일본이 군국주의 국가로 가는 본격적인 계기가 되었다. 일본 사회에서 군대가 월등한 지위를 차지하게 되면서 군사력의 증강에 의한 국가발전이 최우선시되었고, 군대적 가치와 규범이 정치·교육·문화 등 사회의 모든 영역으로 확산되었다. 일본군에 복무한 조선인들 중에는 박정희처럼 그 어떤 일본인보다도 더 군국주의 가치관을 몸에 새긴 이들이 있었다.54) 이 점이 잘 드러나는 것이 쿠데타로 집권한 초기에 발간된 박정희의 저서들이다.

본인의 독창적인 저술이라기보다는 주변의 어용지식인들의 도움을 받아 집필된 것으로 추정되는 『우리 민족의 나갈 길』(1962)과 『국가와 혁명과 나』(1963)는 군사쿠데타를 합리화하고 지난 역사를 부정적으로 평가한다. 박정희는 5,000년 역사가 빈곤과 나락과 안일 무사주의의 악순환 속에서 분열, 파쟁만을 일삼았다고 지적하면서, 그 사례들로 해방 풍조로부터 시작된 정신적 타락, 망국적 외래 풍조, 이에 깃든 부패, 허영, 사치, 나태, 그리고 덮어놓고 흉내 내는 식의 절름발이 직수입 민주주의의 강제 이식을 거론한다. 이러한 주장은 새로운 정치세력에 의해서 새로운 지도이념을 확립해야 한다는 것으로 연결된다. 마치 이광수가 『민족개조론』에서 개진한 주장을 연상시키는 이러한 언급은 일본 극우세력의 우승열패의 신화에 토대를 둔 식민사관과 동일한 것이기도 하다.

『국가와 혁명과 나』에서는 독일의 비스마르크뿐만 아니라 히틀러까지도 긍정적으로 묘사하고 있다. 책의 제5장 '라인강의 기적과 불사조의 독일 민족'에서는 다음과 같이 언급된다. "(독일의) 기적의 요인으로 먼저 그 민족의 일치단결을 들 수 있다. 전체 민족이 조국의 한 목표를 향하여 자발하여 혼연일치되어 이룩한 말하자면 민족역량이 총집결되어 이룩한 것. 정치인은 온 심혈을 다하여 과학적인 정책과 외교에 진력하였고, 경제인은 국가지상과업에 앞장섰으며, 노동자는 굶어 가늘어진 허리띠를 졸라매며, 기계와 밤을 새웠고, 교수들은 절망하는 국민에게 재기의 정신력을 고취하여 재생의 철학을 일깨웠고, 문화인들은 게르만 민족의 불패를 노래함으로써 사기앙양에 솔선하였을 뿐만 아니라, 민간 사회는 민간 사회대로 놀고먹는 것을 부도덕시하여 서로 격려하는 등, 전후 독일의 사회는 드디어 재기에로 집중하기에 이르렀다.[55]

　… 독일 민족처럼 질서를 존중하고 복종하며 직업을 신성시하는 국민도 없을 것이다[56] … 이러한 국가관이나 사회의 윤리, 그러한 철학은 벌써부터 유전되어 오는 게르만 민족의 신앙이라고 할 수 있는 것이다. 참으로 명석한, '분별 있는 민족성'이다[57] … 이러한 부흥의 원동력이 된 국민성 외에 또 하나의 큰 요인이 된 것에 좋은 지도자를 가지고 있었다는 것을 들 수 있다 … 그들은 말을 먼저 하지 않았고, 다만 행동이나 실천이 있고 난 다음에 비로소 그것을 설명하였다. 비스마르크나 히틀러에 이르러서도 그들의 정치가는 국민을 위하여 일할 수 있는 인물이었던 것이 사실이다."[58]

　이 책에서는 메이지 유신의 성취과정을 중심으로 일본의 근대화 요인을 다음과 같이 요약한다. "메이지 유신은 그 사상적 기저를 천황 절대제도의 국수주의적인 애국에 두었다. 이리하여 이들은 밖에서 밀려오는 외국의 사상을 일본화하는 데 성공하고, 또한 국내적으로 진통을 거듭하는 유신과업에의 외세침입을 방어할 수 있었다. 번주세력을 제거하고, 천황과 '에네르기쉬'한 사회중건층을 직접 연결함으로써 봉건성 탕피와 신진기운을 조성하였다."[59] 나세르와 이집트 혁명에 대한 언급도 있다. "나세르가 이끌던 자유장교단은 군부 쇄신이 근본적으로 이집트 정국의 숙정과 연관 있고 정국의 정화는 궁극적으로 사회의 기본적인 개혁을 뜻한다는 것을 단정하고 있었다.

이리하여 7월 23일 상오 영시를 기하여 행동을 개시한 혁명군은 곧 카이로를 점령하고 … 혁명위원회를 통해 행동강령을 발표했다 … 그 첫째가 정치의 숙정이다. 즉, 전 국왕의 측근자와 와프트당, 그리고 동당 간부를 재판하였고, 아울러 군부와 정계추방 대상자 심사위원회의 설치, 그리고 부패행위자 조사위원회를 또한 설치하였다 … 둘째, 사회복지의 증진책으로는 디플레정책을 유지하게 하고, 수입관세를 인상하였는데, 이는 민족산업의 보호와 육성을 위하여 취하여진 조치다 … 다음은 외자 도입, 소득세율 개정, 교육, 사회, 후생시설의 개선이다 … 셋째의 광정(匡正)은 파괴활동의 금지이다. 반공에 대한 제 입법을 서둘렀고, 계엄령은 존속하게 하였다. 라디오 방송의 완전 통제, 그리고 모든 신문 기타 통신에 대해서도 검열제를 실시하는 등 강력한 정책을 추진한 것이다. 그리고 혁명정부는 마침내 불가피한 제 난관과 대결하지 않을 수 없게 되었다.

그 첫째가, 말하자면 사회운동 원리에서 온 민중의 자유 추구이다. 그러나 그러한 이상은 혁명 과업의 수행에 이로울 것이 없는 것이다 … 그리하여 혁명정부는 일체의 정당, 사회단체를 해산하고, 여기에 수반되는 모든 반국가적·반사회적·반민중적인 운동을 억제하여, 마침내 국민조직으로서 '해방전선'을 발족시키기에 이르렀다."[60]

『민족중흥의 길』에서 박정희는 우리 조상들의 유산으로 자

주정신, 조화정신, 창조의 슬기를 거론하고, 이 중에서 조화정신
은 조화롭고 따뜻한 인간관계를 중시하는 것이라고 지적한다.
한국인은 자기의 삶을 공동체 속의 한 부분으로 융합하였고, 나
와 국가가 사랑의 유대를 통해 둘이 아니라 하나가 되는 일체감
을 우리 겨레는 일찍부터 터득하였으니, 이러한 정신과 통하는
것이 충효사상이라는 것이다. 현대에 되살려야 할 아름다운 전
통인 충효사상은 자기가 속한 공동체에 대한 짙고 뜨거운 사랑
에 바탕을 두고 있다고 언급한다. 그러면서 나의 가정이 하나의
조그마한 생활공동체라면, 국가나 민족은 하나의 커다란 생활공
동체이며, 이 두 공동체에 대한 애정은 그 본질에 있어서 조금도
다를 것이 없다고 강조한다.[61]

　　박정희는 역대 대통령 중에서 민족주의 담론을 가장 열성적
으로 생산하고 가장 광범위하게 유통시킨 인물로 평가된다. 그
는 체제에 대한 국민의 지지를 확보하고 경제발전(=근대화)을 위
한 국민의 동원을 극대화하기 위해 생산하고 활용했다.[62] 박정
희의 민족주의 담론에서 발견되는 가장 중요한 특징은 민족과
국가가 강고하게 결합한 국가민족주의인데, 유신체제가 수립된
1972년 이후 절정을 이뤘다.[63] 이는 유럽의 파시즘, 일본의 초
국가주의와 유사한 전체주의적 특성이 강하다. 그러나 후자가
민족적 우월감, 인종주의, 위로부터의 후발 근대화 및 국가주의
적 결합과 관련을 맺고 있다면, 박정희의 국가민족주의는 본래의
국가주의 및 종족적 민족주의에 국권강탈과 식민지 경험에 따른
민족적 열등감과 그에 대한 반발, 분단과 한국전쟁으로 인한 극
우·반공적 분단국가주의, 위로부터의 '후-후발'근대화가 덧씌워
져 발현된 현상이라는 점에서 후자와 구분된다고 지적된다.[64]
이라영은 통제와 억압의 한국 문화사에 대한 글에서 박정희 정

권이 문화를 '조국근대화'를 위한 이데올로기적 수단으로 어떻게 활용했는지를 밝히고 있다.

> "박정희는 '민족문화'와 '정신문화'를 고양해 국가 근대화에 필요한 '국민정신'을 만들어내는 수단으로 문화예술을 활용했다. 박정희가 강조한 정신문화란 다양한 지적 유산이 아니라 민족성이다. 문화예술에서 민족적 순수성에 집착했던 그는 서구 문화를 비정신적이고 반민족적인 세계로 여기기까지 했다. 순수한 우리 세계를 오염시키는 외래의 침범으로 봤기 때문이다. 장발과 미니스커트, 생맥주, 록음악이 상징하는 젊은이의 새로운 문화는 바로 박정희가 지향하는 '민족' 문화가 아니기에 단속대상이었다. 박정희의 문화 정책은 곧 국가주도적인 전통문화 계승 명목으로 자연스럽게 새로운 대중문화 통제로 발전했다 ⋯ 박정희 정권에서 창설된 기본적인 문화 정책 기관들은 국책 사업으로 작품을 만들거나 — 그 수많은 반공영화 — 검열에 앞장서는 역할을 했다 ⋯ (대중문화의 성장을 우리의 순수한 민족 문화가 불순한 서구에 물드는 상징이라고 본) 박정희는 그러한 '오염'에서 국민을 계몽하고 건전성을 유지한다는 명목으로 실상은 국민을 체제 순응적으로 만드는 우민화 정책을 폈다."[65]

일본 권위주의의 유산은 해방 후 반공주의와 친미주의로 이어졌다. 대세에 순응하거나 기회주의적으로 처신하면서 자신들의 이익을 도모한 사람들[66]은 천황제의 충실한 신봉자에서 다시 반공주의의 대변자로 탈바꿈했다. 이들은 미군정과 이승만 정권의 지원 아래 친미를 표방하고 각종 요직을 꿰차면서 한국 사회의 주류로 다시 부상했다. 민주주의의 이름으로 정권에 도전하는 반대세력들에게는 '빨갱이'라는 낙인이 찍혀짐과 동시에 국가기관에 의한 가혹한 탄압이 뒤따랐다. 반공을 국시로 내걸고 민주주의를 억압한 것은 단지 박정희에게만 그치지 않았다. 후에 대통령이 된 사람들 역시 반공주의와 친미주의의 신봉자였다.[67] 두 사조는 그들이 유지한 권위주의 통치를 뒷받침하는 강력한 보루 역할을 했다.

분단, 전쟁과 독재:
반공주의와 한국형 권위주의의 내재화

공산주의자는 소련으로 보내야 한다. 가족의 일원이라도 거부하
라. 공산주의자는 파괴주의자이므로 전부 체포할 것이다. 미소
공동위원회가 결렬되면 남조선에 단독정부를 세워 3.8선을 깨
트리고 소련군을 내어 쫓고 북조선을 차지 할 것이다.

_ 이승만

제6장은 분단과 전쟁, 개발독재를
거치면서 반공주의가 어떻게 형성되었고 확산되었는지를 고찰하
고 이를 통해 한국형 권위주의가 어떤 과정을 통해 내재화되었
는지를 분석하고 있다. 한반도가 이질적인 이념과 체제를 지닌
두 개의 국가로 분단되게 된 배경은 냉전이었다. 냉전은 밖으로
는 남북한 간의 적대적 분단체제를, 안으로는 보수적인 반공질서
를 강화했던 기반이었다. 냉전이 만들어낸 정치구조는 정치적
갈등을 이데올로기적으로 양극분화하고 정치경쟁의 양상을 극한
적인 적대관계로 몰아갈 뿐만 아니라, 반대세력과 비판자들을 배
제하는 것으로 나타났다.[1] 한국전쟁은 그전까지 이승만과 한민
당 등 지배세력에 국한되어 있던 반공주의를 전쟁이란 생생한

체험과 공포를 배경으로 대다수 민중들에게 자발적 동의로 유도해낼 정도로 내재화시킬 수 있었고, 이에 따라 이후의 이데올로기 지형을 변화시킨 데 결정적인 역할을 수행했다.[2] 배제와 억압, 자발적 순응을 강요하는 반공은 시민사회에서도 뚜렷한 헤게모니적 지위를 갖게 되었다.

냉전과 반공주의의 확산

냉전은 2차 대전 시기 추축국에 대항하여 함께 싸웠던 미국과 소련이 중부 유럽 및 동아시아에서 이른바 '얄타정신'의 구체적 실행을 놓고 대립하는 것에서 비롯되었다. 1945년 2월 연합국의 지도자들이었던 루스벨트, 처칠, 스탈린은 크림반도의 얄타(Yalta)에서 종전 후 독일을 비롯한 패전국들의 처리 문제를 논의하였다. 그 결과 패전국이나 해방국에서 "모든 민주세력들을 폭넓게 대표하는 인사들에 의한 임시정부 조직을 구성할 것"과 "가능한 빠른 시일 내에 자유선거를 통해 인민의 의지에 책임을 지는 정부를 수립할 것"에 합의했다. 그러나 이 합의는 제대로 지켜지지 않았다. 소련과 미국, 영국은 자국이 지지하는 세력을 포기하지 않으려 했다. 특히 소련은 동유럽을 자국의 세력권으로 간주하여 이 지역에 친소정권의 수립을 추진하였다. 이에 대응해 미국과 영국도 타협보다는 대립노선을 채택함으로써 체제와 이념을 달리하는 두 진영 간의 본격적인 대립이 시작되었다.

이후 대략 4반세기가 넘는 동안 각기 미국과 소련을 핵심국가로 하는 두 진영은 두 개의 양립할 수 없는 세계관과 상호 경쟁적인 체제를 바탕으로 대립하였다. 핵무기라는 인류 전체를 절멸시킬 수 있는 파괴력을 보유했던 두 진영이 대치했던 냉전 시기에 상대 진영으로부터의 침략으로부터 자국의 영토 및 국민의 안전을 보호하는 국가방위는 모든 국가에서 정책의 최우선적인 고려요소로 간주되었다. 그러나 냉전은 두 진영 간의 군사적 대립에만 국한되지 않았다. 그것은 정치·이데올로기적, 경제적, 기술·과학적, 문화·사회적 대립의 양상을 띠었고, 그 여파는 일상 생활에까지 미쳤다. 이러한 냉전의 파급력은 동아시아 냉전의 최전선을 형성하고 있던 한국에서 더욱 뚜렷하게 나타났다.

냉전은 밖으로는 남북한 간의 적대적 분단체제를, 안으로는 보수적인 반공질서를 강화했던 기반이었다. 동시에 냉전은 한국 사회에서 정치의 틀을 조직하고 그 틀 내에서 허용되는 정치적 실천과 이념의 범위를 매우 좁게 제약하는 가장 큰 힘이었다. 최장집은 냉전이 만들어낸 정치구조가 민주주의 발전에 두 가지 부정적 효과를 갖는다고 지적한다. 첫째, 그 효과는 정치적 갈등을 이데올로기적으로 양극 분화하고 정치경쟁의 양상을 극한적인 적대관계로 몰아갈 뿐만 아니라, 반대세력과 비판자들을 배제하는 것으로 나타났다. 둘째, 보편적인 정치언어들인 좌와 우라든가 인민·민중·계급 등의 말들을 사용하기 어렵게 하였다. 이들은 일체의 좌파적인 것에 대한 부정적인 이미지와 결합될 수 있으며, 더 나아가서 북한 공산주의와 연결될 수 있는 '이념의 불러내기(ideological interpellation)'가 가능하기 때문이다.[3]

분단은 휴전선을 따라 더 깊이 새겨졌고, 공산주의에 대한 공포, 공산주의자라는 낙인에 대한 공포는 정치문화의 한 내재적 일부분으로 자리 잡게 되었다. 전쟁의 경험과 고통은 이제 언어를 통제하고 공통의 언술체계를 통제하며 보다 직접적이고 현실적인 반공주의적 세계관을 재생산하는 이데올로기적 국가기구에 의해 취합되고 표출되기에 이르렀다. 즉, 전쟁에 의해 정치지형은 재배치되었고, 반공은 시민사회에 대하여 헤게모니적 효능을 가질 수 있게 되었으며, 국가는 고갈되지 않는 정당성의 자원으로 반공이나 국가안보의 이데올로기를 사용할 수 있게 되었다.4)

소련을 대상으로 했던 반공주의는 2차 대전이 끝나고 냉전체제가 구축되면서 범사회주의권을 대상으로 그 외연이 확장되었다. 전체주의론(totalitarianism)에 근거해 '서구와 동구' 또는 '자유세계와 전체주의'라는 대칭적 개념이 도입되었다.5) 다른 한편으로 반공주의는 서구 국가들 내부에서도 체제를 정당화하고 다양한 정치세력들을 하나로 묶는 통합의 이데올로기로서 기능하였다. 반공주의는 1950년대 미국의 매카시즘에서 볼 수 있듯이 '내부의 전복'으로부터 국가와 '국가적인 것'을 지키거나 제3세계에서 민족해방운동을 억압하는 데 동원되기도 하였다. 냉전 시기에 미국은 전 세계적 차원에서 반공주의를 생산하고 확대·유지하는 구심력으로 작용하였다. 이러한 역사적 사실은 반공주의가 다음과 같은 특징을 지니는 개념이라는 것을 잘 보여준다.

첫째, 반공주의는 이를 내세운 행위자와 이들이 속한 지역과 국가에 따라 매우 복잡한 모습을 띠고 나타났다. 둘째, 반공주의는 무엇을 지향하는 것이 아니라 무엇에 대항하여 이질적이거나 심지어는 서로 대립되는 것을 한데 모으는 '부정적 결집정책 (negative Sammlungspolitik)'의 소산이라 할 수 있다. 내부적 필요에 따라 강도가 증가할수록 반공주의는 '적의 이미지(Feindbild)'를 과장하고 확대하며, 시민사회의 다양한 갈등을 '과잉정치화 (Überpolitisierung)'하는 현상을 동반하는 경향을 보인다.6)

그 결과 시민사회의 다양한 행위자들, 특히 좌파 성향의 개인과 집단들의 이익결집과 표출은 억압되었다. 요약하면, 반공주의는 내외부의 반대세력의 압력에 직면한 특정 정치세력이 기존 체제와 질서를 정당화하고 정권을 강화할 목적으로 채택한 정당화의 이데올로기이자 메커니즘이라 할 수 있다. 이 과정에서 공산주의의 위협에 처한 국가의 안보를 지킨다는 점이 강조되며, 반대세력이 공산주의자로 낙인찍혀 배제되고, 국민들의 일상생활까지 통제되는 일도 흔하다. 한국의 반공주의는 공산주의에 대해 적대적이고 배타적인 논리와 정서를 의미한다.

그중에서도 북한 공산주의체제 및 정권을 절대적인 '악'과 위협으로 규정하고 그것의 철저한 제거 혹은 붕괴를 전제하며, 아울러 한국 내부의 좌파적 경향에 대한 적대적 억압을 내포하고 있는 개념이다. 따라서 그것은 공산주의에 대한 비판적 태도나 부정적 반응과는 차원을 달리하는 것으로 '가치판단에 일체의 사실판단을 종속시키는' '격렬한 정서의 이념적 판단'이라 할 수 있다. 또한 한국의 반공주의가 서구나 제3세계의 반공주의와 다른 점은 사상과 표현의 자유와 같은 기본권을 철저히 억압한 것이었다. 즉, 모든 형태의 좌파적 사유는 금기이고 그것의 표출 역시 법적·사회적 탄압의 대상이 되었다.[7]

이를 강제한 것은 국가였다. 분단체제하에서 기형적으로 형성되고 발전한 국가는 시민사회 내의 다양한 의견표명과 집합행동을 국가안보와 경제발전이라는 명분으로 억압하였다. 문제는 극소수의 공산주의자나 친북세력뿐만 아니라 정부에 비판적인 견해를 지닌 인사들까지도 '빨갱이'로 낙인을 찍은 후 정상적인 사회활동을 하지 못하도록 압력을 가한 것이었다. 그 누구라도 국가에 의해 '사회적 배제'의 대상으로 전락될 수 있었다. 다른 국가권력으로부터 독립되어 국가구성원인 국민의 기본권을 지키는 최후의 보루가 되어야 하는 사법부는 '권력의 하수인'으로 전락했고, 최고법인 헌법의 조문들은 너무나 쉽게 무시되었다. 이 과정에서 인권과 민주주의는 한국 사회에 제대로 뿌리내릴 수 없었다. 국가가 구성원들에게 행하는 폭력은 단지 신체적인 위해라는 직접적인 폭력에만 그치지 않았다. 분단이 오래 지속되면서 많은 한국인들은 사회의 모든 영역에서 습관적으로 비민주적인 제도나 관행을 받아들이고 긍정하도록 만드는 일종의 '상징폭력'8)에도 익숙하게 되었다.

반공주의가 위력을 발휘한 대표적 사례로 꼽히는 것이 미국의 매카시즘(McCarthyism) 광풍이다. 이는 냉전 초기 미 하원의 비미활동조사위(HUAC: House Un-American Activities Committee)를 중심으로 전개된 공산주의자 적발 소동을 가리킨다. 그 핵심적 내용은 '빨갱이를 색출하고 추방(Red Purge)'하는 것이었다. 이는 1950년 2월 공화당의 조지프 레이먼드 매카시(Joseph Raymond McCarthy) 상원의원이 별다른 근거 없이 국무성 안에 205명의 공산주의자가 있다고 한 폭로가 발단이 되었다. 당시 그는 경력 위조와 명예 훼손, 금품 수수, 음주 추태로 위기에 몰려있었다. 매카시는 반대파 정치인, 복지정책 지지자, 할리우드와 방송계 인사를 무차별적으로 공격했다. 경색된 반공노선인 매카시즘의 대두 배경으로는 1949년 중화인민공화국의 등장, 소련의 원자폭탄 실험과 중부유럽·동아시아에서의 공산주의 영향력 증대, 그리고 당시 미국을 휩쓸던 제노포비아(외국인 혐오증) 등을 들 수 있다.

나중에 판결이 번복되고, 불법절차로 인정되었지만 당시에는 수백 명이 투옥되고 1만 명이 넘는 사람들이 직장에서 쫓겨났다. 영화계에서는 300여 명 이상이 블랙리스트에 올랐다. 영화배우인 찰리 채플린은 1952년 FBI로부터 입국을 거부당하게 된다. 매카시즘은 매카시가 육군 고위 장교들까지 매도하면서 의회청문회가 개최되는 것을 기점으로 쇠퇴하게 된다. 이를 중계한 언론도 이전의 선동에 앞장서던 데서 비판적 태도로 돌아서게 되었고, 매카시를 두둔하던 공화당의원들도 피로감을 느끼기 시작하였다. 1954년 상원의 비난결의안과 의원직 박탈로 현대판 마녀사냥은 끝나게 된다.

미국에서 공포를 조장하고 테러를 양산하는 한편 이를 적극적으로 활용한 국가기구는 FBI였다. 1938년 설립된 '비미활동위원회'를 비롯, 상원 국내안보소위, 정부활동위원회조사상설소위 등 다양한 의회와 정부 위원회의 배후에서 작동한 공포 시스템의 중추는 대개 FBI였다. 영국 에든버러대학의 미국사학자 로드리 제프리스 존스(Rhodri Jeffreys-Jones)는 FBI가 사실상 독립한 1908년을 기점으로 조직의 기원적 성격이 변질되기 시작했다고 평가한다. FBI의 지향이 미국 사회 안전과 민주주의 수호가 아니라 정권의 안정, FBI 정보 권력 자체의 강화로 기울기 시작했다는 것이다. 1924~72년의 근 반 세기 동안 조직을 이끈 존 에드거 후버(J. Edgar Hoover)는 정치권력 위에 군림하는 정보 권력의 지배자가 되고자 했다. 그 목적을 위해 테러(공포)를 진압하는 한편 테러를 양산하고 적극적으로 활용했다고 지적한다. 동성애자를 억압하기 위한 '라벤더' 공포, 좌파·자유주의자를 겨냥한 '적색' 공포, 시민권 운동을 짓밟기 위한 '흑색' 공포가 바로 그것이다.

후버는 직속상관이던 법무부장관과 대통령 부인(엘리노어 루스벨트)의 숙소까지 도청해 캐낸 정보들을 선별적으로 누설하면서 반FBI 정치인·인권운동가들을 견제했고, 33만여 쪽에 달했다는 유력 정치인들의 성 사생활 정보를 야비하게 활용했다. FBI

가 거물 관료·정치인만 사찰한 건 아니었다. "1953년 1월 FBI는 유급 정보원 5,000명으로 시민 600만 명을 조사했다. 비상시 구금시킬 강경파 2만 6,000명의 명단을 작성했고, 그들의 고용주들에게 은밀히 그 사실을 귀띔했다. 표면적으로 드러나지 않은 테러가 미국 전역에 퍼져 나갔다. 수백만 명의 시민들이 스스로를 보호하기 위해 이웃이나 동료들을 밀고했으며 적어도 겉으로는 자유라는 명분을 내세우며 불관용의 원칙에 동조했다.[9]

한국 사회에서 반공주의는 일상적 사고의 영역에 깊숙이 침투해 사상적 획일성과 명확성, 군사동원주의적 심리, 배타적·감시자적 태도, 반정치적·일원주의적 질서, 도덕주의 등을 형성시켰다. 반공주의적 회로판을 통해 평상시에 작동하는 자기 감시와 처벌의 일상적 사고체계는 한국 사회의 모든 영역에서 정치사회적·문화적 상상력을 좁은 틀에 억제하며 열린 사회로 가는 길을 가로막는 역할을 담당하였다. 반공회로판에 고착된 사회구성원들의 언어는 그것에 기초한 수구적 질서를 생산·재생산하고, 반공 담론이 만들어 낸 회로판을 통하여 학교에서, 회사에서, 길거리에서 동질적 세계관을 가동시켰다.[10]

한국 사회와 반공주의

한국에서 반공주의는 지배집단의 차원에서나 피지배집단의 차원에서 모두 '생존의 논리'였다. 해방 이후 지배집단은 사회적 기반을 갖지 못했기 때문에 자신들의 정치적 생존을 위해 반공주의를 지속적으로 재생산할 수밖에 없었으며, 피지배집단은 육체적·사회적 생존을 위해 반공주의를 수용할 수밖에 없었다. 즉,

반공주의는 생존을 위해 위로부터 강요된 것이기도 하면서 동시에 아래로부터 수용된 것이다.11) 그러나 한국에서 반공주의는 독자적이고 체계적인 이데올로기나 사상을 가지지 못했다. 반공주의는 시대에 따라 변했으며, 다양한 이데올로기와 접합되었다. 지배의 재생산을 위해 민족주의, 권위주의, 발전주의, 친미주의 등의 다른 이데올로기와 접합해 때론 억압의 수단으로 때론 동원의 수단으로 활용되었다. 그런 점에서 반공주의는 위로부터의 강압과 아래로부터의 생존욕구의 결합의 결과인 동시에 그러한 결합을 통해 지속적으로 만들어지는 새로운 구조이며 행위논리이다.12)

한국 개신교는 반공주의를 먹고 자랐다. 한국 개신교에 반공주의의 싹이 뿌려진 것은 일제 식민지 시기다. 시기적으로는 1920년대에 마르크스주의가 국내로 유입되면서 개신교의 반공주의가 시작되었다. 당시 대부분의 한국 개신교인은 마르크스주의에 시종일관 적대적이었다. 여기에는 두 가지 요인이 작용했다.

첫째, 선교사들에 보였던 마르크스주의에 대한 반감을 들 수 있다. 대체로 영미권의 중산층 출신이던 당시 선교사들은 북미와 유럽 중산층의 자본주의적-시장경제적 가치관을 공유하고 있었다. 더구나 선교사들은 어렸을 적부터 중산층 주류교회에서 자란 사람들로, 무신론과 유물론에 대한 영미권 주류 개신교의 뿌리 깊은 반감을 갖고 있었다.

둘째, 마르크스주의를 체제 위협적 요소로 여겨 철저하게 탄압하고 반공을 교육했던 일본의 정책이다. 일제는 1920년대 중반부터 한국에서 마르크스주의에 영향을 받은 민족·민중운동이 활발하게 나타나자 이를 저지하기 위해 강력한 반공주의 정책을 펼쳤다. 일본 식민지배자들은 각 교회도 여기에 협조하도록 요구했는데, 반공주의는 양쪽의 이해관계가 일치하는 지점 가운데 하나였다. 대표적인 예가 총독 사이토 마코토(齊藤實)가 미국에서 활발하게 반공주의 운동을 벌이던 조지 매큔(George S. McCune)을 초청한 일이다.[13] 1932년 9월 예수교연합공의회 제9회 총회에서 발표된 12개조의 '사회신조'에는 "일체의 유물교육 유물사상 계급적 투쟁 혁명수단에 의한 사회개조와 반동적 탄압에 반대"한다는 문구가 들어 있다. 강인철 교수는 『한국의 개신교와 반공주의』에서 "1930년대 초에 사회교리라는 형식으로 반공주의를 교리의 수준으로 끌어올림으로써 개신교 '전체'가 반공주의로 정리된 셈"이라고 평가했다.[14]

전쟁은 한국 개신교의 반공주의에 불을 붙였다. 한국 개신교의 반공주의를 주도한 것은 월남 개신교인들이었다. 이들은 전쟁에 적극 개입했다. 전쟁 발발 이틀날인 1950년 6월 26일 서울에서는 '대한기독교구제회'가 조직됐다. 이 단체 회장은 이북신도대표회 대표인 한경직 목사였다. 한 목사는 같은 해 7월 3일 대전에서 창립한 '대한기독교구국회' 회장도 겸했다. 구국회 실무자들인 황금천·이응화·김성준 목사도 이북신도대표회의 핵심 회원들이었다. 구국회는 남한 30개 도시에 지회를 설치하고 정부와 긴밀하게 협력했다. 구국회는 약 600명 규모의 '선무공작대'를 운영했다. 서울 수복 후에는 인원이 더욱 늘어 1,000여 명의 선무공작 대원들이 북한 점령 지역에 파견됐다. 구국회는 3,000여 명의 '기독교 의용대'를 모집하기도 했다. 의용대는 실제 전투에도 참가했다. 전쟁을 대하는 개신교 교단의 의지는 결연했다.

1950년 12월 17일 대한예수교 각 교파 연합신도대회에서 채택된 메시지를 보자. 개신교인들은 유엔 사무총장, 해리 트루먼 대통령, 더글러스 맥아더 사령관 앞으로 보내는 이 메시지에서 "(한국전쟁은) 세계 민주주의 자유 국가들과 공산독재 국가들과의 양진영 사이에 필연적으로 일어날 최후 결전의 전초전"이라면서 "정당한 이유인 한 우리 백만 신도는 즐겨 민족의 선두에 서서 희생의 첫 열매가 될 것을 굳이 약속하는 바"라고 선언했다. 문제는 이러한 '결연한 의지'가 타협의 여지가 없는 선악 이분법에 기초하고 있었다는 점이다. 개신교는 개신교 근본주의의 논리를 전쟁에 곧바로 대입해 '공산주의=사탄'이라는 등식을 고착화시켰다. 강인철 교수는 이를 두고 "반공담론 자체가 '구원론'의 일부로 발전해 갔다"고 지적했다.[15]

극단적인 반공주의와 기독교 근본주의는 서로 통하는 점이 많다. 이승만의 반공주의나 자유를 맹목적으로 옹호했던 가장 중요한 반공 세력은 앞서 말한 월남자들, 특히 월남 개신교 신자들이었다. 일제에 순응하고 자본주의적·비민중적이었던 북의 교회는 반봉건·반제국주의를 표방한 북한 정권의 주도세력인 마르크스주의자들과 충돌했다. 이들 다수는 미국과 자본주의가 지배하는 남쪽으로 '대탈출'을 감행했다. 이렇게 남쪽으로 내려온 개신교인들은 미군정과 이승만을 지지하면서 특혜에 가까운 여러 가지 혜택을 누렸다. 이들이 주도한 교회는 남한에서도 반공과 친미를 대표하는 집단이 되었다.

지도자들은 반공주의를 신학화하여 북의 사회주의 정권을 종말론적 적그리스도라고 단정했다.[16] 기독교인들은 공산주의를 요한계시록에 나오는 '괴물', '악마', '붉은 용' 등으로 묘사했다. 전쟁을 겪으면서 공산주의는 사탄이라는 생각이 일반화되었으며, 기독교 구원 사상과 선민의식은 한국이 세계 반공전선 최전방에 서서 사탄을 물리칠 임무를 부여받았다는 허황된 원리와 결합됐다.[17] 반공주의를 종말론 신학과 연결시킨 일부 교회 지도자들은 한국전쟁 이전부터 '북진통일'을 주장해 반공·멸공의 선봉에 섰으며, 전쟁 중에는 휴전을 끝까지 반대했다. 남한의 기독교인들은 신학적 진보나 보수를 불문하고 모두 철저한 반공주의자가 되었다.[18]

반공주의는 친미주의, 일민주의 등과 더불어 근현대정치사에 뚜렷한 족적을 남긴 정치가인 이승만의 정치적 삶을 평가하는데 있어 핵심적인 이데올로기이다. 이승만은 청년기부터 제정러시아를 아직도 전제정치를 펴고 있는 후진국이며 조선에 침략 야욕을 가진 위험한 이웃으로 인식하였다. 1917년 러시아 혁명 후에 그는 공산주의자들과는 대화와 타협이 불가능하다는 완고한 반공주의자로 변화한다. 그는 공산주의를 "원래 자유롭게 되기를 원하는 인간의 본성을 거역해가며 국민을 지배하려는 사상 체계"라며 이에 입각한 정치는 반드시 실패한다고 주장했다. 이 같은 그의 공산주의 인식은 그가 개신교도였다는 점에서 초래된 것이기도 하다. 개신교 전체가 1930년대 초에 사회교리라는 형식으로 반공주의를 교리의 수준으로 끌어올렸고 해방 직후에는 북한 정권과 충돌하고 월남한 교계 지도자들에 의해 경직된 형태의 반공주의로 나타나게 된다.[19]

해방 후 귀국한 이승만은 김구, 김규식 등과 함께 신탁통치 반대운동을 지도하게 된다. 이승만은 찬탁으로 돌아선 공산당을 매국노라고 단정하고 공산당과의 일체 타협을 거부하였다. 정부 수립 방법으로 그는 남한 단독정부 수립을 지지하고 추진했다. 1946년 5월 이른바 '목포 발언'에는 공산주의에 대한 그의 완고한 자세가 잘 드러나 있다. "공산주의자는 소련으로 보내야 한다. 가족의 일원이라도 거부하라. 공산주의자는 파괴주의자이므로 전부 체포할 것이다. 미소공동위원회가 결렬되면 남조선에 단독정부를 세워 3.8선을 깨트리고 소련군을 내어 쫓고 북조선을 차지할 것이다." 경직된 반공주의는 '하나의 백성'으로서 함께 민주주의를 지향하고 공산주의를 배척하자는 일민주의를 제창하는 것으로 연결되었다.

1945년 8월 15일 일왕 히로히토가 항복하면서 일제는 패망했다. 한국인들은 차별과 수탈이 만연하던 식민지배가 끝나고 드디어 고대하던 해방이 온 것으로 생각했다. 수많은 사람들이 거리로 쏟아져 나와 해방의 감격을 만끽했고, 서대문형무소에 수감되어 있던 정치범들 역시 여운형의 교섭으로 모두 풀려났다. 자주적인 국가를 수립하려는 움직임도 본격화되어서 일종의 민중 자치 기관이라 할 수 있는 각종 자생적 위원회들이 우후죽순으로 생겨나 활동을 시작했다. 그러나 한반도에서 하나의 독립된 국가를 수립하려는 한국인들의 움직임은 외세인 미국과 소련에 의해 한반도가 분단되면서 실패로 끝났다. 2차 대전 종전을 앞두고 미국 군부의 정책 브레인들이 한반도 분할안을 제출했을 때 가장 중요하게 고려한 사항은 소련의 남진을 최소화하면서 미국의 이익을 최대화할 수 있는 절충 가능한 타협점을 찾는 것이었다.[20]

1945년 2월 개최된 얄타 회담(Yalta Conference)은 추축국이 지배했던 지역을 해방하고 '자유롭고 방해받지 않는 선거'를 포함해 민주주의 원리를 승인한 전시 회담이었다. 그러나 일제의 식민지였던 한반도에서 연합국 대표들이 합의했던 얄타정신은 그대로 실현되지 않았다. 한반도를 분할 점령한 소련과 미국은 민주주의보다는 자국의 이익을 우선시했다. 한국인들에게 끔찍한 고통을 주었던 식민지배체제는 해방 이후에도 제대로 청산되지 않았고, 식민지의 지배동맹은 그대로 온존되었다. 식민국가와 지배동맹의 핵심파트너였던 대지주는 국가의 보호 아래 강압력을 사용해 농민계급을 수탈하고 착취하였다. 자본가와 더불어 대지주들은 자율성을 지니지 못한 채 식민국가에 수직적으로 통합되어 있었다.[21] 이런 현실은 해방 공간에서 사회주의자들이 농민들을 동원해 저항행동에 나서게 되는 구조적 배경이 되었다.

해방 공간의 권력관계가 크게 혁명과 반혁명으로 나뉠 때 당시 인구의 대다수를 차지하던 농민들은 자신의 경제적 처지뿐만 아니라 사회적 지위를 개선하리라고 기대되는 혁명진영에 가담하였다.[22] 특히, 무상몰수, 무상분배의 토지개혁을 주장한 것은 많은 소작인들이 사상이 뭔지도 모르고 좌익에 동조하고 가담하거나 입산해 빨치산이 되도록 이끌었다.[23] 이러한 변화는 해방 후 달라진 정치상황에서 재빠르게 친미세력으로 변신한 부일협력 세력의 이익을 위협하는 것이었다. 자신들의 기득권을 지키기 위해서는 이들 혁명세력을 공격할 새로운 이데올로기가 필요했다. 여기에 가장 잘 부합한 것이 바로 반공주의였다.

1945년 9월 7일 미육군 태평양 방면 총사령관인 더글러스 맥아더(Douglas MacArthur)는 미군정의 통치에 대한 포고령 1호를 발표하였다. 포고령에는 맥아더 휘하의 군대가 금일 북위 38도 이남의 조선영토를 점령하며, 이 영토와 조선인민에 대한 정부의 모든 권한은 당분간 그의 관할을 받는다고 되어 있다. 모든 사람은 급속히 그의 모든 명령에 복종해야 한다는 것이다.

이어서 정부 공공단체에 종사하는 자, 즉 일제강점기 당시 활동하던 행정기관원에게 계속 집무할 것을 명령하였다. 맥아더의 포고령을 비롯해 주한 미군정 사령관 하지(John R. Hodge) 중장의 포고문(9월 2일), 미군정 장관 아놀드 소장의 성명서(10월 10일), 국무성·육군성·해군성 조정위원회의 '초기 기본 지시(10월

13일 작성, 10월 17일 맥아더에게 전송)' 등에는 한반도의 38선 이남 지역에서 미군정이 배타적 통치권을 행사하며, 미군정 외의 어떤 형태의 정부도 인정하지 않겠다는 것을 명확히 밝혔다. 그리고 미군정은 일제의 질서가 그대로 유지되기를 원했다. 이에 따라 일제강점기 군대, 경찰, 관료 조직에 있었던 인물들이 행정 실무 경험이 있다는 이유로 그대로 기용되었다. 대세에 적응하는데 탁월한 감각을 가진 부일협력 세력은 기득권을 지키기 위해 잽싸게 친미·보수·반공 인사로 옷을 갈아입었다.

이들은 확고한 친미·반소의 입장을 취했고, 미국의 의중에 따라 공격적이고 비타협적인 반공주의 노선을 내세웠다. 일제하에서 민족적 자존심을 팽개치고 침략전쟁에 부역했던 과거는 분명히 수치스러운 것이었고 그 일부는 분명 그렇게 생각했지만, 그들은 그 수치심을 좌파세력에 대한 공격성으로 바꿨다. 누구보다도 앞에 서서 친미·반공주의를 내세운 대표적인 정치 지도자는 이승만이었다. 오랜 세월 미국에서 자유주의와 반공주의 사상을 몸에 익힌 이승만은 해방 이전부터 일제가 물러간 조선에 공산주의 세력이 영향을 미칠 것을 우려했다. 그래서 그는 우익인 중국의 임시정부를 지지했다. 귀국 후에는 자신의 미국 인맥, 기독교 인사, 식민지에서 군·관료·경찰 하수인 역할을 했던 사람들과 손을 잡았으며, 극히 평판이 좋지 않은 친일 기업가들로부터 정치자금을 받았다.[24]

입법·사법·행정을 장악한 미군정은 남한 정치세력의 판도에 가장 결정적인 영향을 미쳤다. 한반도의 38선 이남 지역에서 미군정이 펼친 정책은 일본에서 펼친 정책과 달랐다. 일본에서는 군사적으로 점령하되 직접 통치하지는 않고 기존의 정부형태를 인정하고 간접점령을 실시했다. 개혁을 목표로 한 점령정책

덕분에 처음으로 공산당이 합법화되어 정당정치 활동을 할 수 있게 되었다. 반면에 남한에서는 조선인 대표를 선출하지 않고 직접 통치했을 뿐만 아니라, 오히려 식민지시대의 통치 질서를 그대로 유지하는 데 치중했다. 이는 철두철미한 군정을 의미하는 것이었다. 급작스럽게 한반도 점령 부대로 결정된 존 하지 중장이 이끄는 24군단은 한반도의 현지 사정에 어두웠다. 그렇다 보니 필요한 정보를 조선 주둔 일본군 제17방면군에게서 주로 얻었다. 제17방면군은 소련의 남진 및 38선 이남 단독 점령 가능성을 부각하는 한편, 한국인 공산주의자들의 폭동, 약탈을 반복적으로 강조했다. 이런 왜곡된 정보는 미 24군단의 초기 점령 정책에 큰 영향을 미쳤다고 평가된다.

그 결과 미군정은 해방 직후 전국 각지에서 자발적으로 생겨나 실질적인 통치기능을 담당하던 인민위원회와 정치적 공백 상태로 인한 혼란을 수습하고 치안 확보와 개인의 생명·재산 보호를 위해 여운형이 조직한 임시경찰기구인 치안대와 같은 자치기구의 존재를 부정하고 탄압을 가했다. 대신 미군정은 일본의 식민지 통치체제가 남한을 효율적으로 지배하는 데 매우 적합하다고 판단하고, 그 통치기구와 조선인 관리들을 그대로 인계받아 통치했다. 당시 수도경찰청장 장택상은 조선인 항일운동가를 체포·고문하는 일로 악명이 높았던 경찰 간부들을 적극적으로 기용했다.

미군정은 항일운동 경력이 있는 민족주의자들을 사실상 좌익으로 간주했다. 자신들의 통치에 순응하지 않는 좌익과 민족주의 세력보다는 '행정기술'을 가진 일제의 관리들을 유임시켰다. … 남한 사정도 모르고 행정 훈련도 받지 않은 채 갑자기 남조선 통치를 맡게 된 미군정 장교들은 반공·반소 입장이 확고한 일제

경찰이나 군 출신자들을 이용할 가치가 있다고 판단했다. 미본국의 삼부조정위원회는 도쿄의 맥아더 행정부가 친일경력이 있는 관리를 기용하는 대조선정책을 비판하며 우려를 표했다. 이런 모습을 보고 1946년 남한을 방문한 『시카고선』지의 기자 마크 게인은 "개혁과 복구에 대한 열망보다도 공산주의에 대한 공포가 미군의 조선 정책의 확고한 기반이 되어 있음을 발견했다"고 토로할 정도였다.[25]

　　부일 협력자들은 자신의 돈과 지위만 보전할 수 있다면 일본의 지배가 계속되어도 좋다고 생각했던 사람들이기 때문에 분단이나 새로운 외세 지배를 거부할 이유가 없었고, 이승만은 그들의 이익을 옹호하는 가장 믿음직한 우군이었다. 친일에서 친미로 이어지는 세력이 들어선 가운데 분단은 고착화됐고, 한국은 반공 국가로 나아갔다. 월남한 기독교인들은 기독교 팽창의 주역으로 활동하면서 반공을 선두에서 이끌었다. 공산주의와 기독교는 물과 기름처럼 섞일 수 없다'고 본 기독교인과 교회는 반공주의의 가장 중요한 보루였다. 한국 기독교에서 극우 반공주의가 신앙처럼 자리 잡자, 교회에 나가거나 기독교 신자가 되는 것은 반공주의의 징표가 됐다. 반공을 국시로 내건 군사정권은 조국 근대화를 강조하며 상당한 성과를 거뒀으나 노동자의 희생을 바탕으로 했다. 반공체제 수립으로 사회주의 정당은 물론 노조 활동도 완전히 통제된 사실상의 우익 독재체제였다. 이런 상황에서 노동자들은 정부와 사용자에게 일방적으로 복종하지 않을 수 없었다. 국가는 반공 이데올로기와 법, 제도 등을 통해 노동자들의 권리 주장을 제압할 수 있었다.[26]

　　해방 후 남한 사회에서 반공주의가 지배 이데올로기로 착근되는 계기가 되었던 것은 4·3사건과 여순사건이었다. 세계적 규모에서 냉전이 본격화되면서 미군정은 한반도의 남쪽을 반공기지의 전선으로 삼고 이에 걸맞은 강력한 반공주의 노선을 구사하였다. 이때 발발한 제주 4·3사건과 여순사건은 남한 반공체제의 기본적인 구조와 작동 원리를 틀 지웠다. 여순사건은 1948년 10월 19일 4·3사건 진압을 위해 전남 여수에 주둔 중이던 국방경비대 14연대 군인들이 제주 출병을 거부하며 일으킨 무장반란이었다. 반란을 진압하기 위해 전체 군병력의 4분의 1가량을 동원했고 미군의 도움으로 가까스로 진압한 여순사건은 한국전쟁으로 향하는 1948년의 동력학을 만들어냈다고 지적된다. 좌파 세력이 일으킨 일련의 폭력 사태는 한국 정부의 존립을 위태롭게 했고 그 결과 증오와 폭력을 기초로 한 적대 의식이 생겨났다.[27]

단지 공산주의자들의 난동이 아니었음에도 불구하고, 이승만 정권은 여순사건을 북한의 사주를 받은 공산주의자들의 반란으로 규정했다. 사건 직후 국가보안법이 제정되었고, 국가폭력 기구가 대대적으로 정비됐다. 국군은 좌익세력을 척결하는 숙군을 통해 반공 군대로 '정화'되었고, 당시 가장 강력한 반공조직이었던 경찰은[28] 인력을 대폭 확충해 국민의 사회생활 속을 파고들었다. 이승만 정권은 난립되어 있던 여러 청년단체들을 '대한청년단'으로 통합하여 군대 및 경찰과 유기적 관련 속에 둠으로써 국가기구를 보강하고자 했다. 교육계에도 숙청의 바람이 몰아쳐 좌익 교사와 학생이 축출되었으며, 군사조직과 군사문화를 학교에 전파하는 학도호국단이 창설되었다. 대통령-문교부-학장, 교장 계통으로 명령체계를 갖춘 학도호국단은 이승만 정권이 전국의 학교와 학생에게 반공주의를 주입하는 통로였다. 학도호국단을 통해 군사훈련과 반공교육이 실시되었고, 학생들은 각종 관제 반공궐기대회와 징병제 축하대회, 이승만 대통령 탄신 경축식 등에 동원되었다. 학도호국단체제는 1980년대까지 명맥을 유지하면서 반공주의를 교육하고 학생들의 신체를 동원하는 데 사용되었다.29)

여순사건과 이승만 반공체제의 구축 과정에 대해서는 김득중의 『'빨갱이'의 탄생: 여순사건과 반공 국가의 형성』이 자세하게 다루고 있다. 여순사건은 대한민국을 반공사회로 만들어가는 과정에서 주요한 경험과 근거로 작용했고, 이후 지속되는 남한 반공체제의 기본적인 구조와 작동 원리를 제시했다30)는 점에서 중요하다. 저자는 한 일간지와의 인터뷰에서 여순사건의 핵심적 의미를 '대한민국 국민 만들기,' 즉 출범 두 달을 갓 넘긴 이승만 정부에 '대한민국 국민의 자격 조건'을 심사하는 계기를 제공한 데 있다고 지적한다.31) 이승만 정부한테 비국민은 바로 '빨갱이' 였다는 것이다. 그런데 한국 사회에서 '빨갱이'란 단어는 여순사건을 겪으면서 단지 공산주의 이념을 가지고 있는 사람을 지칭하는 것이 아니라 짐승만도 못한 존재, 도덕적으로 파탄 난 비인간적 존재, 국민과 민족을 배신한 존재를 천하게 이르는 말이 되었다고 한다.

"빨갱이란 말은 일제 때부터 있었고, 해방공간에서도 공산주의자를 지칭하는 용어로 빈번하게 사용됐어요. 그런데 여순사건을 거치며 그 의미가 변합니다. 단순히 공산주의 사상을 가진 자가 아니라 '양민을 학살하는 살인마' '같은 하늘 아래서 살지 못하는 인간 이하의 존재'라는 악마성을 획득하게 된 것이죠. 부역자 색출 작업이 벌어진 학교 운동장은 양민과 빨갱이, 인간과 비인간, 국민과 비국민을 준별하는 공간이었던 겁니다 … 여수지역사회연구소 조사를 보면, 전체 희생자 1만여 명 가운데 95%가 국군과 경찰에 의해 죽었습니다. 지방 좌익과 반군이 죽인 사람은 500명 정도예요. 그리고 행위의 정당성 여부를 떠나 좌익의 학살은 표적이 분명했습니다. 친일 경찰과 한민당 세력, 좌익 탄압에 앞장섰던 청년단원들이었지요. 그런데 우익은 달랐어요. 반란을 일으킨 14연대 군인들과 반군 점령기에 인민위원회 활동을 한 남로당원뿐 아니라 그들에게 밥 해준 사람, 분위기에 휩쓸려 부화뇌동한 학생, 반군이 남기고 간 소지품을 갖고 있는 모든 사람이 변변한 자기변론의 기회조차 얻지 못한 채 살해당했습니다. 복수심 때문이라고 보기엔 정도가 지나쳤습니다."[32]

여순사건을 거치면서 없애야 할 '타자'로 위치 지워진 '빨갱이'란 단어에는 '살인마' '도덕적 파탄자' '민족반역자' '비인간'과 같은 온갖 부정적인 이미지가 덧씌워졌다. 이런 '빨갱이 만들기'에는 언론과 문인들의 역할이 컸다. 당시 신문들은 정보 획득의 통로가 제한된 상황에서 정부와 진압군의 발표 내용, 시중에 떠도는 소문들을 여과 없이 보도했고, 시찰단 자격으로 현지를 방문한 시인과 소설가들 역시 공산주의자의 비인간적 잔인성을 부각시키는 글을 경쟁적으로 발표했다. 문자와 사진으로 전달된 여순사건은 대다수 사람들에게 그 자체가 사실이자 진실로 받아들여졌지만, 신문은 반공주의라는 자신의 의제에 부합하는 부분만 보도했을 따름이었다.[33]

이제 대한민국 국민이 되려면 노골적인 적대의식으로 가득찬 반공의식으로 무장해야 했다. 그리고 이에 그치지 않고 '빨갱이'를 비난하고 없애는 일에 수단과 방법을 가리지 않고 적극적으로 나서는 모습을 보여야 '정상적' 국민으로 인정을 받을 수 있었다. 이렇게 내면화한 반공국민의 논리는 그 후 지배 권력이 위기를 맞을 때마다 반대세력을 '친북좌파'로 호명하고 '내부의 적'으로 배제해야 된다는 색깔론을 동원하게 했다.

> "이승만 정권은 공산주의자에 대한 이미지를 여순사건을
> 진압하고 사건의 의미를 되새기는 과정에서 구체화하였다.
> 이제 공산주의자는 맞서서 전멸시켜야 하는 '타자'로 위치 지
> 워졌다. 공산주의자에 대한 적대의식은 공산집단의 구성원
> 을 자신들과는 본질적으로 다른 존재로 끊임없이 구분함으
> 로써 가능했다. 여순사건의 홍역을 치룬 이승만 정권은 좌익
> 세력의 폭력과 비인간성을 강조하면서 좌익세력을 짐승, 비
> 인간, 악마로 간주하였다. 이제 남한에서 공산주의자는 공간
> 적으로나 심리적으로 외부의 집단으로 위치 지워졌으며, 위협
> 과 적의를 제공하는 주체로 부각되었다. 공산주의자를 악마
> 로 규정하고 비국민으로 간주하는 작업은 이승만 정권이 '반
> 공 국민'의 정체성을 형성해나가는 작업과 맞물려 있었다."[34]

1950년대 반공 이데올로기를 대표하는 두 가지 슬로건은 '멸
공'과 '북진통일'이었다. 전자는 공산주의를 한반도에서 완전히
박멸하겠다는 것이고, 후자는 군대를 동원해 북한으로 올라가 통
일을 이룩하겠다는 것이었다. 이승만 정권의 반공주의는 두 가지
를 배경으로 한 것이다. 하나는 1945년 12월부터 시작된 반탁운
동이고 다른 하나는 한국전쟁이다. 1945년 12월 모스크바에서
결정된 '조선 문제에 관한 3상회의 결정서'에 대한 반대운동은
'소련이 신탁통치를 추진'했다는 주장과 맞물리면서 반공운동과
도 맞물렸으며, 이는 다시 소련의 지배에 반대하는 민족운동으로
규정되었다. 반탁운동 인사들이 주도했던 대한민국 정부의 수립
은 북한을 괴뢰정권으로 규정하고, 반공을 국시로 하는 체제를
만들어냈다.

한국전쟁은 공산주의자들을 '악'으로 규정할 수밖에 없는 상황을 만들었다. 전쟁을 먼저 시작한 것은 북한이었으나, 전쟁에 따른 피해는 쌍방 모두에게 무차별적으로 나타났다. 그럼에도 모든 피해는 소련의 조종을 받은 북한과 중국의 공산주의자들에 의해 발생된 것으로 규정되었다. 정전협정 이후 반공은 더는 설명이 필요 없는 너무나 당연한 사회규범이 되었다.[35]

한국전쟁을 통해 반공 이데올로기가 어떻게 남한의 시민사회에 확산·침투되고 내면화되었는가? 한국전쟁은 냉전이 초래한 정치적 효과를 극대화시켰다. 한국전쟁을 통해 세계적 차원의 냉전은 한반도 내로 내화됨과 동시에 세계화되었다. 즉, 국제적 관계가 남북한에 영향을 미침과 동시에 남북한은 상호영향을 미치면서 분단체제뿐 아니라 각 체제를 재생산하게 되었다.[36] 특히 한국전쟁은 국가·시민사회 관계에 있어서도 이후에 전개될 모든 갈등의 준거를 형성하는 결정적 사건이었다. 한국전쟁은 그전까지 이승만, 한민당 등 지배세력에 국한되어 있던 반공주의를 전쟁이란 '생생한 체험'과 '공포'를 배경으로 대다수 민중들에게 자발적 동의로 유도해낼 정도로 내재화시킬 수 있었고, 이에 따라 이후의 이데올로기 지형을 변화시킨 데 결정적인 역할을 수행했다.[37]

이에 대해 보다 자세한 것은 윤충로의『베트남과 한국의 반공독재국가형성사』에서 알 수 있다. 그의 주장을 정리하면 다음과 같다. 한국전쟁은 미국과 소련의 대립을 바탕으로 한 한반도 분단이 구조적 배경이었다. 여기에 혁명적 민족주의 세력과 분단 세력 간의 대립이라는 성격이 중첩된 것이 한국전쟁이었다. 전쟁 기간 이념적 적대와 결합된 광범위한 국가폭력과 학살이 발생했다. '국민보도연맹사건'에서 보듯이 전쟁 기간 남한에서는 단지 적을 이롭게 할 수 있다는 '가능성'만을 가지고 아주 짧은 기간에 대규모의 무차별적인 학살이 있었다. 이 사건에는 국가 안보를 위한 '예방적 학살'의 불가피성이 내세워졌다. 이승만 정권은 친일·우파를 중심으로 구성된 데서 '공권력의 테러화'가 아니면 국가권력을 유지하기 힘들었다. 특히, 친일파들에게 좌파 민족주의 세력과의 투쟁은 생존을 건 투쟁이었다.[38]

전쟁 기간에 국가가 추구하는 것은 대중들의 적극적·능동적 동의가 아니라 '저항의식의 무력화'와 '침묵'의 활성화라고 할 수 있는데 이는 지배 이데올로기의 침투를 용이하게 하는 토대가 되었다. 전쟁은 '요요(톱질·피스톤)전쟁'이라고 일컬어지는 전선의 전면적 이동과 교착·제한전쟁 과정으로 표현되는 전선전쟁으로 특징되었다. 전선의 요동에 따른 지배 주체와 객체의 급격한 변화는 대중들에게 특정 체제에 대한 소속감과 충성을 강제하였다. 특히 좌와 우, 남과 북 어느 쪽도 선택하지 못했던 사람들은 이념을 떠나 단지 생존을 위해 어려운 선택에 직면해야 했다. 남한에서는 서울을 탈환한 이후 기세가 등등해진 우익들이 "우리는 당분간 데모크라시고 무엇이고 다 집어치우고 가열(苛烈) 무자비한 숙청과 탄압이 있어야 할 것입니다"[39]라고 주장하는 상황에서 일반 대중들은 체제나 이데올로기적 선택을 유보할 수 없었다. 남한체제를 수용해야 할 압박은 1951년 하반기 전선이 교착되고, 후방의 '제2전선'에 대한 평정작업이 본격화되면서 더욱 강력해졌다.[40]

세계체제의 준주변부나 주변부에 위치해 있는 국가, 특히 경제 발전 수준이 낮고 사회 분열이 심각하며 후진적 정치 문화를 지닌 국가에서 정치적으로 독립된 군부가 집단적 이익을 위해 정치에 개입하는 경우 완고한 반공주의 형태를 띠기 쉽다. 대표적 사례가 그리스이다. 2차 대전 후 냉전이 시작된 이후 그리스의 지배 연합은 반공주의를 정당화의 이데올로기이자 메커니즘으로 동원하고 있었다. 이 때문에 1960년대 들어 선거 결과에 불만을 품은 군부가 공산주의자들의 음모를 명분으로 쿠데타를 감행할 수 있었다. '대령들의 정권'은 집권 기간 동안 반대 세력의 압력과 외부의 간섭에 반응해 더욱 권위주의적인 형태의 통치를 행했다.[41] 한국의 군부도 마찬가지였다.

한국군은 전쟁 전에 좌익 세력의 반란을 진압하는 작전에 투입되었고, 숙군이라는 이데올로기적 정지 작업을 하고 있었다. 이러한 가운데 수행된 전쟁은 군의 이념적 응집성과 충성도를 더욱 제고했다. 이념을 매개로 피비린내 나는 전쟁은 동족을 적과 아로 확연히 구분시키고 충성의 구획을 명확히 함으로써 군을 국민을 위한 군이 아니라 반공전사로서 재탄생시켰다. 시민들 역시 민간인 학살을 경험하면서 살아남기 위해 극도의 몸조심을 할 수박에 없었다. 이승만 정권을 다소라도 지지했던 사람들은 좌익을 사악하고 공존할 수 없는 대상으로 간주하게 되었고, 그렇지 않았던 대부분의 사람들은 '탈정치화'되거나 침묵할 수박에 없는 상황이 조성되었다. 그러나 탈정치화나 침묵의 기제 형성이 정권에 대한 정통성을 주체적으로 승인하는 것은 아니었다.[42]

1960년대 반공주의는 어떤 특징을 지닐까? 5·16 군부쿠데타를 통해 권력을 장악한 세력은 반공을 국시로 삼았으며 쿠데타의 명분으로 제시하였다. 박정희는 제1·2공화국의 반공주의를 형식적인 것으로 비판하고, 더욱 강력한 반공주의 정책을 구사해나갔다. 반공주의는 간접 침략론과 반공통일론 등의 하위논리체계에 기초하였다. 무엇보다 반공주의의 강조는 쿠데타 권력의 강화를 위한 긴요한 정치적 흥행장치였다. 쿠데타라는 급격한 정치 변동에 대한 국내외의 두려움이 반공주의 표방으로 인하여 진정되는 효과를 누린 점에서 안전장치이기도 하였다. 한편 박정희는 민주주의를 언급한 적이 별로 없었으며 성장과정에서 민주주의를 배울 기회도 없었다. 그는 한국에 맞는 민주주의를 강변하였는데 그것은 곧 민주주의에 대한 일정한 제어, 곧 쿠데타 등과 같은 방식의 불가피성을 강조하는 논리로 나타났다. 국민에 의한 민주주의의 진작보다 탁월한 지도자에 의한 사회발전을 꿈꾸었다. 결국 그의 반공주의 전략은 정권 안보의 틀 안에서 작동한 반면 민주주의 모색은 변용을 거듭하는 과정이었다.[43)]

반공주의와 한국 사회의 군사화

1960년대의 반공 이데올로기는 1950년대에 비해 진화한 모습을 보였다. 여기에는 1960년 초부터 본격적으로 국내에 소개되기 시작한 월트 W. 로스토(Walt W. Rostow)를 비롯한 미국 학자들의 근대화론이 있었다. 경제성장을 통해 개발도상국에서 공산주의의 확산을 막아야 한다는 로스토의 근대화론은 미국 정부 내에서뿐만 아니라 한국 내에서도 급속히 확산되었다. 박정희 정권뿐 아니라 지식인들 사이에서도 로스토의 근대화론은 반공을 위한 가장 중요한 이론적 근거가 되었다. 근대화론에 근거한 반공 이데올로기하에서 박정희 정권은 경제성장뿐 아니라 사회적·문화적 계몽운동을 추진했다. 이러한 반공주의는 일제강점기의 문화계몽운동뿐 아니라 로스토의 근대화론과 유사성을 갖고 있다는 점을 잘 보여준다. 그러나 일부 지식인들은 민주주

의와 민족주의에 근거해서 박 정권의 반공주의와 경직된 권위주의를 비판하게 된다.[44]

남한의 반공주의는 한국 사회의 군사화를 촉진시킨 비옥한 토양이었다. 군사화란 전쟁이 벌어지지 않는 상황에서 군사주의의 영향에 관심을 갖고 설명하기 위해서 만들어진 개념으로 이념 또는 가치체계로서의 군사주의의 일상화·사회화를 의미한다. 여기서 군사주의란 군대의 존재와 힘의 부여를 정당화하는 이데올로기를 가리킨다. 또한 효율적인 조직 운영과 관리를 위하여 위계와 통제와 훈련이 핵심이라고 믿고, 효율적인 병사 역할을 위해 필요한 남성성에 가치를 부여하고, 민족과 우방이나 대단위 집단의 이름하에 집단 폭력을 사용하는 것을 정당화하는 가치 등이 서로 상호 작용하는 것이다. 이런 특성들은 현대 사회에서 민족주의, 국가주의, 가부장제의 신념체계에 의지하고 이의 특성을 지지하거나 강화한다.[45]

권인숙은 1980년대 학생운동과 군대를 젠더적 관점에서 조명한 저서인 『대한민국은 군대다: 여성학적 시각에서 본 평화, 군사주의, 남성성』에서 한국과 같이 식민지 경험이 있고 전쟁 가능성에 대한 불안이 큰 나라에서의 평화 유지 노력은 국가주의 논리를 강화시킨다고 지적한다.[46] 이는 국민정체성 형성에서의 성별화, 남성적 가부장적 지배력의 강화, 여성적 역할의 낮은 가치 평가 혹은 비가시화를 낳는다는 것이다. 무엇보다 한국의 군사화는 단순히 강한 군대의 건설에 대한 사회적 동의나 징병제 유지에 반발하지 않아 왔다는 사실뿐만 아니라 국가주의적 질서에 대한 내면화에서 드러난다. 개인을 국가의 번영과 평화를 위한 부속단위로 받아들여, 개인에 대한 국가의 절대적인 가치 우위, 집단의 위계질서를 목적 수행을 위한 선의 행위로 받아들였

다고 한다.[47]

문승숙은 『군사주의에 갇힌 근대(원제: *Militarized Modernity and Gendered Citizenship in South Korea*, 2005)』에서 한국에서의 사회 변화 분석을 위한 이론틀로 '군사화된 근대성'이라는 개념을 사용한다. 그는 사회 정치적, 경제적 구조가 형성되는 과정에서 서로 연결되어 있는 세 가지 중심 요소로 반공 국가인 근대 국가를 건설하는 것, 국가구성원들을 충성스러운 국민으로 만드는 것, 징집제를 산업화하는 경제 조직으로 통합하는 것을 거론한다. 이 세 요소가 형성되는 과정에서 군사화된 근대화 시기(1963~1987)에 물리적인 강제력과 미셸 푸코(Michel Foucault)가 말한 훈련의 혼합이 특징적으로 나타났다는 것이다. 국가건설의 과정에 기여할 것을 요청받은 여성과 남성이 공통되게 억압적 훈련과 폭력적 처벌의 대상이 되었고, 특히 성별에 따라 다르게 이루어진 동원의 방향은 여성과 남성이 시민으로서 새로운 정치적 주체를 형성하는 과정을 가능하게 했다고 한다.[48]

문승숙에 따르면 군사화된 근대성의 중심점은 병역이다. 한국에서 병역은 국가의 성별화된 국민 동원, 군사화된 근대성 이후 시민성 등장에서 핵심적인 요소라고 한다. 한국의 정치경제를 탐구하는 다양한 시각의 학자들은 대기업의 생산직·사무직 노동자들의 일상적인 노동과 사회관계가 근대의 군대와 매우 유사하다는 점을 언급했다. 그는 한국에서 병역이 특별한 기능을 하게 만든 역사적, 사회 정치적 요인들을 다음과 같이 제시한다. "첫째, 한국 사회가 한국전쟁 이후로 반세기 동안 북한과 군사적 대치상태로 있었다는 점이다. 이런 상황 때문에 해방 후 국가가 반공을 국가이념으로 활용하여, 나라를 지킬 강한 군대를 건설하는 것이 곧 근대성이라고 개념화할 수 있었다. 반정부 인사를 무자비하게 탄압하고 그들에게 '공산주의자'라는 꼬리표를 붙이는, 종교적 신념에 가까운 반공주의 열정은, 군사적 안보 문제가 우위를 점한 것과 함께, 한국을 다른 민족 국가들과 구별되게 하는 점이다. 둘째, 1973년 이래로 병역 특례법에 따라 병역의무 대상자들을 산업경제의 노동자와 연구원으로 종사하게 했다. 병역 제도는 부강한 나라 건설의 방법으로 추구된 경제 발전의 필수적 부분이었다."49)

한국의 지도자들이 부강한 나라를 세우는 꿈을 달성하기 위해서는 훈육과 물리력을 통해 구성원들을 국가의 유용하고 순종적인 도구로 만드는 것이 필요했다. 이를 위해 한국을 반공주의 정체로 구성하는 것이 필요했다. 반공 국가라는 정체성은 국가 구성원에 대한 훈육적 통제에 필수적이었다. 정권의 감시,50) 정상화,51) 민중에게 가해지는 억압적 폭력에 대한 이데올로기적 정당화를 가능하게 했기 때문이다. 반공 국가 정체성은 군사화된 근대성의 다른 특성들에 비해 일찍 나타났다. 그것은 1960년대에 한국군의 베트남 참전을 통해 더욱 견고해졌다. 물론 북한과 군사적 대치가 계속된 것도 반공 국가 정체성을 구축하는 데 큰 역할을 했다.52)

한편, 분단 상황은 거의 모든 정권으로 하여금 선거 때마다 북한변수를 동원하는 것을 가능케 하였다. 이는 남북한이 서로 상대방과의 적당한 긴장과 대결국면 조성을 통해서 이를 대내적 단결과 통합, 혹은 정권안정화에 이용하는 '적대적 의존관계'를 형성하고 있음을 보여준다. 남북한 간 상호작용의 특징적 형태를 나타내는 이 적대적 의존관계는 정치권력의 정통성이 취약하거나 사회체제의 불안정성이 증대할 때 두드러지게 나타났다. 이런 점에서 남북한의 체제경계는 남과 북이라는 체제와 체제를 분리시키고 또 이를 연결시키는 이중적인 기능을 하고 있다. 한편, 거울영상효과(mirror image effect)란 적대적인 일방의 행위가 상대방에게 대칭적인 반작용을 일으키고 또 그것이 상호 상승작용을 일으키는 효과를 말한다. 이는 남북한의 군비경쟁과 각종 체제대결 과정에 잘 나타났다.[53] 분단은 다양한 형태로 남북한의 국내정치에 영향을 미쳐왔다. 1) 한쪽에서 일으킨 긴장유발 행위가 다른 쪽의 체제경직화를 유발하고 그것이 정권의 독재화나 안정화로 이어져 왔다. 2) 정권 담당자들이 정권안정화를 위해서 분단조건을 의도적으로 이용하는 경우가 빈번하였다. 3) 분단구조는 남북한 사이에 상대방의 비의도적 돌발행위도 다른 쪽 정권의 이익으로 귀착되는 반사적 이익관계를 형성시켜 놓았다.[54]

한국의 권위주의 정권은 반공주의를 정당성의 자원으로 활용했고, 반공주의를 내세워 반대세력을 탄압하고 배제시켰다. 선거경쟁에서 승리하기 위해 북한요인을 정략적으로 동원하고 이용한 사례도 적지 않았다. 그 대표적인 사례가 1987년 대선 직전에 터진 KAL기 폭파사건이다. KAL기 사건은 대부분 건설노동자였던 승객 95명과 승무원 20명을 태운 KAL 858기가 1987년 11월 29일 이라크 바그다드 공항을 출발해 아부다비를 거쳐 서울로 향하던 중 미얀마 안다만 상공에서 실종된 사건이다.

당시 정부는 이 사건을 북한의 지령을 받은 특수공작원 김현희와 김승일에 의한 폭탄테러로 결론내렸다. 선거를 불과 며칠 앞두고 일어난 폭파사건의 용의자인 김현희는 대선 전날인 12월 15일 서울로 압송되었다. 여당인 민주정의당의 노태우 후보와 야당의 3김으로 불리는 통일민주당의 김영삼, 평화민주당의 김대중, 신민주공화당의 김종필 후보가 경합한 당시 선거에서 이 사건은 누가 보더라도 여당 후보에게 유리한 것이었다. 6월 항쟁에서 표출된 군부정권 퇴진과 민주화에 대한 열기는 안보불안 심리에 의해 잦아질 수밖에 없었다.

투표 결과는 노태우가 36.6%의 득표율로 당선되었고, 야당 후보인 김영삼은 28.0%, 김대중은 27.0%를 얻었다. 2006년 8월 1일 '국정원 과거사건 진실규명을 통한 발전위원회'는 1일 KAL 858기 폭파사건 및 남한조선노동당사건 조사결과를 공식 발표하며 "전두환 정권이 1987년 KAL기 폭파사건을 대통령 선거에 활용했다"고 밝혔다. 진실위는 "KAL기 폭파사건 발생 뒤 범정부 차원에서 대선에 유리한 국면을 조성하기 위해 사건을 활용했음이 확인됐다"며 "1987년 12월 2일 수립된 '대한항공기 폭파사건 북괴음모 폭로공작(무지개공작)' 계획 문건을 확인했고 정부의 태스크포스 설치 사실이 기록된 문건도 있었다"고 설명했다. 또 13대 대선 하루 전인 1987년 12월 15일까지 김현희를 압송하기 위해 외교적 노력을 한 점도 드러났다고 밝혔다.[55]

1992년 제14대 대선을 두 달여 앞둔 10월 6일에는 남로당사건 이후 최대 간첩단사건으로 발표된 '중부지역당사건'이 터졌다. 국가안전기획부는 1992년 10월 6일 북한의 지령에 따라 남한에 지하당을 구축, 간첩활동을 해 온 '남한 조선노동당 중부지역당' 간첩사건을 발표했다. 안기부는 남한조선노동당을 거물간첩 이선실이 황인오를 포섭해 서울, 인천 등 24개 주요 도시의 46개 기업과 단체 등 각계각층으로 구성된 300명의 조직원을 확보한 가운데 북한 노동당과 남한 대중을 연결하는 역할을 수행해 온 비합법 지하조직으로 소개했다. 이 사건은 구속자만도 62명에 이르고 수배자가 3백여 명에 달하는 등 남로당사건 이후 최대 규모의 좌익사건일 뿐 아니라, 북한 권력서열 22위의 고위 당직자 이선실이 직접 남파돼 공작을 총지휘했다는 점에서 커다란 충격을 주었다.

이 사건은 대선을 앞둔 정치권에도 회오리바람을 몰고 왔다. 민자당과 국민당은 국회에서 민주당 김대중 대표의 비서가 군사기밀문서를 유출, 구속된 데 대한 책임소재를 추궁하는 한편 일부 현역 정치인들이 간첩단과 접촉했다는 정치인 연루설 등을 집중 거론하면서 민주당 측을 공격했다. 또 대통령 선거운동 기간에 민주당 김부겸 부대변인이 간첩 이선실과 접촉해 5백여만 원을 건네받은 혐의로 안기부에 구속되기도 했다.[56] 여권은 색깔론 공세에 열을 올렸고 김대중 후보는 1987년에 이어 1992년 대선 역시 북풍의 최대 피해자가 됐다. 대선 결과 한나라당 전신인 민자당 김영삼 후보가 당선되었다.

1996년 총선 나흘 전 북한이 판문점에 중무장한 병력을 투입해 총격을 벌이는 사건이 발생했다. 당시 김영삼 대통령은 국가안전보장회의를 긴급 소집하고 국가경계태세를 격상하였다. 안보 불안은 신한국당으로 유권자들을 결집시켰고 덕분에 신한국당은 국회 다수당 지위를 유지할 수 있었다. 그러나 이 사건은 후에 정부·여당과 국가안전기획부가 개입해 북한에 총격을 요청한 것으로 밝혀졌다. 1997년 대선을 앞두고 김대중 후보는 또다시 '북풍'에 시달렸다. 소속 정당인 국민회의 고문인 오익제 전 천도교 교령의 월북 문제가 불거졌고, 여당으로부터 안보정서를 자극하는 공세가 이어졌다. 1997년 대선을 앞두고는 여권에서 한나라당 후보 지지율을 높이고자 휴전선 무력시위를 북한 쪽에 요청한 이른바 '총풍사건'까지 터졌다. 당시 청와대 행정관을 비롯한 3명이 한나라당 이회창 후보 측의 지지율을 높이기 위해 중국 베이징에서 북한의 아시아태평양평화위원회 참사 박충을 만나 휴전선에서 무력시위를 해달라고 요청했다.

총풍사건은 국가안보를 정치적으로 악용한 사례로 기록됐고, 이후에도 북풍이 불 때마다 음모론에 불을 지피는 중요한 사례였다. 김대중 후보는 '북풍'과 힘겨운 싸움을 벌인 끝에 39만 557표 차이로 승리를 거뒀다. 2000년 11월 서울지방법원은 총풍사건에 관련된 당시 청와대 행정관 등 총풍 3인방에게 회합·통신관련 국가보안법 위반죄 등을 적용해 각각 실형을 선고하였다. 판결문은 '피고인들이 북한에 무력시위를 요청한 행위는, 휴전선에서의 긴장 조성이라는 목적을 달성하지는 못했지만, 범행을 모의하고 실행에 옮긴 것 자체만으로도 국가안보상 심각한 위협이며, 선거제도에 대한 중대 침해'라고 명시되어 있다.[57]

분단이 한국 사회 갈등에 가했던 제약은 1990년대 이후 보다 민주적인 정권이 들어서고 북한을 비롯한 사회주의국가들에 대한 전향적인 외교정책이 채택되면서 이전보다 약화되었다. 북한을 비적대적으로 보고 교류와 협력의 대상으로 여기는 통일운동의 등장과 이념대립에 종지부를 찍은 탈냉전의 도래 역시 이에 기여했다. 반공주의는 더 이상 한국 사회의 지배적 담론이 아니며 반공·용공의 이분법은 한국 사회의 갈등을 효과적으로 보여 주지도 봉합하지도 못한다. 다른 모든 사회적 쟁점을 무력화시키는 격렬한 정서적 반공주의도 쇠퇴하고 있다. 북한과 공산주의에 대해서 이성적 논의와 객관적 이해 및 비판이 존재하나 그 이면에는 여전히 적대적 증오와 반공지상주의적 정서가 깔려 있다.[58]

과거 권위주의 정권 아래서 집중적으로 혜택을 받은 상층계급과 사회화를 통해 반공주의 이데올로기를 내재화한 기성세대들은 여전히 한국 사회갈등에서 대안적 이념이나 가치에 반대하고 과거와의 단절에 저항하고 있다. 이 중에서도 일부 언론과 종교인, 정치인들은 여전히 과거 냉전 시기의 이데올로기를 불러들여 사회갈등을 조장하는 등 과거의 행태에서 벗어나지 못하고 있다. 이는 시민사회 내 자발적인 동원과 이해갈등의 조정을 통한 사회통합의 가능성을 제한하고, 이념적 스펙트럼을 협소화하는 데서 향후 한국 사회의 발전 경로에 제약 요인이 된다고 지적된다.[59]

제7장 │ 배제의 정치와 지역주의의 발명*

> 한국의 정치역학 법칙은 사회의 여러 능동적 요소들을 권력의 중심으로 빨아올리는 하나의 강력한 소용돌이 형태를 띠게 되었다.
> _그레고리 헨더슨
>
> 모든 문제를 지역주의로 설명하면서 상황의 어려움을 지역주의 때문으로 합리화하려는 집권 세력의 욕구로 인해 지역주의는 '발견'되었고, '동원'되었으며 오랜 역사적 기원을 갖는 것으로 '창조'되었다.
> _박상훈

이 장은 지역주의를 중심으로 배제와 차별의 정치가 어떻게 전개되었는지를 살펴보고 있다. 지역주의 형성의 주된 배경요인은 권위주의 정권이 채택한 불균형 성장 전략과 선 성장 후 분배 원칙이었다. 이로 인해 지역 간 인구 규모의 차이가 커졌다. 이러한 변화는 동질적이고 결집력 있는 정치의식과 투표성향의 형성을 초래하며, 특히 경쟁지역보다 인구규모가 크고 상대적으로 인구증가가 이루어지는 지역을 기반으로 한 정치세력들이 지역주의를 정치적으로 동원하는 것을 가능하게 하였다.[1]

제도적 요인으로는 대통령제의 정부형태를 들 수 있는데 이 역시 지역주의를 격화시킨 토양으로 거론될 수 있다. 야당과의 갈등이 첨예화하거나 정권에 대한 제도권 바깥 반대세력의 도전이 행해졌을 때 대통령과 집권여당은 반대세력을 약화·분열시키려고 사회균열에 기반한 대중동원이라는 수단에 의존하기 쉽다.

최근 들어와 출신지역별 유권자의 정치적 선택의 동조화 현상이 약화되고는 있으나 특정 지역민들의 투표행태에서 보여지듯이 지역주의에 입각한 균열구도는 와해되지 않고 있다. 공간적으로 살펴보면 강력한 권한을 지닌 중앙정부가 정책결정을 거의 독점하면서 지방을 통제하는 중앙집권적 위계질서는 별반 바뀌지 않았다. 이런 낡은 구조는 중앙과 지방의 기득세력이 후견인·수혜자 관계(patron-client relationship)를 형성하고 서로 유착하는 것을 가능하게 한다. 보다 높은 사회경제적 지위를 가진 사람이 낮은 지위를 가진 사람에게 영향력과 자원을 사용해 보호와 혜택을 제공하고 그 대가로 자발적인 충성과 지지를 받는 관계는 전형적인 권위주의의 속성을 보여준다.

지역주의란 무엇인가?

그것이 긍정적이든 혹은 부정적이든 지역주의는 한국 사회에서 사람들에 의해 다뤄지는 가장 통속적인 주제 중 하나이다. 학자들 역시 지역주의를 한국 정치의 가장 지배적인 정치적 균열구조로 보고 그 원인과 현실, 대안 등에 대해 적지 않은 연구물을 내 놓았다. 지역주의가 근대 이전부터 특정 지역에 대한 주관적 편견과 허위의식의 형태로 존재해왔다는 해석부터 산업화 과정에서 특정 지역민들의 지지에 기반한 권위주의 정권에 의해 추진된 지역 간 불균등 발전이라는 구조적 측면을 강조하는 분석,

1987년 대선 때 '양김'의 분열로 잠재적인 지역주의가 '정치화' 되면서 지역할거체제가 출현했다는 고찰, 그리고 특정 지역 유권 자가 정치적 효용을 극대화하기 위한 합리적 선택의 결과로 보 는 견해 등이 그것이다.2)

일부 학자들은 단일 이론 환원론적 접근은 문제가 많다며, 중 층적이고 동태적인 현상으로 지역주의를 보기도 한다. 예를 들 어 최장집은 호남문제를 중심으로 이데올로기로서의 지역감정을 분석하면서 이것이 "사회경제적일 뿐만 아니라 정치적이고 문화 적이고 정신적인 문제"3)라 지적한다. 손호철 역시 지역주의를 "지역 간 불균등 발전이라는 '토대'의 궁극적인 규정을 받지만 이 것으로 환원될 수 없고, 정치적 대안의 조직 역량 여부, 정치세 력의 전략적 개입, 각 지역의 독특한 지역 담론 구성체에 의한 지역적 정치사회화 과정 등 상부구조적 요인의 규정도 받으며 상호 강화돼온 동태적인 과정"4)이라 한다.

지역주의에 대해 그동안 다양한 분석이 행해졌지만 한국에서 지역주의가 정확히 무엇을 의미하는지에 대한 단일한 규정은 없 다. 일반적으로 지역이란 국민국가 내에서 혹은 이들을 가로지르 는 문화적, 역사적 정체성을 지닌 하위 단위 영토를 지칭한다. 그 러나 지역을 구분하는 구체적인 기준과 경계를 둘러싸고는 다양 한 견해가 존재한다.5) 이는 원래 지역이라는 개념이 가치부하적 (value-laden)이어서 학자들마다 자신의 정치적 입장에 따라 상 이한 정의를 내리기 때문이다.

이와 관련해 마이클 키팅(Michael Keating)은 지역들이 너무 다양해서 묘사적 정의를 피하기가 쉽지 않다고 하면서 공간으로 서 지역을 유용하게 개념화할 수 있지만 기능적 공간, 정치적 공 간, 사회적 공간을 포함하기 위해서는 순수한 영토를 넘는 공간

개념을 확대할 필요가 있다고 지적한다. 그에 따르면 기능적이고 정치적 의미를 부여받은 영토로부터 형성된 지역은 영토 안에서 작동하는 행정적 제도의 집합일 뿐만 아니라 특징적인 시민사회를 형성하는 그 자신의 제도, 실천, 관계를 포함하며, 나아가 국가와 세계체제 안에서 공동관심을 기술하고 추구할 수 있는 행위자라고 한다.[6] 이러한 정의에 입각해 키팅은 지역주의의 형성과정을 국가정책에 의한 하향식(top-down)과 역사적으로 형성된 고유한 지역적 특성에 의한 상향식(bottom-up)으로 나누고, 지역주의는 방어적(defensive), 통합적(integrating), 자치적(autono-mist) 지역주의의 세 형태로 분류한다.[7]

유럽의 사례에서 보는 것처럼 지역을 기반으로 하는 지역주의는 다양하고 변화하는 형태를 가질 수밖에 없다. 분명한 것은 한국의 지역주의가 그 역사가 오래되고 형태도 다양한 유럽의 지역주의와는 차별적인 특수한 형태의 지역주의라는 사실이다. 유럽의 경우 종교개혁 이후 국민국가가 건설되고 산업화가 추진되는 과정에서 주변과 중심, 교회와 국가, 노동자와 자본가 등과 같은 주요한 균열구조가 형성되었다. 이런 역사적 맥락에서 오래 전에 형성되고 고착된 유럽의 지역주의는 대부분의 경우 사회문화적 차이를 지니는 지역들의 자치 요구로 나타났다.[8] 최근 들어와서는 기존의 지역주의에 더해 유럽연합(EU)이 특정 지역과 정책결정 과정을 긴밀하게 연계시키는 한편 각 지역들이 EU와의 관계 강화를 통해 자신의 자율성을 확대하려는 '지역의 유럽(Europe des régions)' 현상이 나타나고 있다.[9]

한국의 지역주의: 기원, 전개, 특징 ○───

이에 비해 비교적 동질적인 문화 안에서 오랜 중앙 집권적 단일 국가의 역사를 갖고 있는 한국에서는 1960년대 이전까지 이렇다 할 지역주의가 존재하지 않았다. 한국은 통치의 지역적 다원성을 특징으로 하는 봉건제의 경험이 없고, 고려 말 대몽 항쟁 이후 지난 천 년 가까운 기간 동안 한 번도 자치나 분리를 지향하는 지역주의 운동이 없었다.[10) 유럽의 근대 국민국가 수립과정과 달리 근대 이전에 이미 강한 중앙관료체제하에서 오랫동안 통합되어 있었고, 긴 식민지 지배와 냉전체제에서 분단과 전쟁을 경험함으로써 지역적 정체성을 자극할 수 있는 역사적 계기를 가지 못했다. 자율적 시민사회의 영역에서 지역주의가 집단적 갈등 내지는 물리적 폭력을 동반한 사례가 없으며, 지역주의 강령을 갖는 지역정당이 존재한 적도 없었다.[11)

한국에서 지역주의가 대두한 배경은 1960년대 초반 이후 박정희 정권이 산업화 정책을 추진하고 그 결과 계층, 지역 간에 사회분화와 균열이 발생하면서부터였는데 이는 유럽과는 달리 중앙정부에 의한 지역 간의 불균등한 경제적 자원배분과 정치대표를 특징으로 하는 것이었다. 그러나 지역주의가 본격적으로 표출되고 심화된 계기는 집권세력이 정치권력의 재생산을 위해 특정 지역을 배제하고 소외시키는 분할·지배 전략을 사용한 데서 찾을 수 있다. 승자독식의 대통령제하에서 정치권력을 유지하기 위해 집권세력은 이데올로기적 국가기구를 통해 지역갈등을 조장하였는데 그 명분은 분단 상황과 경제발전이었다. 지역주의는 반공주의와 발전주의와 접합되었다.

"이 이데올로기는 호남이 내부의 적이라는 위상과 이미지를 갖도록 함으로써 비호남지역 전체의 결속력을 강화하는 반사적 효과를 갖게 하였다. 즉, 호남 배제의 지역주의는 김대중의 대권 장악으로 상징되는 급진적 정치변화를 정치적·사회적 보복과 동일시하고, 노동자, 농민 등 민중부문의 요구를 사회적 안정의 파괴와 등치시키며, 호남과 노동으로 대표되는 사회 소외집단의 세력 강화를 실제로 가진 자와 갖지 못한 자 모두에게 공통적인 상실의 두려움으로 깊이 내면화시켰다. 이러한 심리적 연결고리들은 지역주의, 변화를 부정하고 안정과 질서를 강조하는 자본주의 발전 이데올로기, 그리고 냉전반공 이데올로기의 '색깔론'을 모두 하나로 연결시켜 지역주의를 파괴적 폭발력을 갖는 이데올로기로 전환시키는 메커니즘이다."12)

이러한 위로부터의 정책에 반응해 각 지역들이 아래로부터의 요구(bottom-up demands)를 표출하였고 해당 지역 출신 정치인들이 이를 정치적으로 동원하면서 지역주의는 한국 사회의 정치 지형을 결정하는 주요한 균열로 전화하게 된다. 특히 1971년, 1987년, 1992년, 1997년의 대선을 통해 지역 간 정치 갈등은 더욱 심화되었다.

박정희 정권이 경제발전 5개년 계획이라는 이름으로 추진한 산업화는 취약한 정권의 정당성 보충 등과 같은 내부적 요인 못지않게 당시 세계경제 및 미국경제의 여건변화라는 외부적 환경 요인에 의한 것이었다. 1960년을 전후로 하여 선진 자본주의 국가를 대표하는 미국은 국제수지 적자와 달러위기를 맞이하면서 제3세계 국가에 대한 원조경제정책에서 차관과 직접투자로 전환할 수밖에 없었고 이는 한국도 예외가 아니었다. 이에 따라 급속하게 추진된 한국의 산업화는 철저히 정부 주도하에서 이뤄지게 된다. 즉 계획 수립 및 정책 조정, 예산 및 외자 관리 등의 모든 업무를 통괄하는 집행체제를 구축하는 한편 경제발전에 소요되는 자본을 마련하기 위해 금융기관을 강력하게 통제 관리하였다. 이와 같은 경제운영체제를 확립한 위에서 정부는 대외 지향적 산업화 정책을 추진하는데 이는 국내시장의 규모가 협소하고 부존자원이 부족한 국가에서 수출에 의한 해외수요 확대에 의존하는 불가피한 성장전략이었다.[13]

여기서 지역주의의 형성과 관련하여 중요한 것은 박정희 정권이 불균형 성장 전략과 선 성장 후 분배 원칙을 채택하였다는 점이다. 불균형 성장전략은 선별적 산업지원정책을 통해 실현되었는데 이는 공업 분야 중에서도 특정한 중점 육성분야를 설정하여 전후방 연관효과를 최대한으로 살리려는 정책으로 최대의 고용 및 성장효과를 달성하려는 것이었다. 이러한 전략하에서 정부는 1960년대부터 1970년대 초까지는 노동집약적 수출산업을 중점적으로 지원하였으며, 1970년대 중반 이후에는 중화학공업에 대한 비중을 높여 갔다.[14] 이에 따라 지역별 산업투자는 주로 수도권과 영남권에 편중되게 되었다. 1차 경제개발 5개년 계획이 시작되던 1963년에 이미 서울, 경기, 경상지역이 전국 공업부문 종사자의 77%, 부가가치의 77.3%를 점유했는데 이러한 불균등 분포는 산업화가 본격적으로 심화되는 1983년에 이르러서는 공업부문 종사자의 87.2%, 부가가치의 83.2%를 이들 지역이 점유하면서 그 정도가 더욱 심화되었다.[15]

이러한 불균형한 지역별 산업구조는 나아가 지역 간 인구의 변동을 초래했다. 즉 지역 간 인구규모의 차이와 영호남 간의 상대적 인구 격차, 그리고 지역의 출신지별 인구구성의 차이가 커졌다. 이러한 변화는 동질적이고 결집력 있는 정치의식과 투표성향의 형성을 초래하며, 특히 경쟁지역보다 인구규모가 크고 상

대적으로 인구증가가 이루어지는 지역을 기반으로 한 정치세력
들이 지역주의를 정치적으로 동원하는 것을 가능하게 하였다.[16)
그러나 1963년에 치러진 대통령 선거에서 자신의 고향인 경상북
도에서 61%를 득표한 민주공화당의 박정희 후보가 전라남도와
전라북도에서도 각각 62%와 54%를 득표한 데서 보여지듯이 당
시까지 지역주의의 정치적 동원은 본격적으로 이뤄지지 않았다.

여기서 중요한 점은 권력을 공유하기보다 대통령 일인에게
모든 권력이 집중되고 정부형태도 타협과 합의보다는 갈등과 대
결이 나타나기 쉬운 대통령제는 지역주의를 격화시키기 좋은 토
양을 지닌 정부형태라는 사실이다. 특히 야당과의 갈등이 첨예
화하거나 정권에 대한 제도권 바깥 반대세력의 도전이 행해졌을
때 민주적 정통성이 취약한 대통령은 사회균열에 기반한 대중동
원이라는 수단에 의존하기 쉽다.

박상훈은 『만들어진 현실: 한국의 지역주의 무엇이 문제이
고, 무엇이 문제가 아닌가』에서 경제적 자원 분배와 엘리트 충원
에서의 지역차별을 지역주의의 원인으로 설명하는 접근이 충분
한 설명력을 갖지 못한다고 한다. 객관적 지역차별의 구조와 주
관적 차별 인식이 갖는 인과적 상관성이 체계적이지 않다는 것
이다. 그는 문제는 지역주의가 아닌 지역주의를 만들어내는 한
국 정치에 있다고 하면서 한국의 지역주의가 사실의 차원보다는
심리적이고 상부 구조적 문제가 더욱 심각한 상황이라고 말한
다. 한국 사회의 수많은 갈등 이슈 가운데 이데올로기성이 가장
심한 주제는 단연코 지역주의이지만, 그 문제는 사실(facts)의 차
원에서 기능하는 측면보다 인식(perception)의 차원에서 작위적
으로 만들어지고 동원되는 측면이 훨씬 더 크다는 것이다.[17) 그
는 지역 차별, 지역 소외, 지역감정 등으로 포착될 수 있는 '지역

주의의 차원'과 지역 패권주의, 3김 청산론 등으로 나타나는 '지역주의를 둘러싼 해석의 차원' 둘을 교차시키면서 총체적으로 지역주의를 고찰한다.

그가 두 차원을 구분해 한국의 지역주의를 인과적으로 설명이 가능하고, 합리적으로 이해가능하며, 규범적으로 타당하게 분석한 결과는 다음과 같다. 첫째, 영·호남 갈등이 아닌 반호남 지역주의가 있다. 반호남주의는 호남 출신에 대해 거리감과 배제적 행위를 동반하면서 엘리트 충원과 경제 발전의 성과를 차별적으로 배분하고 소외시키는 것으로 나타났다. 둘째, 지역주의의 역사는 지극히 짧다. 기껏해야 박정희 정권 시대의 권위주의 산업화 과정에서 출발했고, 영·호남 간의 거리감이 다른 지역보다 더 크게 나타나기 시작한 것은 민주화 이후였다. 셋째, 자신들의 정치, 경제적 욕구를 실현하는 데 호남에 대한 편견의 이데올로기 효과를 필요로 하는 체제와 세력이 존재했다. 넷째, 시민이나 유권자들 속에 있는 지역주의가 아니라, 모든 문제를 지역주의로 설명하면서 상황의 어려움을 지역주의 때문으로 합리화하려는 집권 세력의 욕구로 인해 지역주의는 '발견'되었고, '동원'되었으며 오랜 역사적 기원을 갖는 것으로 '창조'되었다. 다섯째, 선거 경쟁만 개방되었을 뿐, 권위주의하에서 주형된 한국 사회의 불평등한 권위구조가 변화되지 않았기 때문에 영·호남 지역 간 표의 편차가 생겨나고 있다.[18]

제2공화국의 짧은 기간 동안 의원내각제를 경험한 이후 다시 대통령제로 정부형태를 변경한 한국에서 지역주의가 정치적으로 동원되면서 투표행태로 나타나기 시작한 것은 1967년의 대통령 선거 때부터였다. 당시의 정치상황에서 특징적인 것은 1960년대 중반에 들어와 군부정권에 대한 반대세력의 저항이 전개되기 시작하였다는 점이다. 보수야당을 중심으로 한 이들 반대세력들은 비록 체계적이지 못하였고 때로는 분열된 모습도 보여주었으나 그럼에도 군부정권이 추진한 정책에 대해 학생들과 연대하여 본격적으로 저항하기 시작하였다. 그 계기가 된 것은 한일 국교 정상화 조약과 월남 파병 결정, 그리고 집권연장을 위한 3선 개헌이었다. 이러한 반대세력의 도전에 직면한 박정희 정권은 지지기반 확보를 위해 정책결정 및 엘리트 충원 등에서 더욱 연고 지역 편향적인 성격을 드러나게 되고 그 결과 집권세력과 영남지역민 간에는 공고한 후견인·수혜자 관계가 형성되게 되었다.[19]

1967년의 대통령 선거에서 박정희 후보에 대한 영남지역민들의 압도적 지지는 불균등 산업화로 인한 지역 간 균열을 집권세력이 정치적으로 동원한 당연한 결과였다. 박정희 후보가 경상북도와 경상남도에서 각각 71%와 75%를 득표한 반면, 야당인 신민당의 유진오 후보는 이 지역에서 단지 29%, 25%를 득표하는 데 그쳤다. 연고 지역에 기반한 투표행태는 1971년의 대통령 선거에서는 더욱 심화되었다. 여당의 박정희 후보는 계속하여 경상북도와 경상남도에서 76%와 74%에 이르는 높은 지지를 획득하였다.

이런 결과는 분열되었던 야당이 통합하여 집권여당에 대한 보다 강력하고 효과적인 도전을 행사하기 시작한 상황에서 정권 유지를 위해 당시 집권세력이 특정지역에 대한 부정적 편견을 확산시키면서 지역갈등을 노골적으로 부추긴 데도 그 한 원인이 있다. 이에 따라 1971년의 선거는 지역주의적 대결구도가 뚜렷이 부각되게 된다. 더구나 신민당의 대선후보인 김대중은 다른 지역에 비해 차별받는 지역이었던 호남 출신이었을 뿐만 아니라 권위주의체제를 뒷받침한 제도와 기구, 불균등한 분배구조를 정면으로 공격하고 나섰다.[20] 이에 따라 선거는 여당 후보 연고지로 영남과 야당 후보 연고지였던 호남지역 간의 정치적 대결구도로 전화되었다.

1971년 선거를 통해 박정희 정권을 실제적인 위협으로 몰아넣었던 야당 지도자 김대중은 체제에 대한 강력한 도전자라는 이유만으로 유신체제 기간 동안 계속하여 국가권력의 집중적인 탄압의 대상이 되었고 아울러서 그의 출신지인 호남지역도 철저한 차별과 배제가 행해지게 된다. 유신체제의 구조적 모순을 반영하는 이러한 특정인과 지역에 대한 차별은 결국 전두환 정권이 등장하면서 광주항쟁을 통해 체제에 내장되었던 강고한 폭력성과 소외되었던 지역민이 정면에서 충돌하는 것으로 나타났다.[21] 광주항쟁을 거치면서 호남인들에 내재화된 집단적 저항의식이 전혀 해소되지 않은 상태에서 반대세력에 의한 밑으로부터의 동원과 압력에 의한 정치적 개방의 결과로 치러진 1987년의 대통령 선거 역시 지역주의가 주요한 균열로 작용할 수밖에 없었다. 반대세력연합의 강력한 도전에 직면한 집권세력은 이들을 약화, 분열시키고 정권을 유지시키기 위해 반대세력에 대한 분할·지배전략을 사용하는데 이를 위해 동원된 것이 지역주의였다.

최장집은 1987년의 선거에서 정치위기에 직면한 권력블록이 기존의 반공주의와 자본주의적 발전주의 이데올로기만으로는 위기 극복이 곤란하여 지역감정을 동원하였다고 지적한다. 특히 민중세력의 개혁주의를 김대중의 부정적 이미지와 연결시킴으로써 이들 민중세력을 여타 사회세력으로부터 고립시키고 동시에 지역적으로 분할시키는 중요한 효과를 거두었다는 것이다.[22]

그러나 정치적 개방으로 확보된 활동공간 속에서도 반대세력은 이러한 집권세력의 전략에 대응하여 동원 및 갈등능력을 집중시키지 못하였고 오히려 지역과 이념에 따라 분열하였다. 이에 따라 정당구도는 특정 지역에 지지기반을 둔 정당들로 재편되는데 이러한 상황에서 집권세력이 반 호남 지역연합을 통해 지역분할 구도를 공고화하려 했던 것은 당연한 것이었다. 이러한 시도는 1990년의 3당 합당과 이에 기반한 김영삼의 집권으로 나타났다. 권력연합의 핵심을 대구·경북에서 부산·경남으로 이동시킨 김영삼 정권 역시 이전 정권과 같이 호남을 배제한 지역적 지지기반에 의존하였다. 그러나 지역주의와 같은 일원주의적 규범과 결정구조에 의존하는 집권과 지배는 정치적 의사형성과 결정의 공간적 분권이 전혀 이뤄지지 못하고 있음을 의미하며 나아가 이에 대한 지역적 저항을 유발시킨다. 중앙정부의 정통성 결핍을 나타내는 이러한 지역주의는[23] 정치권력의 유지에도 저해요인으로 작용한다.

김영삼 정권에 의한 배제적 지역주의의 정치적 동원 역시 또 다른 지역의 방어적 지역주의 연합의 형성을 초래했고 그 결과 1997년 선거에서 여야 간의 정권교체가 이뤄지게 되었다. 그러나 IMF 외환위기와 선거에 의한 정권교체 이후에도 지역주의는 해소되거나 완화되기는커녕 더 노골적으로 표출되었다. 이는 특히 야당이 된 정치인들이 기득권을 상실하지 않기 위해 지역 간 차별을 부각시키면서 공공연하게 지역감정을 선동하는 것으로 나타났다. 이와 더불어 소지역주의의 출현으로 인한 지역주의의 파편화 역시 나타났다. 지역주의는 재·보선과 지방선거를 통하여 지방정치 수준에서도 확대, 재생산되기 시작했다. 이와 같이 불균등성과 배타성을 특징으로 하는 지역주의는 IMF 외환위기와 여야 간 정권교체 이후에는 동서 분할 구도와 소지역주의의 출현으로 더욱 고착된 형태를 보이고 있다.

2000년대 들어와서도 지역주의에 입각한 균열구도는 여전히 와해되지 않고 있다. 주요한 선거의 투표행태를 분석해보아도 지역별로 선호하는 정당과 후보자가 뚜렷하게 구분된다. 과거 각 지역을 대표하는 정치인들이었던 김대중, 김영삼, 김종필이 퇴장된 자리는 또 다른 정치인들로 교체되었을 뿐이다. 그러나 다른 평가도 존재한다. 대표적으로 강원택은 2007년 대선 분석을 통해 지역주의가 2002년 이전 상태로 되돌아갔다는 평가에는 동의하기 어렵다고 한다. 지역주의 대립이나 갈등이 이전 선거와 비교할 때 선거과정에서 일반 유권자들이 잘 느끼지 못할 만큼 피부로 체감하는 정도는 확실히 크게 줄어들었다는 것이다. 그는 특히 정동영 후보와 이회창 후보의 경우에 호남과 충청지역에 거주하는 유권자들과 그 지역 외부에 거주하는 호남 출신, 충청 출신 유권자들의 정치적 선택이 달라졌다는 점에 주목한다.

정동영 후보는 '호남 지역 유권자들'로부터는 80%가량의 지지를 받았지만, '호남 출신 유권자들'로부터는 59.2%의 지지를 받아 20% 이상의 차이가 났고, 이회창 후보의 경우는 10% 이상 지지율의 차이가 났다는 것이다. 이러한 사실에 근거해 강원택은 이전의 지역주의 투표행태를 규정하던 출신지역별 유권자의 정치적 선택의 동조화 현상이 약화되거나 사라져가고 있다고 주장한다. 같은 지역 출신 유권자라고 해도 거주 지역에 따라 부동산정책과 대북정책 등 중시하는 이슈가 다르게 나타나고 있는 등 한국 정치를 '지배한' 지역주의의 내부적 속성은 크게 변화하고 있다는 것이다.[24]

이런 분석에도 불구하고 지역주의는 2012년 총선과 대선에서 여전히 강한 영향력을 행사했다. 19대 총선은 독선적 국정운영에다 각종 권력형 게이트가 잇달아 발생하는 등 민심을 잃은 이명박 정권의 5년차에 치러진다는 점에서 야권에게 유리한 선거로 예측되었지만 결과는 새누리당이 과반의석을 차지하는 승리를 차지하는 것으로 나타났다. 새누리당의 승리는 보수언론의 네거티브 공세와 보수 성향 유권자의 결집, 이른바 '박정희 향수'를 지닌 50대 이상 유권자의 높은 투표율과 더불어 지역주의가 가장 큰 요인으로 작용했다고 평가된다. 특히, 새누리당은 지지기반인 영남지역에서 단지 3석만을 야당에게 내어주고 나머지 64석을 싹쓸이하였다. 다만 부산에서 지난 선거에 비해 야당 후보 지지율이 상승하는 등 지역주의 완화의 조짐이 조금 보였으나 선거결과를 바꾸지는 못했다. 이런 선거결과는 지역주의가 여전히 한국 정치의 가장 지배적인 정치균열구조임을 잘 보여준다.

2016년 20대 총선은 오랜 기간 지속되어 온 지역주의 양당체제가 '이념·정책적 다당체제'로 전환할 수 있음을 보여주었다. 20대 총선에서 여야의 텃밭인 대구와 호남에서 상대당 후보가 잇따라 당선되었고, '낙동 벨트'로 알려진 부산·경남 지역에서는 야당인 더불어민주당이 부산 5석을 포함한 8석을 얻었다. 보수의 텃밭이라 불리는 서울의 강남에서도 더불어민주당 후보 2명이 당선되었다. 이에 대해 유권자들이 지역주의에 기댄 정당에 거리를 두면서 한국 정치의 고질적 병폐로 불리는 지역주의가 균열을 보이기 시작한 것이라는 평가가 나왔다.

그러나 소선거구제·다수대표제 선거제도에서 지역구 의석 일부가 경쟁 정당에 돌아갔다고 해서 지역구도가 완화되었다고 보는 것은 성급한 것일 수 있다. 현행 제도에서 의석 점유율이 실제 정당 지지율을 정확하게 반영하지 못하기 때문이다.[25] 거기에다 전통적인 지지 정당에 대한 몰표로 특정 정당이 의석을 독점하거나 다수를 점한 지역도 여전히 존재한다. 무엇보다도

전통적인 새누리당, 더불어민주당의 양당체제에서 벗어나 국민
의당, 정의당까지 포함하는 4당 구도가 출현하면서[26] 이념과 정
책별로 연합이 이뤄질 수 있는 토대가 마련된 것은 의의가 크다.
한편, 협소한 이념적 스펙트럼을 지녔고, 조직과 지지기반이 취
약한 현실을 감안해볼 때 현재의 정당구도도 이후의 정치정세에
따라 다시 바뀔 가능성이 크다.

소용돌이의 정치와 후견인 · 수혜자 관계 ○────

한국의 정치문화와 정치발전에 대해 포괄적이고 통찰력이 풍
부한 분석을 했다는 평가를 받는 그레고리 핸더슨의『소용돌이
의 한국정치(*Korea: the Politics of the Vortex*)』역시 한국의 지
역주의의 원인과 구조적 현실을 살펴보는 데 적용될 수 있다. 알
렉시스 토크빌(Alexis de Tocqueville)이 평등과 민주주의를 가지
고 미국 사회를 확인하는 열쇠로 삼았던 것처럼, 핸더슨은 동질
성과 중앙 집중화를 가지고 한국 사회를 탐구한다.

> "한국 사회는 단계적으로 대략 점점이 흩어져 있는 촌락,
> 작은 저자가 있는 소도시, 벌족이나 지역 소유의 서원이나
> 향교 내지 사찰로 구성돼왔으며, 이들은 주로 국가권력과 개
> 별적인 관계를 가지고 상호간 교류를 해왔다. 그리고 이런
> 사회는 전형적으로 원자화된 개체로 구성되어 있고, 개체 상
> 호간의 관계는 주로 국가권력에 대한 관계로 규정되며, 엘리
> 트와 일반대중은 그들 사이를 조정할 수 있는 집단의 힘이
> 취약하기 때문에 직접 대결하게 되고, 여러 사회관계의 비정
> 형성과 고립을 특색으로 하고 있다 … 한국의 정치역학 법칙

은 사회의 여러 능동적 요소들을 권력의 중심으로 빨아올리는 하나의 강력한 소용돌이 형태를 띠게 되었다. 유럽이나 일본식 봉건 사회를 경험하지 못한 데서 오는 취약한 하부구조를 가진 중앙집권적 관료정치에서는 수직적으로 강력하게 내리누르는 힘이 이런 상승기류 속에서 서로 보완관계를 갖게 된다."[27]

권력과 자원이 오로지 중앙과 서울을 향해 몰려드는 현상인 '소용돌이 정치'는 한국 지역주의의 특징을 정확히 표현하는 용어이다. 영호남 각 지역을 대표하는 서울의 정치인들과 지역의 정치인들과 언론인 등 기득세력은 후견인·수혜자 관계를 형성하고 서로 연결되었다. 이들은 집단적 이익을 위해 지역주의를 의도적으로 동원하였다. 모든 자원이 집중된 중앙에서의 권력 장악을 위해 상대 지역 출신 정치인들의 부정적 이미지를 호명하고 이를 확산시키려 애썼다. 이는 권위주의 지배세력이 더 적극적이었다. 1971년 대통령 선거에서 박정희 후보는 자신의 당선이 불분명해지자 지역주의를 공격적으로 동원하였고, 김대중 후보 역시 방어적으로 지역주의에 기대었다. 이들은 자신의 집단이익 확보에만 관심이 있었지 중앙집중체제를 혁파하고 지방분권을 실현하려는 노력에는 별로 관심이 없었다.

특정 정당이 다수의석을 차지하고 있는 지역에서 해당 지역 출신 국회의원들이 유권자들의 여론에 귀를 기울이고 이들의 이익을 대변하려 노력하는 경우는 드물다. 이들이 관심을 쏟는 것은 공천권을 행사하는 중앙당 내 권력자들과의 관계이다. 여당과 야당을 막론하고 한국 정당의 내부 구조를 살펴보면 시민사회와는 유리된 채 소수의 정치엘리트를 중심으로 협애하고 퇴영적으로 조직되었다는 것을 알 수 있다. 이는 과거 권위주의 시절 정당, 특히 정치적 탄압을 받고 정치자금 부족에 시달렸던 야당 내 하부조직이 직업정치인들로 구성된 폐쇄적 추종세력으로 구성될 수밖에 없었던 역사적이고 구조적인 요인에서 비롯되었다. 그 결과가 곧 지도자 중심의 사당화 현상이었다.[28]

이는 한국 정당정치를 후견인·수혜자 관계로 특징짓게 만들었다. 후견인·수혜자 관계는 보다 높은 사회경제적 지위를 가진 사람이 낮은 지위를 가진 사람에게 영향력과 자원을 사용해 보호와 혜택을 제공하고 그 대가로 자발적인 충성과 지지를 받는 관계를 가리킨다.[29] 이는 후견인과 수혜자 사이에 보호, 혜택과 충성, 지지를 서로 주고받는(give and take) 관계라는 점에서는 호혜적이지만, 양자의 지위가 대등하지 않은 상태에서 이루어지는 불평등한 관계라는 점에서 일방적이다. 보다 높은 사회경제적 지위를 가진 개인과 낮은 지위를 가진 사람 간의 역할의 교환관계라 할 수 있는 후견인·수혜자 관계는 자발적, 호혜적 인간관계라는 점에서 강제적, 일방적 관계인 지배·피지배 관계와 구별되며, 인격적, 비계약적 관계라는 점에서 비인격적, 계약적 관계인 자유로운 상품교환관계와 구별된다. 또한 후견인·수혜자 관계는 오랜 역사를 지닌 것으로 일본정치의 원형을 이루는 전근대적인 권력관계인 오야붕(親分)·꼬붕(子分)의 관계와 유사하다.[30]

정치영역에서의 후견인·수혜자 관계는 부유한 소수의 특권층에게만 자원과 권한이 배분되는 것을 막고 일반인에게도 공평하게 자원을 배분하도록 해주며, 상대적으로 소외된 채 살아가는 주변부 지역 주민들을 국가와 사회기구들과 접촉하도록 도와주는 역할을 한다는 점에서 긍정적인 측면을 지닌다. 공식적 정당조직 안에서는 해결할 수 없는 많은 문제들을 비공식적인 경로를 통해 손쉽게 해결할 수 있도록 해 줌으로써 공식적 정당조직을 보완하는 역할도 수행한다.

이 과정에서 정치적 보스와 그의 추종세력을 축으로 하는 정치적 인맥이 형성되는 경우가 일반적이다. 이 과정에서 조직 내 민주주의를 억압하고 부정부패를 조장하며 자기 집단 중심의 배타적 이기주의를 부추기는 등의 부정적 속성도 표출된다.[31] 정치인들이 정치자금을 조달해 줄 수 있는 사회적 강자들의 이익만 과대 대표하고, 공공성보다는 후견인의 사적 이익을 보장할 수 있는 정책을 추진하는 사례는 흔하다.

한국 정치에서 나타나는 후견인·수혜자 관계는 한국 사회에서 급속한 근대화가 이뤄지면서 사회분화와 합리화가 많이 진척되었지만 정치 분야에는 여전히 전근대적이고 전통적인 요소들이 강하게 남아 있는 사실을 보여준다. 동남아시아, 아프리카, 라틴아메리카의 많은 나라들과 마찬가지로 한국에서도 전통 사회에서 근대 사회로 이행하는 급격한 변혁의 시기에 합리주의나 개인주의에 기반한 계약적 관계보다는 인정과 의리에 기반한 공동체적 관계가 형성되었다. 근대화 과정에서 개인주의화, 원자화된 개인들이 오히려 정서적, 공동체적 유대관계를 중요시하는 후견인·수혜자 관계에 더 적극적으로 매달리는 경향이 나타나고 있는 것이다. 이는 정치자금과 공천권을 쥐고 소속당 의원들을 장악한 김영삼·김대중·김종필 '3김' 씨의 경우에 뚜렷이 나타났다. 당시에 한국 정치는 최고지도자-중간보스-일반정치인-유권자로 이어지는 거대한 동심원 구조가 존재했다. 이들이 정치무대에서 은퇴한 후에도 한국 정치에서 후견인·수혜자 관계는 소멸되지 않고 남아 있다.

예를 들어 대선을 앞두고는 거의 모든 의원들이 가장 유력한 후보에게 줄서는 현상이 동일하게 반복된다. 그 결과 대의제 민주주의의 핵심제도인 정당은 이념과 정책을 중심으로 형성되기보다는 파벌을 중심으로 이합집산을 거듭하고 있다. 물론 한국 사회가 민주화될수록 한국 정치의 후견인·수혜자 관계 역시 보다 자율적이고 민주적인 관계로 대체될 것으로 예상된다. 그럼에도 아직까지 혈연, 지연, 학연에 기반한 후견인·수혜자 관계는 여전하다. 이 관계가 특히 뚜렷이 나타나는 것은 중앙 정치인과 지역추종세력과의 관계이다.

중앙집중 및 거점성장 형태로 추진된 한국의 근대화 과정에서 지역 사회의 구조는 지역 사회의 주체적 대응 여부를 떠나 결정되었다. 거점성장으로 인해 지역 간 불균등도 심화되는 가운데 지역에 따라 중앙으로부터 소외와 지역 간 불균등에 따른 차별을 중첩적으로 부과받기도 했다. 이 시기 한국의 지역정치는 한편으로 중앙정부의 통치대상으로서의 지방 행정영역으로서만 존재했으며, 다른 한편으로는 중앙권력의 시혜에 의존하는 후견인·수혜자 관계로 운영되었다. 이런 상황에서 지방행정의 주민에 대한 책임성과 대응성이 촉발되기 어려웠다. 대신 주민에 대한 책임이 아니라 중앙권력에 대한 책임과 대응이 중요하게 되었다. 중앙정부의 권력과 지역 사회가 이른바 후견인·수혜자의 권력관계를 형성하고 있었던 것이다. 권력을 '누가 통치하느냐'의 관점에서 본다면 후견인·수혜자 관계에서 권력의 주체는 당연히 후원자인 중앙권력이었다.

그러나 다른 한편으로 권력을 결과적인 수익 즉 '누가 이익을 얻느냐'의 관점에서 파악한다면, 후견인뿐만 아니라 수혜자도 권력을 누렸다고 할 수 있다. 후견인·수혜자 관계는 지역 사회의 권력구조로 이어졌다. 지역 사회의 기득권층이나 유지들은 중앙

권력층과의 연줄관계를 확보해야 했고 또 그런 연줄을 확보한 사람이 지역 사회에서 권력을 누리거나 유지행세를 할 수 있었다. 이런 관계는 장기간 여야 정권교체가 없는 가운데 전통적 여권 성향의 기득권층과 관변단체 등이 지역 사회를 지배하는 권력구조를 만들었다.[32]

서창영은 후견인·수혜자 관계의 분석틀을 적용하여 제5공화국의 '하나회' 인맥을 연구하였다. 하나회는 1963년 전두환, 노태우 등 육사 11기 졸업생들이 주축이 되어 결성한 비밀사조직으로서, 아래로는 정규 육사 출신 장교들의 엘리트 의식과 선배 장교들에 대한 불만에 기초하고 위로는 박정희 대통령의 배려와 후원에 의존하여 강한 결속력을 지닌 조직으로 성장하였다. 하나회 회원들은 1960~70년대에 걸쳐 윤필용, 차지철 등의 후원을 받아 성장하였으며, 자기들끼리 주요 보직을 주고받는 자리 물리기 방식으로 육군본부, 공수특전단, 수도경비사, 보안사 등의 요직을 장악하고, 권력피라미드의 구조 변화가 있을 때마다 한 걸음씩 권력의 정상을 향해 앞으로 나아갔다. 하나회 인맥은 1979~80년 신군부 세력이 정치무대에 등장하는 과정에서 결정적 역할을 했다.

12·12쿠데타에 참가한 것으로 알려진 장교들의 3분의 2가 하나회 회원이었으며, 80년 5월 광주에 투입된 계엄군은 전두환, 노태우, 정호용 등 하나회 회원들끼리 자리 물리기를 해 오던 대표적 부대인 공수특전단이었다. 또한 국가보위비상대책위원회 상임위원급 52명 중 군 출신이 30명으로서 57%를 차지했는데, 이 중 하나회 출신이 9명이었다. 하나회 인맥의 위세는 제5공화국의 출범과 더불어 최고조에 이르렀다. 이들은 제5공화국 정권하에서 서로 밀고 당겨 주는 후견인·수혜자 관계를 형성하고, 청와

대, 행정부, 국회 및 정당, 군, 정부투자기관, 기업체, 연구단체 등 사회 각계로 진출하여 상층부와 요직을 장악하였다. 그 결과 군부세력을 중심으로 민간세력이 결합하여 전두환-하나회-정규 육사출신-관료-민간인의 구조를 가진 거대한 동심원 구조가 형성되었다.[33]

한·미동맹 역시 후견인·수혜자 관계로 설명된다. 한·미동맹은 후견국이 피후견국의 안보를 보증하는 대신, 피후견국은 후견국의 패권을 인정하고 분담금을 내는 동맹관계의 '모범'이라는 것이다. 그런 점에서 한국과 미국 두 나라는 비대칭적 동맹(asymmetric alliance), 또는 후견·피후견 국가관계를 유지한다고 지적된다. 비대칭적 동맹의 경우는 당사국의 국력에 상응하는 비대칭적 의무와 기대를 가지게 된다. 즉, 약소국은 강대국과 동맹을 맺음으로써 자국의 안전보장을 담보 받을 수 있고, 다른 한편으로는 강대국에 의해자국의 자율성을 제한받을 수 있다.[34]

같은 맥락에서 북한과 중국 관계 역시 후견인·수혜자 관계에 입각해 설명될 수 있다. 냉전 시기 중국과 북한은 한국전쟁에서 피를 나눈 혈맹으로서 이데올로기적 유대에 기초한 순망치한(脣亡齒寒)의 특수 관계로 규정되었다. 한국전쟁 당시 중국은 막대한 인적·물적 자원을 북한에 지원했고, 정전협정 체결 후에도 이를 지속했다. 그러나 문화대혁명과 한·중 수교 시기에는 긴장과 갈등도 표출되었다.

지역주의 해소를 위해서는 무엇이 필요한가? ○──

지역주의가 지닌 문제는 많다. 중앙과 지방 간 중앙집권적 위계질서와 특정 지역에 대한 소외와 차별은 한국 권위주의를 지탱하는 주요 축 중의 하나였다. 이러한 지역주의는 민주적 정치제도와 경쟁구조 및 행태로의 발전을 가로막으며 경제위기 극복과 남북통일을 위해 필요한 사회통합을 저해한다. 또한 상호의존이 확대되고 세계경제의 통합수준이 심화되면서 개방과 분권화를 요구하는 세계화 추세에도 부합하지 않는다. 그렇다면 지역주의 문제를 해소하거나 적어도 완화하기 위한 대안들로는 어떤 것이 있을까?

이와 관련해서 강조될 점은 지역주의란 다양한 영역에 걸치는 매우 복합적인 문제라는 데서 그 해결 역시 다각적인 측면에서 상호 연관성을 갖는 여러 대안들이 제시될 필요가 있다는 것이다. 그것은 한마디로 지역주의를 형성하고 동원한 정치적, 경제적, 사회적, 문화적 조건을 제거하는 것이기도 하다. 지역주의 문제를 일거에 해결하는 만병통치약은 존재하지 않는다. 여러 대안들 중에서 대내외적인 현실조건을 감안하여 적실하고 타당성 있는 대안부터 신중히 추진되어야 한다.

이들 대안 중에서 단기적으로 고려해봄직한 대안으로는 우선 각종 정치제도의 개혁을 들 수 있다. 지역 간 균형발전 추구나 정치교육의 실시를 통한 민주적 덕성의 함양 등과 같이 장기적으로 추진되어야 하는 대안들에 비해 정치제도의 개혁은 비교적 짧은 기간에 추진 가능한 대안이다. 물론 정치제도의 개혁만으로 모든 문제가 해결되지는 않는다. 그러나 국가기관(예: 정부, 의회), 특정 조직(예: 정당, 노조), 절차규칙(예: 선거, 다수결원리)을 의미하는 정치제도는 정치행위를 규정하고 나아가 정치의식과 문화의 형성에도 일정한 영향을 미친다는 점에서 매우 중요하다. 제도 개혁은 대부분 헌법 개정을 통해서 가능하다. 헌법 개정 과정은 국가와 시민사회 내 다양한 세력 간의 상충되는 이해관계와 견해로 빚어지게 마련인 균열과 갈등으로 인해 불확실성으로 특징 지워지고 지난한 과정을 거쳐야하며 때로는 실패로 끝나기도 쉽다. 대한민국에서 시민 위에 군림하고 민주주의를 억압했던 권위주의 국가가 그동안 얼마나 변화했는지도 의문이다.

그럼에도 공론화를 통해 국회와 청와대 등 정치세력이 헌법 개정에 합의할 수 있다면 새로운 헌법에 지방정부에 대한 중앙정부의 지배를 가능케 했던 내용을 바꿈으로서 중앙과 지방 간 낡은 권위주의적 위계구조에서 벗어날 수 있다. 아울러서 사회 자원이 대부분 수도권과 중앙정부에 집중돼 지방의 공동화 현상이 점차 심화되어 가고 있는 현실도 개선할 수 있다. 그런 까닭에 최근의 헌법 개정 논의에서도 헌법에 지방자치단체라는 말 대신에 지방정부로 변경하고 "대한민국은 지방분권국가이다"라는 조항을 추가하자는 제안이 나오고 있다. 구체적으로는 지방정부에 법률제정권과 지방과세권 등의 권한을 폭넓게 이양하고, 중앙정부와 지방정부의 역할 배분을 위한 보충성의 원칙을 포함시켜야 한다는 것이다. 아울러서 지방분권이 성공을 거두려면 기존의 지방정부와 지방의회에 대한 뿌리 깊은 시민들의 불신[35]이 어느 정도 해소되어야 함은 물론이다.

특히, 권력이 집중되고 소수는 배제되는 다수주의적 정치제도가 아닌 권력의 분점으로 합의와 화합의 정치를 가능하게 하는 정치제도는 사회균열과 갈등을 조정하고 통합으로 이끄는 데 중요한 역할을 수행할 수 있다. 그런 점에서 지역주의 해소를 위한 정치제도의 개혁 중에서 시급히 요구되는 것은 다수대표제 선거제도의 개혁이다. 유권자들의 투표를 대표의 의석으로 전환시키는 방법의 하나인 다수대표제적 선거제도는 낮은 비례성을 갖기 때문에 유권자의 의사를 최대한 의석에 반영하지 못하는 선거제도이다. 한 선거구에서 대다수의 득표를 한 후보가 의원이 되는 현재의 다수대표제는 다양한 사회계층과 집단들의 이해를 제대로 반영하지 못하고 있고 오히려 지역갈등을 포함한 사회균열을 심화시키고 있는 제도라 할 수 있다.

다수대표제는 탈법적 선거운동과 과다한 정치비용 지출을 조장하였고 당선을 위하여 후보들이 지역개발 공약을 남발하고 지역감정을 부추기는 것을 가능케 하였다. 다수대표제는 또한 정당의 특정 지역 편중현상을 심화시켰다. 지역 명망가 중심으로 구성된 지역 정당들을 중심으로 한 지역 분할적 정치구도가 확립된 데에는 무엇보다 다수대표제의 역할이 컸다. 이러한 이유에서 선거제도 개혁의 필요성은 이미 오래전부터 제기되어 왔다. 선거제도 개혁은 이념이나 정책에 기반을 둔 신생 개혁정당을 부상시키면서 지역선호에 의해 선거결과가 결정되는 것을 억제하면서 지역주의 완화에도 기여할 수 있다. 정치적 대표성과 책임성을 제고시키는 선거제도의 개혁은 한국 민주주의의 질적 수준을 높이기 위해서도 필요하다.

각 정당이 그들의 득표수에 상응하는 비율의 의원 수를 획득하는 정당명부식 비례대표제는 현재의 지역 분할적 정치구도 해소에 도움이 될 것으로 예상된다. 이와 관련해 참조해볼 만한 선거제도는 독일의 연방의회 선거제도이다.[36] 이 제도의 유형, 장단점에 대한 정확한 분석과 전제조건의 충족이 이뤄진다면 독일의 제도는 한국에서 긍정적인 효과를 가져올 것이라 여겨진다.

독일은 연방의회(Bundestag) 의원의 반을 전국의 328개 지역선거구에서 다수결로 선출하고 나머지 반은 정당에 대한 득표수에 비례해 주별로 분리된 각 당의 명부에 적힌 순서에 따라 선출한다. 독일의 선거제도는 유권자의 의사를 최대한 의석에 반영하며 무엇보다 녹색당(Bündnis 90/Die Grünen)의 경우와 같이 다양한 사회세력들의 이해를 대변하여 이들의 의회 진입도 가능하게 하는 장점을 지닌다. 반면 일본식 제도는 미리 지역구 의석과 비례대표 의석을 정해놓고 11개 권역별 정당 득표율에 따라 비례대표 의석을 배분한다. 그리고 지역구와 비례대표의 중복 입후보도 허용하고 있다. 따라서 이 제도는 취약지역에서 비례대표 의석 획득을 어렵게 하기 때문에 지역주의 타파나 다양한 사회세력들의 이해 대변 및 의회 진입이 어렵다.

정당명부식 비례대표제는 각 정당에 의석을 배분함으로써 양당제보다는 다당제의 형성을 촉진하고 극단적인 다당제의 경우는 정치안정이 위협받고 책임성(accountability)과 인지성(identi-fiability)이 낮을 수 있다. 이러한 이유에서 정당명부식 비례대표제의 도입으로 인한 정치 불안을 최소화하기 위해서는 독일의 경우와 같이 일정 비율 이상의 득표를 하거나 지역구 당선자를 낸 정당만이 의회에 진출을 하도록 하는 봉쇄조항(Sperrklausel)과 같은 제도적 보완이 필요하다. 아울러 정당명부식 비례대표제의 도입이 공천권을 가진 당 지도부의 권한만을 강화시키는 것을 방지하기 위해서는 의원 후보를 일반 당원들이나 지지자들이 민주적으로 경선하는 상향식 선출방식의 도입이 또한 요구된다.

그 구체적인 방법으로는 정당 중앙위원회에서 입후보자를 결정하는 구속명부 방식보다는[37) 당원과 지지자들이 후보를 결정하고 중앙위원회는 대강만 준비하는 이완명부 방식을 채택할 필요가 있다. 이를 통해 당원들은 각 계파지도자들과 맺고 있는 후견인·수혜자 관계라는 사적인 연결망에서 벗어나 소속 정당에 대한 자율성을 갖게 될 것이다. 당내 의사결정 구조의 민주화는 또한 노동세력을 비롯한 새로운 세력이 당내로 진입하는 것을 용이하게 하고, 지역이 아닌 정책과 이념에 기초한 경쟁구조의 확립을 가능하게 하면서 정당의 제도화 수준도 높일 수 있다.

현재 한국은 다수대표제와 비례대표제를 병행한 1인 2표 혼합형 선거제도를 채택하고 있지만 의석의 비율과 배분방식을 보면 압도적으로 다수대표제에 치우쳐 있다. 경제개발협력기구(OECD) 회원국 중에서 득표와 의석 간의 불비례성은 한국이 유독 높다. 따라서 유권자의 이해를 최대한 의석에 반영하고 다양한 사회세력들의 이해를 대변하여 이들의 의회 진입을 가능하게 하면서 정책 및 이념정당의 발전도 꾀하기 위해서는 정당명부식 비례대표제의 획기적인 확대가 필요하다. 비례대표제의 도입을 통하여 특정지역에 한정된 지지기반을 갖고 있는 정당들은 다른 지역에서도 의석을 확보하면서 전국 정당화할 수도 있게 된다.[38] 반면에 정치권 일각에서 제기되는 중대선거구제로의 선거제도 개혁은 정책보다는 후보자 중심 선거운동을 초래하고 당내 파벌을 강화시키는 경향이 있는 데서 바람직하지 않다. 세계적으로 보았을 때도 중대선거구제를 채택하고 있는 국가들은 매우 적다.

그러나 정치제도들은 상호연관을 맺고 있고 다양한 현실 요인에 의해 영향을 받기 때문에 어느 한 제도의 개혁만으로는 올바로 작동될 수 없으며 소기의 효과도 얻을 수 없다. 예를 들어 선거제도와 정당제도의 개혁 없이 정부형태만 바꾸는 것은 전혀 바람직하지 않다. 정치제도의 개혁을 포함하는 이들 대안들이 대내외적인 현실조건을 감안하여 신중히 추진되어야 하며 무엇보다 보다 많은 사람들의 참여와 합의에 기초해 실행되어야 한다는 점은 말할 나위도 없다.

또한 선거제도를 비롯한 정치제도의 개혁을 강력한 이해관계가 걸려 있는 정치권이 주도할 경우 밀실 야합을 통해 엉뚱한 결과가 도출될 수 있다는 점도 고려되어야 한다. 제도 개혁의 바람직한 결과를 내기 위해서는 정치권뿐만 아니라 이 문제와 이해관계가 없는 독립적인 전문가 집단, 그리고 시민사회의 다양한 세력들이 포괄성과 대표성에 입각해 협상위원회를 구성하고 여기에서 합리적 토론 및 타협을 통해 합의를 이끌어내는 것이 필요하다.

베헤모스를 쓰러트리기:
권위주의와 어떻게 단절할 것인가?

> 오로지 민주주의만이 우리를 자유롭게 할 수 있다는 사실을 우리는 다시 한번 마음속에 깊이 새길 필요가 있다. 왜냐하면 우리는 우리를 통치하는 권력의 저자일 수 있기 때문이다.
> _ 웬디 브라운
>
> 하나의 명분을 중심으로 단결된 행동은 '새로운 삶의 질서를 수립하려는 집단의 시도'로 나타난다. 이 질서는 근본적 변화를 겨냥할 수도 있고 반대로 변화에 맞서는 저항의지 때문에 자극받은 것일 수도 있다.
> _ 허버트 블루머

차별과 배제, 폭력과 억압의 메커니즘은 여전히 사라지지 않고 한국 사회의 전 영역에서 작동 중이다. 이에 비해 포함과 참여, 통합과 공존이라는 대안적 헤게모니는 취약성을 노정한 채 자리를 잡지 못하고 있다. 지난 이명박·박근혜 정권 시기에는 다양한 정치세력이나 시민들과 소통을 하지 않은 채 독선적으로 국정을 운영하는 것이 두드러졌다. 국가기관과 언론, 시민사회단체 등이 누렸던 짧은 독립과 자율의 시기가 지나가고 이들은 권력의 추종기관으로 회귀하였다는 평가가 나올 정도였다.

국정의 주요 정책들을 추진하는 과정에서 불통·독선·폭주가 계속되었다. 야당을 국정의 파트너로 인정하고 대화와 타협을

285

시도하거나 반대하는 국민들을 설득하는 데 무관심하였다. 박근혜 정권 시기 세월호 참사, 메르스 사태, 국정화 교과서 채택, 위안부 협상, 고고도미사일방어체계(THAAD) 배치 문제 등은 권위주의적으로 정책을 결정하고 강압적으로 밀어붙인 대표적 사례들이다.

경제민주화와 보편적 복지를 공약으로 발표하고 '준비된 여성대통령'을 구호를 내걸었지만 말뿐이었다. 약속은 지켜지지 않았다. 선거운동 때 강조했던 통합과 탕평은 사라지고 법과 원칙의 확립이 우선적 국정지표가 되었다. 법치에 대한 지속적 강조, 반대세력에 대한 압박, 상명하달식의 의사결정방식은 민주정치보다는 변법(變法)에 의한 통치를 행했던 고대 중국의 법가(法家)[1]를 연상시키는 것이었다. 대표적으로 전쟁 기간에 벌어진 범죄인 위안부 문제에 관한 협상을 일본 정부와 진행하면서 정작 피해 당사자인 위안부 할머니들에게 의견을 일절 묻지도 않았고, '한국정신대문제대책협의회'를 비롯한 시민사회에 조언을 구하지도 않았으며, 야당과도 전혀 소통을 하지 않았다. 진상 규명, 책임자 처벌, 재발 방지 조치를 포함한 법적 책임이 없이 '최종적이고 불가역적'이라는 조건에 합의한 정권에 대해 무능과 불통의 극치라는 비판이 쏟아진 것은 당연한 일이었다.[2]

한국은 1980년대 중반 이후 민주주의로 이행하였다. 앞에서 살펴보았듯이 그 배경 요인 중 하나는 위로부터의 산업화가 초래한 사회적 분화이다. 이 과정에서 시민사회 영역에서 기존의 불균등한 권력 및 분배관계에 저항하는 반대세력의 활동은 권위주의 정권으로 하여금 정치적 개방조치를 취하도록 압력을 가했다. 이에 따라 여야 정치엘리트들이 민주적 경쟁의 원칙에 합의하고 상대적으로 민주적인 정부가 들어섰다. 한국이 경험한 민주주의로의 이행 과정은 '제3의 민주화 물결'3)의 대표적 사례로도 꼽히게 되었다. 그러나 한국에서의 민주주의 이행은 정치제도 영역에만 머물렀고 사회경제와 사회문화적 영역까지 아우르는 최대 기준의 민주주의 확립에는 이르지 못했다. 이는 이 책의 앞 장에서 지적했듯이 한국의 민주주의가 역사적으로 외부로부터 형식적으로 부과되었을 뿐만 아니라, 그 특징도 '배제의 정치'에 기반하는 다수제 민주주의의 특징을 갖고 있으며, 민주주의 이행도 아래로부터의 압력이 추동했으나 실제 과정은 엘리트 협약으로 이뤄진 데서 그 원인을 찾을 수 있다.

대한민국은 표면상으로는 대의제 민주주의를 채택하고 있다. 영토가 확대되고 사회가 복잡해짐에 따라 직접민주주의 제도를 운용하는 것이 점차 불가능해지면서 선거를 통해 선출된 대표에게 의사결정의 권리를 양도, 위임하는 대의제 민주주의체제가 발달하게 되었다. 따라서 대의제 민주주의체제하에서 시민들은 자신의 대표를 통해 간접적으로 지배한다. 존 스튜어트 밀(John Stewart Mill)은 이러한 대의민주제의 우수성과 불가피성을 설파한다. 밀은 "평등하게 대표되는 전체 인민에 의한 전체 인민의 정부"가 가장 이상적인 정치체제이며, 이에 부합하는 정부형태가 바로 대의제라고 한다. 그 까닭은 대의제가 중앙권력이 감시 통제될 수 있는 메커니즘을 제공하고, 이성과 토론의 중심 및 자유의 감시자로 활동하는 광장(의회)을 확립하며, 선거경쟁을 통해서는 지도자 자질로서 전체의 최대 이익을 위한 예지를 갖춘 사람을 선출하기 때문이라는 것이다.4)

이러한 밀의 주장은 국가의 최소 간섭을 보장하는 것이 자기개발의 가능성을 극대화하고 개인자유를 보호하는 최선의 방법이라는 그의 자유주의적 사상에 기초한다고 할 수 있다.5) 오늘날 지배적 유형의 민주주의로 자리 잡은 대의제 민주주의의 대표 원리는 '어떻게 대표하는가'와 '누구를 대표하는가'를 둘러싸고 많은 논쟁을 유발하였을 뿐만 아니라 기존의 정치질서에 결코 완전하고 충분하게 착근되지도 못했다. 특히, 시민들의 의사가 왜곡되거나 자율성이 침해되고, 대표가 집단의 대표만을 대변할 뿐 소수는 의사결정 과정에서 대표되지 못하며, 소수의 지배적인 권력집단이 형성될 수 있다는 한계를 표출하였다. 대의제 민주주의의 핵심 기제인 정당정치도 정당 구조가 점차 관료화되고 권위주의화 하면서 시민들의 정치참여를 배제하거나 왜곡시키고 있다.

대의제 민주주의를 채택하고 있는 한국도 여러 문제가 나타나고 있다. 그 제도와 작동방식을 보면 비민주적인 측면이 적지 않게 발견된다. 우선, 행정부, 사법부, 입법부 간에 균형과 견제가 제대로 이뤄지지 못하고 대통령 1인에게 지나칠 정도로 권력이 집중된다. 선거제도 역시 다수대표제를 채택한 데서 비례성의 수준이 높지 않으며, 대의제 민주주의의 핵심 기구인 의회와 정당은 제도화 수준이 낮다. 또한, 민주적 공동체의 지도자들에게 요구되는 자질을 갖추지 못한 이들이 버젓이 권력을 독점하고 전횡을 일삼았다. 이들은 공동체가 처한 위기상황과 약자가 겪는 고통에는 아랑곳하지 않고 오직 배타적 이익과 기득권 유지에 도움이 되느냐만을 삶의 방향을 결정하는 기준으로 삼는 이들이기도 하다.[6]

신자유주의가 한국 사회에 미친 영향 역시 중요하다. 금융외환위기 이후 한국 사회가 신자유주의적으로 재편되면서 빈곤의 대물림과 불공정 경쟁, 강자의 횡포와 착취, 불안한 노동과 저임금, 체념과 분노는 이제 한국 사회의 약자를 특징짓는 키워드가

되고 있다. 별다른 안전망 없이 극단적 경쟁이 지배하는 시장으로 내몰린 이들에게는 생존이 가장 절실한 삶의 목표가 될 수밖에 없다. 장시간에 걸쳐 높은 강도의 노동을 감당해야 하거나 저임금과 고용불안으로 지속해서 고통을 받는 사람들이 정치에 적극적으로 관심을 두고 참여하기란 쉽지 않다. 이는 공동체에 관심을 두고 자발적으로 참여하는 자질을 지닌 적극적 시민이 형성되지 못하는 것으로 이어졌다. 지배세력에 물질적으로 포섭되거나 그들의 가치를 아예 내면화함으로써 순응적 삶을 살아가는 사람들이 많은 까닭도 여기에 있다.[7]

앞에서 자세히 고찰했듯이 한국 사회는 외형적으로는 절차적이고 형식적인 민주주의가 유지되고 법의 지배가 관철되는 듯 보이지만, 사회 각 영역의 내부를 들여다보면 예외 없이 민주주의와는 거리가 있는 권위주의적 메커니즘이 강하게 작동되고 있음을 알 수 있다. 위계적이고 불평등한 사회에서 구성원들의 지위와 역할이 구분되고 이에 따른 배제와 차별이 광범위하게 행해지는 것은 권위주의의 대표적 현상이다. 정치영역에서도 강압력을 동원해 반대세력을 약화시키고 일반 대중들의 순응적 태도를 이끌어냄으로써 기존 질서를 유지하고 재생산하려는 시도가 적잖게 발견된다.

다른 한편에서는 권위주의적 퍼스낼리티를 내재화한 일부 대중들이 위계적 정치질서에 맹종하고 다른 집단을 차별하며 집단 내 약자들에게는 억압적 태도를 보이는 현상도 나타나고 있다. 이는 조선시대와 구한말, 일제 식민지 시기, 해방과 분단, 전쟁, 그리고 군부독재를 거치면서 뿌리 내린 권위주의가 여전하다는 것을 가리킨다. 이와 같은 한국 사회의 일련의 퇴행적 흐름들은 개방과 참여로 특징되는 서유럽형의 민주주의가 아닌 제한된 민주주의와 사회 제 영역에 광범위하게 뿌리내린 강고한 권위주의로 특징되는 동아시아 형의 정치형태로 고착되는 과정으로도 보여진다.

이런 점에 주목해볼 때 앞으로 대한민국은 제한된 민주주의와 강고한 권위주의로 특징되는 '동아시아 모델'에 머무르지 말고 경제적 배분과 '포함의 정치'로 특징되는 '노르딕 모델'로 나가는 것이 바람직하다. 서유럽과는 달리 과거 동아시아 국가들에서는 기존 체제와 질서를 유지하기 위해 농민과 같은 피지배계급을 토지에 묶어두고 착취했던 강력하고 중앙집권적이고 억압적인 국가가 존재했다.[8] 그러다 보니 이들 동아시아 국가들에서는 자본주의 산업화 과정에서 사회분화가 미약했고, 자유주의 전통이 취약하며, 어떤 견제도 받지 않고 권력을 행사하는 지도자와 지배세력은 관용과 다원주의를 거부하고 획일적 질서를 강요했다. 이와 같이 동아시아의 강한 권위주의는 오랜 역사적 기원을 갖고 있는 데서 그 해소가 쉽지 않다.

동아시아 지역에서는 국가가 과대발달한 데 비해 권력에 대한 감시와 비판, 대안 제시와 더불어 시민들의 참여를 고취하고 확대시키는 역할을 수행하는 시민사회는 취약하다. 현대에 들어와서도 불법적 쿠데타든 아니면 합법적인 선거경쟁이든 권력을 장악한 지배집단은 예외 없이 배제와 강압에 의한 통치를 밀어붙이는 동시에 이데올로기적 국가기구를 동원해 지배에 대한 순응을 이끌어내려 했다.

강한 국가와 취약한 시민사회, 짧은 민주화의 역사와 낮은 민주주의 제도화의 수준은 권위주의 정치가 창궐하기 좋은 기반이다. 근대로의 이행 경로에서도 이 점이 뚜렷이 나타난다. 즉, 권위주의 정치가 장기간 유지되는 과정에서 민중 부문에 의한 '아래로부터의 참여'는 지속적으로 억압되거나 탈정치화가 추진된 반면에 관료와 기업, 군부, 전문가집단은 과잉정치화되었다. 권위주의가 사회 도처에 착근된 곳에서 대부분의 대중들은 권리와 참여, 자치, 균형과 합의를 누리지 못한다. 배제와 차별, 억압과 공포가 횡행하고, 타율과 복종이 강제된다. 그런 점에서 권위주의는 민주주의를 제약하는 가장 강력한 요소이기도 하다.

역사적으로 민주주의는 배제와 차별, 여기서 파생되는 불평등에 대한 자율적이고 집합적인 투쟁을 통해 시민들의 권리를 확대하고 제도화함으로써 발전되었다는 사실을 염두에 둘 필요가 있다. 공동체를 구성하는 시민들의 수준 높은 삶의 질을 제도적으로 보장하기 위해서는 무엇보다도 다양한 영역과 수준에서 뿌리내린 권위주의를 민주주의로 전환시킬 필요가 있다. 학문적으로도 이러한 시대적 과제를 달성하기 위해서는 문제가 되는 권위주의의 역사적 전개과정과 구조적 특징을 비판적으로 고찰하는 것이 요구된다.

권위주의의 해소와 청산은 후퇴한 민주주의를 복원하는 것을 넘어 어떻게 민주주의를 확대하고 심화할 것인가라는 문제로 연결된다. 오로지 민주주의만이 우리를 진정으로 자유롭게 할 수 있다. 왜냐하면 우리는 우리를 통치하는 권력의 저자일 수 있기 때문이다.[9] 다양한 수준과 영역에서 보다 많은 사회구성원들의 적극적 자유와 실질적 평등을 가능하게 하는 제도적 장치로서의 민주주의를 모색하고 실천하는 것을 통해 우리는 보다 높은 삶의 질을 추구하고 자아실현을 이룰 수 있다.[10] 한국 사회의 주요 문제들을 해결하기 위해서는 민주주의가 권력의 자의적 간섭으로부터 개인의 권리를 보호하는 데 그 기초가 있다고 주장하는 자유주의자들의 견해를 넘어 사회구성원들이 "자신들의 삶의 조건, 즉 자기들에게 유용한 기회를 만들거나 제한하는 구조를 결정하는 데 있어 자유롭고 평등해야 한다"11)는 시각에 근거해 민주주의를 이해하고 실천하는 것이 요망된다.

권위주의적 기질이 강하고 민주주의의 역사가 일천한 독일인들이 과감한 민주주의를 통해 성숙한 민주시민으로 변화된 것은 우리에게 큰 시사점을 제공한다. 독일 사회의 민주화에 큰 변곡점이 되었던 것은 사민당 출신 빌리 브란트가 집권하던 시기였다. "민주주의를 감행하자!(Demokratie wagen)"를 연방의회 선거의 구호로 내건 브란트는 유권자들의 지지를 끌어올 수 있었다. 정권교체 후 그는 구호대로 과감한 민주주의 실험을 단행했다. 학교와 일터와 언론이 우선적인 대상이 되었다. 초·중·고 학교에서는 민주주의자를 길러내는 것이 최고의 교육목표가 되었고, 반권위주의 교육, 비판 교육, 저항권 교육 등 정치교육이 정착되었으며, 대학에서는 교수, 학생, 강사·조교가 총장 선출을 비롯한 모든 대학 운영에 3분의 1의 동등한 투표권을 갖고 참여하는 '3분할 원칙'이 법적으로 제도화됐다.

직장에서는 이사회에 노동자 대표가 50%를 차지하는 '노사공동결정제(Mitbestimmung)'가 법제화되어 노동 민주화가 획기적으로 진전되었고, 언론계에는 68세대의 인재들이 대거 진출하여 권력 비판과 사회 민주화를 언론의 사명으로 삼는 새로운 언론문화의 기틀을 세웠다. 그 결과 독일인은 성숙한 민주의식을 가진 신독일인으로 거듭났다. 브란트의 담대한 민주주의 실험이 서구 민주주의의 모범국 독일을 탄생시킨 것이다.12)

민주주의 이행 이후 민주주의가 여러 결함을 드러내고 있는 한국 사회에서도 선진 민주주의 국가의 선행 사례를 적극적으로 연구하고 그 적실성과 수용 여부를 검토할 필요가 있다. 한국의 현실에 부합하면서 민주주의의 본질에 가까운 민주주의를 면밀히 논구하는 것은 그런 점에서 매우 중요하다. 이와 관련하여 진태원이 주창한 '을의 민주주의'는 21세기 대한민국에서 '을'이라는 문제적 주체를 통해 한국 사회의 민주주의를, 나아가 민주주의 일반을 면밀히 사유해 보려는 시도라는 점에서 주목할 만하다. 그는 을이라는 말이 이 사회에서 동료 시민들에게 지배되거나 모욕당하거나 무시당하는 이들이 존재한다는 것, 더욱이 그들이 다수를 이룬다는 것을 우리에게 말해 준다고 지적한다.

보편적 평등의 원리에 입각해 있는 민주주의의 이념에 비춰 보면, 이는 한국 사회가 더 이상 민주주의적 사회가 아니든가 아니면 적어도 심각하게 민주주의가 왜곡되거나 훼손된 사회라는 것을 말해 준다는 것이다.[13] 진태원은 "권력이 국민(혹은 people)에게 있다"라는 '주체'의 문제가 결국 민주주의의 핵심 정의라면, 위기 상황에 당면한 민주주의를 근본적으로 재구성하는 데 '을'이라는 새로운 주체에 대한 고찰이 단초를 제공할 수 있다고 주장한다. 그러면서 "갑과 을 사이의 구조화된 위계 관계를 어떻게 평등한 민주주의적 관계로 전화시킬 것인가"이며, "을이 지배자가 아닌 주체가 될 수 있는지, 주인이 아닌(따라서 또 다른 하인이나 노예를 전제하지 않는) 주체, 주권자가 아닌(따라서 또 다른 신민, 백성을 전제하지 않는) 주체가 될 수 있는지"를 물음으로써 민주주의의 근원에 한 발 더 다가가려 한다.

결국 관건은 민주주의이다! 구체적으로는 동적인 개념인 민주주의를 협소하게 해석하는 데서 벗어나 '민주정치에 대한 다원적 이해'에 입각해 한국 사회에서 바람직한 민주주의는 무엇이고, 그것이 어떻게 작동 가능한가를 고찰하는 것이 필요하다. 이와 같은 관점에서 민주주의에 접근할 때만 민주주의는 단순히 지배

질서를 정당화하는 수단이자 이데올로기로서가 아닌, 사회의 대다수 구성원들의 권리를 보장하고 삶의 질을 향상시키는 기제로 기능할 수 있다. 이와 관련하여 민주주의는 공화주의(republicanism)에 기반을 둬야 한다. 공화주의는 공동의 이익을 실현하기 위해 공동체의 구성원들이 공동의 참여와 결정으로 통치하는 나라인 공화국을 지향하는 신념이자 담론체계이다. 공화국은 로마의 키케로(Marcus Tullius Cicero)가 카이사르에 맞서 자신의 나라 로마를 '공공의 것(res publica)'이라고 정의한 데서 유래한다.

대한민국의 정체는 헌법에 명시되어 있듯이 민주공화국이다. 헌법 전문에는 "우리 대한국민은 3.1운동으로 건립된 대한민국 임시정부의 법통을 계승"한다고 규정되어 있다. 민주공화국에서 주권자는 시민이고 그런 시민들의 정치적 사회적 연대가 바로 민주공화국이라 할 수 있다. 그러나 2008년 촛불집회의 참가자들이 헌법 1조의 1항, 2항인 "대한민국은 민주공화국이다!", "대한민국의 주권은 국민에게 있고, 모든 권력은 국민으로부터 나온다!"를 반복적으로 외친 데서 알 수 있듯이 집권세력이 국가의 근본정신과 가치인 민주주의와 공화주의에 입각해 위임된 권력을 행사하고 있지 않고 이를 훼손하는 경우도 빈번하다.

지금 이 땅에는 민주공화국의 주권자로 자유롭고 평등한 권리를 갖고 정치에 참여하는 공민인 시민이 처한 상황이 빈약하기 그지없다. 대한민국에 과연 제대로 된 시민이 있기는 하겠느냐는 의문이 제기되는 이유가 바로 여기에 있다. 설혹 한국에서 시민이라 불릴만한 사람들이 존재하더라도 그 시민은 '슈퍼시민(supercitizen)'이 아니라 '비세련된 시민(unsophisticated citizen)'일 뿐이다. 정치과정에서 시민의 역할에 대해 연구한 미국의 정치학자인 러셀 달톤(Russell Dalton)에 따르면 가장 바람직한 형태의 시민은 슈퍼시민이다.

밀, 로크(John Locke), 토크빌(Alexis de Tocqueville)을 비롯한 정치이론가들은 민주주의가 작동되려면 공중(the public)[14]이 세련화(sophistication)되어야 한다고 주장했다. 여기서 세련화란 시민들이 대표의 행위에 영향력을 행사하거나 통제할 수 있도록 정치시스템의 방식에 대해 이해하고 있을 뿐만 아니라 다원주의, 표현의 자유, 소수자 권리와 같은 민주주의적 이상들에 대해 깊은 신념을 공유하는 것을 의미한다. 세련되고 공동체와 관련된 일에 적극적으로 관여하는 민주적 공중이야말로 민주주의 성공에 필수요건이라는 것이다. 바로 이런 공중을 '슈퍼시민'이라 부른다.[15] 지금 한국에서는 기껏해야 '비세련된 시민'이 다수를 차지하고 있다. 대중들을 세련화된 시민으로 만들어야 한다. 이는 권위주의와 거리를 두고 민주주의 가치를 준봉하고 실천하는 시민이 다수가 되도록 제도적, 정책적, 문화적 노력을 기울이는 것을 가리킨다.

한국 사회에서 설득력이 있는 것은 '민주주의의 과잉'이 아닌 '민주주의의 결핍(Demokratiedefizit)' 테제이다. 민주주의가 결여되어 있고 여러 제약요인으로 인해 평범한 시민들로부터 점차 유리되면서 다양한 부작용이 발생하고 있기 때문이다. 세계화가 추동하는 신자유주의의 압력, 권위주의 통치의 유산, 분단의 지속과 정치의 좁은 이념적 스펙트럼 등의 대내외적 제약요인이 민주주의의 침체와 후퇴를 가져오고 있는 현실을 고려할 때 현재 필요한 것은 민주주의를 보다 심화시키고 확대시키는 일이다. 낮은 수준의 민주화를 보여주는 권위주의 통치의 유산, '배제의 정치'에 기반한 정치제도, 분단의 지속, 신자유주의 세계화의 압력 등의 제약요인을 얼마나 극복할 것인가? 다른 말로 이는 민주정치를 원래의 자리에 갖다 놓는 것을 의미한다.

이는 지금까지의 제한적이고 형식적인 민주주의에서 벗어나 '온전한 민주주의(full democracy)'를 구현하는 방향으로 나갈 필요가 있다는 것을 가리킨다. 이는 정치제도 영역에 국한된 최소 기준 민주주의에서 벗어나 사회경제 영역과 사회문화 영역을 포함한 최대 기준을 만족시키는 민주주의를 지향한다는 것을 의미한다. 그리고 배제의 원칙에 기초한 다수제 민주주의를 지양하고 '사회적·정치적 포함'에 토대를 두는 합의제 민주주의(consensual democracy) 요소를 갖추는 것을 가리킨다. 정치적 민주주의나 다수제 민주주의는 '결함 있는 민주주의(flawed democracy)'라는 데서 온갖 갈등이 실타래처럼 얽혀 있는 복잡하고 급변하는 현대 사회에는 적합하지 않다. 아울러, 온전한 민주주의를 구현하기 위해서는 기본권의 확대와 강화가 뒷받침되어야 한다. 민주주의란 늘 불완전하고 취약한 까닭에 시민의 지속적인 관심과 참여를 통해 내용의 건전성을 유지토록 하려는 것, 즉 진전된 참여민주주의도 병행될 필요가 있다.[16]

온전한 민주주의가 개혁 과정에서 바로미터가 되어야 하는 까닭은 지금 한국 사회가 시장의 절대화와 병행해 사회적 배제가 규칙이 되면서 사회적 불평등이 확대되고 갈등이 증대하고 있기 때문이다. 사회의 다양한 이익과 선호를 표출하고 집약해 정치체제 안으로 전달해야 할 대의제 기구들은 제대로 기능을 수행하지 못하면서 이에 대한 무관심과 불신이 상당한 정도에 달하고 있다. 이런 현실은 민주주의의 내용이 불충분하고 그 수준도 낮다는 것을 보여준다. 어떤 민주주의가 불평등한 사회구조와 시장의 왜곡을 바로 잡고 공동체 구성원들의 자유와 평등을 실질적으로 보장해줄 것인지를 사회적으로 고민해야 하는 까닭이 여기에 있다. 그중에서도 사회갈등을 민주적 절차를 통해 합의로 이끌거나 권위주의적 위계질서하에서 고통받는 사회구성원들의 권리를 보장하고 삶의 질을 향상시키는 것은 오직 온전한 민주주의를 통해서만 실현 가능하다고 할 수 있다.[17]

사회적으로 논란이 된 집단들은 예외 없이 민주적 절차와 제도가 부재하거나 있다고 해도 제대로 작동되지 않는다는 공통점을 갖고 있다. 대신 특정한 인물이나 파벌이 권력을 독점하고 온갖 전횡을 휘두른다. 구성원들은 이 과정에서 권리와 자유를 침해당하기 일쑤다. 내부적으로 권력자에 대한 견제와 균형 장치가 마련되지 않음은 물론이다. 최근에 사회적 공분의 대상이 되고 있는 어느 재벌 총수 일가의 '갑질'사건도 경제적 민주주의(economic democracy)[18]가 제대로 마련되고 작동하고 있었더라면 발생하지 않았을 것이다. 이와 관련하여 참고할 만한 것은 독일의 공동결정(Mitbestimmung)제도이다. 공동결정제도에 따르면 사업장 차원에서는 사업장평의회가 해당 사업장에 종사하는 노동자 전체를 대표하며 기업 차원에서는 감사회에 노동자 대표가 파견되어 노동자들의 권리와 이익이 침해되지 않도록 활동한다.

그렇다면 '온전한 민주주의'를 구현하기 위한 구체적인 대안으로는 무엇이 있을까? 이는 비민주적 행태를 유지하고 재생산하는 기성 체제와 질서를 어떻게 축소하고 해체시킬 것인가라는 문제제기와 상응하는 질문이기도 하다. 그 타당하고 적실성 있는 방안을 모색하고 나아가 이를 실천하는 일은 결코 쉽지 않다. 비민주적 질서를 온존케 하는 요인들은 다양한 영역과 수준에서 마치 칡뿌리처럼 복잡하게 얽혀 있기 때문이다. 이 책에서는 그 핵심적인 대안들을 ① 운동 ② 제도 ③ 문화로 구분하여 살펴보기로 한다. 이들 대안들은 서로 밀접한 상관관계에 있는 까닭에 분리해서 모색되기보다는 통합적으로 실천에 옮겨질 필요가 있다.

① 운동

최근의 촛불시위와 미투운동처럼 권위주의에 대해 이의를 제기하고 저항하는 사회운동을 펼치는 것은 매우 중요하다. 시민들이 자신의 목표를 달성하기 위해 수행하는 자발적이고 조직적이며 지속적인 직접행동이야말로 한국 사회에 깊숙이 뿌리내린 권위주의라는 괴물을 없애는 데 가장 핵심적 역할을 할 수 있다. 이는 선례가 있다. 대표적으로 1980년대에 동유럽에서는 시민들이 창조하고 이끌어가는 다양한 자발적 조직들이 위계적이고 권위주의적인 공산당과 국가에 도전하는 수단이자 진정한 민주주의에 필요한 토대로 기능했다.[19] 기존의 사회적, 정치적, 경제적 관계들에 의해 피해를 받고 있고 그들의 정체성이 위협받고 있다고 인식하는 특정한 집단과 행위자들은 법과 제도적 채널을 통해 문제가 해결되지 않을 경우 집단행동에 나서게 된다.

미국의 사회학자이자 역사학자인 찰스 틸리(Charles Tilly)는 사회운동을 보통사람들이 다른 사람들에 대해 집합적 요구(collective claims)를 행하는 일련의 논쟁적인 행위이자 표현이고 캠페인이라고 정의한다. 틸리에게 사회운동은 공공정치에서 보통사람들의 참가를 위한 주요 수단이라 간주된다.[20] 사회운동에는 대상 기관에 대한 집합적 요구를 하는 지속적이고 조직된 공적인 노력을 의미하는 캠페인이나 특정한 목적을 갖는 연합과 결사, 공적 모임, 종교적 행진, 철야, 집회, 시위, 청원운동, 공공미디어를 이용한 발표, 팸플릿 배포 등의 다양한 정치행동 등이 포함된다.

프랑스의 정치학자인 에릭 느뵈(Erik Neveu)에 따르면 집단

행동은 의도적인 공동 활동으로 협력에 동원되는 중심인물들의 분명한 기획에 따라 표명된다. 이런 공동 활동은 어떤 명분이나 물질적 이익을 수호하는 것을 가리키는 요구의 논리에 따라 전개된다.[21] 허버트 블루머(Herbert Blumer)의 표현을 빌리면 하나의 명분을 중심으로 단결된 행동은 '새로운 삶의 질서를 수립하려는 집단의 시도'로 나타난다. 이 질서는 근본적 변화를 겨냥할 수도 있고, 반대로 변화에 맞서는 저항 의지 때문에 자극받은 것일 수도 있다. 또한 혁명적인 변화를 의미하거나, 아니면 아주 지역적인 목표만을 겨냥할 수도 있다.[22]

악셀 호네트(Axel Honneth)는 사회적 투쟁은 상호인정이라는 상호 주관적 상태를 목표로 한다는 이색적인 주장을 펼친다. 그에 의하면 인정받지 못하는 사람은 특히 사회적으로 '모욕'이나 '무시'를 받을 경우 분노라는 심리적 반작용을 일으키고 이 분노는 사회적 투쟁에 나서는 심리적 동기가 된다는 것이다. 호네트의 인정이론은 한국 사회에서 여성 노동자나 이주 노동자들이 그들이 처한 곤궁한 현실과 각종 차별대우를 개선하려는 집단적 행동에 나서는 것을 이해하는 데 유용하다.[23] 이와 같이 사회 구성원, 그중에서도 사회적 약자와 소수자들이 각종 사회운동을 통해 그들의 권리와 이익을 쟁취하거나 확대하는 것은 나아가 해당 사회의 통합 수준을 높이고 민주주의를 심화시키는 데도 필수불가결한 과정이다.

② 제도

신제도주의자들이 주장하는 것처럼 제도는 사회의 행위자들이 그들 이익을 최대화하기 위해 전략을 세우는 전략적 맥락으로 이해된다. 권위주의와 집단주의 같은 한국 사회의 특징은 개인적 선택의 결과라기보다는 사회제도의 결과로 볼 수 있다. 탈권위주의화를 위한 제도 개혁은 '온전한 민주주의'에 상응하는 제도를 구비하는 것을 의미한다. 다름 아니라 이는 배제의 정치에 기반한 정치제도를 '포함의 정치'에 기반한 정치제도로 바꾸어야 한다는 것을 가리킨다. 한국이 채택하고 있는 대의제 민주주의는 복수의 정당이 선거를 통해 사회의 다양한 이익과 갈등을 표출하고 조직해 정부와 국회를 구성하는 것을 기본틀로 한다. 여기서 선거는 시민사회의 다양한 정책 선호를 정부의 정책 형성에 연결시키는 중요한 매개체이다.

그런데 대의제 민주주의의 대표 원리는 '어떻게 대표하는가'와 '누구를 대표하는가'를 둘러싸고 많은 논쟁을 유발하고 있다. 시민들의 의사가 왜곡되거나 자율성이 침해되고, 대표가 집단의 대표만을 대변할 뿐 소수는 의사결정 과정에서 대표되지 못하며, 소수의 지배적인 권력집단이 형성될 수 있다는 한계를 표출하고 있다. 한국에서도 대의제 민주주의가 상위계층의 권리와 이익을 벗어나 전체 사회구성원들을 보편주의적인 평등 원리에 입각해 포용하지 못하는 데서 보여지듯이 결정적 한계를 드러내고 있다. 한국 사회에서 다양한 이해와 갈등을 조정하는 적실성 있는 민주주의의 유용성을 탐구하고 현실에 적용하려는 노력은 매우 중요하다.[24]

지금 한국에서 새로운 정치에 대한 요구와 필요성은 매우 크다. 이를 위한 진정한 변화는 다양한 사회균열을 정치 사회가 집약하고 표출하도록 정당과 선거제도를 개혁하고, 국회를 민의를 대변하고 주요 정책을 토론, 숙고, 결정하는 장으로 만드는 것에서부터 시작되어야 한다. 민주주의의 핵심기관인 정당의 제도화

수준을 높이기 위해서는 노조와 이익단체들의 정당가입을 보장함으로써 사회균열을 반영하는 정당구조를 형성하고 일반 당원들의 의사결정 참여 범위를 넓힘으로써 당의 민주화를 이룩하는 것이 요구된다. 이를 통해 사회적 약자들이 그들의 권익을 정치과정에 투입하려는 집단적 행위가 실현 가능해질 수 있다. 그리고 유권자의 선호를 왜곡하지 않고 정확히 의석에 반영하는, 높은 수준의 비례성을 실현하는 선거제도로 변경하는 것 역시 필요하다.[25]

정부형태를 변경해야 한다면 다수제에서 합의제로 바꾸는 것이 바람직하다. '민주주의의 결핍'으로 인해 사회 불평등이 확대되고 사회적 약자들의 삶의 질이 더욱 저하되는 현실에서는 취약한 민주주의의 외연을 확대하고 내용을 심화시켜야 한다. 대다수의 사회구성원들이 더불어 살 수 있는 새로운 사회적 합의의 틀을 만들어 내는 일이 시급한 것이다. 이와 관련하여서는 미국식의 다수제 민주주의보다 서유럽의 합의제 민주주의(consensual democracy)가 한국 사회에 주는 시사점이 더 크다고 평가된다.

네덜란드 출신의 미국 정치학자인 아렌드 레이파트(Arend Lijphart)는 기존의 다수제 민주주의가 배제의 원칙들에 입각하기 때문에 비민주주의적이라고 지적하며 그 대표적 모델로 웨스트민스터 모델(Westminster model)을 든다. 다수 지배를 본질로 하는 웨스트민스터 모델은 영국과 같이 다수대표제의 선거제도를 채택하고, 강력한 양당제도를 갖추었으며, 다수당이 단독 내각을 구성하는 국가에서 채택되고 있다. 레이파트는 다수제 민주주의가 소수집단이 정치과정에 대한 광범위한 접근과 참여에서 제외되기 쉽다고 지적한다.

이런 까닭에 "반대보다는 합의를 강조하고, 배제시키기보다

는 포함시키고, 근소한 과반수에 만족하는 대신에 지배하는 다수
자의 규모를 최대화하려고 노력하는 민주주의체제인 합의제 민
주주의(consensual democracy)"가 필요하다. 합의제 민주주의는
다수자와 소수자 사이의 권력분담(sharing), 권력기관 간의 권력
분산(dispersal), 권력의 공정한 배분(distribution), 권력의 위임
(delegation), 권력에 대한 공식적 제한(limit)이라는 장치를 통해
다수자의 지배를 견제하는 것을 목표로 한다.26)

합의제 민주주의에 보다 가까운 정부형태를 채택하고 있는
대표적 국가는 스위스, 네덜란드와 벨기에이다. 스위스는 권력과
책임의 제도적 분배를 내용으로 하는 연방제와 공동참여의 집단
지도체제를 갖는 연방위원회를 중심으로 하는 합의제 정부를 운
영(Konkordanzdemokratie)하고 있다. 역사적으로 지배세력 간의
협의와 조정, 타협에 기초한 독특한 정치문화를 발달시켜 온 네
덜란드는 1917년 종교 및 사회집단 지도자들의 평화협약에서 비
례대표선거제도와 보통선거, 유권자의 투표 의무 등을 골자로 하
는 협약을 맺었다.

하원은 봉쇄조항(threshold) 없이 비례대표에 의한 직접선거
로 구성되며, 상원은 12개의 프로방스(province)에서 간접선거로
구성된다. 집행부도 늘 연립정부로 운영된다. 이와 같이 '사회적·
정치적 포함'에 기초한 합의제 민주주의는 다원화된 시민사회에
부합하는 민주적 메커니즘을 대표하며, 사회적 취약계층과 소수
집단에게 정치권력과 사회자원에 대한 제도화된 접근 기회를 부
여하는 장점이 있다. 합의제 민주주의는 권력 관계의 비대칭성
이 두드러지는 권위주의 사회를 개혁하는 데에도 큰 시사점을
제공한다.

③ 문화

　장기적으로 볼 때 권위주의 문제는 보다 많은 사회구성원들이 민주적 가치와 규범을 내재화함으로써 해소될 수 있다. 민주적 정치문화가 사회의 지배적 문화가 되어야 한다는 말이다. 이는 대표의 행위에 영향력을 행사하거나 통제할 수 있도록 정치 시스템의 방식에 대해 이해하고 있을 뿐만 아니라 다원주의, 표현의 자유, 소수자 권리와 같은 민주주의적 이상들에 대해 깊은 신념을 공유하며, 공동체에 관심을 두고 자발적으로 참여하는 자질을 지닌 적극적 시민이 형성되어야 가능하다.[27] 지배세력에 물질적으로 포섭되거나 그들의 가치를 아예 내면화함으로써 순응적 삶을 살아가는 사람들이 사회의 다수를 차지해서는 안 된다는 말이다.

　이를 위해 가장 실효성 있는 방안은 정치교육(politische Bildung)을 제도화하고 활성화하는 것이다. 앞에서 살펴보았듯이 한국 사회는 최대주의적 관점에서 민주주의의 내용이 여전히 불충분하며 민주화 수준도 높지 않다. 권위주의와 배타적 집단주의로 특징되는 비민주적 문화도 사회 곳곳에 존재한다. 이러한 사회에서 다양한 수준에서 행해지는 체계적인 정치교육은 정치문화를 민주적인 방향으로 변화시키고 그 구성원들에게 내면화시키는 데 크게 기여할 수 있다.

　정치교육은 서유럽에서 정치와 관련된 인간들의 능력과 지식을 발전시킨다는 교육적 의도로 사용되었다. 독립적 분과로 논의가 이뤄진 것은 19세기 후반이다. 새로 수립된 근대국가는 국민형성 과정에서 국민교육을 필요로 했다. 독일에서 정치교육이 전국 규모에서 체계적으로 시행된 것은 전후 '바이마르로부터의 교훈'을 중시한 서독 정부에 의해서였다. 허약하고 불안정한 정부가 이끄는 바이마르 공화국의 의회민주주의는 기율과 의무, 복종을 중시하는 전통적인 독일의 정치문화를 바꾸지 못했을 뿐만 아니라 모든 제도와 사상, 조직들을 획일화시킨 나치라는 괴물이 정치권력을 장악하는 길을 터줬다. '위대한 독일의 미래'를 약속한 나치당을 지지한 독일인들은 인간을 억압하고 순응시키는 구조를 가진 폭력적이고 규율적인 사회를 겪어야 했다.

이런 까닭에 전후 서독 정부는 국가권력의 불합리성을 판별할 줄 아는 성숙한 시민의 육성을 교육의 최대 과제로 삼았다. 이를 위해 내무성 산하에 연방정치교육센터(Bundeszentrale für politische Bildung/bpb)를 설립하고 다양한 영역에 걸쳐 민주주의를 위한 교육을 실시하였다.28)

그러나 독일의 정치교육이 처음부터 민주주의적 가치와 태도를 내면화하는 데 주안점을 두었던 것은 아니다. 제국시대에 정치교육은 충성스러운 신민이나 국민을 양성하기 위한 것이었고, 교육은 정치의 도구에 불과하였다. 여기서 보여지듯이 정치교육은 정치질서와 체제의 안정을 강조하는 협의의 개념과 시민적 자질의 육성을 강조하는 광의의 개념으로 구분된다. 초기에는 협의의 개념이 대부분이었고 이후 점차적으로 광의의 개념이 확산되었다. 현재는 광의의 개념이 보다 널리 수용된다. 광의의 정치교육은 정치현상에 대한 객관적 지식과 판단력 및 비판의식 습득, 합리적 의사결정과 문제해결의 학습, 민주의식 함양과 정치참여능력 제고를 중시한다. 정치교육은 다양한 교육을 통해 체제안정과 정당화가 아닌 '정치적으로 조직된 유일한 사회질서인 민주주의'의 발전을 추구한다.29)

체계적인 정치교육을 마련하여 지속적으로 실시함으로써 권위주의적 과거와 단절하는 데 성공할 수 있었던 독일의 사례는 우리에게 적지 않은 시사점을 제공해 준다. 문제는 왜 한국에서 독일과 같은 성공적인 정치교육이 행해지지 못하는가이다. 현재 한국에서는 다양한 기관과 단체들에 의해 정치교육이 행해지고 있으나 주체별로 정치교육의 목적 및 정의에 대한 이해가 상이하며 각자 특수한 목적에 부합하는 교육이 산발적으로 실시되고 있다. 그러다 보니 교육 내용이 부실하고 방식도 부적절한 경우가 많다. 체계적인 정치교육을 위한 법적인 뒷받침도 없다. 이렇게 된 데는 그 많은 정치인들 중에서 진정한 민주주의자가 드물기 때문이다. 현재 한국의 정치계에는 "민주주의를 감행하자!"를 선거 구호로 내걸고 총리에 당선된 후 이를 과감하게 실천한 빌리 브란트와 같은 정치인이 보이지 않는다.

민주주의에 대한 이해가 천박하거나 편향되다 보니[30] 공공연히 민주주의의 이름으로 민주주의에 반하는 언행을 일삼는 정치인들도 많다. 독일에서는 정당들이 그들과 상호 독립적이면서 긴밀한 관계에 있는 재단(Stiftung)을 통해서 각자 추구하는 이념과 가치에 부합하는 다양한 정치교육을 행하고 있지만, 막대한 액수의 국고보조금을 받는 한국의 정당연구소는 그마저도 제대로 수행하지 못하고 있다. 한국의 정당체계는 협소한 이념적 스펙트럼을 지녔고, 정당의 조직과 지지기반이 대단히 허약하며, 정당 지도부는 비민주적이거나 폐쇄적으로 당을 운영하는 경우가 흔하기 때문이다.

이런 점들에 비춰보면 한국에서 민주주의를 위한 정치교육이 자리 잡고 활성화되는 것은 결코 쉽지 않으리라고 예측된다. 그럼에도 정치교육은 민주주의가 다시 붕괴되어 낡은 권위주의체제로 퇴보하지 않게 하고, 나아가 민주주의를 보다 더 심화시키고 확대함으로써 구성원들의 삶의 질을 증진시키는 데 필수불가결하다. 사회구성원들에게 민주적 가치와 태도를 정착시키는 가장 효과적인 방안이기 때문이다. 다양한 영역과 수준에 걸쳐 바람직한 정치교육을 위한 정교한 로드맵이 마련되어야 하는 까닭이 여기에 있는 것이다. 그 실마리는 사회적 공론화 과정을 통해 정치교육을 인적, 재정적으로 지원할 뿐만 아니라 총괄적으로 조정하는 것을 골자로 하는 통합적인 법률을 마련하고 이를 국회에서 통과시키는 것에서 찾을 수 있다. 법적인 제도화가 이뤄지면 주관기관 설립, 시민사회와의 상생 관계 구축, 시민참여 유도, 학교 정치교육의 활성화와 같은 세부 과제도 용이하게 추진될 수 있다.

지금껏 살펴본 대안들인 운동과 제도, 문화는 각자 단절적으로 존재하지 않고 서로 유기적으로 연결되어 있다. 그런 까닭에 사회의 여러 영역에서 다양한 세력 및 행위자들 간에 상호협력적으로 추진될 필요가 있다. 때로는 멀고 험한 길이 될지라도 그것만이 권위주의 행태를 유지하고 재생산하는 기성 체제와 질서를 해체시키고 '온전한 민주주의'를 구현하기 위한 방안이기 때문이다. 권위주의는 부와 권력을 거머쥔 강자의 것이다. 평범한 삶을 영위해가는 이 땅의 모든 보통사람들이 권위주의라는 베헤모스에 의해 억압과 차별과 배제를 당하지 않도록 굳건한 민주주의의 토대를 구축해야 한다. 그들이 진정으로 평등하고 자유로운 삶을 누릴 수 있도록 민주주의 제도를 정착시키고 그에 상응하는 문화를 내면화시키려는 노력이 꾸준히 행해져야 할 것이다. 그 과정에서는 자유의 범위와 내용을 확장시킬 뿐만 아니라 때로는 편파적으로 피억압자의 입장을 옹호하는 '차별적 관용'[31]이 필요할 수도 있다.

홉스봄이 지적했듯이 "아직은 무기를 놓지 말"아야 한다. "사회는, 여전히 규탄하고 맞서 싸워야 하기 때문이다. 세상은 저절로 좋아지지 않는다."[32] 탈권위주의화를 향한 투쟁이 지속적으로 행해진다면, 여전히 경직되고 폐쇄된 사고체계를 신봉하고 권위주의적 규율을 당연시하는 구시대적 인간은 감소하고 그 빈자리는 어디서나 이질적인 타자와 공존하면서 불의한 권력에 대항하는 목소리를 내는 당당한 민주주의자들로 채워질 것이다.

머리말 _____

1) Barrington Moore, Jr., *Social Origins of Dictatorship and Demo-cracy: Lord and Peasant in the Making of the Modern World* (New York: Beacon Press, 1966), p.159.

2) 호주의 정치학자인 존 킨은 인류 역사에서 민주주의는 '소름끼칠 정도로 굉장한 발명품'이라면서 다음과 같이 말한다. "민주주의라는 것은 그저 사람들이 스스로 통치하는 것이라고 단순하게 이해할 수도 있지만, 동시에 이 개념에는 급진적 요소가 담겨 있다. 즉 민주주의는 인간이 서로 평등한 존재로서 이 땅위에서 어떻게 함께 살아갈지를 두고 스스로 결정을 내리는 데 필요한 각종 제도를 발명하고 활용할 수 있는 존재라고 가정한다 … 민주주의라는 작은 꿈 속에는 큰 믿음이 담겨 있다. 즉 인간이라는 유한한 존재들이 서로 동등한 존재에서 토론이나 회의체를 스스로 조직할 수 있고, 그 안에서 잠시 다른 활동을 멈추고 어떤 대상에 대해 시간을 두고 함께 생각할 수 있으며, 그리고 나서 행동방침을 결정할 수 있다는 것이다. 이런 의미에서 민주주의는 소름끼칠 정도로 굉장한 발명품이었다. 사실상 인류 역사에 나타난 최초의 '인간적인' 통치 형태였던 것이다." 존 킨·양현수 역, 『민주주의의 삶과 죽음: 대의 민주주의에서 파수꾼 민주주의로』(서울: 교양인, 2017), p.18.

3) 웬디 브라운, "오늘날 우리는 모두 민주주의자이다," 조르지오 아감벤 외, 김상운 외 역, 『민주주의는 죽었는가?』(서울: 난장, 2010), pp. 95-96. 다른 한편으로 웬디 브라운(Wendy Brown)은 민주주의가 마

치 빈 그릇과도 같아서 온갖 나쁜 내용으로 채워질 수도 있다고 한다. 그러다 보니 기존 민주주의가 계급 차별과 불평등, 인종 차별과 배제, 제도화된 성 차별, 식민주의적이고 제국주의적인 편견과 관습, 종교에 부여된 암묵적인 특권과 특정 종교 말살 등으로 점철되어 있다는 것이다. 브라운은 최소한의 민주주의가 보장하는 최소한의 약속을 강조한다. 이는 인민 전체가 통치하며 권력을 공유하는 유일한 정치 형태인 민주주의는 인민 전부가 수단이 아닌 목적이 되며 인민 각자가 정치적인 목소리를 내는 것을 가리킨다. 신자유주의에 의한 최소한의 민주주의의 상실에 대해서는 웬디 브라운, 배충효·방진이 역, 『민주주의 살해하기』(서울: 내인생의책, 2017), pp.274-286.

4) 2008년부터 2012년까지 집권한 이명박 정권은 감세와 민영화 등 전면적인 신자유주의 정책에 더해 촛불시위에 대한 공권력 투입, '미네르바'의 구속으로 상징되는 표현의 자유 억압, 대화와 타협에 기초한 의회정치의 경시와 독선적 국정운영, 언론사 노조위원장 구속과 'PD수첩' 관련자들에 대한 체포조사로 상징되는 민주적 공론장의 파괴 시도 등으로 인해 야당과 시민사회단체들로부터 민주주의를 후퇴시키고 있다는 비판을 받았다. 이런 비판에는 국내뿐만 아니라 해외의 지식인들도 동조하였다. 대표적 사례가 2009년 12월 10일 세계 인권의 날을 맞아 노암 촘스키, 하워드 진, 조지 갤러웨이, 알렉스 캘리니코스 외 20개국 교수, 학생, 노동조합·사회운동 활동가들이 낸 이명박 정권의 민주주의 탄압에 항의하는 국제성명이다. 성명서에서 이들은 "식품 안전과 민주적 권리가 침해되는 데 우려했던 한국의 평범한 대중운동을 대표하는 것"인 "2008년 촛불운동에 대한 탄압은 국제적 항의에도 불구하고 오히려 더 많은 진보단체와 민주적 시민에 대한 탄압으로 확대됐다"고 비난했다. 또 용산참사 사태는 "정부의 신자유주의 정책과 탄압이 부른 살인"이라며 "용산 철거민 참사 항의운동 참가자들을 즉시 석방하고 강제 연행을 중단해야 한다"고 강조했다. 집회의 자유와 시위권 보장에 대해선 "지난 4월 30일부터 5월 2일까지 집회와 시위를 원천봉쇄한 채 시위 참가자들을 무차별 구타하고 구속한 것에 분노를 금치 못 한다"며 "경제 위기에 대한 책임을 노동자에 전가하고 민주 권리를 탄압하는 정부에 맞서는 집회와 시위는 완전히

정당하다"고 전했다. 이들은 이밖에 언론노조의 탄압 중지, 쌍용차 노조원 구속, 국가보안법 탄압 중단 등을 규탄하면서 "정부가 시민에 대한 반민주적 탄압을 중단하고, 집회 및 시위에 대한 자유로운 접근권을 보장할 것"을 재차 촉구했다. 『한국일보』, 2009년 12월 9일. 이런 현상은 후임 정권인 박근혜 정권 시기에도 전혀 개선되지 않았다. 당시 청와대와 집권여당은 국정의 주요 정책들을 추진하는 과정에서 야당과 타협을 시도하거나 국민들을 설득하는 데 대단히 소극적이었고, 중요한 사안들은 정치공학에 의존하는 행태를 보였다. 대통령은 공안검사 출신 인사들을 권력의 핵심 자리로 발탁한 후 국가기관인 국정원과 검찰 등을 동원해 반대세력에 대한 억압과 공작정치를 펼쳤다. 사회정의와 생존권 보장을 외치는 사회적 약자들은 국가에 의해 그 권리가 보호되기는커녕 오히려 탄압의 대상이 되었다. "이게 나라냐?"라는 외침이 나온 것은 당연한 이치였다. '낙하산' 인사를 통해 장악한 언론사들은 이러한 정권의 행태를 비호하거나 침묵했다. 견제받지 않는 채로 무소불위의 권력을 휘둘렀던 정권은 결국 비선실세에 의한 국정 농단과 부패행위로 인해 붕괴하였다.

5) '잊혀진 사람들'은 1883년 미국의 윌리엄 그레이엄 섬너(William Graham Sumner)가 그의 논문에서 처음 사용했다. 대중적으로 널리 알려지게 된 것은 1932년 4월 루스벨트가 라디오 연설에서 사용하고부터이다. 루스벨트는 경제구조의 하층에서 중요한 위치를 차지하고 있는 방대한 '잊혀진 사람들'에 대해 신뢰를 갖고 그들이 밑으로부터 경제력을 구축하도록 정부가 힘써야 한다고 강조했다. 이는 적극적인 불황 대책이라고 할 수 있는 '잊혀진 사람을 위한 뉴딜(New Deal for the Forgotten Man)' 정책으로 구체화되었다.

6) Dieter Nohlen, "Mehr Demokratie in der Dritten Welt? Über Demokratisierung und Konsolidierung der Demokratie in vergleichender Perspektive," *Aus Politik und Zeitgeschichte*, B25/26(1989), pp.3-18.

7) 조슈아 컬랜칙, 노정태 역, 『민주주의는 어떻게 무너지는가: 경제위기, 중산층의 배반 그리고 권위주의의 귀환』(파주: 들녘, 2015), p.40.

8) "세계 경제 15위 '한국호', 안전한 삶은 OECD 꼴찌,"『한겨레』, 2014년 5월 15일.

9) 아렌드 레이파트는 기존의 다수제 민주주의가 배제의 원칙들에 입각하기 때문에 비민주주의적이라고 지적하며 그 대표적 모델로 웨스트민스터 모델(Westminster model)을 든다. 웨스트민스터 모델은 집행권의 집중, 권력의 융합과 내각의 우세, 불균형의 양원제, 양당제도, 한 차원의 정당제도, 선거에 있어서의 최다득표제, 일원제의 집권화된 정부, 불문헌법과 의회주의, 순전한 의회민주주의라는 상호 연관된 요소로 구성된다. Arend Lijphart, *Democracies, Patterns of Majoritarian and Consensus Government in Twenty-One Countries* (New Haven: Yale University Press, 1984), pp.4-9.

10) 홍익표, "남북한 사회통합의 새로운 지향: 합의제 민주주의를 중심으로,"『통일문제연구』제16권 2호(2004), pp.189-191.

11) 미투운동은 2017년 10월 5일『뉴욕 타임스』가 할리우드 거물 제작자인 하비 와인스틴에게 수십 년간 성적 학대를 당한 여성들의 사례를 보도한 것을 보고 배우 알리사 밀라노가 트위터에 성폭력 가해자를 고발하는 '#미투'라고 적은 글을 올리면서 시작되었다. 페이스북에만 하룻밤 사이 1,200만 건이 넘는 글이 올라오는 등 큰 반향을 불러일으킨 미투운동은 유명 인사들의 성범죄가 연달아 폭로되면서 재계와 정계, 언론계, 문화계를 발칵 뒤집어 놓았고, 80여 개국으로 퍼져나갔다. 시사주간지『타임』은 성폭력 피해 사실을 폭로한 '침묵을 깬 사람들'을 올해의 인물로 선정하였다.

12) 내부통신망에 올린 글 전문은『경향신문』, 2018년 1월 30일, 방송 인터뷰 전문은『JTBC 뉴스』, 2018년 1월 29일에서 볼 수 있다.

13) 마르쿠제는 '일차원적 사회'의 특징으로 기술적 합리성에 입각한 통제, 정치세계의 폐쇄, 불행한 의식의 망각, 자유담론의 차단 등을 들고 있다. 이에 대해서는 Herbert Marcuse, *One-Dimensional Man: Studies in the Ideology of Advanced Industrial Society* (London: Routledge & Kegan Paul Ltd., 1964), pp.1-120.

14) 데틀레프 포이케르트, 김학이 역,『나치 시대의 일상사: 순응, 저항,

인종주의』(서울: 개마고원, 2003), pp.44-45. 이 책은 나치시대에 평범한 삶을 살던 '작은 사람들(kleine Leute)'이 나치즘에 대해 보인 순응과 지지의 원인과 양상에 대해 구체적으로 알려준다.

15) 칼 마르크스는 『루이 보나파르트의 브뤼메르 18일(*Der achtzehnte Brumaire des Louis Bonaparte*)』을 다음과 같은 언급으로 시작한다. "헤겔은 어디선가 세계사에서 막대한 중요성을 지닌 모든 사건과 인물들은 두 번 나타난다고 말했다. 그러나 그는 다음과 같이 덧붙이는 것을 잊었다. 한 번은 비극으로 다음은 소극으로 끝난다는 사실 말이다. 당통에 대해서는 꼬씨디에르가, 로베스피에르에 대해서는 루이 블랑이 … 삼촌에 대해서는 조카가 그러하다. 그리고 같은 희화화가 브뤼메르 18일의 재판이 벌어지고 있는 상황 속에서 그려지고 있는 것이다." 이 책에서 마르크스는 나폴레옹 1세의 조카인 루이 보나파르트가 다수 인민의 이익을 명분으로 어떻게 민주주의 장치를 파괴하고 독재로 회귀하였는지를 날카롭게 분석하였다. "6월 사건 동안 모든 계급과 정파는 질서당으로 결집하여 프롤레타리아 계급을 사회주의, 공산주의 및 무정부주의당으로 규정하고, 프롤레타리아 계급을 공격했다. 그들은 사회를 '사회의 적들'로부터 '구해냈다' … 질서당은 1848년 이후로 상실한 것으로 여겼던 권력을 1849년에 모든 제약에서 해방된 채 되찾게 되었음을 경축했다. 그러한 권력의 회복은 공화국과 헌법에 대한 악의에 찬 독설과 그들의 지도자들이 이룩한 것을 포함한 미래, 현재, 과거의 모든 혁명에 대한 저주, 그리고 언론의 입을 틀어막고 결사의 자유를 파괴하고 계엄령을 관계법으로 제도화하는 등의 수단을 통해 쟁취된 것이다 … 가장 단순한 부르주아적 재정개혁에 대한 요구와 가장 평범한 자유주의, 가장 형식적 공화주의, 가장 협소한 민주주의에 대한 모든 요구는 '사회에 대한 도발'로 단죄당하고 '사회주의'로 낙인찍힌다." 마르크스에 따르면 역사적 퇴행을 가능하게 했던 것은 의회다수당인 질서당의 지지 외에도 "혁명의 위험에서 벗어나 이집트의 고기냄비 곁으로 돌아가려 했던 프랑스 국민들의 갈망"이었다. Karl Marx, *Der Achtzehnte Brumaire des Louis Bonaparte*, Marx-Engels-Werke Band 8 (Berlin: Dietz Verlag, 1960), p.115, p.117, p.123.

16) 그런 사회에서는 인성과 능력보다는 스펙과 외모로 취업이 결정되기 쉽다. 그러다 보니 성형 붐이 일어나고 자기계발 열풍이 부는 것이다. 이는 권위주의가 일상에 깊이 침윤해 있음을 보여주는 사례이다. 자기계발과 성형 붐은 권위주의 사회의 민낯이다. 물론 경쟁을 강조하는 신자유주의도 이를 부추긴 요인이다. 그러나 그 주된 요인은 한국이 강한 권위주의 사회이기 때문이다. 불평등한 권력관계가 온존하고 배타적 집단주의 문화가 깊게 뿌리 내린 권위주의 사회에서는 배제와 차별이 만연할 수밖에 없다. 젊은 세대들 사이에선 "외모가 경쟁력이다"란 말이 빈번히 사용되고 이른바 '얼평('얼굴 평가'의 줄임말로 인터넷상에서 자신의 사진을 올리고 외모를 평가해 달라는 뜻으로 사용되는 신조어)'을 빼고는 대화가 진행되지 않을 정도라는 평가도 나오고 있다. 그것이 한국 사회의 부인할 수 없는 현실이다.

17) 기무라 간, 김세덕 역, 『한국의 권위주의적 체제 성립』(서울: 제이앤씨, 2013); 조대엽·박길성, 『한국 사회 어디로 가나: 권위주의 이후의 권위구조 그 대안의 모색』(서울: 굿인포메이션, 2005); 박광주, 『한국 권위주의 국가론』(서울: 인간사랑, 1992); 한상진 편, 『제3세계 정치체제와 관료적 권위주의』(서울: 한울, 1990).

18) 김동춘 외, 『반공의 시대: 한국과 독일, 냉전의 정치』(파주: 돌베개, 2015); 후지이 다케시, 『파시즘과 제3세계주의 사회에서: 족청계의 형성과 몰락을 통해 본 해방 8년사』(서울: 역사비평사, 2012); 강인철, 『한국의 개신교와 반공주의: 보수적 개신교의 정치적 행동주의 탐구』(서울: 중심, 2006); 강준만·김환표, 『희생양과 죄의식: 대한민국 반공의 역사』(서울: 개마고원, 2004).

19) 조희연, 『동원된 근대화: 박정희 개발동원체제의 정치사회적 이중성』(서울: 후마니타스, 2010); 이병천 엮음, 『개발독재와 박정희 시대』(파주: 창작과비평사, 2003).

20) 문승숙, 이현정 역, 『군사주의에 갇힌 근대: 국민 만들기, 시민 되기, 그리고 성의 정치』(서울: 또 하나의 문화, 2007); 권인숙, 『대한민국은 군대다: 여성학적 시각에서 본 평화, 군사주의, 남성성』(파주: 청년사, 2005).

21) 모리 야스로, 박성수 역,『한국 정치와 지역주의』(서울: 모시는사람들, 2012); 이갑윤,『한국의 선거와 지역주의』(서울: 도서출판 오름, 1998; 정근식, "불균등 발전과 지역주의, 그리고 지역 담론의 변화," 한국사회사학회 편,『한국 현대사와 사회 변동』(서울: 문학과지성사, 1997; 김종철·최장집 외,『지역감정 연구』(서울: 학민사, 1995); 한국사회학회 편,『한국의 지역주의와 지역갈등』(서울: 성원사, 1990).

22) 한용원,『한국의 군부정치』(서울: 대왕사, 1993); 김영명,『제3세계의 군부통치와 정치경제: 브라질·한국·페루·이집트의 비교 연구』(서울: 한울, 1985).

23) 포함의 정치의 역사적 형성과 유형, 구조에 대해서는 홍익표, "유럽의 정치질서: '포함의 정치'의 형성과 구조를 중심으로," 한국국제정치학회 유럽기초학문분과위원회 편,『유럽 질서의 이해: 구조적 변화와 지속』(서울: 도서출판 오름, 2003), pp.197-220.

24) 해럴드 크라우치, 신윤환 역,『동남아 권위주의의 역사적 기원』(서울: 이매진, 2009).

25) 홍익표, "'풍요 속의 빈곤'—87년 헌법 개정 논의에 대한 비판적 고찰."『법교육연구』제12권 제2호(2017), pp.195-196.

26) 에릭 홉스봄, 강성호 역,『역사론』(서울: 민음사, 2002), p.52.

27) 에릭 홉스봄(2002), p.31.

제1장 베헤모스가 되어버린 한국의 권위주의 _____

1) 새뮤얼 헌팅턴, 강문구·이재영 역,『제3의 물결: 20세기 후반의 민주화』(고양: 인간사랑, 2011).

2) 홍익표,『한국 정치를 읽는 20개의 키워드: 신자유주의부터 포퓰리즘까지』(서울: 도서출판 오름, 2015), p.66.

3) '권위주의의 지속' 혹은 '민주화 시대의 권위주의'에 대해서는 Larry Diamond, Marc F. Plattner & Christopher Walker (eds.), *Authorita-*

rianism Goes Global: The Challenge to Democracy (Baltimore: Johns Hopkins University Press, 2016); Rachel Vanderhill & Michael E. Aleprete, Jr. (eds.), *International Dimensions of Authoritarian Persistence. Lessons from Post-Soviet States* (Lanham: Lexington Books, 2013); Jason Brownlee, *Authoritarianism in an Age of Democratization* (Cambridge: Cambridge University press, 2007.

4) 『연합뉴스』, 2018년 4월 18일.

5) 이에 대해서는 양정호, 『갑의 횡포, 을의 일터: 갑과 을은 어떻게 재생산되는가?』(서울: 생각비행, 2018) 참조. 이 책에서 양정호는 '갑을 사회' 혹은 '갑질사회'를 '하청사회'라 지칭하고, 이를 떠받치는 두 개의 기둥인 지대추구 행위와 외주화를 중심으로 하청사회를 분석하고 있다.

6) 2017년 2월 IOM이민정책연구원이 펴낸 「국내 이민자의 경제활동과 경제기여 효과」 정책 보고서에 따르면 외국인 노동자가 2016년 일으킨 경제적 효과는 생산 효과(54조 6천억 원)와 소비지출 효과(19조 5천억 원)를 합쳐 총 74조 1천억 원인 것으로 추정됐다. 보고서는 '외국인 고용조사' 통계 등을 토대로 2016년 외국인 노동자를 99만 1천 명, 이들의 총 임금과 총 소비를 각각 22조 5천829억 원과 9조 331억 6천만 원으로 추정해 이러한 분석치를 내놨다. 나머지 13조 5천497억 4천만 원은 모국으로 송금하는 것으로 가정했다. 이 보고서는 이민자가 증가한 배경으로 저출산에 따른 생산가능 인구 감소, 고령화에 의한 부양비 증대, 노동 수급의 불일치, 산업기술 인력의 부족 등을 거론하였다. 『연합뉴스』, 2017년 2월 14일.

7) 일제에 의한 식민통치, 계속된 권위주의 정권의 지배를 거치면서 한국 사회에는 배타적 성격의 집단주의가 고착되었다. 이 집단주의는 '우리 집단' 성원들에게는 매우 개방적이지만 연고를 달리하는 '남의 집단' 성원들에게는 매우 폐쇄적이라는 이중적 커뮤니케이션 구조를 형성하게 하였다. 다문화가정 여성, 코시안, 무슬림 들은 배타적 집단주의의 대표적인 희생자들이라 할 수 있다. 홍익표(2015), pp.421-422.

8) 엘리아스와 스콧슨은 영국 교외의 소읍인 윈스턴 파르바에 대한 사례

연구에서 토착민 집단이 기득권자가 되고, 나중에 이주해온 집단을 아웃사이더로 취급하면서 열등한 사람들로 낙인찍었다고 지적한다. 기득권 집단의 구성원은 자신이 더할 나위 없이 소중하고 인간적으로 우월한 집단에 속한다는 만족감과 집단 카리스마를 구현한다는 데에 자부심을 지니는데, 이는 집단 특유의 규범과 의무를 수용하는 자세로 연결된다는 것이다. 노르베르트 엘리아스·존 스콧슨, 박미애 역, 『기득권자와 아웃사이더』(파주: 한길사, 2005), pp.19-25.

9) 술에 취해야 친밀한 관계가 형성되고 의리 있는 관계가 된다고 믿는 사람들은 전형적인 권위주의적 사고를 지녔을 가능성이 크다. 낯선 타인과의 술자리는 통성명과 서열 확인을 시작으로 전개되는 경우가 대부분이다. 여기서 인정을 받은 사람에게는 생존과 출세에 유용하다는 '고급' 정보가 제공되고 은밀하게 '자리'가 약속되기도 한다. 다른 한편으로 술자리는 밀실 접대와 부정한 청탁이 행해지는 부정부패의 공간이 되기도 하다. 정치인과 관료, 재벌, 법조인, 언론인들이 먹이사슬을 형성하고 있는 상대방과 은밀한 술자리를 통해 관계를 맺는 일은 비일비재했다. 술을 뺀 '밤의 정치', '밀실정치'는 존재하지 않는다. 한국 사회의 선진화를 위해 청산되어야 할 전형적인 연고주의 행태가 바로 이런 술자리라 할 수 있다.

10) 이에 대해서는 과거 한국의 고도성장, 월드컵 4강 신화, IMF 외환위기 극복과정이 보여주듯 '우리'라는 집단의식이 한국 사회의 역동적 발전을 가능케 한 동력이라는 이견도 존재한다. 대표적으로 강준만은 연고주의가 힘없는 민중들의 '자기보호 메커니즘'으로 역할을 해왔다고 지적한다. 그는 연고주의가 한국인의 유전자이므로 이를 폐기하기보다는 차라리 개혁해 공공적 가치를 내세우면서 단결하는 힘과 그 힘을 가능케 하는 메커니즘으로 만들자고 주장한다. 강준만, 『지방은 식민지다』(서울: 개마고원, 2008), pp.288-289, p.335.

11) 다음과 같은 한 시민기자의 회고는 군사문화가 우리의 일상생활에 얼마나 깊게 침투했었는지를 잘 보여준다. "예전에는 "전쟁터에 가는 군인이 총을 두고 오느냐"는 말이 흔하게 통용되었다. 내가 그 말을 처음 들었을 건 아마 초등학교 저학년 무렵이었던 것 같다. 깜빡

책을 두고 왔는데 선생님이 따귀를 때리면서 "전쟁터에 가는 군인이 총을 두고 가느냐!"며 호통을 치는 것이었다. 왜 학교가 전쟁터로 변형되고 내가 군인과 비교되어야 하는지 알 수 없는 노릇이었지만 그 지긋지긋한 관용구는 그때부터 나의 생활에 견고하게 자리 잡았다. 초등학교 때부터 여름과 겨울을 가리지 않고 학생들을 운동장에 세워두는 조회는 군사문화의 시발점이었다. 교복을 입게 되면 군인과 크게 다르지 않았다. 중학교에 들어가자마자 제식훈련을 받아야 했고 고등학교에서는 사격을 제외한 본격적인 군사훈련이 실시되었다. 그 시절의 학생들에게는 툭하면 운동장 수십 바퀴를 돌리고 주먹 쥐고 엎드려 뻗치거나 머리를 박는 등의 기합이 가해지기 일쑤였다. 학교에서 맛본 군대문화의 압권은 역시 '빳다'였다. 특히 엎드려 뻗친 상태에서 차례대로 치고 다가오는 '빳다'의 공포는 상상을 초월했다. 저것을 피할 수 있다면 어떤 짓이든지 시키는 대로 다 할 수 있을 것만 같았다. 어려서부터 가혹한 체벌과 인간을 동물의 수준으로 만드는 '빳다'를 물리도록 경험한 청년들은 군대에서 겪는 폭압을 당연하게 받아들이게 마련이다. 군대가 신성한 국방의 의무를 이행하는 청년들을 가혹하게 대할 수 있는 데는 "군대를 다녀와야 사람 된다"는 면죄부를 발급받았기 때문이다. 사람이 되고 남자가 되기 위해 필수적으로 포함되는 옵션은 '수용소 군도' 수준의 내무반이나 포로와 흡사한 처우다." 배상열, "군대 가면 사람 된다?" 『오마이뉴스』, 2007년 8월 28일.

12) 그람시의 헤게모니 개념에 대해서는 Thomas R. Bates, "Gramsci and the Theory of Hegemony," *Journal of the History of Ideas*, Vol.36, No.2(1975), pp.351-366.

13) 학교에서는 자유와 자율과 자치를 중시하고, 불의에 용기 있게 저항하는 긍지 높은 자유인을 기르지 않았다. 오직 사회와 국가공동체를 위한 희생과 헌신만을 강요했다. 이는 법과 규칙에 대한 맹목적 순종을 강요하는 것으로 나타났다. 그런 한에서 김상봉은 한국 도덕교과서의 이데올로기가 노예도덕과 파시즘적이라고 표현할 수 있다고 한다. 김상봉, 『도덕교육의 파시즘: 노예도덕을 넘어서』(서울: 길, 2005), p.19, p.39, p.44.

14) 박복선, "학교와 민주주의?" 홍윤기 외, 『가장 민주적인, 가장 교육적인: 가르치는 민주주의를 넘어』(서울: 교육공동체 벗, 2017), pp. 14-15.

15) 박민영, 『학교는 민주주의를 가르치지 않는다』(서울: 인물과사상사, 2017), p.101, pp.29-33.

16) 학교 안에서 허용되지 않는 민주주의의 실태에 대해서는 홍서정 외, 『광장에는 있고 학교에는 없다: 민주주의의 도전』(서울: 교육공동체 벗, 2017) 참조.

17) 『연합뉴스』, 2013년 9월 21일.

18) 이에 대해서는 김창인, 『괴물이 된 대학: 자본의 꼭두각시가 된 한국 대학 구조조정 백서』(서울: 시대의창, 2015) 참조.

19) 김정인, 『대학과 권력: 한국 대학 100년의 역사』(서울: 휴머니스트, 2017). 특히, 시장권력의 진출과 시장 논리의 전면화에 대해서는 같은 책, pp.306-318.

20) 오찬호, 『우리는 차별에 찬성합니다: 괴물이 된 이십대의 자화상』(서울: 개마고원, 2013), p.232.

21) 오찬호(2013), pp.76-77.

22) 이는 한국 현대사의 민주화 운동의 선봉장이자 견인차였던 대학이 정작 자신을 민주화하는 데는 실패한 것을 잘 보여준다. 이에 대해 김누리는 다음과 같이 지적한다: "30년 군사독재 시대는 말할 것도 없고, 1987년 '민주화 이후'에도 대학은 민주화되지 못했다. 정치적 민주화의 흐름 속에서 민교협이 결성되고, 해직교수가 복직되고, 총장직선제가 일부 시행되기는 했지만, 그것이 실질적인 대학 민주화로 이어지지는 못했다. 여전히 국립대학은 정부의 압력에서 자유롭지 못했고, 사립대학은 족벌사학의 영향에서 벗어나지 못했다. 거기에 1990년대 중반부터 불어닥친 신자유주의 대학개혁은 대학을 통째로 자본과 기업의 손아귀에 쥐여 주었다. 기업화된 대학은 군사독재하에서도 근근이 지켜낸 자신의 영혼마저 팔아넘겼다. 그렇게 대학은 우리 사회에서 가장 비민주적이고 후진적인 조직으로 전락했다. 대학 민주주의의 퇴행을 극적으로 보여주는 곳은 특히 재벌이

지배하는 사립대학이다. 중앙대의 경우는 재벌이 대학을 장악하면 대학 민주주의를 어디까지 파괴할 수 있는지를 생생하게 증언하는 사례이다. 2008년 이명박 정부 등장과 함께 중앙대를 '인수'한 두산 법인의 첫 조치는 대학 민주주의를 정면 부정하는 것이었다. 총장직 선제를 총장지명제로 전격 개악한 것이다. 박용성 이사장은 "손목을 자르겠다", "목을 쳐 주겠다"는 등의 조야한 협박을 일삼으며 대학의 민주적 질서를 초토화했다. 학내 언론을 장악하여 조작과 검열을 자행하고, 교수들을 '강성 악질 노조'라고 비난하고, 댓글부대를 조직하여 비판적인 교수와 학생을 공격했다." 김누리, "2018, 대학 민주화의 원년이 되길," 『한겨레』, 2018년 1월 1일.

23) 권인숙은 그 당시 학생운동이 군사독재에 반대하고 민주화를 위해 싸웠지만, 내적으로는 상당한 권위주의와 위계적 문화가 자리 잡혀 있었다고 지적한 바 있다. 시위를 폭력적으로 진행시킬 필요가 있는 지 묻는 것조차도 허락되지 않는 듯한 분위기였다고 한다. 애국과 민족은 재고의 여지가 없는 절대선으로 상식화되어 있었으며, 각종 시위에서는 성별 분업이 있었고, 여성활동가들은 1980년대 내내 여성 문제를 제기하지 않는 것을 미덕으로 여겼다는 것이다. 권인숙, 『대한민국은 군대다: 여성학적 시각에서 본 평화, 군사주의, 남성성』 (파주: 청년사, 2005), p.10.

24) 박민영(2017), p.6. 학교가 계급 재생산 기구이자 기득권층 지배의 정당성을 합리화하는 기구라면서 박민영은 이렇게 언급한다. "학교가 없다고 생각해보라. 대중은 왜 기득권 세력의 지배를 받아들여야 하는지 알 수 없고, 지배적 질서 역시 붕괴될 것이다. 학교에서 공정한 룰(rule)에 따라 성적 경쟁에서 승리한 사람들이 지배층이 된다는 신화를 믿는 한 지배 질서 역시 안전하다. '공정한 경쟁 → 승리 → 기득권층 편입'의 신화 속에서 학교는 지배 권력을 합리화한다. 그 과정에서 폭력과 억압은 학생들을 효과적으로 길들이는 기능을 한다."

25) 홍세화, "지적 인종주의," 『한겨레』, 2007년 12월 11일. 학력과 학벌 중심 사회의 폐해에 대해서는 송민수, 『어쩌다 우리는 괴물들을 키웠을까: 학벌로 일그러진 못난 자화상』(파주: 들녘, 2017) 참조.

26) 강인철, 『한국 개신교와 반공주의: 보수적 개신교의 정치적 행동주의 연구』(서울: 중심, 2007), p.587.

27) 그레고리 헨더슨, 이종삼·박행웅 역, 『소용돌이의 한국정치』(파주: 한울, 2013).

28) James C. Scott, "Patron-Client Politics and Political Change in Southeast Asia," *The American Political Science Review*, Vol.66, No.1(1972).

29) 박노자, "'문화대혁명'이 필요하다," 『한겨레』, 2017년 12월 5일.

30) 이들 기관은 새롭고 유연한 가치를 받아들이는 데 둔감한 곳이기도 하다. 개방적이지 못하고 폐쇄적인 집단일수록 권위주의의 강도는 더욱 높다.

31) 미셸 푸코, 오생근 역, 『감시와 처벌: 감옥의 역사』(서울: 나남출판, 2000), p.233.

32) 효과적인 훈육 방법으로 푸코는 위계질서적인 감시, 규범화한 제재, 시험을 거론한다. 이에 대해서는 미셸 푸코(2000), pp.256-288.

33) 미셸 푸코(2000), pp.255-256.

34) 『구약성서』 욥기 40장 15~24절.

35) 이에 대해서는 토마스 홉스, 진석용 역, 『리바이어던 1: 교회국가 및 시민국가의 재료와 형태 및 권력』(파주: 나남, 2008).

36) 권력과 지배, 권위에 대한 막스 베버의 연구는 그의 저서인 『경제와 사회: 이해사회학 요강(*Wirtschaft und Gesellschaft. Grundriss der verstehenden Soziologie*)』에서 개진되었다. 이에 대해서는 Johannes Winckelmann (Hrsg.), *Max Weber: Wirtschaft und Gesell-schaft. Grundriss der verstehenden Soziologie. Studienausgabe* (Köln u.a.: Kiepenheuer & Witsch, 1964), p.38, p.157, p.693.

37) 권위주의적 퍼스낼리티는 에리히 프롬(Erich Fromm)이 특정 집단에 공통된 경험과 생활양식으로부터 형성된 것으로 구성원 대부분이 갖고 있는 성격구조를 가리키는 용어로 처음 사용하였다. 이를 이어받아 아도르노는 미국 망명 시절 히틀러 독일의 등장 이후 확산된

반유대주의의 기원에 대한 대규모의 심리학 프로젝트를 통해 이론화 작업을 수행한 바 있다. Theodor W. Adorno, Else Frenkel-Brunswik, Daniel Levinson, Nevitt Sanford, *The Authoritarian Personality* (New York: Harper & Brothers, 1950).

38) Juan Linz, *Totalitarian and Authoritarian Regimes* (London: Lynne Rienner, 2000), p.159. 린츠는 스페인계인 어머니를 따라 어린 시절을 스페인에서 보냈다. 공화국 수립→내전 발발→프랑코 독재 체제의 출범으로 이어지는 시기의 체험은 훗날 그를 비민주주의체제에 대한 관심과 연구로 이끌었다. 린츠는 한 인터뷰에서 1950년대 당시까지 지배적이던 민주주의와 전체주의라는 이분법적인 도식의 한계에 주목하고 권위주의라는 중간 범주를 제시했다고 밝히고 있다: "대체로 나는 세계 대부분의 정치현실을 전체주의와 민주주의의 양극단의 개념으로 분석하는 것은 이치에 맞지 않는다고 생각한다. 세계에는 전체주의나 민주주의, 그 어느 쪽으로도 향하지 않는 체제들이 많이 있었다. 통치자들 또한 이 두 모델 중 어느 것도 지향하려 하지 않았다. 비록 선언이나 헌법, 법률, 제도를 통해 흉내는 냈을지 몰라도 말이다. 그래서 나는 내가 잘 아는 스페인의 경우를 토대로 나 자신의 권위주의체제 개념을 정식화해, 전체주의와 민주주의의 극단적인 이분법에 문제를 제기했다." 게어하르트 L. 뭉크·리처드 스나이더, 정치학 강독 모임 역, 『그들은 어떻게 최고의 정치학자가 되었나 1』(서울: 후마니타스, 2012), p.293.

39) Mark J. Gasiorowski, "The Political Regimes Project," Alex Inkeles (ed.), *On Measuring Democracy: Its Consequences and Concomitants* (New Brunswick: Transaction Publishers, 2006), pp. 110-111.

40) Guillermo A. O'Donnell, *Modernization and Bureaucratic-Authoritarianism: Studies in South American Politics* (Institute of International Studies, University of California, 1973).

41) 펄뮤터는 1981년에 초판이 나온 『현대 권위주의: 비교·제도적 분석』에서 권위주의 정권의 유형을 공산주의와 파쇼정권 같은 제도화된 유형과 코퍼러티즘, 집정관주의(praetorianism)와 같은 비제도화된

유형으로 구분하고 있다. Amos Perlmutter, *Modern Authoritarianism: A Comparative Institutional Analysis* (New Haven: Yale University Press, 1981), p.17.

42) Amos Perlmutter(1981), pp.11-13, p.19.

43) Theodor W. Adorno & Else Frenkel-Brunswik, Daniel J. Levinson, R. Nevitt Sanford, *The Authoritarian Personality* (New York: WW Norton & Co, 1983).

44) Amos Perlmutter(1981); Guillermo A. O'Donnell(1973).

45) 배링턴 무어 주니어, 송복 역, 『자본주의와 사회주의에서의 권위와 불평등』(서울: 청계연구소, 1990).

46) Steven Levitsky & Lucan A. Way, *Competitive Authoritarianism: Hybrid Regimes After the Cold War — Hybrid Regimes After the Cold War* (Cambridge: Cambridge University Press, 2011), pp.5-16. 다른 한편으로, 경쟁적인 권위주의 정권에서 입법부는 취약하며 가끔 야당 활동의 주요 무대가 되기도 한다. 사법부는 뇌물 및 강탈과 같은 미묘한 강압적 방법이 사용되기는 하지만 완전히 무력하지는 않다. 언론은 일반적으로 보도의 범위가 제한적이지만 법적으로 자유롭게 운영할 수 있다.

47) Andreas Schedler, "Elections without Democracy: The Menu of Manipulation," *Journal of Democracy*, Vol.13, No.2(2002), p.37; Andreas Schedler (ed.), *Electoral Authoritarianism: The Dynamics of Unfree Competition* (Bouylder: Lynne Rienner Publishers, 2006), pp.5-6.

48) 게오르크 쇠렌센, 김만흠 역, 『민주주의와 민주화』(서울: 풀빛, 1994), pp.38-39.

49) Barrington Moore, Jr., *Social Origins of Dictatorship and Democracy: Lord and Peasant in the Making of the Modern World* (New York: Beacon Press, 1966).

50) 테다 스코치폴 외, 박영신·이준식·박희 역, 『역사사회학의 방법과 전망』(서울: 대영사, 1986), p.401.

51) 에릭 홉스봄, 이용우 역, 『극단의 시대: 20세기 역사(상)』(서울: 까치, 1997), p.21.

52) 해럴드 크라우치, 신윤환 역, 『동남아 권위주의의 역사적 기원』(서울: 이매진, 2009).

53) 일본은 1853년 페리의 내항에 이어 다음 해에 미국과 교전 없는 '교섭조약'을 체결했다. 이는 사법권과 관세자주권의 제한, 행정권의 사실상 제한 등을 포함한 데서 불평등조약이었다. 그렇지만 일본은 이로 인한 위기를 내정개혁의 기회로 삼아 메이지유신에 성공했다. 그리고 그 덕에 국가권력을 장악한 새로운 개혁주체가 비교적 짧은 기간에 조약을 개정하여 대외적 자율성을 확보하고 근대화를 효과적으로 추진할 수 있었다. 백영서·미야지마 히로시 외, 『동아시아 근대 이행의 세 갈래』(파주: 창작과비평사, 2009), pp.43-44.

54) 알프레트 크로포차, "반권위주의 저항운동에서 심리학과 정신분석의 역할에 대하여," 리하르트 파버·에어하르트 슈텔팅, 정병기 역, 『상상력에 권력을?— 1968 혁명의 평가』(서울: 메이데이, 2008), pp.181-182.

55) 유서연, 『공포의 철학: 타자가 지옥이 된 시대를 살다』(파주: 동녘, 2017).

56) 하인츠 부데, 이미옥 역, 『불안의 사회학: 무엇이 우리를 불안하게 하는가』(파주: 동녘, 2015), pp.13-16.

57) 고모리 요이치, 배영미 역, 『인종차별주의』(서울: 푸른역사, 2015).

58) 웬디 브라운, 배충효·방진이 역, 『민주주의 살해하기』(서울: 내인생의책, 2017), p.282.

59) 권혁태·박상필 외, 『아시아의 시민사회: 개념과 역사』(서울: 아르케, 2003).

60) 로버트 퍼트넘, 안청시 외 역, 『사회적 자본과 민주주의』(서울: 박영사, 2000).

61) 진시원·홍익표, 『왜 시민주권인가?』(부산: 부산대학교 출판부, 2016), p.178.

62) 권위주의에 대한 긍정적 해석 역시 존재한다. 예를 들어, 권위주의가

효율성과 속도를 높이며, 단기간에 가시적 목표를 달성하는 데 유리하다는 평가가 있다. 그러나 빠른 게 항상 좋은 것은 아니며, 때로는 결과보다 과정이 더 의미를 지닐 수 있다. 효율성만을 추구하다 보면 권리와 공정성 같은 가치가 훼손되는 경우도 발생한다. 무엇보다도 권위주의는 강자의 사상체계이지 약자의 것이 아니다. 권위주의 체제하에서 사회적 약자를 위한 정책은 제대로 자리 잡기 힘들다.

제2장 조선의 통치 이데올로기와 유교문화 _____

1) 오항녕은 성리학을 중용(中庸)과 민(民)을 키워드로 하는 경세(經世)와 일상의 사상으로 이해한다. 이에 대해서는 오항녕, 『조선의 힘: 조선, 500년 문명의 역동성을 찾다』(서울: 역사비평사, 2010), pp.152-194.

2) 오구라 기조, 조성환 역, 『한국은 하나의 철학이다: 리와 기로 해석한 한국 사회』(서울: 모시는사람들, 2017), pp.13-15. 오구라 기조는 흔히 에도시대의 일본이 유교 국가였다는 역사 인식은 잘못되었다고 한다. 에도시대에는 유학자가 정치를 담당하지 않았기 때문에 유교국가가 아니었다는 것이다. 그런데도 존재하던 다양한 급진적 유교주의자들이 주축이 되어 메이지유신을 추진했고, 이후 일본은 뒤늦게나마 겨우 유교적 중앙 집권국가를 만들기 시작했다고 주장한다. 오구라 기조(2017), p.19.

3) 오직 하나의 완전무결한 이만이 대접받는 사회이기 때문에 이런 곳에서 권력 투쟁이란 곧 도덕을 내세워 권력을 잡는 세력이 얼마나 도덕적이지 않은가를 폭로하는 싸움이 된다. 오구라 기조(2017), pp.20-22.

4) 유가의 기본경전인 사서는 주희의 『사서집주(四書集注)』에 의해 그 지위가 확정되었다. 『논어(論語)』, 『맹자(孟子)』, 『대학(大學)』, 『중용(中庸)』을 말하는데, 모든 경서류에 앞서서 배워야 하는 것으로 여겨졌다. 당대의 공영달(孔穎達) 등에 의한 『오경정의(五經正義)』에 의해

확정된 오경(五經)은 한대에 중시된 5서에서 기원된 것으로 『시경 (詩經)』, 『서경(書經)』, 『역경(易經)』과 『춘추(春秋)』, 『예기(禮記)』 를 가리킨다.

5) 토가와 요시오·하치야 쿠니오 외, 조성을·이동철 역, 『유교사』(서울: 이론과실천사, 1990), p.34.

6) 성백효 역주, 『논어집주』(서울: 전통문화연구회, 2010), p.357.

7) 성백효 역주(2010), pp.515-516.

8) 이는 『논어』 '위령공편(衛靈公篇)'에 나온다. 자공(子貢)이 공자에게 "제가 평생 동안 실천할 수 있는 한 마디의 말이 있습니까"라고 묻자, 공자는 "그것은 바로 용서의 '서(恕)'이다. 자신이 원하지 않으면 다른 사람에게도 하지 말아야 한다"라고 대답하였다. 성백효 역주(2010), p.332.

9) 성백효 역주(2010), p.185.

10) 황금율은 예수 그리스도의 '산상수훈'에서 유래한 것으로, 신약성서 『마태복음』 7장 12절에 나오는 "그러므로 무엇이든지 남에게 대접을 받고자 하는 대로 너희도 남을 대접하라. 이것이 율법이요. 선지자니라"와 『누가복음』 6장 31절 "남에게 대접을 받고자 하는 대로 너희도 남에게 대접하라"는 가르침으로 널리 알려졌다. 기독교의 황금율은 적극적·긍정적 윤리로, 유교의 황금율은 소극적·부정적 윤리로 비교되기도 하나 외전인 『토비트서(The Book of Tobias)』 4장 15절에는 "네가 싫어하는 일은 아무에게도 행하지 말라"라는 가르침이 있기 때문에 꼭 그렇게 구분할 수도 없다. 황금율은 불교와 조로아스터교, 고대 그리스 철학, 이슬람교 등에서 흔히 발견되는 데서 인류 공통의 지혜를 담은 오래된 윤리로 보는 것이 정확하다.

11) 전세영, 『공자의 정치사상』(서울: 인간사랑, 1992), p.61.

12) 조기빈, 조남호·신정근 역, 『반논어: 공자의 논어, 공구의 논어』(서울: 예문서원, 1996), pp.124-125.

13) 나종석·박영도·조경란 엮음, 『유학이 오늘의 문제에 답을 줄 수 있는가』(서울: 도서출판 혜안, 2014), pp.145-146, p.151.

14) 이승환, 『유교담론의 지형학』(서울: 푸른숲, 2004), p.161.

15) 박충석, 『한국정치사상사』(서울: 삼영사, 1982), pp.18-21.

16) 박성환, 『막스 베버의 한국사회론』(울산: 울산대학교 출판부, 1999), p.55.

17) 임민혁, 『조선의 예치와 왕권』(서울: 민속원, 2012), pp.47-48.

18) 김돈, 『조선 전기 군신권력관계 연구』(서울: 서울대학교 출판부, 1997), pp.6-7.

19) 왕조 초기인 15세기만 하더라도 사회사상은 왕도(王道)와 패도(覇道), 주자학과 한당유학(漢唐儒學), 그리고 불교, 도교, 민간신앙 등이 잡다하게 절충되어 체계를 세우기 어려운 점이 많다. 그러한 점이 사림과 학자들에 의해 15세기 사상이 비판을 받게 되는 원인이 되었다. 한영우, 『조선시대 신분사 연구』(서울: 집문당, 1997), pp.27-28.

20) 현량과는 조선에서 기존의 과거제도가 사장(詞章)의 학습만을 일삼게 하는 등 여러 가지 폐단이 드러남에 따라 중종 14년(1519)에 조광조(趙光祖)의 건의에 따라 경학에 밝고 덕행이 뛰어난 인재를 천거하게 하여 대책(對策)만으로 시험한 뒤 관리로 선발한 관리 임용제도이다. 서울에서는 4관(四館: 예문관·성균관·승문원·교서관)에서 유생이나 현지 관료들 중에서 후보자를 성균관에 추천하고 예조에 보고하도록 하였으며, 중추부(中樞府)·육조·한성부·홍문관 등에서도 예조에 후보자를 추천하게 하였다. 지방에서는 지방 군현의 수령을 보좌하던 자문기관인 유향소(留鄉所)에서 수령에게 천거하면 관찰사를 거쳐 예조에 보고되었다. 예조에서는 중앙에 있는 경재소(京在所)가 추천한 인물까지 합쳐서 후보자의 성명, 기국(器局), 재능, 학식, 행실과 행적, 지조, 생활태도와 현실 대응의식 등 일곱 가지 항목을 종합하여 의정부에 보고했다. 그런 후에 이들을 전정(殿庭)에 모아놓고 임금이 친림한 자리에서 대책으로 시험하여 인재를 선발하였다.

21) 국사편찬위원회 편, 『한국사 23: 조선 초기의 정치구조』(서울: 탐구당, 2003), p.14.

22) 존 플라메나츠는 이데올로기의 최소한의 의미를 어떤 집단이나 사회에 특별하게 긴밀한 연관성을 가지고 있는 일련의 신념이나 관념 또는 태도를 가리킨다고 지적한다. 그러면서 사회구성원 전체인지, 혹은 소수가 공유하는 것인지, 그리고 관념적으로 체계화된 것인지, 그렇지 않은 것인지에 따라 단계를 구분하고 있다. 어떤 신념이 좁은 의미에서 이데올로기가 되기 위해서는 특정의 인간집단에 의해 공유되면서 이 집단의 불가결한 일과 연관성을 맺으면서 이 집단과의 관계를 기능화해야 한다. 존 플라메나츠, 진덕규 역, 『이데올로기란 무엇인가』(서울: 까치, 1982), p.32, p.36, p.54. 또 다른 시각에서는 이데올로기가 사람들 간의 실제관계를 은폐하는 데 사용된다고 주장한다. 이와 관련해서는 칼 마르크스가 자본주의 생산관계에 내재하는 착취와 불평등이 전형적으로 자유, 평등 등 자본주의 이데올로기를 발생시키는 자본의 순환과 집중의 영역에서 자유교환의 외양을 통해 은폐된다고 한 지적을 상기할 필요가 있다. 데이비드 맥렐런, 구승회 역, 『이데올로기』(서울: 이후, 2002), pp.36-37. 마르크스는 국가가 특정계급의 이해관계를 뒷받침하고 있음에도 불구하고 마치 국가의 권위에 복종하는 모든 사람들의 공동이익을 뒷받침하고 있다는 주장과 같은 잘못된 신념을 이데올로기로 간주한다.

23) 국사편찬위원회 편(2003), pp.14-15.

24) 신정근 외, 『민본과 민주의 개념적 통섭』(서울: 성균관대학교 출판부, 2017), p.335.

25) 『孟子』, 盡心章句下 十四章, 이기동 역해, 『맹자강설』(서울: 성균관대학교 출판부, 2010), p.648.

26) 채인후, 천병돈 역, 『맹자의 철학』(서울: 예문서원, 2000), pp.180-186.

27) 이기동 역해(2010), pp.595-596. 여기서 살려주기 위한 방법이란 나쁜 사람을 제거하여 백성들을 편안하게 하는 것을 의미한다. 그렇지만 자기의 이익이나 출세를 위해 정적을 죽이면 죽는 자는 원망하게 된다.

28) '남을 차마 해치지 못하는 정치'에 대한 맹자의 강조는 인간의 삶에

서 공감이 하는 역할에 대한 인류 역사상 최초의 논의 중 하나이다. 프랑스 드 발, 최재천·안재하 역,『공감의 시대: 공감 본능은 어떻게 작동하고 무엇을 위해 진화하는가』(파주: 김영사, 2017), pp.298-299. '불인지심'은 타인에게 일어난 일은 인간들 두뇌의 거의 모든 영역에 영향을 미치며, 인간은 공감하도록, 타인과 연결되도록 설계되었다는 현대 과학의 '거울 뉴런(mirror neuron)'이론과도 부합하는 주장이기도 하다. 크리스티안 케이서스, 고은미·김잔디 역,『인간은 어떻게 서로를 공감하는가: 거울뉴런과 뇌 공감력의 메커니즘』(서울: 바다출판사, 2018), pp.12-13.

29) 이기동 역해(2010), pp.43-44.

30) '인정의 도'에 대해서는 남회근, 설순남 역,『맹자와 양혜왕』(서울: 부키, 2015), pp.178-188 참조.

31) 배병삼,『우리에게 유교란 무엇인가』(서울: 녹색평론사, 2012), pp. 80-81, pp.85-87.

32) 김상준·한도현 외,『유교의 예치이념과 조선』(고양: 청계, 2007), pp.182-184.

33) 박미해,『유교, 가부장제와 가족, 가산』(서울: 아카넷, 2010), pp. 18-19.

34) 박미해(2010), pp.20-21.

35) 마크 피터슨, 김혜정 역,『유교사회의 창출: 조선 중기 입양제와 상속제의 변화』(서울: 일조각, 1999), pp.3-4.

36) 신학자인 강남순은 다음과 같이 유교와 페미니즘의 화해불가능성을 강조한다. "분명한 것은 우리가 여성의 자유와 평등, 민주주의적 가치의 실천에 관심 있는 페미니스트라면, 유교적 관계주의는 그 근원적 이해에서 남성/여성, 적자/서자, 남편/아내, 딸/아들, 양반/상민, 장/유 등의 위계적이며 남성중심적 관계성을 기초로 하는 것이며, 인간을 개체적 존재로 보는 인식이 근원적으로 결여되어 있어서 '여자와 남자는 평등하지만 역할과 본분이 다르다'는 허위평등주의에 도달할 수는 있어도 사실상 사회·정치·경제·종교·문화 등 인간 삶의 모든 영역에서의 평등과 정의의 관계를 모색하는 페미니즘의

'평등적 관계주의'라는 대안적 원리를 제공할 수 없다는 사실을 직시하게 된다." 한국유교학회 편, 『유교와 페미니즘』(서울: 철학과현실사, 2001), pp.277-278.

37) 한국유교학회 편(2001), p.170.

38) 한국유교학회 편(2001), pp.283-289.

39) 비슷한 논지로 조윤민은 다음과 같이 주장한다: "유학자들은 양반 우위의 신분 사회를 인간의 도덕적 자질로써 정당화하기도 했다. 이들은 신분에 관계없이 모든 사람이 본연의 도덕적 본성을 지니지만, 이를 발현시키는 도덕적 능력에는 차이가 있다고 보았다. 이에 따라 상하와 귀천의 분별이 정해지는데, 사(士) 계층이야말로 도덕 이치를 깨닫고 그 가치를 실현할 수 있는 역량을 가졌다고 내세운다. 이렇게 해서, 사 계층이 중심이 된 양반 우위의 신분제 사회는 도덕능력에 의한 당연한 사회라는 결론이 도출된다 ⋯ 조선의 지배층은 지배의 과정을 도덕규범으로 포장해 정당화하는 데 탁월한 솜씨를 보였다. 지식을 권력으로 전환시키고, 지식과 권력을 자기존속을 위한 지배의 장치로 활용하는 데 매우 능숙했다." 조윤민, 『두 얼굴의 조선사』(파주: 글항아리, 2016), p.126.

40) 채인후(2000), p.195.

41) 존 킨, 양현수 역, 『민주주의의 삶과 죽음: 대의 민주주의에서 파수꾼 민주주의로』(서울: 교양인, 2017), p.18.

42) 존 킨(2017), pp.22-25.

43) 구한말 유림의 항일독립운동에 대해서는 김순석, 『근대 유교개혁론과 유교의 정체성』(서울: 모시는사람들, 2016), pp.143-148.

44) 동도서기론은 국가 위기 상황에서 자강(自强)을 도모하기 위해서는 유교적 가치관과 세계관을 우위에 두되 서양의 과학 기술은 수용해야 한다는 채서사상(採西思想)이기도 하다. 이는 사상적으로는 성리학의 이기론적 우위관(理氣論的優位觀), 문화적으로는 존왕양이(尊王攘夷)를 표방하는 소중화사상(小中華思想)인 화이론적 세계관(華夷論的世界觀)에 근거를 두고 있다.

45) 김순석(2016), pp.150-155.

46) 정욱재, "조선유도연합회의 결성과 '皇道儒學'," 『한국독립운동사연구』 제33집(2009), p.238. 전선유림대회에 참가한 유림과 지방의 유지들은 선언문을 작성하여 금후 유림들이 나가야 할 방향을 다음과 같이 천명하였다. 첫째, 경학원을 중심으로 한 전선유림의 연락 통일된 단체 조직과 황도정신에 입각한 유도 진흥을 꾀할 것, 둘째, 국민정신총동원의 취지에 따라 널리 충효도의의 신념을 고양하고 황국신민으로서 단결을 굳게 할 것, 셋째, 동아신질서 건설의 국시에 따라 동양문화의 진수를 천명하고 이로써 일본·만주·중국의 영구평화의 정신적 연계를 만드는 것이었다. 『경학원잡지』 45(1940), p.15, 정욱재(2009), p.232에서 재인용.

47) 김순석(2016), pp.149-150.

48) 김순석(2016), pp.174-175.

49) 김순석(2016), p.182, p.185. 다카하시 토오루는 황도유학을 '반도성(半島性)'과 '정체성'이라는 식민사관의 입장에서 중일전쟁 이후 조선의 인적·물적 자원을 수탈하기 위한 식민정책 이론으로 제공하였다. 다카하시가 만든 황도유교는 일본을 신에 의해 만들어진 나라로 인식하고 신들에게 보호받는다는 신국사상에 기반을 두고 있기 때문에 체계적인 이론과 사상이 없다. 또한 종교적 신비주의를 가미해 천황을 살아 있는 신으로 섬기는 이론이어서 유학 가운데 역성혁명 사상도 수용하지 않았다. 황도유학의 성격에 대한 다카하시의 설명은 다음과 같다. "오늘 조선에서 진흥해야 할 유교 교화는 미지근한 유교의 가르침이 아니라 일본의 국수(國粹)에 동화된 국민정신과 국민도덕의 계발과 배양 및 함양해 온 황도적인 유교가 되어야 한다. 우리는 지나(支那) 유교의 정치사상인 역성혁명(易姓革命), 선양(禪讓), 방벌(放伐)을 배제하고, 충효불일치, 효를 충보다 중시하는 도덕 사상을 부인하고, 우리 국체에 따른 대의명분으로써 정치사상의 근본을 세워 충효일체로서 도덕의 골자를 정하지 않으면 안 된다. 또 지나를 중화로서 숭배하는 것을 폐하고 우리나라를 중조(中朝)로 삼고 우리 국사(國史)의 정화(精華)를 존중해야 할 것이다." 高橋亨, "王道儒道より皇道儒道へ," 『朝鮮』 제295호(1939), pp.27-28; 김순석

(2016), p.191에서 재인용.

50) 정욱재(2009), pp.244-258.

51) 식민지 조선의 유교에 드리웠던 그림자에 대한 한 언론인의 날카로
운 지적도 주목할 만하다. "성리학의 인간관에 따르면 우리 본성은
본디 선하지만 그것이 욕망으로 분출될 때 세상사의 탁한 기운과 섞
여 본래의 선함을 잃어버리기 쉽다. 어떻게 하면 이 욕망을 다스려
본성의 인의예지를 바르게 실현할 수 있을 것인가가 유학자들의 근
본 관심사였다. 천황을 떠받드는 황도유학을 주창하고 일제의 한반
도 침략을 찬양한 것은 명백한 부역이고 매국행위이다. 인과 의를
목숨 걸고 지키는 유학의 정신에도 맞지 않는다. 일제에 빌붙어 유
학의 세를 키우려 했다는 것은 유학자의 지조로 일제에 항거한 동농
김가진과 심산 김창숙 같은 분들을 농락하는 것이다." 고명섭, "이인
호, 이명세, 친일유학," 『한겨레』, 2014년 10월 9일.

52) 김예호, 『한중일의 유교문화담론』(서울: 성균관대학교 출판부, 2015),
pp.365-374.

53) 김예호(2015), pp.393-399.

제3장 배타적 민족주의와 사회진화론의 수용 _____

1) 박정심, 『한국 근대사상사』(서울: 천년의상상, 2016), p.170.

2) 양무운동은 "양이의 장점을 배워 양이를 제압하자"는 구호에서 나타
나듯이 발달된 서구의 기술문명을 선별적으로 받아들여 부국강병을
달성하자는 운동이었다. 이때 내걸었던 것이 바로 중체서용으로 이는
중국의 고유한 문화와 제도를 본체로 삼고 서양의 기계문명을 말기
(末技)로 이용한다는 의미이다. 이는 조선의 동도서기론(東道西器論)
이나 일본의 화혼양재론(和魂洋材論)과 같은 맥락을 지닌다.

3) 강유위는 당시 유학자들이 자신을 지키기만 하는 공부인 심성론과 본
체론에 빠져 백성을 구하고, 널리 중생을 구제하는 것을 핵심으로 하는

왕도의 정치라는 유교 본래의 목적을 잃어버렸다고 강하게 비판하였다. 실천을 중시하는 강유위의 입장은 무술변법을 통해 현실정치의 개혁을 추구하는 것으로 이어졌다. 이를 뒷받침하기 위해 그는 『신학위경고(新學僞經考, 1891)』, 『공자개제고(孔子改制考, 1898)』, 『대동서(大同書, 1902)』 등의 책을 저술했다.

4) 박성진, 『사회진화론과 식민지 사회사상』(서울: 선인, 2003).

5) 케빈 패스모어, 이지원 역, 『파시즘』(파주: 교유서가, 2016), p.62.

6) 에르네스트 르낭, 신행선 역, 『민족이란 무엇인가』(서울: 책세상, 2002), pp. 80-81.

7) 장문석, 『민족주의 길들이기: 로마 몰락에서 유럽 통합까지 다시 쓰는 민족주의의 역사』(서울: 지식의 풍경, 2007), pp.42-43.

8) 장문석(2007), pp.71-72.

9) 어네스트 겔너, 『민족과 민족주의』(서울: 한반도국제대학원 출판부, 2009), p.15.

10) 에릭 홉스봄 외, 박지향·장문석 역, 『만들어진 전통』(서울: 휴머니스트, 2004).

11) 앤서니 D. 스미스, 김인중 역, 『족류-상징주의와 민족주의: 문화적 접근방법』(파주: 아카넷, 2016).

12) 베네딕트 앤더슨, 윤형숙 역, 『상상의 공동체: 민족주의의 기원과 전파에 대한 성찰』(파주: 나남, 2004).

13) Hans Kohn, *The Idea of Nationalism* (Toronto: Collier, 1969), pp.18-19.

14) Umut Özkirimli, *Theories of Nationalism. A Critical Introduction* (Houndmills: Palgrave, 2000).

15) 대표적으로 톰 네언(Tom Nairn)은 마르크스로부터 그람시에 이르는 마르크스주의자들이 민족 문제를 지엽적/부수적 문제로 다루었다고 지적한다. 민족주의의 진정한 기원은 세계경제의 구조 속에 위치하는 것으로, 18세기 이래로 역사의 불균등발전을 대변하고 있다는 것이다. 네언은 불균등 결합발전을 특징으로 하는 자본주의체제의

전 세계적 확산은 주변부의 수탈과 궁핍화를 초래하는데, 이 과정에서 자신의 이익을 보호해 줄 국가를 필요로 하는 집단을 창출했다고 한다. Tom Nairn, "Modern Janus," *New Left Review*, No.94 (November 1975).

16) 송규진·김명구 외, 『동아시아 근대 '네이션' 개념의 수용과 변용: 한·중·일 3국의 비교연구』(서울: 고구려연구재단, 2005), pp.20-29.

17) 강정인, 『한국 현대 정치사상과 박정희』(파주: 아카넷, 2014), p.272.

18) 우생학은 선택과 배제의 원리를 토대로 영국에서 탄생한 생물학의 응용과학이자 이념이었다. 우생학의 등장은 19세기 영국 사회에서 새롭게 부상하고 있던 부르주아지의 이해를 대변한 측면이 컸다. 당시 영국의 자유주의자들은 토지귀족 등 유한계층의 나태함을 비난하고, 노동자나 극빈층은 사회에 짐만 부과하는 쓸모없는 존재라며, 새롭게 부상한 계급이 사회를 주도해야 한다고 주장하였다. 탄생 당시 우생학이 함축하고 있던 기본적인 신념은 모든 인간에게 삶의 평등한 조건을 부여하는 민주주의 사회를 건설하기 위해서가 아니라 사회적 부적자들을 제거함으로써 사회적 진보와 문명화를 달성하려는 것이었다. 그러나 유전론에 기초하여 열성 형질 또는 부적자의 제거를 강조한 우생학은 계급적·인종적 차별을 정당화하면서 20세기 인류 역사에 지우기 힘든 흔적을 남겼다. 김호연, 『우생학, 유전자 정치의 역사』(서울: 아침이슬, 2009), pp.16-20.

19) 박노자, 『우승열패의 신화: 사회진화론과 한국 민족주의 담론의 역사』(서울: 한겨레출판사, 2005). 『한겨레』와 한 인터뷰에서 박노자는 "한국사회가 '전투적 패거리주의' 쪽으로 간 것은 식민지와 식민관료에 의한 대미종속적 군사독재의 산물이지요. 그런데 처음부터 친외세 부르주아세력들의 자기 합리화 도구로 미국 내지 일본, 또는 량치차오 등의 중국 개화파로부터 따온 사회진화론이 기능한 게 사실이지요."라고 지적하였다. 『한겨레』, 2005년 5월 5일.

20) 찰스 다윈, 김관선 역, 『종의 기원』(파주: 한길사, 2014), pp.117-118.

21) 최재천 외, 『21세기 다윈 혁명』(서울: 사이언스북스, 2009), pp.50-51.

22) 양일모, "동아시아의 사회진화론 재고: 중국과 한국의 '진화' 개념의 형성," 『한국학연구』 제17집(2007), pp.987-998.

23) 자연상태에서 이루어지는 생존경쟁 방식과 차원을 달리하는 인간 사회의 윤리적 과정이 필요하다는 헉슬리의 주장에 대해서는 토마스 헉슬리, 이종민 역, 『진화와 윤리』(서울: 산지니, 2012).

24) Thomas Henry Huxley, "Emancipation — Black and White," *Man's Place in Nature, and Other Anthropological Essay* (New York: Macmillan, 1901). 조너선 마크스, 고현석 역, 『인종주의에 물든 과학』(서울: 이음, 2017), p.20에서 재인용.

25) 케빈 패스모어, 이지원 역, 『파시즘』(파주: 교유서가, 2016), p.64.

26) 케빈 패스모어(2016), pp.64-66.

27) 최재천 외(2009), pp.33-34.

28) Steven A. Peterson, & Albert Somit, *Darwinism, Dominance & Democracy: The Biological Bases of Authoritarianism* (Westport, CT: Praeger, 1997), pp.51-95.

29) 스펜서는 급진적인 고전 자유주의자. 가난한 사람들을 불행하게 만들려고 기를 쓰는 '사회다윈주의'의 사도, 대처주의의 사상적 스승, 어쩔 수 없이 잔인한 성질을 드러내는 자유주의의 극단주의자로 묘사된다. 이상률, "해설: 저주 받은 사상가를 다시 읽는다," 허버트 스펜서, 이상률 역, 『개인 대 국가: 국가가 해야 할 일은 무엇인가?』(서울: 이책, 2014), pp.4-43.

30) 전복희, 『사회진화론과 국가사상: 구한말을 중심으로』(서울: 한울아카데미, 1996), p.10.

31) 신연재, "동아시아 3국의 사회진화론 수용에 관한 연구: 가등홍지, 양계초, 신채호를 중심으로," 서울대학교 정치학 박사학위논문(1991), pp.42-43.

32) 양일모(2007), pp.2-3.

33) 송규진·김명구 외(2005), pp.20-27.

34) 송규진·김명구 외(2005), pp.29-33.

35) 조너선 D. 스펜스, 김희교 역, 『현대 중국을 찾아서』(서울: 이산, 1998), p.287.

36) 조너선 D. 스펜스(1998), p.278.

37) 양일모, 『옌푸: 중국의 근대성과 서양 사상』(파주: 태학사, 2008), p.81.

38) 엄복, 이종민·양일모 역, 『천연론』(서울: 소명출판, 2008).

39) 벤자민 슈워츠, 최효선 역, 『부와 권력을 찾아서』(파주: 한길사, 2006), p.212.

40) 자강은 『주역(周易)』 64괘(卦) 중 첫 괘인 '건괘(乾卦)'에 나오는 "하늘의 운행은 건실하니 군자는 그것을 본받아 스스로 강건하여 쉼이 없어야 한다(天行健, 君子以自强不息)"에서 유래한 말이다.

41) 벤자민 슈워츠(2006), p.49.

42) 양일모(2007), pp.14-15.

43) 서강, 이주노·김은희 역, 『양계초: 중화유신의 빛』(파주: 이끌리오, 2008), p.291.

44) 양계초, 이혜경 주해, 『신민설』(서울: 서울대학교출판문화원, 2014), pp.69-70.

45) 양계초(2014), pp.80-81.

46) 최형욱 엮고 옮김, 『량치차오, 조선의 망국을 기록하다』(파주: 글항아리, 2014), p.258.

47) 량치차오, 강중기·양일모 외 역, 『음빙실자유서』(서울: 푸른역사, 2017), p.203.

48) 량치차오(2017), p.37.

49) 백지운, "오리엔탈리즘과 옥시덴탈리즘: 양계초의 『신민설』 해석을 위한 방법론적 접근," 『중국현대문학』 제19호(2000), pp.236-257; 최형욱(2014), p.252에서 재인용.

50) 유길준, 『유길준 전집』 제4권(서울: 일조각, 1971), pp.47-48; 박노자(2005), p.231에서 재인용.

51) 박노자(2005), pp.229-232. 양일모는 이 글을 달리 해석한다. "유길준은 일본 유학에서 돌아와 쓴『경쟁론』(1883)에서 '경쟁'과 '진보'의 관계를 설명했다. 경쟁을 언급하고 있는 위의 글은 유길준이 사회진화론을 수용한 근거로 자주 인용되는 문장이다. 여기에서 경쟁은 진보의 개념과 쌍을 이루어 사용되는 특징을 지니고 있다. 진보(progress)는 앞으로 실현될 미래에 이상적인 상태 혹은 완성된 형태를 상정하고, 인간 지성의 진보가 사회를 그러한 이상적 상태로 나아가게 한다는 것을 의미한다. 유길준이 언급한 경쟁과 진보는 이러한 진보주의적 문명관의 틀 속에서 설명되어야 할 것이다. 그가『개화의 등급』에서 제시하고 있는 야만에서 반개화, 개화로 전개되는 역사관은 바로 이러한 진보주의적 문명관에 의거한 일종의 사회발전론이라고 할 수 있을 것이다. 그가 말하는 경쟁은 진화론에서 사용되는 경쟁(struggle for existence)과는 달리, 문명개화의 실현을 위한 수단을 말하는 것이라 할 수 있다. 진화론에서 경쟁의 결과 살아남는 최적자는 반드시 가장 선한 것을 의미하는 것은 아니다. 오히려 진화론은 과학이라는 외투를 빌려 가치와 관련된 물음에서 벗어나고자 한 것이다." 양일모(2007), pp.20-21. 유길준이 제시하고 있는 경쟁의 개념이 서구의 자유주의적 개념이라는 또 다른 지적에 대해서는 전복희(1996), p.112.

52) 박노자(2005), p.232.

53) 유길준, 허경진 역,『서유견문: 조선 지식인 유길준, 서양을 번역하다』(서울: 서해문집, 2004), pp.158-160.

54) 전복희(1996), p.115.

55) 김봉렬,『유길준 개화사상의 연구』(마산: 경남대학교 출판부, 1998), p.50.

56) 유길준이 '중립론'을 집필한 시기는 갑신정변 이후 1885년 3월 영국의 거문도 점령, 청일 간의 텐진 조약 체결과 그에 따른 공동 철병, 5월 제1차 조러 밀약사건 폭로 등 조선을 둘러싼 국제 정세가 긴박하게 전개되고 있던 때였다. 이런 가운데 10월 원세개(袁世凱)가 조선에 부임했고, 조선에 대한 속방화 정책을 심화할 목적으로 조선의

안전을 청국에 의지할 것을 강하게 요구하였다. 이런 상황에서 유길준의 중립화 구상은 독자적인 주권 수호를 위한 한 방안으로 집필되었다. 현실주의 입장에서 유길준은 청국의 군사적 능력과 미국의 대조선 개입 가능성 등을 고려해, 청국이 조선의 중립화를 지지하고 그것을 실현하기 위해 주도적 역할을 담당해야 한다고 주장하였다. 청국의 조선 속방화 정책은 동아시아에서 분란만 일으킬 뿐이며, 조선으로서도 중립국이 되어야만 안전과 주권을 확보할 수 있다는 논리를 내세웠다. "유길준의 한반도 중립화 주장," 국사편찬위원회(http://contents.history.go.kr/front/hm/view.do?treeId=010701&tabId=03&levelId=hm_116_0110).

57) 유길준, "중립론," http://contents.history.go.kr/front/hm/view.do?treeId=010701&tabId=03&levelId=hm_116_0110

58) 강재언, 『한국 근대사상사 연구』(서울: 미래사, 1986), p.94; 전복희(1996), pp.115-116에서 재인용.

59) 김기승, "신채호의 진화사관과 혁명사관의 대치," 대전대학교지역협력연구원 엮음, 『단재 신채호의 현대적 조명』(서울: 다운샘, 2003), pp.144-146.

60) 이호룡, 『신채호 다시 읽기: 민족주의자에서 아나키스트로』(파주: 돌베개, 2013), p.5, pp.12-15, pp.60-61.

61) 김기승(2003), pp.141-144.

62) "역사란 무엇이뇨, 인류사회의 아와 비아의 투쟁이 시간부터 발전하며, 공간부터 확대하는 심적 활동의 상태의 기록이니 … 무엇을 '아'라 하며, 무엇을 '비아'라 하느뇨. 깊이 팔 것 없이 얕게 말하자면, 무릇 주관적 위치에 선 자를 '아'라 하고, 그 외에는 '비아'라 하나니," 『단재 신채호 전집(상)』(서울: 단재신채호선생기념사업회, 1995), p.31.

63) 이호룡(2013), pp.12-15, pp.161-163.

64) 이호룡은 역사를 '아'와 '비아'의 투쟁의 기록으로 보는 것을 민족주의적 사관이라고 한다면, 신채호의 민족주의 역사학이 절정을 이루었던 1910년대의 저술에서 그러한 주장들이 제기되기 시작했어야 하며, 계급투쟁의 관점보다는 우리 민족의 강대하고 팽창적인 측면을

강조했어야 한다고 주장한다. 하지만『조선상고사』총론에는 1910년 대의 저술에서 보이지 않던 계급투쟁적 관점이 반영되어 있다고 한 다. 이는 사회주의의 계급투쟁사관을 수용한 결과로 보아야 할 것이 며, 개인주의적 아니키즘과 관련시켜 이해하는 것이 타당하다는 것 이다. 이호룡(2013), p.135.

65) 신채호가 수용한 사회진화론에 대해서는 국가유기체론에 입각한 것 이라는 견해가 지배적이었다. 즉, 신채호는 국가가 민족정신으로 구 성된 유기체임을 강조하였으며, 국가유기체론적 발상에서 정신상 국 가의 존속, 즉 독립·자유 등 정신의 존재를 유지하여 독립을 회복 하고자 하였다는 것이다. 예를 들어 신일철은 요한 카스파 블룬칠리 (Johann Caspar Bluntschli)의 국가유기체설에 기초한 양계초의 사 상구조가 안창호와 신채호의 자강주의와 신민회운동에 깊은 영향을 주고 '자강', '국가사상', '공덕' 등 근대국가상의 기본 개념들을 이해 하는 데 중요한 전거가 되었다고 지적한다. 신일철, "신채호의 근대 국가관: 자강주의 '국가'에서 아나키즘적 '사회'에로," 강만길 편,『신 채호』(서울: 고려대학교 출판부, 1990), pp.12-13. 이에 대해서는 양계초가 일본 망명 시기에 '中國之新民'이라는 필명으로『신민총보 (新民叢報)』에 게재한 글인 "정치학 대가 블룬칠리의 학설(政治學大 家伯倫知理之學說)"을 참조할 수 있다. 이와는 다르게 신채호가 민족 의 고유성과 개체성을 중심으로 하는 민족관을 형성한 것은 블룬칠 리 등 서구사상의 영향이라기보다는 한국 민족의 형성 및 민족의식 의 발당 수준과 특성에서 비롯된 측면이 많다는 이견도 있다. 이호 룡(2013), pp.14-15.

66) 신채호, "二十\世紀新國民,"『대한매일신보』, 1910년 2월 22일~3 월 3일;『단재 신채호 전집(별집)』(서울: 단재신채호선생기념사업회, 1995), pp.210-229.

67) 이호룡(2013), pp.5-6.

68) 이호룡(2013), pp.71-73.

69) 이호룡(2013), p.74.

70)『박은식전서(상)』(서울: 단국대학교 부설 동양학연구소, 1975), p.277,

p.286, p.296, pp.3018-3310; 배용일, 『박은식과 신채호 사상의 비교연구』(서울: 경인문화사, 2002), pp.83-84에서 재인용.

71) 배용일(2002), pp.77-80.

72) 『박은식전서(중)』(1975), pp.213-215; 박정심(2016), p.293에서 재인용.

73) 박은식은 대동평화가 경쟁원리에 기초한 제국주의적 침략이나 보편문명의 폭력적 강제를 통해 구현되는 것이 아니라, 양명학에서 말하는 진아(眞我)가 사해동포주의와 대동주의를 실현해나갈 때 가능하다고 보았다. 이것은 경쟁과 제국주의, 군국주의라는 근대적 폭력에 대한 비판적 성찰이었다. 박정심(2016), p.292. "박은식은 양명학의 양지(良知) 개념을 근간으로 근대 한국이 직면한 중층적인 문제들에 답했다. 그는 양지를 구현하는 진아를 낯선 타자에 맞선 근대의 주체로 상정했다. 여기서 진아란 사심(私心)·사욕(私欲)·사의(私意)와 같은 사적인 자아의식에 가려지지 않았기 때문에 사욕과 물욕이 없는 참된 인간 주체를 의미한다. 진아는 도덕적 자율성을 본유(本有)하고 있기 때문에 외재적인 타율이나 형식을 행위의 준거로 삼지 않고, 주체가 처한 상황에 따라 무엇이 옳은 것인지를 명석하게 판단할 수 있다." 박정심, "근대 백년 논쟁의 사람들〈2〉 박은식: 근대적 주체 깊이 사유 … 良知 개념 통해 當代의 중층적 문제에 맞서," 『교수신문』, 2010년 5월 24일.

74) 신용하, 『박은식의 사회사상 연구』(서울: 서울대학교 출판부, 1982), p.212.

75) 신용하(1982), pp.216-218.

76) 『박은식전서(상)』(1975), p.24, p.376; 신용하(1982), p.222에서 재인용.

77) 아메리칸 시스템의 토대를 설계한 정치가는 초대 재무장관으로 재직한 알렉산더 해밀턴(Alexander Hamilton)이다. 그는 신흥독립국가인 미국에서는 제조업의 육성 보호만이 경제성장을 이끌 것이라고 확신하고 이를 위해 높은 관세를 부과하고 새로운 산업기술을 개발하는 데 힘썼다. 이러한 경제적 구상은 통합된 연방으로 이뤄진 강한

정부라는 정치적 기획과 함께 아메리칸 시스템의 기본틀이 되었다. 해밀턴에 대한 평전을 쓴 론 처노에 의하면 다른 그 어떤 건국의 아버지들도 장래 미국의 정치적·군사적·경제적 국력에 대해 그토록 명확하고 선지적인 전망을 내놓지 못했으며, 국가를 하나로 묶을 수 있는 그토록 기발한 메커니즘 역시 제시하지 못했다고 한다. 론 처노, 서종민·김지연 역,『알렉산더 해밀턴: 현대 자본주의 미국을 만든 역사상 가장 건설적인 정치가』(서울: 21세기북스, 2018), p.19.

78) 양현혜,『윤치호와 김교신: 근대 조선의 민족적 아이덴티티와 기독교』(파주: 한울, 2009), pp.41-43.

79) 가토 히로유키의 진화론 수용에 대해서는 김도형, "가토 히로유키(加藤弘之)의 진화론수용 이해: 「疑堂備忘」 독해를 중심으로,"『일본사상』 제27호(2014).

80) 윤치호는 1891년 11월 27일 자 일기에 "당분간 내 자신의 청국인과 일본인에 대한 모든 국가적인 편견은 몽골인종에 대한 넓은 편애 속에 삼켜졌다"고 썼다. 유영렬,『개화기의 윤치호 연구』(서울: 한길사, 1985), pp.81-82.

81) 박노자(2005), pp.240-253.

82) 윤치호, "1935년 7월 9일 일기," 윤치호, 김상태 편역,『물 수 없다면 짖지도 마라: 윤치호 일기로 보는 식민지 시기 역사』(서울: 산처럼, 2013), p.406.

83) 윤치호, "1935년 7월 13일 일기," 윤치호, 김상태 편역(2013), pp. 407-408.

84) 양현혜(2009), pp.43-44.

85) 유영렬(1985), p.89.

86) 양현혜(2009), pp.46-47. 2011년 서울의 모 교회 특강에서 "일제 식민지배와 남북분단은 하나님의 뜻이다." "우리 민족은 게으르고 자립심이 부족하다."라는 언급으로 여론의 뭇매를 맞고 결국 국무총리 후보에서 낙마한 한 전직 언론인의 사례는 결코 낯설지 않다. 제국주의 논리와 세계관을 무비판적으로 내재화한 사람들은 오늘날에도 적지 않다.

87) 양현혜(2009), pp.35-55.

88) 김상태, "중일전쟁 이후 윤치호의 정세 인식과 '내선일체론'," 윤치호·김상태 편역(2013), pp.425-427.

89) 『삼천리』 1940년 9월호. 심진용, "이승만 탄신 축하에서 롯데월드 타워 태극기까지 … 국가주의의 풍경들," 『경향신문』, 2015년 8월 31일 자에서 재인용.

90) 이광수, 『민족개조론』(서울: 우신사, 1981), pp.50-53, pp.153-154.

91) 박노자, "이광수가 지닌 두 개의 얼굴," 박노자·허동현, 『길들이기와 편가르기를 넘어서: 한국 근대 100년을 말한다』(서울: 푸른역사, 2009).

92) 『한겨레』, 2005년 5월 5일.

93) 『한겨레』, 2005년 4월 22일.

94) 이병홍, "반민자의 심정," 『신천지』 1949년 4월호.

95) 칼 슈미트는 홉스의 자연상태에서의 투쟁을 정치적인 것으로 보았다. 인간의 악한 본성을 통제해야 된다는 것이다. 슈미트는 한 사회가 분열되었을 때 공동의 적을 설정함으로써 사회는 결속력을 강화할 수 있다고 한다. 그 사회는 비정규적인 정치상황인 예외상황에 놓이게 될 것이라는 것이다. 적과 동지의 구분은 타자를 배제시킴으로써 내부적 결속력을 다지는 동시에 동일한 정체성을 가진 다른 타자를 찾는 일이라 할 수 있다. 지도자가 국가의 비상상황을 선포할 수 있는 강력한 권한을 지녀야 하고, 지도자의 결단이 의회가 제정한 법보다 우선해야 한다고 주장한다. 카를 슈미트, 김효전·정태호 역, 『정치적인 것의 개념』(파주: 살림, 2012).

96) 프란스 드 발, 최재천·안재하 역, 『공감의 시대: 공감 본능은 어떻게 작동하고 무엇을 위해 진화하는가』(파주: 김영사, 2017), p.300.

97) 에드먼드 버크, 이태숙 역, 『프랑스혁명에 관한 성찰』(파주: 한길사, 2008).

98) 홍익표, 『한국 정치를 읽는 20개의 키워드: 신자유주의부터 포퓰리즘까지』(서울: 도서출판 오름, 2015).

제4장 개신교 근본주의의 유입과 교회의 정치화 _____

1) 한국기독교목회자협의회가 성인 5,000명을 대상으로 해 2017년 12월 공개한 여론조사에 따르면 종교인구는 전체의 46.6%로 5년 전 55.1%에 비해 8.5% 포인트 하락, 절반 이하가 됐다. 특히 20대의 종교인구 비율은 15.9% 포인트나 폭락한 30.7%에 그쳤다. 종교별로 보면 개신교인의 비율은 20.3%로 5년 전보다 2.2% 포인트 낮아졌고, 불교인의 비율은 19.6%, 천주교인의 비율은 6.4%로 각각 2.5% 포인트, 3.7% 포인트 하락했다. 종교인구 중 현재 교회나 사찰, 성당에 출석하지 않는 이들의 비율도 높아지는 추세인데, 개신교인 중 교회에 출석하지 않는 이들은 2012년 전체의 10.5%에서 올해 23.3%로 증가했다. 『연합뉴스』, 2017년 12월 28일.

2) 한국갤럽이 1984년부터 5차례에 걸쳐 만 19세 이상 남녀 1,500명을 대상으로 조사한 것을 비교분석한 데 따르면 종교의 사회적 영향력이 과거 30년 전에 비해 급격히 떨어진 것으로 나타났다. 종교의 사회적 영향력이 증가하고 있느냐는 질문에 응답자의 47%가 그렇다고 답해 30년 전 68%보다 21% 수치가 떨어졌다. 응답자의 종교별로 살펴보면 개신교인의 59%가 종교의 사회적 영향력이 증가하고 있다고 응답했고, 불교인 50%, 천주교인 48%순이었다. 이러한 결과는 종교단체에 대한 불신과 깊은 관련이 있는 것으로 나타났다. 종교단체가 본래의 뜻을 잃어버리고 있다는 응답이 전체 응답자의 63%에 달했고, 이가운데 비종교인의 71%가 종교단체들이 진리를 추구하는 종교 본래의 뜻을 상실하고 있다고 꼬집었다. 구체적으로 살펴보면 비종교인의 76%가 대부분의 종교단체들이 참 진리를 추구하기보다는 교세확장에 더 관심이 있다고 응답했다. 『노컷뉴스』, 2015년 2월 10일. 한편, 2017년 말에 개신교인 1천 명을 대상으로 한 설문조사를 보면 한국 교회가 해결해야 할 과제로는 목회자의 사리사욕(24.0%)을 가장 많이 지적했고, 자기교회 중심주의(16.1%)와 양적 팽창·외형 치중(16.0%)을 그다음으로 꼽았다. 한편, 비개신교인 1천 명을 대상으로 종교별 호감도를 조사한 결과, 개신교에 대한 호감도가 9.5%로 불교(40.6%)나 천주교(37.6%)에 비해 매우 낮았다. 『연합뉴스』, 2017년 12월 28일.

3) 최형묵 · 백찬홍 · 김진호, 『무례한 자들의 크리스마스: 미국 복음주의를 모방한 한국 기독교 보수주의, 그 역사와 정치적 욕망』(서울: 평사리, 2007), pp.5-6.

4) 김지훈, "오늘의 기독교 묵상," 『한겨레』, 2018년 1월 8일.

5) 20여만 명에 달했던 당시 희생자들에는 타이와 스리랑카의 불교신자, 인도네시아의 무슬림, 인도의 힌두교도, 그리고 유럽 기독교국가에서 온 여행객 수천 명이 포함돼 있었다.

6) 곽병찬, "다시 신의 존재를 묻는 이유," 『한겨레』, 2011년 3월 16일.

7) 장애인과 한 공동체를 이루며 신앙공동체이자 생활공동체를 이뤄왔던 교회, 빈민들과 함께하는 교회, 이주노동자들의 교회, 탈북자들의 교회, 노숙인들의 교회, 동성애자들의 교회, 기지촌 여성들과 함께하는 교회, 무의탁 노인들과 함께 하는 교회 등이 여기에 속한다. 그리고 딱히 교회를 표방하지는 않았지만 그런 형태의 타자와 함께하는 신앙공동체들도 많다. 이러한 기독교도들의 모임은 사회 구석구석까지 두루 퍼져 있다. 김진호, 『시민 K, 교회를 나가다』(서울: 현암사, 2012), p.223.

8) 김진호(2012), pp.231-236. 성장 정체 및 감소로 인한 위기는 대형교회보다는 중소형교회에서 심각하게 나타나고 있다. 거의 중소형교회인 폐업교회의 수는 매년 1천 개 이상으로 추산되고, 미자립교회의 비율도 점차 높아지고 있다. 김진호(2012), pp.238-239. 개신교 인구 비율의 감소와 함께 나타나는 또 다른 현상은 교회에 출석하지 않는 이른바 '가나안 성도'의 증가이다. 이에 대해서는 라은성 · 이상규 · 양희승, 『종교개혁, 그리고 이후 500년』(서울: 을유문화사, 2017), pp.359-361.

9) 강인철은 한국 교회의 정치참여를 분석한 글에서 민주화는 종교조직 내부의 '개혁운동(혹은 '예언자운동')'을 활성화시키는 경향을 보인다고 지적한다. 종교 내부의 개혁운동은 성직자들의 권력 독점과 권위주의적 종교조직 운영에 집중되어 있고, 이는 곧 종교권력의 민주화 · 분권화 요구로 나타나고 있다는 것이다. 재정 운영의 불투명성이나 교회의 세습 시도에 대한 조직적인 반대운동은 그 대표적인 사례들이다. 강인철, "한국 사회와 한국 기독교의 과제: 한국 교회의 정치참여에 관한

종교사회학적 분석," NCC 선교훈련원 심포지엄(2008년 7월 24일, 기독교회관 강당) 발표문.

10) 앨버트 O. 허시먼, 강명구 역, 『떠날 것인가, 남을 것인가: 퇴보하는 기업, 조직, 국가에 대한 반응』(서울: 나무연필, 2016), pp.67-77.

11) 『한국일보』, 2018년 1월 6일.

12) 노평구 편, 『김교신 전집 (4): 성서연구』(서울: 부키, 2001), pp.227-228.

13) 이에 대해서는 성공회대학교 동아시아연구소 기획 / 제3시대그리스도교연구소 엮음, 『당신들의 신국: 한국 사회의 보수주의와 그리스도교』(파주: 돌베개, 2017), pp.37-38. 같은 책에서 김나미는 이 동맹 관계의 기본적 특징이 '과잉남성적 개발주의(hypermasculine developmentalism)'라고 한다. 개신교 교회의 빠른 성장은 과잉남성적 개발주의가 생산하고 유지하는 젠더 위계질서 위에서 이뤄졌다는 것이다. 성공회대학교 동아시아연구소 기획 / 제3시대그리스도교연구소 엮음(2017), p.271.

14) 물론, 이명박 정권 시기는 예외에 해당한다. 이명박이 2007년 한나라당 경선과 대선에서 승리한 데는 보수적 개신교 인사들의 열성적인 지지가 큰 역할을 했다고 평가된다. 대선 후보 선출을 위한 한나라당 전당대회를 앞두고 열린 한 기도회에서 금란교회 김홍도 목사는 "다시는 좌파정권이 (정권을) 잡지 못하도록 해야 한다 … 장로 후보를 마귀의 참소, 테러의 위협에서 지켜달라고 기도해야 한다."라며 이명박 후보를 노골적으로 지지한 바 있다. 『오마이뉴스』, 2007년 7월 12일. 대선 직전 열린 '대선을 위한 특별기도회'에서 뉴라이트전국연합 상임의장인 김진홍 목사는 "이명박 장로가 다음 대통령이 되는 것이 나라의 유익이고 교회의 유익이다. 나라 사정, 교회 사정을 생각할 때에 이명박 장로가 제17대 대통령이 되는 것이 옳다"고 주장했다. 『민중의소리』, 2007년 12월 11일. 이명박은 서울시장 시절인 2004년 5월 '청년·학생 연합기도회'에 참석, '서울을 하나님께 드리는 봉헌사'를 낭독하는 등 공적인 자리에서 종교 편향 발언을 수차례 해 큰 물의를 빚은 바 있다. 취임 후 그는 본인이 출석

하는 소망교회 출신 인사들을 대거 공직에 중용하면서 편중인사 시비를 불러 일으켰다. 급기야 이명박 정권은 '고려대학교', '소망교회', '영남'의 첫 글자를 따 '고소영 정권'이란 비아냥을 들었다.

15) 『연합뉴스』, 2017년 12월 28일.

16) 그동안 한국 개신교회는 수많은 목사 칭호를 개발해왔다. 예장통합의 헌법을 보면 위임목사, 임시목사, 부목사, 전도목사, 기관목사, 선교목사, 원로목사, 공로목사, 무임목사, 은퇴목사 등 무려 10여 개가 존재한다. 예장합동은 11개이다. 위임목사는 교회의 정식 청빙을 받아서 교회 운영의 전권을 장악하고 있는 목사이다. 나머지 목사들은 위임목사 휘하에 있기 때문에 그 지위나 대우는 위임목사와 비교할 수 없을 정도로 낮다. 장로도 시무장로, 휴무장로, 무임장로(협동장로), 은퇴장로, 원로장로 등이 존재하고, 집사는 시무집사, 무임집사, 휴무집사, 은퇴집사, 서리집사 등의 구분이 있다.

17) 강인철, 『한국 개신교와 반공주의: 보수적 개신교의 정치적 행동주의 연구』(서울: 중심, 2007), pp.587-588.

18) 대부분의 교회에서 치리는 신조의 일치성과 직분자의 자격이라는 신앙적 문제에 관한 권한으로 엄격하게 국한되어 사용되지 않고 인사와 조직과 재정 전체를 관장하는 권한을 포함한 권한으로 포괄적으로 사용된다.

19) 백종국, "한국 교회의 새로운 구조를 향하여," 한국기독교사회문제연구원·우리신학연구소 외, '대안교회, 대안신앙' 연속강연회(2003년 11월 3~18일, 향린교회) 발표문(http://minjungtheology.kr/xe/forum/45453). 여기서 백종국은 '기본권과 치리권의 분리와 귀속,' 즉 이미 치리권을 위임받은 장로들에게 구태여 기본권을 귀속시키고 치리권은 성직자로 명명한 목사에게 귀속시키는 것은 혼란스러운 용어이고 개혁주의 원칙에 어긋난다고 지적한다. 이러한 경향은 교회법학자들의 식견이 모자랐다기보다 군사독재 치하에서 형성된 권위주의적 편향이 교회에 침투한 결과로 보여진다는 것이다. 그는 민주주의를 꺼리고 권위주의의 효율성을 신봉하는 경향은 단지 일반 정치에서 뿐만 아니라 교인인 동시에 시민이었던 한국 교회의 지도자들

에게도 깊숙이 침투되고 있다고 주장한다.

20) 강인철(2007), p.587.

21) 일부 성직자가 재정과 권력을 독점하고 전횡을 일삼는 것은 비록 정도의 차이는 있지만 개신교뿐만 아니라 불교와 천주교에서도 공히 발견되는 현상이다. 맘몬의 지배를 받으면서 성스러워야 할 신앙 공동체가 시장처럼 변했다는 지적은 어디서든 흔하게 듣는 말이다. 이런 사실에 비춰볼 때 2014년 8월 방한한 프란치스코 교황이 '성모승천대축일미사' 강론에서 "올바른 정신적 가치와 문화를 짓누르는 물질주의의 유혹에서 벗어나고 공동체를 와해시키는 이기주의와 분열의 근본인 무한 경쟁의 사조에 맞서 싸울 것"을 부탁하고, "새로운 형태의 가난을 만들어 내고 노동자들을 소외시키는 비인간적인 경제 모델들을 거부해야 한다"고 강조한 것은 의미심장하다. 『여성신문』, 2014년 8월 15일. 그럼에도 엄격한 위계제도(hierarchia)를 지닌 로마 가톨릭교회의 수장의 말씀이 지켜지지 않는 경우도 존재한다. 모 가톨릭교구가 운영하는 병원이 노조를 심하게 탄압했고, 결국 250명의 조합원 중 10명만 남았으며 노조지부장은 사망하는 일이 발생한 것이 그 대표적 사례이다. 김동춘, "사람은 상하지 않았나?" 『한겨레』, 2018년 1월 3일. 그리고 같은 교구 산하의 다른 병원은 경영을 사실상 책임지는 신부가 본인 개인 명의의 지주회사와 자회사를 만들어 교구 내 병원들과 수익이나 용역 사업을 하고 있는 것이 드러나기도 했다. 『뉴스타파』, 2017년 12월 4일.

22) 최초로 여성목사 안수를 허용한 것은 1931년 감리교회이다. 20여년이 지난 1955년 기독교대한감리회에서 안수 받은 전밀라, 명화용 목사는 최초의 여성목사로 알려져 있다. 이어서 1974년 한국기독교장로회가, 1995년에는 대한예수교장로회 통합 총회가 여성 안수를 허용했다. 이외에도 대한성공회, 대한예수교장로회 백석총회, 기독교대한성결교회, 기독교한국침례회 등에서 여성목사가 배출되고 있다. 그러나 전체 목회자 중에서 여성 비율은 매우 낮고, 안수를 허용한 교단에서도 차별이 존재한다. 이를 둘러싼 교회 내부의 문제들에 대해서는 윤소정, "오늘날 한국교회 여성목사 안수와 교회 현장에서

의 문제들,"『기독교사상』2013년 3월호 참조. 여성 안수를 둘러싸고는 찬반 입장이 첨예하게 대립하고 있다. 홍미로운 사실은 찬반 양측 모두 자신들의 주장의 근거를 초대 기독교 공동체와 신약성경의 가르침에서 찾고 있다는 점이다.

23) 교회 내에서 목사들의 노선과 정책에 반대하는 신자들에게 '전가의 보검'처럼 끄집어내어 인용된 것이 다음과 같은 사도 바울의 로마서 13장 구절이다. "누구나 자기를 지배하는 권위에 복종해야 합니다. 하느님께서 주시지 않는 권위는 하나도 없고 세상의 모든 권위는 다 하느님께서 세워주신 것이기 때문입니다. 그러므로 권위를 거역하면 하느님께서 세워주신 것을 거스리는 자가 되고 거스리는 사람들은 심판을 받게 됩니다." 오랜 역사를 통해 로마서 13장은 지배자들이 피치자들의 무조건 복종을 요구하는 규범적 근거로서 해석돼왔다. 근래에 들어와서는 민주주의 전통이 취약하거나 그 수준이 낮은 국가에서 불의한 권력과 밀착한 교회가 자기 행동을 합리화하고 정당화하는 근거로 잘못 사용되어 왔다. 이를 둘러싸고는 다양한 해석이 존재한다. 국가의 권위 또는 그 대표자에 대해 존경과 복종을 말하는 윤리적 권고는 로마서에 한정되지 않고 원시 그리스도교의 다른 문서에도 공통으로 나타난다. 당시 기성 권위에 대한 저항과 납세거부는 이제 막 탄생한 어린 교회의 존립을 위태하게 하였기 때문에 교회가 기존 질서를 유지시키는 국가기관을 필요로 했다는 지적이나, 권력을 지닌 지배자는 '하느님에 의해' 설정되었기 때문에 그 임무와 과제는 '선한 일'의 보호와 촉진으로 봐야 한다는 주장도 있다. 이 텍스트의 문맥과 해석에 대해서는 미야타 미쯔오, 양현혜 역,『국가와 종교: 유럽 정신사에서의 로마서 13장』(서울: 삼인, 2004), pp.27-38.

24) 고영근, "기독교의 분배적 정의란 무엇인가,"『뉴스앤조이』, 2013년 4월 27일.

25) 제바스티안 브란트, 노성두 역,『바보배: 1494년 출간된 세상 모든 바보들에 관한 원전』(서울: 안티쿠스, 2006).

26) 디트마르 피이퍼·에마-마리아 슈누어 엮음, 박지희 역,『1517 종교개혁: 루터의 고요한 개혁은 어떻게 세상을 바꿨는가』(서울: 21세기

북스, 2017), pp.65-66.

27) 선한 사마리아인의 비유에 대한 설득력 있는 해석으로는 김근수, 『가난한 예수: 가난한 사람의 눈으로 본 루가복음』(파주: 동녘, 2017), pp.257-265.

28) 보수 개신교 세력이 권력 핵심부에 포진한 것은 특히 이명박 정부 시기에 두드러졌다. 이명박 정부 초기 내각의 57%, 청와대 수석의 50%, 청와대 비서관의 39%가 개신교 신자였다. 당시 보수 개신교 세력은 '이명박 대통령 만들기'에 조직적으로 나섰고, 임기 내내 정부의 구원자 노릇을 했다. 권력의 핵심부로 진입한 소망교회를 비롯한 대형교회 출신들 상당수는 투기와 세금 탈루 등에 연루된 것이 밝혀지면서 물의를 빚었다. 미디어법과 쌍용자동차 노조 문제, 용산 참사, 남북관계 등에 대한 정부의 태도를 둘러싸고는 반기독교적이라는 비판이 나왔다. 이는 반기독교 정서를 확산하는 데 기름을 부었다고 평가된다. 주진우, "한국 교회 예수 버리고 권력 탐하다,"『시사IN』제104호, 2009년 9월 7일.

29) 중국에게는 종주국으로 인정함으로써 불필요한 마찰을 피하고 경제적·문화적으로 실리를 취하며, 일본에게는 우호적인 교제를 통해 평화유지를 꾀하는 교린정책을 전개하는 것을 말한다.

30) 토마스는 한국 개신교 사상 최초의 순교자이다. 한국 교회는 그의 순교를 높이 평가하여 1907년 평양 대부흥의 기원이 평양에서의 그의 죽음에까지 거슬러 올라간다고 보고 있다. 아사미 마사카즈, 안정원·양현혜 역, 『한국 기독교, 어떻게 국가적 종교가 되었는가』(서울: 책과 함께, 2015), p.116. 비록 실패로 끝났으나 토마스는 조선에 대한 선교열이 강한 사람이었다. 이는 조선인들이 남달리 기독교에 수용될 가능성이 많다고 본 사실과 조선에서 선교한 최초의 개신교 선교사로서의 영예에 대한 의식 등에서 비롯된 것이다. 민경배, 『한국기독교회사』(서울: 연세대학교 출판부, 1993), p.138. 하지만 제너럴셔먼호가 중무장을 하고 평양산성의 보물 소식을 문의하는 등 항해 목적이 의심을 사기에 충분했고, 평양에 이르러서도 교역과 선교가 금지되어 있기 때문에 물러가라는 조선 관리의 요구를

거부하고 관군을 나포해 감금하는 등 무모한 행동을 한 사실 역시 지적되어야 한다. 민경배(1993), pp.100-102. 그 구체적 상황은 당시 사건을 총괄적으로 책임지고 있던 평안도 관찰사 박규수가 조정에 올린 장계가 수록된 『평안감영계록(平安監營啓錄)』을 비롯한 조선 측의 기록을 분석한 이헌주의 글에 자세히 나온다. 이들 자료는 서먼호를 직접 상대했던 관리들이 파악한 정보를 담고 있어 미국 외교문서나 기독교 계통의 문헌에 비해 한층 직접적이고 신뢰도가 높다고 할 수 있다. 이에 의하면, 서먼호가 평안도 용강현 앞바다에 나타나자 황주목사가 국법상 외국 선박의 영해 항행은 금지돼 있다고 경고하면서도 쌀과 고기 등을 지원했다. 박규수도 식량과 땔감을 추가로 제공했다. 그럼에도 서먼호는 상륙을 감행하거나 흡탄까지 거슬러 올라갔고, 이에 중군(中軍) 이현익이 작은 배를 타고 접근하자 서먼호 선원들이 신분증을 빼앗고 강제 억류했다. 서먼호가 이현익 석방 요구에 응하지 않은 채 대동강을 거슬러 올라가면서 대포와 조총을 마구 쏴 평양군민들이 죽고 다치자 결국 박규수가 '초멸(剿滅)'을 명령했다는 것이다. 이헌주는 제너럴서먼호사건을 한탕주의에 젖은 약탈적 무역상인들이 중무장한 채 대동강에 나타나 통상을 요구하며 행패를 부리다가 분노한 평양군민들에 의해 섬멸당한 우발적 사건이었다라고 결론을 내린다. 미국 정부는 서먼호사건에 대한 탐문을 했던 슈펠트의 보고서를 통해 사건의 성격을 잘 알고 있으면서도 애써 외면하였다. 조선의 문호를 열어 무역을 확대시키려는 정책 목표를 가졌던 미국 정부는 서먼호사건을 자신들의 요구를 관철시킬 좋은 기회로 여겼기 때문이다. 이헌주, "관찰사 박규수, 평양사람들과 제너럴서먼호를 불태운 배경은?" 이헌주 외, 『개화기 지방 사람들 2: 양반·평민』(서울: 어진이, 2006), pp.9-28.

31) 민경배(1993), p.122.

32) 평양이 한때 '조선의 예루살렘'이라고 불릴 정도로 평안도가 조선 개신교의 중심지가 될 수 있었던 것도 이 지역이 조선시대 내내 중앙권력에서 소외된 곳이었기 때문이다.

33) 아사미 마사카즈·안정원, 양현혜 역(2015), p.118.

34) 조선이 처한 내외상황이 위중한 데도 무능하고 부패한 민씨 일가는 서계(書契)의 위격 문제로 시간을 허비하였다. 조선의 취약성을 간파한 일본은 1875년 9월에 운양호사건을 계획적으로 도발하고 이를 구실로 1876년 2월 함포의 위협 아래 개항을 강요하였다. 조선은 1876년 강화부에서 일본과 '조일수호조규(朝日修好條規)'를 체결하였는데, 이는 조선이 외국과 맺은 최초의 근대적 국제조약이며 굴욕적인 불평등조약이다.

35) 아사미 마사카즈·안정원, 양현혜 역(2015), p.131.

36) 조현범, 『조선의 선교사, 선교사의 조선』(서울: 한국교회사연구소, 2008), p.16.

37) 김용구, "서양 선교사들이 본 한국인상,"『논문집』제9호(서울대 국제문제연구소, 1985); 조현범(2008), p.40에서 재인용.

38) 조현범(2008), p.38.

39) 앨런 라이언, 남경태·이광일 역,『정치사상사: 헤로도토스에서 현재까지』(파주: 문학동네, 2017), pp.1131-1138.

40) 보다 자세한 것은 조현범,『문명과 야만: 타자의 시선으로 본 19세기 조선』(서울: 책세상, 2002), pp.121-156 참조.

41) 조현범(2002), p.39.

42) 조현범(2002), pp.117-118.

43) 강인철,『한국 기독교회와 국가 시민사회 1945~1960』(서울: 한국기독교역사연구소, 2003), p.86.

44) 미국의 대다수 정치인들이 지니고 있던 이러한 인식은 후에 동양의 평화를 위해 한국을 지배해야 한다는 일본의 주장을 수용하는 것으로 이어졌다. 그 대표적인 인물이 인종주의자이자 호전적인 제국주의자로 적극적으로 해외 팽창을 추구했던 미국 대통령 시어도어 루스벨트(Theodore Roosevelt, 1901~1909 재임)이다. 당시 미국은 아시아를 문명지대로 만든다는 목표 아래 태평양 지역에서 영토를 합병하고 해군 연결망을 확대해 나가고 있었다. 1905년 7월 루스벨트 정부는 미국 역사상 최대 규모의 순방 외교사절단을 하와이, 일본,

필리핀, 중국, 대한제국에 파견하였는데 단장은 육군성 장관이던 윌리엄 태프트(William Howard Taft)였다. 그는 도쿄에 들러 당시 일본 수상이던 가쓰라 다로(桂太郎)와 진행한 회담에서 "한국에 대해 일본 군대가 종주권(suzerainty)을 확립하는 것이 러·일전쟁의 필연적 결과이며, 극동의 항구적 평화에 직접적으로 이바지할 것이다"라고 언급했다. 가쓰라는 당시 미국이 점령하고 있던 필리핀에 대해 일본이 어떤 공세적 의도도 갖고 있지 않음을 확인한다고 밝혔다. 당시 대통령 시어도어 루스벨트는 태프트의 발언을 자신의 의견으로 인정하는 한편, 가쓰라-태프트 협약의 내용을 미국의 공식 견해로 재확인시켰다. 김기정, "가쓰라-태프트 밀약의 진실,"『신동아』2005년 11월호. 루스벨트가 파견한 미국의 아시아 사절단을 중심으로 20세기 초 미국의 대아시아 정책의 실상을 분석한 책으로는 제임스 브래들리, 송정애 역,『임페리얼 크루즈: 대한제국 침탈 비밀외교 100일의 기록』(서울: 프리뷰, 2010).

45) 강인철(2003), p.88.

46) 리처드 호프스태터, 유강은 역,『미국의 반지성주의』(파주: 문학동네, 2017).

47) 리처드 호프스태터(2017), pp.124-127.

48) 리처드 호프스태터(2017), pp.132-133, p.143.

49) 류대영,『초기 미국 선교사 연구』(서울: 한국기독교역사연구소, 2001), p.93. 이는 서구 우월주의적 태도 및 근본주의 신학의 지적 절대주의태도와 결합하여 한국 개신교 교회와 토착문화, 개신교와 토착종교들과의 관계를 부정적인 것으로 고착시켰다고 평가된다. 강인철(2003), p.90.

50) 배덕만,『한국 개신교 근본주의』(대전: 대장간, 2010), pp.33-34. 네비우스 선교정책은 미국 북장로회 소속 선교사로 중국 지푸에서 활동하던 존 네비우스(John L. Nevius)가 창안한 것으로 빠른 시일 내에 독립과 자립을 이루는 진취적 토착교회를 새우기 위한 선교방법론이다. '3자 원칙'으로 알려진 자진전도(self-propagation), 자력운영(self-support), 자주치리(self-government)가 핵심 내용이다. 네

비우스는 1890년 6월 서울을 방문해 선교사들과 모임을 가졌는데, 다음 해 북장로회 선교회는 네비우스의 제안을 선교정책의 기본으로 삼은 '북장로회 선교회 규칙'을 제정하였고, 1893년에는 한국장로교 선교부공의회에서도 10가지의 정책을 채택하였다. 또 1895년 북장로회 선교회는 8개 조항을 별도로 선정하여 선교정책의 신조로 채택하였다. 한국기독교역사학회 편, 『한국기독교의 역사』(서울: 기독교문사, 2011), pp.174-175. 이 정책은 한국 교회의 조직과 운영의 발전에 크게 기여했다고 평가되지만, 다른 한편으로 교회 중심체제에 머무르게 해 교회가 사회적 현안에 대해서 소극적 태도를 취하게 만들었고, 자치 원칙은 위계질서로 작용하여 교회의 민주적 운영을 저해했다는 비판도 있다. 또한 토착 교회 지도자 양성에 관한 권한과 역할을 선교사가 독점함으로써 목회자의 지적 수준의 향상과 신학 발전을 저해했다는 지적도 제기된다.

51) 배덕만(2010), p.31.

52) 1895년 나이아가라 예언대회 후 『근본적인 것들(*The Fundamentals*)』이란 제목의 소책자가 유럽과 미국 신학자들의 공동 작업으로 출간되었는데 바로 여기서 근본주의란 용어가 유래했다고 한다. 1910년부터 1915년까지 총 12권이 출간된 이 책은 성경의 영감과 권위, 그리스도의 동정녀 탄생과 신성, 초자연적 이적 행사와 대리적인 속죄의 죽음, 육체적 부활과 승천을 기독교 신앙의 근본 원리로 강조했다. 배덕만(2010), pp.22-23.

53) 배덕만(2010), pp.18-23.

54) 배덕만(2010), p.23.

55) 포스딕사건을 통해 근본주의자와 자유주의자 간 논쟁이 격화되었다. 침례교 출신의 신학자이자 설교가였던 포스딕은 1922년 6월 뉴욕 제일장로교회에서 행한 설교에서 자유주의자들도 기독교인임을 강조하면서 근본주의자들의 편협과 불관용을 지적하였다. 북장로교총회가 근본주의를 채택한 직후인 1924년 1월 자유주의자들은 어번 선언(the Auburn Affirmation)이라고 불리는 문서를 150명의 서명(후에 1274명이 추가)과 함께 출판하였다. 주된 내용은 총회가 어떤

교리를 본질적인 것으로 정할 수 있는 권리를 가지고 있지 않다는 것과 성경무오의 교리를 '매우 해로운 교리'로 간주하는 등 5대 기본 교리를 정면으로 부정하는 것이었다. 근본주의 논쟁은 1925년 원숭이 재판사건을 통해 절정에 달하게 된다. 테네시주의 고등학교 교사 스콥스는 학생들에게 진화론을 가르치는 것을 금하고 있는 테네시주의 법령을 위반했다는 혐의로 고발당했다. 이 재판에서 원고가 패했고, 이를 변호한 국방상을 역임한 유명한 변호사요 교회 장로인 윌리엄 브라이언(William J. Bryan)은 언론과 여론으로부터 과학에 무지하다고 매도당했다. 이 재판의 여파로 근본주의자들은 일반 대중들로부터 불신을 받고 점차 그 세력이 쇠퇴하게 되면서 소수파로 밀려났다.

56) 근본주의적 성경관인 축자영감설은 성서는 글자까지도 하나님의 영감으로 기록되었기 때문에 단 한 글자도 오류가 없다고 주장한다. 이에 비해 성서비평학은 성서의 문헌양식, 전승자료, 편집양식, 사회학적 배경 등을 중시하는 또 다른 성서해석방법론이다.

57) 이덕주, "한국 교회와 근본주의: 한국교회사적 입장," 한국교회사학연구원 편, 『한국 기독교 사상』(서울: 연세대학교 출판부, 1998), pp.22-23.

58) 이만열, 『한국 기독교와 민족의식』(서울: 지식산업사, 1991), pp.481-486.

59) 강인철, "한국사회와 한국 기독교의 과제: 한국교회의 정치참여에 관한 종교사회학적 분석," NCC 선교훈련원 심포지엄 발표 논문(2008).

60) 한국기독교역사학회 편(2011), pp.221-237.

61) 이덕주(1998), pp.30-33.

62) 이덕주(1998), pp.39-40.

63) 강인철(2003), p.139.

64) 한국기독교역사학회 편(2011), pp.168-173.

65) 이 점은 루스벨트와 하워드 태프트(William Howard Taft, 1909~1913 재임)의 공화당 정부가 우드로 윌슨(Thomas Woodrow Wilson,

1913~1921 재임)의 민주당 정부로 교체된 뒤에도 달라지지 않았다. 1차 세계대전 뒤 국제연맹 창설을 주도한 윌슨은 호전적이고 제국주의적이었던 루스벨트와는 달리 도덕주의와 이상주의에 입각한 외교정책을 추진했다고 알려져 있다. 프랑스의 정치학자인 올리비에 자젝(Olivier Zajec)은 다른 평가를 내 놓는다. "우드로 윌슨은 1차 세계대전을 종식시키기 위해 늘 미국의 이익을 맹렬히 수호했다. 미국이 멕시코(1914, 1916), 도미니카 공화국(1916~1924), 파나마(1918~1921)에 개입한 역사가 알려주듯, 윌슨주의는 언제나 고압적이었다. 이런 의미에서 루스벨트-윌슨은 이원적 알레고리가 아니라 미국 외교정책의 단일성을 보여주는 알레고리다. 그 둘이 중시하는 다른 두 요소는 앞서기도 뒤서기도 했지만(루스벨트는 국가이익의 반사신경을 우선시했고 윌슨은 도덕적 반사신경을 우선시했다) 이 둘은 절대로 분리되지 않으며, 충돌할 게 없다. 본질에서 보면 하나로 수렴된다. 이것은 '예외주의적'이며, 개입주의적이면서 동시에 다소 슬머시 제국적이다." 올리비에 자젝, "'군국주의자' 잭슨을 섬기는 트럼프의 외교 여정," 『르몽드 디플로마티크』 113호(2018). 심지어 지난 부시 정부의 신보수주의에 입각한 팽창적 외교정책 역시 전쟁의 명분으로 민주주의의 확산을 내건 데서 '군화 신은 윌슨주의(Wilsonianism in Boots)'라고도 불리며, 그런 점에서 미국의 외교정책은 집권 정당과 정부가 바뀌더라도 연속성을 지니고 있다. 다만 현재의 도널드 트럼프 정부는 도덕적 책무를 경시하고 단지 권력만을 추구한다는 점에서 예외적이다. '군화 신은 윌슨주의'에 대해서는 Pierre Hassner, "The United States: The Empire of Force or the Force of Empire," EU-ISS Chaillot Papers, no.54(2002).

66) United States Policy Regarding Korea 1834~1941, Foreign Policy Studies Branch Division of Historical Policy Research Office of Public Affairs Department of State (1947), p.35; 김승태, 『한말·일제강점기 선교사 연구』(서울: 한국기독교역사연구소, 2006), p.45에서 재인용.

67) A. J. Brown, Report of a Visitation of the Korea Mission of the Board of Foreign of the PCUSA (1902), p.6; 김승태(2006), p.47

에서 재인용.

68) 이에 대해 헐버트는 *The Passing of Korea* (New York: Double-day, Page & Company, 1906)에서 한국에 대한 신의를 저버린 미국의 행위를 비판하고 있다. "우리는 한국과 조약을 맺은 첫 서방세력이었다. 한국의 안전과 이익을 지켜주겠다고 보장했다. 야수같은 폭력에 대항하여 정의의 지배를 위하여 '공정한 대우'를 지지한다고 반복해서 성명해왔다 … 그러나 확언의 진실성에 대한 확인이 요청되었을 때 우리는 그렇게도 기민하게 그렇게도 냉정하게 그렇게도 섬세한 경멸감으로 한국을 떠남으로써 한국에 있는 모든 점잖은 미국 시민들의 피를 분노로 들끓게 하였다 … 미국인들을 다른 어떤 동양나라에서 받을 수 없던 정도로 정중함과 경의를 가지고 대우했던 왕국이 심한 죽음의 고통으로 완전히 굳어가고 있는데 미국 영사는 샴페인을 가득 채운 잔으로 범법자들과 건배하고 있었다." H. B. Hulbert(1906), pp.464-465; 김승태(2006), pp.50-51에서 재인용. 이 책의 원문은 https://archive.org/stream/passingofkorea00hulbuoft/passingofkorea00hulbuoft_djvu.txt에서 볼 수 있다.

69) 릴리어스 호튼 언더우드, 김철 역, 『언더우드 부인의 조선생활』(서울: 뿌리깊은나무, 1984), p.222; 김승태(2006), p.70에서 재인용.

70) 김승태(2006), pp.207-212.

71) 김승태(2006), pp.188-200.

72) 김승태(2006), pp.219-220.

73) 서정민, 『일본 기독교의 한국 인식』(서울: 한울아카데미, 2000), p.69.

74) 메이지헌법 속의 천황에 대해서는 스즈키 마사유키, 류교열 역, 『근대 일본의 천황제』(서울: 이산, 1998), pp.47-54.

75) 스즈키 마사유키, 류교열 역(1998), pp.156-157.

76) 김교신은 1919년의 3·1 독립운동에 참가한 직후 일본에 유학하여 세례를 받았다. 일본의 군국주의에 반대하고 성서 중심의 무교회주의를 주창하던 기독교 사상가 우치무라 간조(內村鑑三)에게 배웠고, 동료 함석헌, 송두용, 정상훈 등과 함께 '조선성서연구회'를 만들어 활동했다. 귀국 후 교사로서 민족 교육에 진력하는 한편, 함석헌 등과

함께 『성서조선(聖書朝鮮)』을 발간하였고, '조선 김치 냄새 나는 기독교'를 만들려고 노력했다. "조선을 알고, 조선을 먹고, 조선을 숨쉬다가 장차 그 흙으로 돌아가리니 불역열호(不亦說乎)"라는 그의 말에는 진정한 조선선비의 기풍이 어려 있다. 그는 "요즈음 조선 기독교계의 쌍벽이라고 할 만한 장로교와 감리교는 적극단(積極團) 문제가 생긴 이래로 자멸을 목표로 분쟁 또 분쟁이다"라고 지적하고, 하나님이 보고 계신 앞에나, 각 사람의 양심 앞에 낱낱이 드러내놓고 견디내지 못하는 종교는 모조리 '세균과 같은 종교'라고 일갈하기도 했다. 김교신, "나의 무교회," 『성서조선』 제92호(1936년 9월), http://www.biblekorea.net/index.html 이러한 김교신의 삶과 사상은 일본을 '대리적인 마음의 조국'이자 이상 사회로 간주하였으며, '조선 독립 불가능론'을 주장하고 적극적인 친일 행동을 전개한 유명한 기독교도인 윤치호와 대비된다. 이에 대해서는 양현혜, 『윤치호와 김교신: 근대 조선의 민족적 아이덴티티와 기독교』(파주: 한울, 2009) 참조.

77) 김교신은 성서를 바탕으로 한 국가만이 흔들리지 않는 기초를 다지게 될 것이라고 하였다. 원문은 다음과 같다. "조선 밑에 영구한 기반을 넣어야 할 것이니 그 지하의 기초 공사가 즉 성서적 진리를 이 백성에게 소유시키는 일이다. 널리 깊게 조선을 연구하여 영원한 새로운 조선을 성서 위에 세우라. 그러므로 조선을 성서 위에," 노평구 편, 『김교신 전집 (1): 인생론』(서울: 부키, 2002), p.22.

78) 가장 규모가 크고 조직을 갖춰 참배를 거부한 것은 장로교였다. 이 운동의 상징적인 인물이 된 사람은 평양신학교 학생들의 항의사건에 연루되어 일경에 네 차례에 걸쳐 검속되었고 평양 감옥에서 순교한 주기철 목사이다. 평안북도의 이기선과 경상남도의 한상동 목사 등도 신사불참배운동을 조직해 이끌었다. 이들은 1940년 4월 '전국신사불참배연합회'를 결성해 전국적 규모에서 불참배운동을 펼쳤고, 일경에 검거되어 온갖 고문을 통해 전향을 강요받았다. 이 운동으로 전국에서 200여 개의 교회가 폐쇄되었고, 2,000여 명의 신도가 검거되었는데, 이 중 옥중에서 순교한 사람은 50여 명에 이른다.

79) 강인철,『한국의 개신교와 반공주의』(서울: 중심, 2007), pp.60-61.

80) 조선총독부경무국 편,『최근에 있어서의 조선의 치안상황』소화 13년(1938), pp.446-479; 양현혜,『근대 한·일 관계사 속의 기독교』(서울: 이화여자대학교 출판부, 2009), p.358에서 재인용.

81) 이는 1942년 조선야소교성결교회 제2회 연회에서 당시 이사장이던 이명직이 한 말이다. 권성권, "성결교회 대부 이명직 목사와 계화수차 이야기,"『오마이뉴스』, 2009년 12월 23일.

82) 김진호, "신사참배 수치심을 공산주의 증오로,"『한겨레21』제837호 (2010년 11월 23일).

83) 이명직, "적용은 무엇인가,"『활천』1938년 9월호, pp.1-2; 양현혜 (2009), pp.358-359에서 재인용.

84) 1920년대에 국내로 들어온 사회주의 사상은 진보적 성격을 상실하고 내세지향적으로 변한 기독교를 비판했다. 교회는 마르크스주의에 적대적인 선교사와 일본의 영향 아래 매우 반공적인 태도를 가지게 되었다. 해방 이후 이념에 따라 분단된 상황에서 대부분의 기독교인들은 사회주의와의 공존이 불가능 하다고 느껴 북을 버리고 남쪽에 교회를 만들었다. 그런 후 한국 기독교는 6·25전쟁을 거치면서 친미·반공주의를 극단적으로 강화시켰다. 류대영, "2천 년대 한국 개신교 보수주의자들의 친미·반공주의 이해,"『경제와 사회』62호 (2004), pp.54-79.

85) 강인철(2003), pp.265-267.

86) 조호진, "한국 교회 친일행적 말할 때 됐다,"『오마이뉴스』, 2004년 8월 13일.

87) 백찬홍, "기독교가 지지한 대통령들이 모두 비참해진 까닭,"『오마이뉴스』, 2009년 6월 29일.

88) 김진호(2012), p.56.

89) 강인철(2007), p.68.

90) 김녕,『한국 정치와 교회: 국가 갈등』(서울: 소나무, 1996), p.224.

91) 최종철, "해방 이후 한국과 대만에서 기독교교회의 정치화에 대한 비교

사적 접근," 한국사회사연구회 편, 『현대 한국의 종교와 사회』(서울: 문학과지성사, 1992), pp.175-176.

92) 백중현, 『대통령과 종교』(서울: 인물과사상사, 2014), pp.78-79.

93) 강인철(1996), p.189.

94) 김녕(1996), p.244.

95) 장규식, "군사정권기 한국 교회와 국가권력: 정교유착과 과거사 청산 의제를 중심으로," 『한국 기독교와 역사』 제24호(2006), p.116.

96) 한국기독교교회협의회, "민족의 통일과 평화에 대한 한국기독교회 선언," www.kncc.or.kr/admin/bbs/down.php?code=old_pds&idx=9087&no=1

97) 강인철(2007), pp.60-61.

98) 이 집회에서도 대형교회가 교인들을 조직적으로 동원한 정황이 드러나 논란이 일었다. 『뉴스타파』, 2017년 3월 2일.

99) 사회학자인 김현경은 모든 기준에서 구별되는 특수한 계층들이 생겨나 사회 안에 별개의 사회를 형성하고 있는 데서 보여지듯이 한국 사회가 신분제로 회귀하고 있다고 주장한다. 이에 따라 장소/자리에 대한 투쟁과 존재에 대해 인정을 요구하는 투쟁이 벌어지고 있는데 이를 해결하기 위해서는 타자를 도덕적 공동체로 초대하는 행위, 즉 낯선 이에게 따뜻한 자리와 음식을 내주는 '환대'가 필요하다고 한다. 이 용어는 자크 데리다(Jacques Derrida)가 제시한 신원을 묻지 않고, 보답을 바라지 않으며, 적대적 타자에게도 복수하지 않는 '절대적 환대'에서 착안한 것이다. 김현경, 『사람, 장소, 환대』(서울: 문학과지성사, 2015), pp.207-242. 이와 관련해서는 자크 라캉(Jacques-Marie-Émile Lacan)의 욕망 이론에 기초해 욕망을 사랑으로 바꾸는 것이 윤리의 본질적인 문제라고 주장한 테리 이글턴을 참고할 수 있다. 이글턴에게 사랑이란 '타자성을 지닌 이웃'에 대한 비인격적인 사랑을 가리킨다. 주체가 대상 세계와 관계를 맺는 방식 중의 하나인 상상계의 한 형태로 이글턴은 기독교적 상상계를 제시한다. 이에 대한 적절한 예는 "너희가 여기 내 형제 가운데 지극히 작은 자 하나에게 한 것이 곧 내게 한 것이니라"는 성경 구절(마태복음 25:40)이다.

테리 이글턴, 김준환 역, 『낯선 사람들과의 불화: 윤리학 연구』(서울: 도서출판 길, 2017), pp.506-507.

제5장 일본 제국주의의 권위주의 유산

1) 이준식, " '식민지 파시즘'의 유산과 극복의 과제," 방기중 편, 『식민지 파시즘의 유산과 극복의 과제』(서울: 혜안, 2006), p.71.

2) 일본 제국주의의 조선 지배를 무력지배정책(1910년대), 민족분열화정책(1920년대), 병참기지화정책(1930~1945년)으로 나눈 것은 박경식, 『일본 제국주의의 조선지배』(서울: 청아출판사, 1986) 참조.

3) 또 다른 축이 '일시동인(一視同仁)'이었다. 일본은 메이지 유신 이후부터 1945년 패전할 때까지 지역과 시기에 따라 두 축 가운데 어느 한 쪽을 필요에 따라 부각시키며 이민족을 침략하고 지배하였다. 신주백은 일시동인의 현재화가 강조되며 추진된 동화를 일본인화 곧 민족동화라 하고, 이민족의 문명계발을 내세우며 정책을 시행한 동화를 문명동화로 구분하였다. 전자는 차별화를 당연시하며 지배자로서 피지배자들에게 평등화, 동일화를 직접 내세운 경우를 말하며, 후자는 차이를 당연시하며 현실에서 문명화를 전면에 내세운 경우를 말한다. 일본은 이민족에게 차이가 없어져야 차별을 없앨 수 있다고 주장했지만, 현실에서는 차이를 통해 차별을 정당화했기 때문에 동화정책에서 양자가 중첩되어 나타난 경우가 대부분이었다. 신주백, "일본의 '동화' 정책과 지배전략: 통치기구 및 학교교육과의 관계를 중심으로," 강만길 외, 『일본과 서구의 식민통치 비교』(서울: 선인, 2004), pp.217-218.

4) 이준식, 『일제 강점기 사회와 문화: '식민지' 조선의 삶과 근대』(서울: 역사비평사, 2014), pp.34-35.

5) 이준식(2014), pp.35-42.

6) 박경식(1986), p.374. 제1분과회에서 논의된 '내선일체' 문제에 대해

서는 미쓰이 다카시, "조선총독부 시국대책조사회(1939) 회의를 통해 본 '내선일체(內鮮一體)' 문제: 제1분과회를 중심으로," 『일본공간』 14호(2013).

7) '황국신민의 서사'와 일본어의 강요에 대해서는 박경식(1986), pp. 385-386 참조.

8) 박경식(1986), pp.390-391.

9) 박경식(1986), p.392.

10) 히토쓰바시대학 한국학연구센터 기획, 형진의·임경화 편역, 『국체의 본의를 읽다』(서울: 어문학사, 2017), pp.26-28.

11) 에릭 홉스봄, "전통들을 발명해내기," 에릭 홉스봄 외, 박지향·장문석 역, 『만들어진 전통』(서울: 휴머니스트, 2004), pp.19-20, pp. 27-29.

12) 국체의 보전을 내세워 민족해방운동을 탄압하는 것은 그전부터 있었다. 대표적으로 치안유지법은 제1조에 "국체를 변혁하는 것을 목적으로 결사를 조직한 자 또는 결사의 역원 기타 지도자의 임무에 종사한 자는 사형 또는 무기나 7년 이상의 징역에 처하고, 결사에 가입한 자 또는 결사의 목적수행을 위한 행위를 한 자는 3년 이상의 유기징역에 처한다"라고 명시되어 있었다.

13) 히토쓰바시대학 한국학연구센터 기획(2017), pp.126-127.

14) 문화운동과 자치운동을 이용한 민족주의자의 대일 타협화 정책에 대해서는 강동진, 『일제의 한국침략정책사』(서울: 한길사, 1980), pp. 401-429.

15) 야마베 겐타로, 최혜주 역, 『일본의 식민지 조선통치 해부』(서울: 어문학사, 2011), p.172.

16) 메이지유신 이후 일본은 본격적으로 서구 따라잡기에 나섰다. '유신'은 복고(Restoration), 혁명(Revolution), 개혁(Reform)을 모두 포괄하는 모호한 개념으로, 이후 양상에서도 이것들이 뒤섞여 나타난다.

17) 김지석, "인류에 기여하는 일본과 '천황제'," 『한겨레』, 2017년 11월 29일.

18) 후지타 쇼조, 김석근 역, 『천황제 국가의 지배원리』(서울: 논형, 2009), pp.24-25. 천황제는 반동화한 서유럽 자본주의의 이데올로기인 사회유기체설과 전통적인 유교정치론이 사상적 토대이다. 둘은 모순적으로 결합되었는데, 이에(家)와 국가를 잇는 유대의 이완이 일정한 정도에 이를 때마다 떨어져나가려는 이에를 대외전쟁을 일으킴으로써 국가에 강력하게 얽어맸다고 한다. 후지타 쇼조(2009), pp.30-31.

19) 정의 · 전성곤, 『제국에의 길: 원리 · 천황 · 전쟁』(서울: 소명출판, 2015), pp.206-207에서 재인용.

20) 정의 · 전성곤(2015), p.209에서 재인용.

21) 스즈키 마사유키, 류교열 역, 『근대 일본의 천황제』(서울: 이산, 1998), p.90에서 재인용.

22) 황실이 체현해야 하는 이에와 이에 질서의 이상적인 형태는 다음과 같다: 첫째, 가장의 지위를 남계의 장남이 계승하는 것, 둘째, 아버지에 대한 아들의 순종이 충분히 행해지는 것, 셋째, 가장이 가족을 강력히 통제 · 감독할 수 있어야 하는 것. 한편, 『황실전범』에서는 황위를 다른 혈통을 배제하고 장남에게 물려주게 되어 있었다. 황실에서는 천황 생존 중에는 황위를 자식에게 물려주지 않으며, 병상 등으로 섭정을 둘 경우에도 섭정은 천황보다 아래의 존재였다. 황족은 천황이 감독하였다. 즉, 황족의 필요경비를 지급할 권한, 황족의 결혼, 외국여행에 대한 허가권, 부친이 없는 어린 황족에 대한 교육과 보호권 등이 그것이다. 이 세 가지 외에도 세습재산을 엄밀하게 관리하는 것, 조상의 제사를 행하는 것, 유훈을 지키는 것도 천황의 권한이었다. 스즈키 마사유키(1998), pp.69-72.

23) 스즈키 마사유키(1998), pp.73-74.

24) 스즈키 마사유키(1998), pp.91-93.

25) 배병삼, 『우리에게 유교란 무엇인가』(서울: 녹색평론사, 2012).

26) 앤드류 고든, 문현숙 · 김우영 역, 『현대일본의 역사 1』(서울: 이산, 2015), pp.228-231. 학생들은 난해한 고어투 한자투성이의 칙어를 제대로 이해하기가 어려웠지만, 그래도 일본은 천황을 받드는 특별한 나라이고, 천황의 신민인 자는 아래로는 부모로부터 위로는 천황에

이르기까지 모든 권위 있는 높은 분들에게 복종해야 한다는 기본적인 메시지는 이해할 수 있었다. 앤드류 고든(2015), p.231.

27) 황국신민서사를 만든 총독부 학무국 사회과장 김대우는 그 공로로 훈5등 서보장을 받았고 경상북도지사가 되었다. 심정섭 편,『일제의 순사들』(서울: 예원, 2014), pp.200-201.

28) 윤치호의 일기에도 관련 내용이 언급되어 있다. "총독부가 조선인을 홋카이도인이나 나가사키인처럼 일본 신민으로 만들기로 단단히 결심한 모양이다. 학교와 교회에서 모든 사람들은 '우리는 일본제국의 신민이다'라는 구절이 세 번이나 반복되는 황국신민서사를 제창하라는 명령을 받고 있다. 따라서 우리는 일본 신민이 되기로 결심하거나, 유럽이나 미국이나 하늘나라로 이민을 가야만 한다." 윤치호 일기 1938년 7월 26일. 윤치호·김상태 편역,『물 수 없다면 짖지도 마라: 윤치호 일기로 보는 식민지 시기 역사』(서울: 산처럼, 2013), p.471.

29) 이윤옥, "조선 소년이 쓴 '황국신민서사' 연습 공책,"『오마이뉴스』, 2015년 8월 16일.

30) 강진호,『국어 교과서의 탄생』(서울: 글누림, 2017), pp.254-255.

31) 호미 바바, 나병철 역,『문화의 위치』(서울: 소명출판, 2002), pp.146-163; 강진호(2017), pp.254-255에서 재인용. 여기서 정형화란 식민지 상황에서 지배 민족이 피지배 민족을 자기중심적 시선과 담론으로 고착화시키는 행위로, 인종적·문화적·역사적 차이들을 인정하면서 부정하게 하는 하나의 장치이다. 그것의 주요한 기능은 감시를 수행하는 매개체인 지식의 생산을 통해 예속된 국민을 위한 공간을 창조하는 데 있다. 그리고 그 지식을 통해 정복을 정당화하고 관리와 훈육의 체계를 확립하기 위해 피식민자를 기원에서부터 퇴보한 유형의 민중으로 해석한다.

32) 강진호(2017), pp.263-264.

33) 강진호(2017), pp.286-289.

34) 이케가미 에이코, 남명수 역,『사무라이의 나라』(서울: 지식노마드, 2008).

35) 이케가미 에이코(2008), pp.458-461.

36) 이케가미 에이코(2008), pp.473-478.

37) 이케가미 에이코(2008), p.489. 앨버트 O. 허시먼은 시장에서 상품이나 서비스 품질의 절대적 혹은 상대적 저하와 같은 성과 하락이 나타날 때 예민한 고객들이 더 이상 그 기업의 제품을 구매하지 않는 것을 이탈이라고 한다. 이는 다른 조직이나 정부에서도 나타난다. 이에 대해서는 앨버트 O. 허시먼, 강명구 역, 『떠날 것인가, 남을 것인가: 퇴보하는 기업, 조직, 국가에 대한 반응』(서울: 나무연필, 2016), pp.67-77.

38) 이케가미 에이코(2008), pp.483-485.

39) 메이지 유신은 서구의 사상과 제도, 기술을 수용했지만, 서구의 개인주의는 수용하지 못했다. 강한 집단주의 문화는 개인주의를 제대로 착근되지 못하게 하였다. 일본인들은 '세켄(世間, 세상 일반의 시선)'이라는 말이 흔히 쓰이는 데서 알 수 있듯이 타인의 시선과 타인과의 관계를 중시한다. 세켄이 개인의 의식과 행동을 구속하는 사회에서 개인이나 소수의 돌출행동은 용납되지 않는다. "모난 돌이 정 맞는다(出る杭は打たれる)"라는 속담은 일본인의 집단주의를 극명하게 나타낸다. 일본인들은 어릴 때부터 공동체적 가치관을 통해 해서는 안 되는 것을 먼저 배우고, 남에게 폐를 끼쳐서는 안 되며, 개인의 이익보다는 공동체의 이익과 안정을 우선시하는 가치관 등을 자연스럽게 몸에 익히며 성장한다. 김필동, 『일본의 정체성』(파주: 살림출판사, 2005), pp.77-79.

40) 김필동(2005), pp.35-36. 가족집단 밖에서는 오야붕/코붕(親分/子分)이라는 친자관계와 비슷한 사회관계가 존재한다.

41) 김필동(2005), p.9. 21세기에도 천황은 국민들의 정신적인 지주이자 국가 통합의 주체로 존재학고 있다.

42) 김필동(2005), pp.24-26.

43) 일제강점기 친일·매판세력의 육성에 대해서는 임종국, 『일제하의 사상탄압』(서울: 평화출판사, 1985), pp.203-227.

44) 이에 대해서 박노자는 다음과 같이 지적한다. "조선 총독의 전제는 피지배민들의 저항을 분쇄하고 사상을 강제로 주입했고, 자본과 국가 본위로 개발은 하였으나 피지배층의 복지를 개선할 의지가 거의 없어 진정한 민중적 지지기반은 생길 수가 없었다. 게다가 인권의 '인'자도 염두에 두지 않았다는 사실들을 비추어볼 때 일제 통치야말로 남한의 권위주의적 정권의 직접적인 뿌리일 것이다. 북한도 일제의 통치술을 본뜬 측면이 많다." 박노자·허동현, 『열강의 소용돌이에서 살아남기』(서울: 푸른역사, 2005), p.275.

45) 1938년 일제는 '내선일체'를 명목으로 보통학교를 소학교로 개칭했다가 1941년 4월 1일부터 그 명칭을 국민학교로 바꿨다. 태평양전쟁을 일으킨 일제가 총력전체제를 구축하기 위해 국가주의를 더욱 강화한 정책을 내놓은 데 따른 것이었다. 국민학교는 수신(修身)·국어(일본어)·국사(일본사)·지리로 구성된 '국민과목'을 집중적으로 가르쳤다. '국민 정신'을 함양하는 수단이었던 '황국신민의 서사' 낭송, 동방요배, 신사참배 등 반복적인 의례도 강요되었다. 해방 후에도 국민학교는 바뀌지 않고 그대로 남았다. 무려 1996년까지 장기 지속되었던 국민학교는 국민교육을 통해 '올바른' 국가관을 지니고 국가에 충성하는 인재를 키우는 곳이기도 했다. 학생들에게는 '국기에 대한 맹세'를 복창하고 국민교육헌장을 강제로 암기하게 했다. 오후의 국기 하강식 때는 걸음을 멈추고 국기에 대한 경례를 해야 했다. 국기에 대한 맹세는 일제시대에 복창하던 황국신민서사와 매우 흡사하다.

46) 대통령에 사전적 긴급조치권을 초헌법적으로 부여한 데서 보듯이 유신체제는 입법, 사법, 행정의 3권이 대통령에게 집중된 전형적인 독재체제였다. 1972년 10월 박정희는 3공화국 헌법을 효력 정지시키고 국회를 해산시킨 후 유신을 선포하였다. 이름에서 알 수 있듯이 유신체제는 일본의 메이지 유신을 모방한 것이었다. 명분은 자유민주주의체제가 낭비와 비능률의 체제이고, 남북대화를 통한 평화통일을 이룩하기 위한 체제가 필요하다는 것이었다. 민족중흥과 국민 만들기도 이어졌다. 이미 1960년대 후반부터 민족중흥, 민족문화, 국난

극복사 등 다양한 '한국적인 것'이 발명되어 추진되고 있었다. 유신체제하에서는 서구물질문명과 대중문화에 대한 검열과 통제를 확대했고, 끊임없이 박정희 정권의 정통성 부재를 공격하던 학생 운동에 대해서는 초강경·초법적 대응이 뒤따랐다.

47) 김영미,『그들의 새마을 운동: 한 마을과 한 농촌운동가를 통해 본 민중들의 새마을운동 이야기』(서울: 푸른역사, 2009), pp.234-236.

48) 김영미(2009), pp.62-63.

49) 돈 오버도퍼, 이종길 역,『두 개의 한국』(고양: 길산, 2002), p.65.

50) 돈 오버도퍼(2002), p.66.

51) 일본 제국주의 군대의 역사와 특징에 대해서는 후지와라 아키라, 서영식 역,『일본군사사』(서울: 제이앤씨, 2013)의 제6장 "제국주의 군대로의 변화"를 참조.

52) 호사카 마사야스, 정선태 역,『쇼와 육군』(파주: 글항아리, 2016).

53) 야마모투 시치헤이, 최용우 역,『어느 하급장교가 바라본 일본제국의 육군』(파주: 글항아리, 2016).

54) 일본 군국주의에 대해서는 선우학원,『일본 군국주의의 역사와 뿌리』(서울: 내일을여는책, 2015); 와카쓰키 야스오, 김광식 역,『일본 군국주의를 벗긴다』(서울: 화산문화, 1996); 노다 마사야키, 서혜영 역,『전쟁과 인간: 군국주의 일본의 정신분석』(서울: 길, 2000). 군사문화에 젖은 박정희에 대해서는 서중석,『서중석의 현대사 이야기 11: 유신쿠데타 III 뿌리는 일본 군국주의』(파주: 오월의봄, 2017). 한편, 일본 군국주의는 그들이 바람직한 국가 건설과 산업화의 모델로 간주한 독일의 군국주의에 영향을 받았다. 독일 민족주의가 고답적인 자유주의 패턴에서 새로운 제국주의적-팽창주의적 패턴으로 변형되는 과정에 대해서는 마이클 휴즈, 강철구 역,『독일 민족주의 1800-1945』(서울: 명경, 1995)의 4장, "독일 1815-1850: 자유주의 민족주의의 흥기와 몰락" 참조.

55) 박정희,『국가와 혁명과 나』(서울: 향문사, 1963), p.212.

56) 박정희(1963), p.213.

57) 박정희(1963), p.214.

58) 박정희(1963), p.215.

59) 박정희(1963), p.171.

60) 박정희(1963), pp.189-191.

61) 박정희, 『우리 민족의 나갈 길』(서울: 동아출판사, 1962), pp.22-24.

62) 강정인, 『한국 현대 정치사상과 박정희』(파주: 아카넷, 2014), pp. 266-273.

63) 강정인(2014), p.271.

64) 강정인(2014), p.273.

65) 이라영, "블랙리스트, 통제와 억압의 한국 문화사 ②: 통제하는 권력, 억압으로의 저항,"『프레시안』, 2017년 12월 11일.

66) 친일파들은 대세에 순응하거나 기회주의적으로 처신하면서 자신들의 이익을 도모한 사람들이었다. 역대 대통령과 국무총리, 각료, 정치인들의 친일 전력에 대해서는 정운현, 『친일파는 살아 있다: 자유민주의 탈을 쓴 대한민국 보수의 친일 역정』(서울: 책으로보는세상, 2011), pp.178-191. 대를 이은 '친일공화국'에 대해서는 정운현, 『친일파의 한국 현대사』(서울: 인문서원, 2016) 참조.

67) 정부나 기업의 비리와 불법 행위를 고발하는 웹사이트인 위키리크스가 공개한 미국 정부의 외교 전문을 보면 한국의 권력자들이 얼마나 친미·친일적인지 알 수 있다. 대표적인 게 2008년 이상득 당시 국회부의장이 알렉산더 버시바우 당시 주한 미 대사를 만나 "이명박 대통령은 뼛속까지(to the core) 친미·친일이니 그의 시각에 대해선 의심할 필요가 없다"는 발언을 한 것이다. 2008년 5월 29일 주한 미 대사관 외교전문에 따르면 당시 이상득 부의장은 알렉산더 버시바우 미 대사를 만나 "궁극적으로 이 대통령은 미·일 양국과 잘 합력할 것"이라며 이같이 말했다. 이 부의장은 또 "이 대통령은 친중국 성향이 아니기 때문에 미국이 신경 쓰지 않아도 된다"고 말하기도 했다. 『경향신문』, 2011년 9월 7일.

제6장 **분단, 전쟁과 독재** _____

1) 최장집, 『민주화 이후의 민주주의: 한국 민주주의의 보수적 기원과 위기』(서울: 후마니타스, 2005).

2) 손호철 외, 『한국전쟁과 남북한 사회의 구조적 변화』(서울: 경남대학교 극동문제연구소, 1991), p.9.

3) 최장집(2005), pp.77-80.

4) 최장집, 『한국 민주주의의 이론』(서울: 한길사, 1993), pp.164-166.

5) 전체주의론은 1920년대 소련과 독일, 이탈리아 등지에서 수립된 비민주적 정권을 분석한 것에 그 이론적 뿌리를 두고 있다. 칼 프리드리히(C. F. Friedrich)와 즈비그뉴 브레진스키(Z. K. Brzezinski) 등의 학자들은 전체주의의 속성으로 일정한 관제 이데올로기와 이를 앞세워 통치하는 강력한 독재자, 그리고 그가 이끄는 단일대중정당 등을 든다. Juan J. Linz, *Totalitarian and Authoritarian Regimes* (Boulder: Lynne Rienner Publishers, 2000), p.65. 전체주의 용어를 만들고 사용한 학자들은 이 같은 전체주의의 속성들이 사회주의를 민주주의와는 근본적으로 모순되는 제도로 만들었다고 주장한다. 그러나 전체주의는 당시의 정치적 필요에 의해 만들어진 용어였다. 파시즘과 공산주의를 하나로 묶기 위해 '전체주의 대 민주주의'라는 이분법적인 시각이 고안된 것이다. 이론적으로도 전체주의는 한계를 지닌다. 초기 공산혁명 후의 동원체제를 설명하는 데는 유용하지만, 그 후 사회가 어떻게 변동하는지에 대해서는 제대로 분석하지 못하는 것이 바로 그것이다. 아울러서 이들이 지적한 전체주의의 속성들은 사회주의뿐만 아니라 자본주의 혹은 자유민주주의 사회에도 똑같이 발견된다.

6) Werner Hofmman, *Zur Soziologie des Antikommunismus* (Heilbronn: Distel Verlag, 1982).

7) 권혁범, "반공주의 회로판 읽기: 한국 반공주의의 의미체계와 정치사회적 기능," 조한혜정·이우영 엮음, 『탈분단시대를 열며: 남과 북, 문화공존을 위한 모색』(서울: 삼인, 2000), pp.32-33.

8) 피에르 부르디외(Pierre Bourdieu)는 기존 질서가 사회적으로 재생산

되기 위해서는 노골적인 폭력이 아니라 문화적 생활양식을 통해 개인의 무의식과 습관을 지배하는 상징폭력이 더욱 효과적이라고 주장한다. 상징폭력은 사회적 불평등을 인지하지 못하고 폭력에 자발적으로 복종해야 한다고 여기는 데서 사람들의 공모에 의해서 이루어지는 보이지 않는 권력이기도 하다. 지배가 오인되고, 정당한 것으로 인식되는 상징적 지배의 행사는 자본주의 사회의 교육체계를 통해서도 나타난다. 교육체계는 자율적인 것처럼 보이지만 학벌이 사회적 위계와 불평등을 만들어낸다는 사실을 은폐한다는 점에서 보이지 않는 상징폭력의 한 사례이다. 이러한 사회적 환경 속에서, 개인은 계급이나 위치에 따라 하나의 영구적인 성향체계인 아비투스(habitus)를 무의식 중에 획득하게 된다는 것이다. 이에 대해서는 피에르 부르디외, 정일준 역, 『상징폭력과 문화재생산』(서울: 새물결, 1995).

9) 로드리 제프리스 존스, 정연희 역, 『FBI 시크릿』(서울: 휴먼앤북스, 2008), p.225.

10) 권혁범(2000), p.61.

11) 김정훈, 『87년체제를 넘어서』(파주: 한울아카데미, 2010), p.279.

12) 김정훈(2010), pp.279-280.

13) 류대영, "2000년대 한국 개신교 보수주의자들의 정치활동과 반공주의," 김동춘·기외르기 스첼 외, 『반공의 시대: 한국과 독일, 냉전의 정치』(파주: 돌베개, 2015), pp.249-250.

14) 강인철, 『한국의 개신교와 반공주의: 보수적 개신교의 정치적 행동주의 탐구』(서울: 중심, 2007).

15) 정원식, "한국 개신교 반공주의 통해 급성장," 『주간경향』 884호 (2018년 2월 6일).

16) 류대영(2015), pp.250-251.

17) 박철수, "한국 개신교의 사대주의와 반공주의," 『뉴스앤조이』, 2016년 4월 8일.

18) 류대영(2015), p.251.

19) 정병준, 『우남 이승만 연구: 한국 근대국가의 형성과 우파의 길』(서울: 역사비평사, 2005), pp.257-261.

20) 정병준, 『한국전쟁: 38선 충돌과 전쟁의 형성』(파주: 돌베개, 2006), p.122.

21) 베트남처럼 조선에서 지배동맹은 식민국가와 대지주의 동맹을 주로 하고, 자본가를 하위로 포섭하는 보수동맹의 성격을 지녔다. 여기서 자본가의 지속적인 저발전은 내생적 요인을 반영한다기보다는 국가 간의 지배·종속 문제를 반영하는 것이었다. 식민경제체제는 기본적으로 식민모국의 자본가를 위해 조직되었기 때문에 모국과 경쟁할 수 있는 자본의 성장이 불가능했다. 또한 식민국가에 대한 지주의 의존적 성격은 강제력에 의존해야만 농민에 대한 지배를 유지하고 이윤을 얻을 수 있었던 지주의 허약성에 기인한 것이었다. 윤충로, 『베트남과 한국의 반공독재국가형성사』(서울: 선인, 2005), p.52.

22) 이에 대해서는 미국의 인류학자인 에릭 울프(Eric R. Wolf)의 다음과 같은 지적을 참고할 수 있다. "농민들이 전통적 관습제도에 의존해서 자신들의 위험을 줄일 수 없고, 선택할 다른 제도가 너무 혼란스럽고 제한적이어서 새로운 방식으로 생존의 약속을 보장받지 못할 때, 심리적·경제적·사회적·정치적 긴장은 농민반란이나 혁명에 대한 참가로 향하게 된다." 에릭 R. 울프, 곽은수 역, 『20세기 농민전쟁』(서울: 형성사, 1984), p.12.

23) 조정래의 『태백산맥』에서 김범우는 "도대체 이 벌교는 어떤 곳입니까? 어째서 좌익이 많이 나왔고 좌우 갈등이 심했는지요?"라는 한 빨치산의 물음에 다음과 같이 대답한다. 이는 해방공간에서의 주요 갈등이 땅을 둘러싸고 전개된 것임을 보여 준다는 점에서 매우 인상적이다. "벌교의 좌우익 갈등은 땅에서 시작되고 땅으로 귀결되었소. 일제가 식민지화에 착수하면서 가장 먼저 한 것이 8년간에 걸친 토지조사사업과 농민 땅의 약탈이었소. 농민들의 8할이 소작농으로 전락했고 이 중 8할은 극심한 굶주림으로 절량농가가 되었소. 그 와중에도 지주들은 일인과 협조해 땅을 사들여 대지주가 되어 일인 지주들과 함께 농민을 착취하고 식민정책에 적극 협조했소. 농민들은

수확량의 7할 이상을 지주에 바쳐야 했고, 춘궁기·추궁기의 악순환을 겪었소. 그런 비참이 집중된 곳이 땅이 너른 삼남 지방, 그중에서도 전라도였소. 북에서 무상몰수, 무상분배의 토지개혁이 실시되자 남에서는 실망이 컸소. 그런 갈등의 틈을 좌익이 파고들어 무상몰수, 무상분배 소작인들의 열망에 부합하는 것이었소. 사상이 뭔지도 모른 채 좌익에 동조하고 가담했소. 여순 때 많은 소작인이 입산한 것도 그 때문이었소." 봉건 왕조는 물론이고 일제강점기나 해방 후 이데올로기 대립이 벌어지던 시기, 그리고 정부 수립 후에도 토지 분배는 가장 관심이 집중된 사회 현안이었다. 1946년 북조선임시인민위원회가 추진한 토지개혁과 1950년 한국전쟁 발발 직전에 이승만 정부가 단행한 토지개혁은 당시 남북한의 정치 지형 형성에 상당한 영향을 미쳤다. 홍익표, 『시네마 폴리티카: 영화로 읽는 정치적 삶과 세계』(파주: 한울, 2016), pp.429-430.

24) 김동춘, 『대한민국은 왜?: 1945~2015』(파주: 사계절, 2015), pp.73-75.

25) 김동춘(2015), pp.77-78.

26) 김동춘(2015), pp.69-72.

27) 정병준, 『한국전쟁: 38선 충돌과 전쟁의 형성』(파주: 돌베개, 2006), p.236.

28) 당시 가장 강력한 반공조직은 친일파 세력이 강력하게 포진한 경찰이었다. 미군정이 일제 총독기구의 온존과 함께 일제하에서 관리와 경찰로 일했던 인물들을 유임시켰기 때문이었다. 미군정은 경찰에 칼빈, M-1 등 미국제 신식무기와 교통-통신 수단을 지급하여 좌파 세력의 움직임에 신속하게 대응하려고 했다. "경찰 수뇌부인 경무국장 조병옥과 수도경찰청장 장택상은 철저한 반공주의자였고, 경찰의 하부조직은 일제 시기에 지방 경찰에서 일하던 친일파로 채워졌다. '친일파의 온상'이던 경찰 조직에 월남한 반공주의 성향의 인물도 대거 들어오면서 경찰은 반공주의를 내건 '민족의 선봉'이자 '순교자'가 되었다 … 경찰은 수뇌부나 말단이나 거의 대부분이 친일 경력자로 구성되었기 때문에 일제 시기 경험을 공유하고 있었고, 친일 잔재

청산에 저항해야만 하는 공동의 이해관계를 갖고 있었다. 이 같은 공동의 기반하에 경찰은 미군정의 정책을 충실히 수행하면서 조직의 내적인 동질성과 응집력을 더욱 높여 갈 수 있었던 것이다." 김득중, 『'빨갱이'의 탄생: 여순사건과 반공 국가의 형성』(서울: 선인, 2009), pp.113-114.

29) 김득중(2009), pp.467-469.

30) 김득중(2009), p.574.

31) 정부 수립 초기 대한민국의 국민 만들기는 세 가지 방식을 통해 이루어졌다. 첫째, 압도적인 물리력을 동원한 국가폭력의 사용. 군대와 경찰을 동원한 대량학살은 사람들을 죽음의 공포에 빠뜨리게 함으로써, 국민을 형성하는 가장 중요한 수단으로 활용되었다. 둘째, 법제적 폭력. 첫째와 마찬가지로 물리적, 법적 폭력을 광범위하게 사용해 '배제'의 메커니즘을 구축하였다. 셋째, 사회, 문화적인 측면에서 진행되는 일상적 삶에 대한 통제. 사회통제는 배제보다는 포섭에 중심을 두는 국민 형성의 방법이자 국가의 권력 기술이 드러나는 공간이었다. 김득중(2009), pp.562-573.

32) 이세영, "'빨갱이'는 국민-비국민 가르는 이분법에서 태어났다," 『한겨레』, 2009년 6월 17일.

33) 당시 언론의 사건 재현과 비인간화 담론, 문인·종교사회단체의 '빨갱이' 담론에 대해서는 김득중(2009), pp.372-416.

34) 김득중(2009), p.371.

35) 박태균, "1960년대 반공 이데올로기의 진화," 김동춘·기외르기 스첼 외, 『반공의 시대: 한국과 독일, 냉전의 정치』(파주: 돌베개, 2015), pp.267-268.

36) 박명림, "분단질서의 구조와 변화: 적대와 의존의 대쌍관계동학, 1945~1995," 『국가전략』 제3권 1호(1997).

37) 손호철 외(1991), p.13.

38) 윤충로(2005), pp.554-557.

39) 김성칠, 『역사 앞에서: 한 사학자의 6·25 일기』(서울: 창작과비

평사, 1993), p.257; 윤충로(2005), p.552에서 재인용.

40) 윤충로(2005), pp.551-552.

41) 그리스의 군부통치와 반공주의에 대해서는 홍익표, "제3세계의 군부 정치,"『시네마 폴리티카: 영화로 읽는 정치적 삶과 세계』(파주: 한 울, 2016), pp.334-338.

42) 윤충로(2005), pp.554-556, p.560.

43) 김지형, "5·16 군정기 박정희 통치이념의 논거: 반공주의와 민주주 의를 중심으로,"『동아시아문화연구』53집(2013), pp.219-246.

44) 박태균(2015), pp.274-278.

45) 권인숙,『대한민국은 군대다: 여성학적 시각에서 본 평화, 군사주의, 남성성』(서울: 청년사, 2005), pp.26-27.

46) 한국에서 강한 국가주의의 역사적 뿌리는 일본에 의한 식민화와 강 대국에 의한 분단과 한국전쟁의 경험이다. 이런 논지는 한국적 근대 화의 기초가 다져졌던 1960~1970년대에 강한 조국 건설을 근대화 의 길로 보았던 박정희나 당시 군사정권에 비판적이었던 잡지『사상 계』의 필진에게서 동시에 발견된다. 권인숙(2005), p.38. 대표적 사 례인 새마을운동은 국가주의를 비롯해 박정희식 개발우선주의, 반공 주의, 집단주의를 근거로 한 국민정신 총무장과 실질적 국민 총동원 시기의 절정의 산물이었다. 권인숙(2005), p.48.

47) 권인숙(2005), pp.14-15.

48) 문승숙,『군사주의에 갇힌 근대: 국민 만들기, 시민 되기, 그리고 성 의 정치』(서울: 또하나의문화, 2007), pp.15-16.

49) 문승숙(2007), pp.26-27.

50) 국가는 개인들이 위계적인 행정 단위에 따라 대중 조직에 속하게 함 으로써 감시능력을 강화했다. 이는 1930년대와 1940년대 일제의 대 중 동원 시기에 처음으로 만들어졌다. 그 한 예는 반상회였다. 도시 와 농촌의 모든 마을에서 열린 반상회는 주민들을 감시하고 주민들 에게 반공주의 등을 주입했다. 1970년대 후반에는 내무부가 한 달에 한 번 열리는 반상회를 관리했다. 반상회 참가자들은 반공주의, 정부

정책, 국민행동요령 등을 교육받았다. 문승숙(2007), pp.56-57.

51) 근대화 국가는 반공주의라는 정통 이념을 사용하여 개인이 정상적인 구성원인지 아닌지 판단을 내렸다. 어떤 동질적인 사회 집단의 소속을 규정하는 정상성의 정도에 따라 합법적 구성원과 그렇지 않은 사람을 구분한다. 문승숙(2007), p.59.

52) 문승숙(2007), pp.38-39.

53) 이종석, 『분단시대의 통일학』(서울: 한울아카데미, 1998), pp.33-34.

54) 이종석(1998), pp.46-53.

55) 『한겨레』, 2006년 8월 2일.

56) 『한겨레』, 2005년 2월 3일.

57) 『경향신문』, 2000년 11월 14일.

58) 권혁범(2000), p.36, pp.40-41.

59) 이재열, "역동적 균형과 한국 사회의 미래," 임현진·이재열 외, 『삶의 질과 지속가능한 발전』(파주: 나남출판, 2006), p.5.

제7장 배제의 정치와 지역주의의 발명

* 이 장은 『한국 정치를 읽는 20개의 키워드: 신자유주의부터 포퓰리즘까지』(서울: 도서출판 오름, 2015)의 "지역주의와 소용돌이의 정치"를 수정·보완하였다.

1) 정근식, "불균등 발전과 지역주의, 그리고 지역 담론의 변화," 한국사회사학회 편, 『한국 현대사와 사회 변동』(서울: 문학과지성사, 1997).

2) 한국의 지역주의 문제에 대한 비교적 최근의 논의로는 모리 야스로, 박성수 역, 『한국 정치와 지역주의』(서울: 모시는사람들, 2012). 지역주의를 "특정한 지역을 배타적인 지지 기반으로 하는 정당이 선거에서 당해 지역 출신자에게 표를 몰아준다는 구도"를 의미하는 것으로 국한해서 사용하는 야스로는 선행연구를 다섯 가지 흐름으로 분류한다.

첫째, 산업화 과정에서 지역 간의 사회경제적 발전에 격차가 생긴 것을 지역주의의 원인이라고 보는 연구. 둘째, 지역주의의 요인을 한국의 고대사에서 그 기원을 찾는 연구. 셋째, 권위주의 정권 시대의 정치 사회에 있어서 특정 지역의 인재만 등용한 것이 지역 갈등의 원인이라고 보는 연구. 넷째, 정치가와 유권자의 정치적 행위의 산물은 합리적인 행동으로 해석하여야 한다는 연구. 다섯째, 사회심리적 접근으로서 전통적으로 계속되고 있는 지역인들 간의 고정관념 및 편견이 존재한다는 사실 그 자체가 지역주의의 원인이라고 보는 연구. 모리야스로(2012), pp.33-42.

3) 최장집, 『한국 민주주의의 조건과 전망』(서울: 나남출판, 1996), p.406.

4) 손호철, 『현대 한국정치: 이론, 역사, 현실, 1945~2011』(서울: 이매진, 2011), p.719.

5) 예를 들어 유럽에서 지역은 뢴더(Länder), 데파르망(department), 레지옹(region), 꼬뮤니다드 아우토노마(Comunidades Autónomas) 등과 같이 정치적으로 결정된 행정 단위들을 주된 기준으로 삼고 있지만 그 크기와 정치적 권한 및 경제적 능력, 정체성은 상이할 수밖에 없다. 이러한 차이는 16세기 이후 유럽이 겪은 총체적 변화인 근대화가 진행되면서 지역이라는 공간이 형성되었고 다른 공간들과의 관계가 재구성된 데서 비롯되었다.

6) 독일의 저명한 지역주의 연구가인 디르크 게르데스(Dirk Gerdes)는 지역주의라는 개념을 지역의 한계와 지역주의의 목표에 따라 구분한다. 그에 의하면 역사적으로 성장한 혹은 생득적인 유기체로서의 사회, 민주적 정당성을 갖는 의사형성의 담보체로서의 국가, 일원적·공화주의적 총체로서의 사회와 국가 중 어느 것으로 지역의 한계를 정할 것인가, 그리고 지역주의의 목표개념을 자치, 연방주의, 분리주의 중 어느 것으로 택하는가에 따라 지역주의는 다양한 핵심개념을 갖는다는 것이다. Dirk Gerdes, *Regionalismus als soziale Bewegung. Westeuropa, Frankreich, Korsika: Vom Vergleich zur Kontextanalyse* (Frankfurt und New York: Campus Verlag, 1985), pp.852-855.

7) Michael Keating & John Loughlin (eds.), *The Political Economy*

of Regionalism (London & Portland: Frank Cass, 1997), pp.17-24.

8) 그 대표적인 사례가 상이한 문화와 경제, 사회적 균열이 존재하는 벨기에의 플랑드르와 왈룬, 브뤼셀 지역이다. 이들 지역 간의 불균형 문제를 중심–주변 관계로 분석한 논문으로는 Stein Rokkan & Derek W. Urwin (eds.), *The Politics of Territorial Identity: Studies in European Regionalism* (London: SAGE Publications, 1982) 참조.

9) 홍익표, "지역의 도전과 유럽연합 내부동학의 변화," 『유럽연구』 제25권 3호(2007).

10) 지역주의의 근원을 역사적으로 근대 이전까지 소급시키는 주장은 삼국시대의 신라와 백제의 대립, 고려시대 지배층 구성에서 후백제 출신에 대한 법제적 배제, 가혹한 수취로 인해 민란과 모반이 일어난 전라 지역에 대한 봉건 왕조의 차별을 중시한다. 그러나 삼국시대와 관련하여 '백제=호남'의 등식은 성립하지 않으며, 고려시대에 후백제 출신에 대한 법제화된 차별이 존재하였다는 증거는 찾아볼 수 없고, 농업에 기반한 중앙집권적 관료 사회로 특징지어지는 조선시대에 전라지역이 특별히 가혹한 수취의 대상이거나 이로 인해 민란이 자주 발생하였다는 것도 사실이 아니다. 나아가 일제의 식민통치기간에 호남과 나머지 지역을 분리시키기 위해 호남에 대한 편견을 조장했고, 토지로부터 퇴출된 지역의 하층민이 다른 지역의 하층민으로 이주함으로써 그 지역에 대한 편견이 조장되었다는 주장도 단편적인 가정으로만 존재할 뿐 이를 뒷받침할 증거를 동반하고 있지는 않다. 박상훈, 『만들어진 현실: 한국의 지역주의, 무엇이 문제이고, 무엇이 문제가 아닌가』(서울: 후마니타스, 2009), pp.204-211.

11) 박상훈(2009), pp.65-66.

12) 최장집(1996), pp.398-399.

13) 이종원·유병규, 『한국경제의 발전과정과 미래』(서울: 해남, 1998), pp.128-140.

14) 이종원·유병규(1998), pp.140-141.

15) 김만흠, "한국의 정치균열에 관한 연구: 지역균열의 정치과정에 대한 구조적 접근," 서울대학교 정치학 박사학위논문(1991), pp.53-54.

16) 정근식(1997), p.297.

17) 박상훈(2009), p.69.

18) 박상훈(2009), pp.33-64, pp.226-246.

19) 김만흠(1991), pp.106-108.

20) 당시 김대중은 중앙정보부의 수사 기능을 축소시키고 국회의 심의 대상으로 만들겠다고 공약했으며, 1968년 창설된 향토예비군제를폐 지하겠다고 하였다. 또한 적대적 남북관계를 개선하기 위한 '4대국 보장안'을 제시했고, '대중 경제'라는 새로운 경제운영 원리를 주창하 면서 '부유세 도입'을 공약했다. 박상훈(2009), p.50.

21) 김종철·최장집 외, 『지역감정 연구』(서울: 학민사, 1991), pp.32-33.

22) 김종철·최장집 외(1991), pp.37-38.

23) Dirk Gerdes(1985), p.854.

24) 강원택, 『한국 선거정치의 변화와 지속: 이념, 이슈, 캠페인과 투표 참여』(파주: 나남, 2010), pp.56-73.

25) 소선거구제와 다수대표제가 결합된 선거제도는 유권자의 민의가 제 대로 대표되지 않아 사표를 양산하고, 지역주의를 강화시켜 영호남 에선 특정 정당이 의석을 독점케 하는 문제가 있다. 불비례성, 즉 정당 지지율과 실제 의석 점유율의 괴리도 크다. 이는 2016년 20대 총선에서 여실히 드러났다. 거대 양당인 새누리당과 민주당의 득표 율은 각각 33.5%, 25.54%였지만 실제 의석 점유율은 각각 40.67%, 41%였고, 정의당은 21석만큼의 득표율(7.2%)을 얻었지만, 실제 의 석은 6석에 그쳤다. 거대정당은 의석이 과대대표된 반면 소수정당은 과소대표된 것이다. 이는 각 당의 지지기반인 지역에서 더욱 크게 나타났다. 새누리당과 국민의당은 각각의 지역적 지지기반이라 할 영남과 호남 지역에서 큰 폭으로 과대대표된 반면, 더불어민주당과 정의당은 영남과 호남 지역 모두에서 과소대표되었다. 영남지역에서 새누리당은 45.49%의 정당득표율을 얻었지만 의석점유율은 무려 73.85%를 가져갔다. 이에 비해 더불어민주당은 20.28% 정당득표율 에 비해 13.85% 의석점유율, 정의당은 6.02% 정당득표율에 의석점

유율 1.54%를 얻었다. 호남지역에서는 국민의당이 46.08%를 득표했지만 의석은 28석 중 23석을 가져가며 82%가 넘는 의석률을 보였다. 정의당은 6.85%를 득표해 새누리당 득표율보다 높았음에도 불구하고, 호남 지역에서 의석 1석도 가져가지 못 한 반면 새누리당은 2석을 확보했다.

26) 4당 체제는 이후 변화를 겪었다. 박근혜·최순실 게이트의 와중에 새누리당 의원 중에서 30명이 탈당하여 2017년 1월 바른정당을 창당하였다. 바른정당은 한때 33석의 의석까지 이르렀으나 이후 차례로 의원들이 집단탈당해 새누리당으로 복당하면서 국회교섭단체 지위를 상실했다. 2018년 2월 국민의당과 합당하여 바른미래당을 창당하였다. 한편, 바른정당과의 합당에 반대한 국민의당 소속 의원들은 당을 탈당해 2018년 2월 민주평화당을 창당하였다. 민주평화당은 2018년 4월 정의당과 원내 교섭단체인 '평화와 정의의 의원 모임'을 구성하였다.

27) 그레고리 헨더슨, 박행웅·이종삼 역, 『소용돌이의 한국정치』(파주: 한울아카데미, 2008), pp.44-45.

28) 최장집(1996), pp.402-403.

29) James C. Scott, "Patron-Client Politics and Political Change in Southeast Asia," *The American Political Science Review*, Vol.66, No.1(1972), p.92.

30) 오야붕이란 부모처럼 의지하고 있는 사람, 혼담·봉공 등에 있어 부모처럼 보살펴주는 사람이라는 뜻과 함께 협객 또는 노름꾼의 우두머리를 의미하며, 꼬붕은 '임시로 아들 취급을 받는 사람, 수양아들이나 오야붕에 종속돼 있는 부하'를 일컫는다. 이런 점에서 오야붕·꼬붕 관계는 민주주의적인 인간관계가 아니라 봉건적인 주종관계라 할 수 있다. 정치 영역에서 오야붕·꼬붕 관계는 명망가적인 몇 사람의 인물을 중심으로 추종자들이 모여들고, 이들이 파벌을 만들고 정당을 조직·운영하는 것으로 나타났다. 이는 한국에 그대로 이식되었다.

31) 서창영, "한국 정치의 후견인-수혜자 관계: 제5공화국의 하나회 인맥에 관한 연구," 서울대학교 정치학 석사학위논문(1993).

32) 김만흠, "한국 지방정치의 특성: 중앙 집중의 소용돌이와 지방정치의 빈곤," 『사회과학연구』 제45집 2호(2006).

33) 서창영(1993).

34) James D. Morrow, "Alliances and Asymmetry: An Alternative to the Capability Aggregation Model of Alliances," *American Journal of Political Science*, Vol.35, No.4(1991).

35) 이렇게 된 이유는 사회적 약자들의 요구에는 무력하고 무능한 채 지역구 민원 챙기기에만 골몰하는 많은 의원들에게서 찾을 수 있다.

36) 홍익표, "독일의 연방의회 선거제도," 아태재단 정책연구시리즈 99-6 (1999).

37) 독일의 경우 연방하원 의원에 출마하는 각 정당의 지역구 후보는 개별로 입후보하며 지역구 대의원들의 직접 투표로 결정된다. 이에 비해 주별로 작성하는 비례대표 명부(Landesliste)의 후보는 정당중앙 위원회에서 추천하여 전국대의원대회에서 투표로 결정되기 때문에 당원들의 영향력은 그리 크지 않은 편이다. 그러나 각 정당은 후보자 추천서와 추천 장소, 시간, 소집 형식, 참석 당원 등을 포함한 모든 선출 과정과 의사록 사본을 선거관리위원회에 제출할 의무가 있기 때문에 후보선출 과정의 투명성은 매우 높다.

38) 비례대표제를 도입했을 때 단기적으로는 정당별 지역 의석 독점률이 크게 개선되지 않지만 장기적으로는 선거전략의 변화나 국회의원 후보자 충원의 변화, 탈지역적이거나 반지역주의적인 신당의 등장, 그리고 기존 정당의 분열 등에 의한 정당제 구조의 다원화가 나타나 지역주의는 크게 개선될 것이라는 견해도 있다. 자세한 것은 이갑윤, "지역주의와 선거제도," 『평화논총』 제2권 1, 2호 합본호(1998) 참조.

맺음말 베헤모스를 쓰러트리기 _____

1) 상앙(商鞅)과 한비(韓非), 이사(李斯) 등 법가의 사상가들은 형벌의

위협을 수반하는 명령(法)과 능력에 따른 관직 평가(術)를 중시하고 이를 실현 가능케 하는 권력을 추구할 것을 주장했다. 이에 입각해 대부분의 고대 중국 왕조들은 백성을 철저히 국가의 통제 아래 두고 귀족세력을 무력화시킴으로써 중앙집권적 전제왕권을 유지할 수 있었다. 공자는 타율적 규범으로서의 법을 통치수단으로 삼을 때 나타나는 부정적 작용을 염려해 덕(德)으로 교화하고 예(禮)로 규제하는 것을 정치의 기본 방법으로 여겼다. 법치는 단지 피상적으로 대중을 바르게 하는 것으로 근본이 아닌 보조적인 것에 불과하다는 것이다. 그러나 "위에서 예를 좋아하면 백성들은 쉽게 다스려질 수 있다"는 말처럼 윤리로서의 예 역시 지배세력의 통치수단으로 사용되었다. 이 점에 비춰보면 유교 역시 폐쇄적 신분 사회를 떠받치던 사상이었고, 민은 정치적 주체가 아닌, 단지 계몽과 교화의 대상이었음을 알 수 있다.

2) 2017년 12월 28일, 외교부 장관 직속 '한일 일본군위안부 피해자 문제 합의 검토 태스크포스'가 발표한 검토 결과 보고서에 따르면 박근혜 정부 시절인 2015년 12월 28일 이뤄진 한일위안부 합의 때 우리 정부가 위안부 관련 단체들을 설득하는 노력을 하고, 해외 '소녀상' 건립을 지원하지 않는다고 약속한 내용 등을 담은 사실상의 '이면 합의'가 존재했던 것으로 드러났다. 이 보고서는 비공개 부분 내용에 대해 "일본 쪽이 정대협(한국정신대문제대책협의회) 등 피해자 관련 단체를 특정하면서 한국 정부에 설득(합의에 대한 불만 시 설득)을 요청했고, 이에 한국 쪽은 '관련 단체 설득 노력'을 하겠다며 일본 쪽의 희망을 사실상 수용했다"고 지적했다. 특히 일본 측은 한국 측에 '성노예' 표현을 사용하지 말 것을 원했고, 한국 측은 정부가 사용하는 공식 명칭은 '일본군위안부 피해자 문제'뿐이라고 했음을 비공개 부분에서 확인했다고 보고서는 밝혔다. 이는 일본 측 요구를 수용한 것임을 뜻한다. 보고서는 합의에서 가장 큰 논란을 야기한 문구 중 하나인 '불가역적'이란 표현은 한국 측이 사죄의 불가역성을 강조하는 차원에서 먼저 거론했으나 합의에서는 당초 취지와 달리 '해결'의 불가역성을 의미하는 것으로 맥락이 바뀌었다고 보고서는 설명했다. 이에 보고서는 "외교부는 협상을 진행하는 과정에서 피해자 쪽에 때때로 관련 내용을 설명했지만 최종적·불가역적 해결 확인, 국제 사회 비난·비판

자제 등 한국 쪽이 취해야 할 조치가 있다는 것에 관해서는 구체적으로 알려주지 않았다"고 지적했다. 『연합뉴스』, 2017년 12월 27일.

3) 새뮤얼 헌팅턴, 강문구·이재영 역, 『제3의 물결: 20세기 후반의 민주화』(고양: 인간사랑, 2011).

4) 존 스튜어트 밀, 서병훈 역, 『대의정부론』(서울: 아카넷, 2012), pp. 59-61.

5) 데이비드 헬드, 박찬표 역, 『민주주의의 모델들』(서울: 후마니타스, 2010), pp.172-173.

6) 진시원·홍익표, 『왜 시민주권인가?』(부산: 부산대학교 출판부, 2016), p.181.

7) 진시원·홍익표(2016), p.182.

8) 해럴드 크라우치, 이한 역, 『포스트민주주의』(서울: 미지북스, 2008).

9) 웬디 브라운, "오늘날 우리는 모두 민주주의자이다," 조르지오 아감벤 외, 김상운 외 역, 『민주주의는 죽었는가?』(서울: 난장, 2010), pp.95-96.

10) 적극적 자유는 자아실현을 할 수 있도록 보장받는 자유로 이에 장애가 되는 사회구조나 세력을 제거하기 위한 국가의 적극적 간섭을 주장한다. 적극적 자유와 연관된 평등 개념인 결과의 평등은 만인에게 개인의 자아실현에 필요한 경제적·사회적 평등을 보장한다. 이는 필요에 따른 분배를 정당화한다.

11) David Held, "Democracy: From City-States to a Cosmopolitan Order?" *Political Studies*, XL, Special Issue(1992), p.304.

12) 김누리, "민주주의를 감행하자!" 『한겨레』, 2017년 11월 5일. "민주주의를 감행하자"는 구호와 연결된 브란트의 사회정책에 대해서는 Wolther von Kieseritzky, "Einleitung. Mehr Demokratie wagen. Innen- und gesellschaftspolitik 1966-1974," Willy Brandt, *Berliner Ausgabe Band 7: Mehr Demokratie wagen. Innen- und Gesell-schaftspolitik 1966-1974* (Bonn: Verlag J. H. W. Dietz Nachf. GmbH., 2001). pp.41-45.

13) 진태원,『을의 민주주의: 새로운 혁명을 위하여』(서울: 그린비, 2017), pp.382-383.

14) 여기서 공중이란 공동체의 구성원으로서 자유롭게 정치에 참여하며 여론을 형성하고 공공담론에도 영향을 미치는 사람들의 집합을 가리킨다. 이들은 공공선에 관심을 갖고 그것에 관해 민주적으로 토의하는 능력을 지닌다.

15) 러셀 J. 달톤, 서유경 역,『시민정치론: 선진 산업민주주의 국가의 여론과 정당』(서울: 아르케, 2010), pp.47-50.

16) 홍익표, "'풍요 속의 빈곤' — 87년 헌법 개정 논의에 대한 비판적 고찰,"『법교육연구』 제12권 제2호(2017), pp.195-196.

17) 홍익표(2017), p.196.

18) 미국의 정치학자인 로버트 달(Robert A. Dahl)은 경제 민주주의가 효율성의 원리가 우선시되어 온 경제영역에 민주적 원리를 적용시키는 것을 의미한다고 한다. 소유와 경영에서 비롯된 불평등을 축소시킴으로써 정치적 평등과 민주주의를 강화시키는 것이 필요하다는 것이다. 구체적으로 달은 기업의 민주적 운영, 대기업의 민주적 통제, 종업원의 참여에 의한 자주경영 등을 주장하였다. 로버트 달, 배관표 역,『경제민주주의에 관하여』(서울: 후마니타스, 2011).

19) 에이프릴 카터, 조효제 역,『직접행동: 21세기 민주주의, 거인과 싸우다』(서울: 교양인, 2007), pp.199-200. 당시 동유럽의 현실 사회주의 국가에서는 사회주의적으로 정의된 모든 삶의 영역이 이데올로기적 지시와 통제에 공식적으로 종속되었던 어두운 시대였다. 그럼에도 자유를 박탈당한 사람들은 일상생활 속에서 사적인 공간을 공적인 자유가 만들어지는 영역으로 만들어내고, 그 속에서 자유로운 상호작용과 논의에 기반해 권력을 산출하고 대안을 마련하는 '작은 사람들의 정치'를 펼쳤다. 이에 대해서는 제프리 골드파브, 이충훈 역,『작은 것들의 정치』(서울: 후마니타스, 2011), pp.72-91. 저자는 한국어판 후기에서 2008년 촛불시위 역시 바츨라프 하벨(Václav Havel)이 이야기했던 '힘없는 자들의 권력(The Power of the Powerless)'의 전형적인 사례라고 평가하였다. 제프리 골드파브(2011), p.261.

20) 18세기에 처음 출현한 사회운동은 그 형태, 참여인원, 요구사항이 다양하며 역사적으로 진화해왔다. 사회운동에 대한 찰스 틸리의 역사적 설명에 대해서는 Charles Tilly, *Social Movements, 1768-2004* (Boulder: Paradigm Publishers, 2004), pp.12-15.

21) 에릭 느뵈, 손영우 역,『사회운동: 어디에서 오고, 무엇이며, 어디로 갈까』(서울: 이매진, 2015), pp.19-20.

22) 에릭 느뵈(2015), p.20에서 재인용.

23) 악셀 호네트, 문성훈·이현재 역,『인정투쟁』(서울: 사월의책, 2011), p.250.

24) 대안 민주주의로는 자신의 삶과 관련된 모든 영역에서 일반 시민들의 광범한 직접 참여와 민주적 통제가 보장된 참여민주주의, 대화와 토론, 심의를 통해 시민들의 선호가 변화하면서 사회 문제에 대한 공공의 합의에 도달할 것이라는 심의 민주주의, 선거의 실패에 따른 대표체제 문제를 보완하기 위해 추첨을 통해 대표를 선출하자는 추첨민주주의 등이 있다. 이 중에서 민주주의의 요체가 정책형성 과정에서의 사려 깊고 광범위한 공공 참여를 의미하는 심의에 있다고 보는 심의민주주의는 문재인 정권 들어와 '신고리 5·6호기 공론화 위원회'를 통해 권고안을 제작하는 과정에서 시험적으로 채택된 바 있다.

25) 홍익표·진시원,『세계화 시대의 정치학』(서울: 도서출판 오름, 2018), p.341.

26) Arend Lijphart, *Democracies. Patterns of Majoritarian and Consensus Government in Twenty-One Countries* (New Haven: Yale University Press, 1984).

27) 정치과정에서 시민의 역할에 대해 연구한 미국의 정치학자인 러셀 달톤(Russell Dalton)은 이렇게 '세련화된' 공중을 '슈퍼시민'이라 지칭한다. 러셀 J. 달톤, 서유경 역,『시민정치론: 선진 산업민주주의 국가의 여론과 정당』(서울: 아르케, 2010), pp.47-50. 이러한 자질을 지닌 시민이 민주주의의 성공에 필수요건이라는 주장은 알렉시스 드 토크빌(Alexis de Tocqueville)이나 로버트 퍼트넘(Robert D. Putnam)의 저서에서도 발견된다. 알렉시스 드 토크빌, 박지동 역,

『미국의 민주주의(1·2)』(파주: 한길사, 2002); Robert D. Putnam, *Making Democracy Work: Civic Traditions in Modern Italy* (Princeton: Princeton University Press, 1993).

28) 독일에서는 정부가 정치교육과 관련된 방대한 예산을 지원하지만 구체적인 교육의 방식과 내용에 일일이 간섭하지는 않는다. 단 교육을 실시하는 기관은 지켜야 할 가이드라인이 있는데 이것이 1976년에 정치학자와 교육 관계자가 협의하여 만든 '보이텔스바흐 합의(Beutelsbacher Konsens)'이다. 이의 핵심 내용은 ① 강압이나 교화, 주입 금지, ② 균형과 대립적 논점 확보, ③ 정치상황을 자신의 이해관계와 관련해 분석하는 것이다.

29) Oskar Negt, "Politische Bildung ist die Befreiung der Menschen," Klaus-Peter Hufer, Kerstin Pohl & Imke Scheurich (Hrsg.), *Positionen der politischen Bildung 2. Ein Interviewbuch zur außerschulischen Jugend- und Erwachsenenbildung* (Schwalbach/Ts.: Wochenschau Verlag, 2004), pp.196-213.

30) 편향적인 민주주의 이해가 만연한 국가가 바로 일본이다. 일본은 아시아에서 가장 긴 역사의 민주정치를 자랑하고 있지만, 그 수준은 그리 높지 않다. 많은 일본인들은 몇 년에 한 번 있는 선거에서 투표하고, 선거 뒤에는 당선된 의원이 다수결로 결정한 정책을 받아들이는 것이 민주주의라고 이해한다. 야마구치 지로, "다양한 민주정치," 『한겨레』, 2018년 4월 15일. 우리 정치인들은 이들과 뭐가 다를까?

31) Herbert Marcuse, "Repressive Tolerance," in Robert Paul Wolff, Barrington Moore, jr. and Herbert Marcuse, *A Critique of Pure Tolerance* (Boston: Beacon Press, 1969), pp.95-137.

32) 에릭 홉스봄, 『미완의 시대』(서울: 민음사, 2007), p.672.

강동진. 『일제의 한국침략정책사』. 서울: 한길사, 1980.

강신욱·김안나 외. 『사회적 배제의 지표 개발 및 적용방안 연구』. 서울: 한국보건사회연구원, 2005.

강원택. 『한국 선거정치의 변화와 지속: 이념, 이슈, 캠페인과 투표참여』. 파주: 나남, 2010.

강인철. "한국 사회와 한국 기독교의 과제: 한국 교회의 정치참여에 관한 종교사회학적 분석." NCC 선교훈련원 심포지엄(2008년 7월 24일, 기독교회관 강당) 발표문.

_____. 『한국 기독교회와 국가 시민사회 1945~1960』. 서울: 한국기독교역사연구소, 2003.

_____. 『한국의 개신교와 반공주의: 보수적 개신교의 정치적 행동주의 탐구』. 서울: 중심, 2006.

강재언. 『한국 근대사상사 연구』. 서울: 미래사, 1986.

강정인. 『한국 현대 정치사상과 박정희』. 파주: 아카넷, 2014.

강정인·김수자 외. 『한국 정치의 이념과 사상: 보수주의, 자유주의 민족주의, 급진주의』. 서울: 후마니타스, 2009.

강준만. 『지방은 식민지다』. 서울: 개마고원, 2008.

강준만·김환표. 『희생양과 죄의식: 대한민국 반공의 역사』. 서울: 개마고원, 2004.

강진호. 『국어 교과서의 탄생』. 서울: 글누림, 2017.

게어하르트 L. 뭉크·리처드 스나이더, 정치학 강독 모임 역. 『그들은 어떻게 최고의 정치학자가 되었나 1』. 서울: 후마니타스, 2012.

게오르크 쇠렌센, 김만흠 역. 『민주주의와 민주화』. 서울: 풀빛, 1994.

계승범. 『중종의 시대: 조선의 유교화와 사림운동』. 고양: 역사비평사, 2014.

고모리 요이치, 배영미 역. 『인종차별주의』. 서울: 푸른역사. 2015.

고병권. 『추방과 탈주』. 서울: 그린비, 2009.

고병권·이상록 외. 『근대의 경계에서 독재를 읽다: 대중독재와 박정희 체제』. 서울: 그린비, 2006.

국사편찬위원회 편. 『한국사 23: 조선 초기의 정치구조』. 서울: 탐구당, 2003.

권인숙. 『대한민국은 군대다: 여성학적 시각에서 본 평화, 군사주의, 남성성』. 파주: 청년사, 2005.

권혁범. "반공주의 회로판 읽기: 한국 반공주의의 의미체계와 정치사회적 기능." 조한혜정·이우영 엮음. 『탈분단시대를 열며: 남과 북, 문화공존을 위한 모색』. 서울: 삼인, 2000.

권혁태·박상필 외. 『아시아의 시민사회: 개념과 역사』. 서울: 아르케, 2003.

그레고리 헨더슨, 이종삼·박행웅 역. 『소용돌이의 한국정치』. 파주: 한울, 2013.

기무라 간, 김세덕 역. 『한국의 권위주의적 체제 성립』. 서울: 제이앤씨, 2013.

김 녕. 『한국 정치와 교회-국가 갈등』. 서울: 소나무, 1996.

김 돈. 『조선 전기 군신권력관계 연구』. 서울: 서울대학교 출판부, 1997.

김근수. 『가난한 예수: 가난한 사람의 눈으로 본 루가복음』. 파주: 동녘, 2017.

김기승. "신채호의 진화사관과 혁명사관의 대치." 대전대학교지역협력연구원 엮음. 『단재 신채호의 현대적 조명』. 서울: 다운샘, 2003.

김기정. "가쓰라-태프트 밀약의 진실." 『신동아』 2005년 11월호.

김대중·이승환 외. 『아시아적 가치』. 서울: 전통과현대, 1999.

김도형. "가토 히로유키(加藤弘之)의 진화론수용 이해: 「疑堂備忘」 독해를 중심으로." 『일본사상』 제27호. 2014.

김동춘. 『대한민국은 왜? 1945~2015』. 파주: 사계절, 2015.

김동춘·기외르기 스첼 외. 『반공의 시대: 한국과 독일, 냉전의 정치』. 파주: 돌베개, 2015.

김득중. 『'빨갱이'의 탄생: 여순사건과 반공 국가의 형성』. 서울: 선인, 2009.

김만흠. "한국의 정치균열에 관한 연구: 지역균열의 정치과정에 대한 구조적 접근." 서울대학교 정치학 박사학위논문. 1991.

_____. "한국 지방정치의 특성: 중앙 집중의 소용돌이와 지방정치의 빈곤." 『사회과학연구』 제45집 2호. 2006.

김봉렬. 『유길준 개화사상의 연구』. 마산: 경남대학교 출판부, 1998.

김상봉. 『도덕교육의 파시즘: 노예도덕을 넘어서』. 서울: 길, 2005.

김상준·한도현 외. 『유교의 예치이념과 조선』. 고양: 청계, 2007.

김성칠. 『역사 앞에서: 한 사학자의 6·25 일기』. 서울: 창작과비평사, 1993. p.257.

김순석. 『근대 유교개혁론과 유교의 정체성』. 서울: 모시는사람들, 2016.

김승태. 『한말·일제강점기 선교사 연구』. 서울: 한국기독교역사연구소, 2006.

김영명. 『제3세계의 군부통치와 정치경제: 브라질·한국·페루·이집트의 비교 연구』. 서울: 한울, 1985.

김영미. 『그들의 새마을 운동: 한 마을과 한 농촌운동가를 통해 본 민중들의 새마을운동 이야기』. 서울: 푸른역사, 2009.

김영선. 『과로사회』. 서울: 이매진, 2013.

김예호. 『한중일의 유교문화담론』. 서울: 성균관대학교 출판부, 2015.

김용구. "서양 선교사들이 본 한국인상." 『논문집』 제9호. 서울대 국제

문제연구소, 1985.

김우택·김지희 편.『한국 사회 신뢰와 불신의 구조』. 서울: 소화, 2002.

김정인.『대학과 권력: 한국 대학 100년의 역사』. 서울: 휴머니스트, 2017.

김정훈.『87년체제를 넘어서』. 파주: 한울아카데미, 2010.

김종철·최장집 외.『지역감정 연구』. 서울: 학민사, 1995.

김지형. "5·16 군정기 박정희 통치이념의 논거: 반공주의와 민주주의를 중심으로."『동아시아문화연구』53집. 2013.

김진호.『시민 K, 교회를 나가다』. 서울: 현암사, 2012.

김창인.『괴물이 된 대학: 자본의 꼭두각시가 된 한국 대학 구조조정 백서』. 서울: 시대의창, 2015.

김필동.『일본의 정체성』. 파주: 살림출판사, 2005.

김현경.『사람, 장소, 환대』. 서울: 문학과지성사, 2015.

김형효·최진덕 외.『민본주의를 넘어서: 동양의 민본사상과 새로운 공동체의 모색』. 수원: 청계, 2000.

나종석·박영도·조경란 엮음.『유학이 오늘의 문제에 답을 줄 수 있는가』. 서울: 도서출판 혜안, 2014.

김호연.『우생학, 유전자 정치의 역사』. 서울: 아침이슬, 2009.

남회근, 설순남 역.『맹자와 양혜왕』. 서울: 부키, 2015.

노다 마사아키, 서혜영 역.『전쟁과 인간: 군국주의 일본의 정신분석』. 서울: 길, 2000.

노르베르트 엘리아스, 박미애 역.『기득권자와 아웃사이더』. 파주: 한길사, 2005.

노평구 편.『김교신 전집 (1): 인생론』. 서울: 부키, 2001.

_____.『김교신 전집 (4): 성서연구』. 서울: 부키, 2001.

데이비드 맥렐런, 구승회 역.『이데올로기』. 서울: 이후, 2002.

데이비드 헬드, 박찬표 역.『민주주의의 모델들』. 서울: 후마니타스, 2010.

데틀레프 포이케르트, 김학이 역. 『나치 시대의 일상사: 순응, 저항, 인
　　종주의』. 서울: 개마고원, 2003.

돈 오버도퍼, 이종길 역. 『두 개의 한국』. 고양: 길산, 2002.

디트마르 피이퍼·에마-마리아 슈누어 엮음, 박지희 역. 『1517 종교개
　　혁: 루터의 고요한 개혁은 어떻게 세상을 바꿨는가』. 서울: 21
　　세기북스, 2017.

라은성·이상규·양희승. 『종교개혁, 그리고 이후 500년』. 서울: 을유
　　문화사, 2017.

량치차오, 강중기·양일모 외 역. 『음빙실자유서』. 서울: 푸른역사, 2017.

러셀 J. 달톤, 서유경 역. 『시민정치론: 선진 산업민주주의 국가의 여
　　론과 정당』. 서울: 아르케, 2010.

로드리 제프리스 존스, 정연희 역. 『FBI 시크릿』. 서울: 휴먼앤북스,
　　2008.

로버트 달, 배관표 역. 『경제민주주의에 관하여』. 서울: 후마니타스,
　　2011.

로버트 퍼트넘, 안청시 외 역. 『사회적 자본과 민주주의』. 서울: 박영
　　사, 2000.

론 처노, 서종민·김지연 역. 『알렉산더 해밀턴: 현대 자본주의 미국을
　　만든 역사상 가장 건설적인 정치가』. 서울: 21세기북스, 2018.

류대영. 『초기 미국 선교사 연구(1884~1910): 선교사들의 중산층적 성
　　격을 중심으로』. 서울: 한국기독교역사연구소, 2001.

＿＿＿. 『개화기 조선과 미국 선교사: 제국주의 침략, 개화자강, 그리
　　고 미국 선교사』. 서울: 한국기독교역사연구소, 2004.

＿＿＿. "2천 년대 한국 개신교 보수주의자들의 친미·반공주의 이해."
　　『경제와 사회』 62호. 2004.

리처드 호프스태터, 유강은 역. 『미국의 반지성주의』. 파주: 문학동네,
　　2017.

릴리어스 호튼 언더우드, 김철 역. 『언더우드 부인의 조선생활』. 서울:
　　뿌리깊은나무, 1984.

마르티나 도이힐러, 이훈상 역. 『한국 사회의 유교적 변환』. 서울: 아카
　　넷, 2003.

마이클 휴즈, 강철구 역. 『독일 민족주의 1800-1945』. 서울: 명경,
　　1995.

마크 피터슨, 김혜정 역. 『유교사회의 창출: 조선 중기 입양제와 상속
　　제의 변화』. 서울: 일조각, 1999.

모리 야스로, 박성수 역. 『한국 정치와 지역주의』. 서울: 모시는사람들,
　　2012.

문승숙, 이현정 역. 『군사주의에 갇힌 근대: 국민 만들기, 시민 되기,
　　그리고 성의 정치』. 서울: 또 하나의 문화, 2007.

미셸 푸코, 오생근 역. 『감시와 처벌: 감옥의 역사』. 서울: 나남출판,
　　2000.

미쓰이 다카시. "조선총독부 시국대책조사회(1939) 회의를 통해 본 '내
　　선일체(內鮮一體)' 문제: 제1분과회를 중심으로." 『일본공간』
　　14호. 2013.

미야타 미쓰오, 양현혜 역. 『국가와 종교: 유럽 정신사에서의 로마서
　　13장』. 서울: 삼인, 2004.

민경배. 『한국기독교회사』. 서울: 연세대학교 출판부, 1993.

박 훈. 『메이지 유신은 어떻게 가능했는가』. 서울: 민음사, 2014.

박경식. 『일본 제국주의의 조선 지배』. 서울: 청아출판사, 1986.

박광주. 『한국 권위주의 국가론』. 서울: 인간사랑, 1992.

박노자. 『우승열패의 신화: 사회진화론과 한국 민족주의 담론의 역
　　사』. 서울: 한겨레출판사, 2005.

_____. "이광수가 지닌 두 개의 얼굴." 박노자·허동현. 『길들이기와
　　편가르기를 넘어서: 한국 근대 100년을 말한다』. 서울: 푸른역
　　사, 2009.

박노자·허동현. 『열강의 소용돌이에서 살아남기』. 서울: 푸른역사,
　　2005.

박명림. "분단질서의 구조와 변화: 적대와 의존의 대쌍관계동학, 1945~

1995."『국가전략』제3권 1호. 1997.

박미해. 『유교, 가부장제와 가족, 가산』. 서울: 아카넷, 2010.

박민영. 『학교는 민주주의를 가르치지 않는다』. 서울: 인물과사상사, 2017.

박복선. "학교와 민주주의?" 홍윤기 외. 『가장 민주적인, 가장 교육적인: 가르치는 민주주의를 넘어』. 서울: 교육공동체 벗, 2017.

박상훈. 『만들어진 현실: 한국의 지역주의, 무엇이 문제이고, 무엇이 문제가 아닌가』. 서울: 후마니타스, 2009.

박성진. 『사회진화론과 식민지 사회사상』. 서울: 선인, 2003.

박성환. 『막스 베버의 한국사회론』. 울산: 울산대학교 출판부, 1999.

박은식. 『박은식전서(상)』. 서울: 단국대학교 부설 동양학연구소, 1975.

박정심. 『한국 근대사상사』. 서울: 천년의상상, 2016.

박정희. 『우리 민족의 나갈 길』. 서울: 동아출판사, 1962.

_____. 『국가와 혁명과 나』. 서울: 향문사, 1963.

박찬승. 『민족·민족주의』. 서울: 소화, 2010.

박충석. 『한국정치사상사』. 서울: 삼영사, 1982.

배덕만. 『한국 개신교 근본주의』. 대전: 대장간, 2010.

배링턴 무어 주니어, 송복 역. 『자본주의와 사회주의에서의 권위와 불평등』. 서울: 청계연구소, 1990.

배병삼. 『우리에게 유교란 무엇인가』. 서울: 녹색평론사, 2012.

배용일. 『박은식과 신채호 사상의 비교연구』. 서울: 경인문화사, 2002.

백영서·미야지마 히로시 외. 『동아시아 근대 이행의 세 갈래』. 파주: 창작과비평사, 2009.

백종국. "한국 교회의 새로운 구조를 향하여." 한국기독교사회문제연구원·우리신학연구소 외. '대안교회, 대안신앙' 연속강연회(2003년 11월 3~18일, 향린교회) 발표문.

백중현. 『대통령과 종교』. 서울: 인물과사상사, 2014.

백지운. "오리엔탈리즘과 옥시덴탈리즘: 양계초의 『신민설』 해석을 위한 방법론적 접근." 『중국현대문학』 제19호. 2000.

베네딕트 앤더슨, 윤형숙 역. 『상상의 공동체: 민족주의의 기원과 전파
　　　에 대한 성찰』. 파주: 나남, 2004.

벤자민 슈워츠, 최효선 역. 『부와 권력을 찾아서』. 파주: 한길사, 2006.

빌헬름 라이히, 황선길 역. 『파시즘의 대중심리』. 서울: 그린비, 2006.

새뮤얼 헌팅턴, 강문구·이재영 역. 『제3의 물결: 20세기 후반의 민주
　　　화』. 고양: 인간사랑, 2011.

서강, 이주노·김은희 역. 『양계초: 중화유신의 빛』. 파주: 이글리오,
　　　2008.

서정민. 『일본 기독교의 한국 인식』. 서울: 한울아카데미, 2000.

서중석. 『한국현대민족운동연구 2: 1948~1950 민주주의·민족주의 그
　　　리고 반공주의』. 서울: 역사비평사, 2002.

_____. 『이승만의 정치이데올로기』. 서울: 역사비평사, 2005.

_____. 『서중석의 현대사 이야기 11: 유신쿠데타 III 뿌리는 일본 군
　　　국주의』. 파주: 오월의봄, 2017.

서창영. "한국 정치의 후견인-수혜자 관계: 제5공화국의 하나회 인맥에
　　　관한 연구." 서울대학교 정치학 석사학위논문. 1993.

선우학원. 『일본 군국주의의 역사와 뿌리』. 서울: 내일을여는책, 2015.

성공회대학교 동아시아연구소 기획/제3시대그리스도교연구소 엮음.
　　　『당신들의 신국: 한국 사회의 보수주의와 그리스도교』. 파주:
　　　돌베개, 2017.

성백효 역주. 『논어집주』. 서울: 전통문화연구회, 2010.

손호철. 『현대 한국정치: 이론, 역사, 현실, 1945~2011』. 서울: 이매진,
　　　2011.

손호철 외. 『한국전쟁과 남북한 사회의 구조적 변화』. 서울: 경남대학
　　　교 극동문제연구소, 1991.

송규진·김명구 외. 『동아시아 근대 '네이션' 개념의 수용과 변용: 한·
　　　중·일 3국의 비교연구』. 서울: 고구려연구재단, 2005.

송민수. 『어쩌다 우리는 괴물들을 키웠을까: 학벌로 일그러진 못난 자화상』. 파주: 들녘, 2017.

송양섭. 『18세기 조선의 공공성과 민본이념: 손상익하(損上益下)의 정치학, 그 이상과 현실』. 파주: 태학사, 2015.

스즈키 마사유키, 류교열 역. 『근대 일본의 천황제』. 서울: 이산, 1998.

스탠리 밀그램, 정태연 역. 『권위에 대한 복종』. 서울: 에코리브르, 2009.

신수진·최준식. 『현대 한국사회의 이중가치체계』. 서울: 집문당, 2002.

신연재. "동아시아 3국의 사회진화론 수용에 관한 연구: 가등홍지, 양계초, 신채호를 중심으로." 서울대학교 정치학 박사학위논문. 1991.

신용구. 『박정희 정신분석, 신화는 없다』. 서울: 뜨인돌, 2000.

신용하. 『박은식의 사회사상 연구』. 서울: 서울대학교 출판부, 1982.

신정근 외. 『민본과 민주의 개념적 통섭』. 서울: 성균관대학교 출판부, 2017.

신주백. "일본의 '동화' 정책과 지배전략: 통치기구 및 학교교육과의 관계를 중심으로." 강만길 외. 『일본과 서구의 식민통치 비교』. 서울: 선인, 2004.

신채호. 『단재 신채호 전집(상)』. 서울: 단재신채호선생기념사업회, 1995.

_____. 『단재 신채호 전집(별집)』. 서울: 단재신채호선생기념사업회, 1995.

심정섭 편. 『일제의 순사들』. 서울: 예원, 2014.

아사미 마사카즈·안정원, 양현혜 역. 『한국 기독교, 어떻게 국가적 종교가 되었는가』. 서울: 책과 함께, 2015.

악셀 호네트, 문성훈·이현재 역. 『인정투쟁』. 서울: 사월의책, 2011.

안종철. 『미국 선교사와 한미관계 1931~1948』. 서울: 한국기독교역사연구소, 2010.

알렉시스 드 토크빌, 박지동 역. 『미국의 민주주의(1·2)』. 파주: 한길사, 2002.

알프레트 크로포차. "반권위주의 저항운동에서 심리학과 정신분석의 역할에 대하여." 리하르트 파버·에어하르트 슈텔팅, 정병기 역. 『상상력에 권력을?─1968 혁명의 평가』. 서울: 메이데이, 2008.

앤드류 고든, 문현숙·김우영 역. 『현대일본의 역사 1』. 서울: 이산, 2015.

앤서니 D. 스미스, 김인중 역. 『족류─상징주의와 민족주의: 문화적 접근방법』. 파주: 아카넷, 2016.

앨런 라이언, 남경태·이광일 역. 『정치사상사: 헤로도토스에서 현재까지』. 파주: 문학동네, 2017.

앨버트 O. 허시먼, 강명구 역. 『떠날 것인가, 남을 것인가: 퇴보하는 기업, 조직, 국가에 대한 반응』. 서울: 나무연필, 2016.

야마모투 시치헤이, 최용우 역. 『어느 하급장교가 바라본 일본제국의 육군』. 파주: 글항아리, 2016.

야마베 겐타로, 최혜주 역. 『일본의 식민지 조선통치 해부』. 서울: 어문학사, 2011.

양계초, 이혜경 주해. 『신민설』. 서울: 서울대학교출판문화원, 2014.

양일모. "동아시아의 사회진화론 재고: 중국과 한국의 '진화' 개념의 형성." 『한국학연구』 제17집. 2007.

_____. 『옌푸: 중국의 근대성과 서양 사상』. 파주: 태학사, 2008.

양정호. 『갑의 횡포, 을의 일터: 갑과 을은 어떻게 재생산되는가?』. 서울: 생각비행, 2018.

양현혜. 『근대 한·일 관계사 속의 기독교』. 서울: 이화여자대학교 출판부, 2009.

_____. 『윤치호와 김교신: 근대 조선의 민족적 아이덴티티와 기독교』. 파주: 한울, 2009.

어네스트 겔너. 『민족과 민족주의』. 서울: 한반도국제대학원 출판부, 2009.

엄복, 이종민·양일모 역. 『천연론』. 서울: 소명출판, 2008.

에드먼드 버크, 이태숙 역. 『프랑스혁명에 관한 성찰』. 파주: 한길사, 2008.

에르네스트 르낭, 신행선 역. 『민족이란 무엇인가』. 서울: 책세상, 2002.

에릭 R. 울프, 곽은수 역. 『20세기 농민전쟁』. 서울: 형성사, 1984.

에릭 느뵈, 손영우 역. 『사회운동: 어디에서 오고, 무엇이며, 어디로 갈까』. 서울: 이매진, 2015.

에릭 홉스봄. "전통들을 발명해내기." 에릭 홉스봄 외, 박지향·장문석 역. 『만들어진 전통』. 서울: 휴머니스트, 2004.

_____. 『미완의 시대』. 서울: 민음사, 2007.

에릭 홉스봄, 강성호 역. 『역사론』. 서울: 민음사, 2002.

에릭 홉스봄, 이용우 역. 『극단의 시대: 20세기 역사(상)』. 서울: 까치, 1997.

에이프릴 카터, 조효제 역. 『직접행동: 21세기 민주주의, 거인과 싸우다』. 서울: 교양인, 2007.

역사문제연구소 편. 『한국정치의 지배이데올로기와 대항이데올로기』. 서울: 역사비평사, 1994.

오구라 기조, 조성환 역. 『한국은 하나의 철학이다: 리와 기로 해석한 한국 사회』. 서울: 모시는사람들, 2017.

오찬호. 『우리는 차별에 찬성합니다: 괴물이 된 이십대의 자화상』. 서울: 개마고원, 2013.

오항녕. 『조선의 힘: 조선, 500년 문명의 역동성을 찾다』. 서울: 역사비평사, 2010. pp.152-194.

와카쓰키 야스오, 김광식 역. 『일본 군국주의를 벗긴다』. 서울: 화산문화, 1996.

와타나베 히로시, 박홍규 역. 『주자학과 근세일본사회』. 서울: 예문서원, 2007.

웬디 브라운. "오늘날 우리는 모두 민주주의자이다." 조르지오 아감벤 외·김상운 외 역. 『민주주의는 죽었는가?』. 서울: 난장, 2010.

웬디 브라운, 배충효·방진이 역. 『민주주의 살해하기』. 서울: 내인생의책, 2017.

유길준. 『유길준 전집』 제4권. 서울: 일조각, 1971.

유길준, 허경진 역. 『서유견문: 조선 지식인 유길준, 서양을 번역하다』. 서울: 서해문집, 2004.

유서연. 『공포의 철학: 타자가 지옥이 된 시대를 살다』. 파주: 동녘, 2017.

유승원. 『조선 초기 신분제 연구』. 서울: 을유문화사, 1988.

유영렬. 『개화기의 윤치호 연구』, 서울: 한길사, 1985.

윤소정. "오늘날 한국교회 여성목사 안수와 교회 현장에서의 문제들." 『기독교사상』 2013년 3월호.

윤충로. 『베트남과 한국의 반공독재국가형성사』. 서울: 선인, 2005.

윤치호, 김상태 편역. 『물 수 없다면 짖지도 마라: 윤치호 일기로 보는 식민지 시기 역사』. 서울: 산처럼, 2013.

윤해동·천정환 외. 『근대를 다시 읽는다 1, 2』. 서울: 역사비평사, 2006.

이갑윤. "지역주의와 선거제도." 『평화논총』 제2권 1·2호 합본호. 1998.
_____. 『한국의 선거와 지역주의』. 서울: 도서출판 오름, 1998.

이광수. 『민족개조론』. 서울: 우신사, 1981.

이기동 역해. 『맹자강설』. 서울: 성균관대학교 출판부, 2010.

이덕주. "한국 교회와 근본주의: 한국교회사적 입장." 한국교회사학연구원 편. 『한국 기독교 사상』. 서울: 연세대학교 출판부, 1998.

이만열. 『한국 기독교와 민족의식』. 서울: 지식산업사, 1991.

이병천 엮음. 『개발독재와 박정희 시대』. 파주: 창작과비평사, 2003.

이상률. "해설: 저주 받은 사상가를 다시 읽는다." 허버트 스펜서, 이상률 역. 『개인 대 국가: 국가가 해야 할 일은 무엇인가?』. 서울: 이책, 2014.

이상우. 『박정희 시대: 5·16은 구데타다』. 서울: 중원문화, 2012.

이상익. 『유교전통과 자유민주주의』. 서울: 심산문화, 2004.

이승환. 『유가사상의 사회철학적 재조명』. 서울: 고려대학교 출판부, 2001.

_____. 『유교담론의 지형학』. 서울: 푸른숲, 2004.

이영림·주경철 외. 『근대 유럽의 형성 16~18세기』. 서울: 까치, 2011.

이영재. 『민民의 나라, 조선』. 파주: 태학사, 2014.

이영찬. 『유교사회학』. 서울: 예문서원, 2001.

이재열. "역동적 균형과 한국 사회의 미래." 임현진·이재열 외. 『삶의 질과 지속가능한 발전』. 파주: 나남출판, 2006.

이종석. 『분단시대의 통일학』. 서울: 한울아카데미, 1998.

이종원·유병규. 『한국경제의 발전과정과 미래』. 서울: 해남, 1998.

이준식. "'식민지 파시즘'의 유산과 극복의 과제." 방기중 편. 『식민지 파시즘의 유산과 극복의 과제』. 서울: 혜안, 2006.

_____. 『일제 강점기 사회와 문화: '식민지' 조선의 삶과 근대』. 서울: 역사비평사, 2014.

이찬수·이길용 외. 『종교 근본주의: 비판과 대안』. 서울: 모시는사람들, 2011.

이케가미 에이코, 남명수 역. 『사무라이의 나라』. 서울: 지식노마드, 2008.

이헌주 외. 『개화기 지방 사람들 2: 양반·평민』. 서울: 어진이, 2006.

이호룡. 『신채호 다시 읽기: 민족주의자에서 아나키스트로』. 파주: 돌베개, 2013.

임민혁. 『조선의 예치와 왕권』. 서울: 민속원, 2012.

임종국. 『일제하의 사상탄압』. 서울: 평화출판사, 1985.

장규식. "군사정권기 한국 교회와 국가권력: 정교유착과 과거사 청산의 제를 중심으로." 『한국 기독교와 역사』 제24호. 2006.

장문석. 『민족주의 길들이기: 로마 몰락에서 유럽 통합까지 다시 쓰는 민족주의의 역사』. 서울: 지식의 풍경, 2007.

장상수·김상욱 외. 『한국사회의 불평등과 공정성 인식』. 서울: 성균관

대학교 출판부, 2015.

전병유·신진욱 엮음.『다중격차: 한국 사회 불평등 구조』. 서울: 페이퍼로드, 2016.

전복희.『사회진화론과 국가사상: 구한말을 중심으로』, 서울: 한울아카데미, 1996.

전세영.『공자의 정치사상』. 서울: 인간사랑, 1992.

정근식. "불균등 발전과 지역주의, 그리고 지역 담론의 변화." 한국사회사학회 편.『한국 현대사와 사회 변동』. 서울: 문학과지성사, 1997.

정병준.『우남 이승만 연구: 한국 근대국가의 형성과 우파의 길』. 서울: 역사비평사, 2005.

_____.『한국전쟁: 38선 충돌과 전쟁의 형성』. 파주: 돌베개. 2006.

정욱재. "조선유도연합회의 결성과 '皇道儒學'."『한국독립운동사연구』제33집. 2009.

정운현.『친일파는 살아 있다: 자유 민주의 탈을 쓴 대한민국 보수의 친일 역정』. 서울: 책으로보는세상, 2011.

_____.『친일파의 한국 현대사』. 서울: 인문서원, 2016.

정위안 푸, 윤지산·윤태준 역.『법가, 절대권력의 기술』. 파주: 돌베개, 2011.

정의·전성곤.『제국에의 길: 원리·천황·전쟁』. 서울: 소명출판, 2015.

제바스티안 브란트, 노성두 역.『바보배: 1494년 출간된 세상 모든 바보들에 관한 원전』. 서울: 안티쿠스, 2006.

제임스 브래들리, 송정애 역.『임페리얼 크루즈: 대한제국 침탈 비밀외교 100일의 기록』. 서울: 프리뷰, 2010.

조기빈, 조남호·신정근 역.『반논어: 공자의 논어, 공구의 논어』. 서울: 예문서원, 1996.

조너선 D. 스펜스, 김희교 역.『현대 중국을 찾아서』. 서울: 이산, 1998.

조너선 마크스, 고현석 역.『인종주의에 물든 과학』. 서울: 이음, 2017.

조대엽·박길성. 『한국 사회 어디로 가나: 권위주의 이후의 권위구조 그 대안의 모색』. 서울: 굿인포메이션, 2005.

조슈아 컬랜칙, 노정태 역. 『민주주의는 어떻게 무너지는가: 경제위기, 중산층의 배반 그리고 권위주의의 귀환』. 파주: 들녘, 2015.

조윤민. 『두 얼굴의 조선사』. 파주: 글항아리, 2016.

조지 L. 모스, 임지현 역. 『대중의 국민화: 독일 대중은 어떻게 히틀러의 국민이 되었는가?』. 서울: 소나무, 2008.

조현범. 『문명과 야만: 타자의 시선으로 본 19세기 조선』. 서울: 책세상, 2002.

_____. 『조선의 선교사, 선교사의 조선』. 서울: 한국교회사연구소, 2008.

조희연. 『동원된 근대화: 박정희 개발동원체제의 정치사회적 이중성』. 서울: 후마니타스, 2010.

존 스튜어트 밀, 서병훈 역. 『대의정부론』. 서울: 아카넷, 2012.

존 킨, 양현수 역. 『민주주의의 삶과 죽음: 대의 민주주의에서 파수꾼 민주주의로』. 서울: 교양인, 2017.

존 플라메나츠, 진덕규 역. 『이데올로기란 무엇인가』. 서울: 까치, 1982.

진시원·홍익표. 『왜 시민주권인가?』. 부산: 부산대학교 출판부, 2016.

진태원. 『을의 민주주의: 새로운 혁명을 위하여』. 서울: 그린비, 2017.

찰스 다윈, 김관선 역. 『종의 기원』. 파주: 한길사, 2014.

찰스 틸리, 이향순 역. 『국민국가의 형성과 계보: 강압, 자본과 유럽국가의 발전』. 서울: 학문과사상사, 1994.

채인후, 천병돈 역. 『맹자의 철학』. 서울: 예문서원, 2000.

최장집. 『한국 민주주의의 이론』. 서울: 한길사, 1993.

_____. 『한국 민주주의의 조건과 전망』. 서울: 나남출판, 1996.

_____. 『민주화 이후의 민주주의: 한국 민주주의의 보수적 기원과 위기』. 서울: 후마니타스, 2005.

최재천 외. 『21세기 다윈 혁명』. 서울: 사이언스북스, 2009.

최종철. "해방 이후 한국과 대만에서 기독교교회의 정치화에 대한 비교사적 접근." 한국사회사연구회 편.『현대 한국의 종교와 사회』. 서울: 문학과지성사, 1992.

최준식. "한국인의 권위주의와 배타성."『한국인에게 문화는 있는가』. 서울: 사계절출판사, 2005.

최형묵·백찬홍·김진호.『무례한 자들의 크리스마스: 미국 복음주의를 모방한 한국 기독교 보수주의, 그 역사와 정치적 욕망』. 서울: 평사리, 2007.

최형욱 엮고 옮김.『량치차오, 조선의 망국을 기록하다』. 파주: 글항아리, 2014.

카를 슈미트, 김효전·정태호 역.『정치적인 것의 개념』. 파주: 살림, 2012.

카터 J. 에커트, 주익종 역.『제국의 후예: 고창 김씨가와 한국 자본주의의 식민지 기원 1876~1945』. 서울: 푸른역사, 2008.

케빈 패스모어, 이지원 역.『파시즘』. 파주: 교유서가, 2016.

크리스티안 케이서스, 고은미·김잔디 역.『인간은 어떻게 서로를 공감하는가: 거울뉴런과 뇌 공감력의 메커니즘』. 서울: 바다출판사, 2018.

테다 스코치폴 외, 박영신·이준식·박희 역.『역사사회학의 방법과 전망』. 서울: 대영사, 1986.

테리 이글턴, 김준환 역.『낯선 사람들과의 불화: 윤리학 연구』. 서울: 도서출판 길, 2017.

토가와 요시오·하치야 쿠니오 외, 조성을·이동철 역.『유교사』. 서울: 이론과실천사, 1990.

토마스 헉슬리, 이종민 역.『진화와 윤리』. 서울: 산지니, 2012.

토마스 홉스, 진석용 역.『리바이어던 1: 교회국가 및 시민국가의 재료와 형태 및 권력』. 파주: 나남, 2008.

프란스 드 발, 최재천·안재하 역.『공감의 시대: 공감 본능은 어떻게 작동하고 무엇을 위해 진화하는가』. 파주: 김영사, 2017.

피에르 부르디외, 정일준 역.『상징폭력과 문화재생산』. 서울: 새물결, 1995.

하인츠 부데, 이미옥 역.『불안의 사회학: 무엇이 우리를 불안하게 하는가』. 파주: 동녘, 2015.

한국사회학회 편.『한국의 지역주의와 지역갈등』. 서울: 성원사, 1990.

한국유교학회 편.『유교와 페미니즘』. 서울: 철학과현실사, 2001.

한국정치연구회 편.『박정희를 넘어서』. 서울: 푸른숲, 1998.

한상진 편.『제3세계 정치체제와 관료적 권위주의』. 서울: 한울, 1990.

한영우.『조선시대 신분사 연구』 서울: 집문당, 1997.

한용원.『한국의 군부정치』. 서울: 대왕사, 1993.

한홍구.『유신: 오직 한 사람을 위한 시대』. 파주: 돌베개, 2014.

함동주.『천황제 근대국가의 탄생』. 파주: 창작과비평사, 2009.

해럴드 크라우치, 신윤환 역.『동남아 권위주의의 역사적 기원』. 서울: 이매진, 2009.

해럴드 크라우치, 이한 역.『포스트민주주의』. 서울: 미지북스, 2008.

호미 바바, 나병철 역.『문화의 위치』. 서울: 소명출판, 2002.

호사카 마사야스, 정선태 역.『쇼와 육군』. 파주: 글항아리, 2016.

홍서정 외.『광장에는 있고 학교에는 없다: 민주주의의 도전』. 서울: 교육공동체 벗, 2017.

홍익표. "독일의 연방의회 선거제도." 아태재단 정책연구시리즈 99-6. 1999.

_____. "유럽의 정치질서: ‘포함의 정치’의 형성과 구조를 중심으로." 한국국제정치학회 유럽기초학문분과위원회 편.『유럽 질서의 이해: 구조적 변화와 지속』. 서울: 도서출판 오름, 2003.

_____. "남북한 사회통합의 새로운 지향: 합의제 민주주의를 중심으로."『통일문제연구』 제16권 2호. 2004.

_____. "‘갈등의 제도화’를 통한 한국의 사회통합: 환경, 교육, 세대, 젠더 영역을 중심으로." 대통령자문정책기획위원회 ‘한국 민주

주의 발전과 사회통합의 전망' 정책보고서. 2006.

_____. "지역의 도전과 유럽연합 내부동학의 변화."『유럽연구』제25권 3호. 2007.

_____.『한국 정치를 읽는 20개의 키워드: 신자유주의부터 포퓰리즘까지』. 서울: 도서출판 오름, 2015.

_____.『시네마 폴리티카: 영화로 읽는 정치적 삶과 세계』. 파주: 한울, 2016.

_____. "'풍요 속의 빈곤' — 87년 헌법 개정 논의에 대한 비판적 고찰."『법교육연구』제12권 제2호. 2017.

홍익표·진시원.『세계화 시대의 정치학』. 서울: 도서출판 오름, 2018.

후지와라 아키라, 서영식 역.『일본군사사』. 서울: 제이앤씨, 2013.

후지이 다케시.『파시즘과 제3세계주의 사회에서: 족청계의 형성과 몰락을 통해 본 해방 8년사』. 서울: 역사비평사, 2012.

히우라 사토코, 이언숙 역.『신사-학교-식민지: 지배를 위한 종교-교육』. 서울: 고려대학교 출판문화원, 2016.

히토쓰바시대학 한국학연구센터 기획, 형진의·임경화 편역.『국체의 본의를 읽다』. 서울: 어문학사, 2017.

Acemoglu, Daron, & James A. Robinson. *Economic Origins of Dictatorship and Democracy*. New York: Cambridge University Press, 2006.

Adorno, Theodor W., Else Frenkel-Brunswik, Daniel Levinson, Nevitt Sanford. *The Authoritarian Personality*. New York: Harper & Brothers, 1950.

Bates, Thomas R. "Gramsci and the Theory of Hegemony." *Journal of the History of Ideas*, Vol.36, No.2. 1975.

Brooker, Paul. *Non-Democratic Regimes: Theory, Government and Politics*. New York: St. Martin's Press, 2013.

Brownlee, Jason. *Authoritarianism in an Age of Democratization*. Cambridge: Cambridge University Press, 2007.

Diamond, Larry, Marc F. Plattner, & Christopher Walker (eds.). *Authoritarianism Goes Global: The Challenge to Democracy.* Baltimore: Johns Hopkins University Press, 2016.

Dimitrov, Martin K. *Why Communism Did Not Collapse: Understanding Authoritarian Regime Resilience in Asia and Europe.* Cambridge: Cambridge University Press, 2013.

Ezrow, Natasha M., & Erica Frantz. *Dictators and Dictatorships: Understanding Authoritarian Regimes and Their Leaders.* London: Bloomsbury Academic, 2011.

Friedrich, Carl J., & Zbigniew K. Brzezinski. *Totalitarian Dictatorship and Autocracy.* Cambridge: Harvard University Press, 1965.

Gasiorowski. Mark J. "The Political Regimes Project." Alex Inkeles (ed.). *On Measuring Democracy: Its Consequences and Concomitants.* New Brunswick: Transaction Publishers, 2006.

Gerdes, Dirk. *Regionalismus als Soziale Bewegung. Westeuropa, Frankreich, Korsika: Vom Vergleich zur Kontextanalyse.* Frankfurt und New York: Campus Verlag, 1985.

Hassner, Pierre. "The United States: The Empire of Force or the Force of Empire." EU-ISS Chaillot Papers, no.54. 2002.

Held, David. "Democracy: From City-States to a Cosmopolitan Order?" *Political Studies.* XL, Special Issue. 1992.

Hofmman, Werner. *Zur Soziologie des Antikommunismus.* Heilbronn: Distel Verlag, 1982.

Hsiao, Hsin-Huang Michael (ed.). *Democracy or Alternative Political Systems in Asia. After the Strongmen.* London: Routledge, 2016.

Keating, Michael, & John Loughlin (eds.). *The Political Economy of Regionalism.* London & Portland: Frank Cass, 1997.

Kohn, Hans. *The Idea of Nationalism.* Toronto: Collier, 1969.

von Kieseritzky, Wolther. "Einleitung. Mehr Demokratie wagen. Innen- und Gesellschaftspolitik 1966-1974." Willy Brandt. *Berliner Ausgabe*

Band 7: *Mehr Demokratie wagen. Innen- und Gesellschaftspolitik 1966-1974*. Bonn: Verlag J.H.W. Dietz Nachf. GmbH., 2001.

Levitsky, Steven, & Lucan A. Way. *Competitive Authoritarianism: Hybrid Regimes After the Cold War*. Cambridge: Cambridge University Press, 2011.

Lijphart, Arend. *Democracies. Patterns of Majoritarian and Consensus Government in Twenty-One Countries*. New Haven: Yale University Press, 1984.

Linz, Juan J. *The Breakdown of Democratic Regimes: Crisis, Breakdown, and Reequilibration*. Baltimore: Johns Hopkins University Press, 1978.

_____. "Autoritäre Regime." Dieter Nohlen & Rainer-Olaf Schultze (Hrsg.). *Pipers Wörterbuch zur Politik 1: Politikwissenschaft*. München: Pipers, 1987.

_____. *Totalitarian and Authoritarian Regimes*. London: Lynne Rienner, 2000.

Marcuse, Herbert. "Repressive Tolerance." Robert Paul Wolff, Barrington Moore, Jr. & Herbert Marcuse. *A Critique of Pure Tolerance*. Boston: Beacon Press, 1969.

Marcuse, Herbert. *One-Dimensional Man: Studies in the Ideology of Advanced Industrial Society*. London: Routledge & Kegan Paul Ltd., 1964.

Marx, Karl. *Der Achtzehnte Brumaire des Louis Bonaparte*. Marx-Engels-Werke Band 8. Berlin: Dietz Verlag, 1960.

Merkel, Wolfgang, Eberhard Sandschneider, & Dieter Segert (Hrsg.). *Systemwechsel 2. Die Institutionalisierung der Demokratie*. Opladen: Leske+ Budrich, 1997.

Moore, Jr., Barrington. *Social Origins of Dictatorship and Democracy: Lord and Peasant in the Making of the Modern World*. New York: Beacon Press, 1966.

Morrow, James D. "Alliances and Asymmetry: An Alternative to the Capability Aggregation Model of Alliances." *American Journal of Political Science*, Vol.35, No.4. 1991.

Nairn, Tom. "Modern Janus." *New Left Review*, No.94. November 1975.

Negt, Oskar. "Politische Bildung ist die Befreiung der Menschen." Klaus-Peter Hufer, Kerstin Pohl & Imke Scheurich (Hrsg.). *Positionen der politischen Bildung 2. Ein Interviewbuch zur außerschulischen Jugend- und Erwachsenenbildung.* Schwalbach/Ts.: Wochenschau Verlag, 2004.

_____. *Der politische Mensch. Demokratie als Lebensform.* Göttingen: Steidl, 2010.

Nohlen, Dieter. "Autoritäre Systeme." Dieter Nohlen & Peter Waldmann (Hrsg.). *Pipers Wörterbuch zur Politik 6: Dritte Welt.* München: Pipers, 1987.

_____. "Mehr Demokratie in der Dritten Welt? Über Demokratisierung und Konsolidierung der Demokratie in vergleichender Perspektive." *Aus Politik und Zeitgeschichte.* B25/26. 1989.

O'Donnell, Guillermo A. *Modernization and Bureaucratic-Authoritarianism: Studies in South American Politics.* Institute of International Studies, University of California, 1973.

Özkirimli, Umut. *Theories of Nationalism. A Critical Introduction.* Houndmills: Palgrave, 2000.

Perlmutter. Amos. *Modern Authoritarianism: A Comparative Institutional Analysis.* New Haven: Yale University Press, 1981.

Peterson, Steven A., & Albert Somit. *Darwinism, Dominance & Democracy: The Biological Bases of Authoritarianism.* Westport, CT: Praeger, 1997.

Putnam. Robert D. *Making Democracy Work—Civic Traditions in Modern Italy.* Princeton: Princeton University Press, 1993.

Rokkan, Stein, & Derek W. Urwin (eds.). *The Politics of Territorial Identity:*

    Studies in European Regionalism. London: SAGE Publications, 1982.

Rüland, Juergen. "Demokratisierung in Asien: ein fragiler Prozeß." Heinrich Oberreuter & Heribert Weiland (Hrsg.). *Demokratie und Partizipation in Entwicklungsländern*. Paderborn: Ferdinand Schöningh, 1994.

Schedler, Andreas (ed.). *Electoral Authoritarianism: The Dynamics of Unfree Competition*. Bouylder: Lynne Rienner Publishers, 2006.

Schedler, Andreas. "Elections without Democracy: The Menu of Manipulation." *Journal of Democracy*, Vol.13, No.2. 2002.

Schmitter, Philippe C., & Guillermo O'Donnell. *Transitions from Authoritarian Rule — Tentative Conclusions About Uncertain Democracies*. Baltimore: Johns Hopkins University Press, 1987.

Scott, James C. "Patron-Client Politics and Political Change in Southeast Asia." *The American Political Science Review*, Vol.66, No.1. 1972.

Solt, Frederick. "The Social Origins of Authoritarianism." http://myweb.uiowa.edu/fsolt/papers/Solt2012pre.pdf

Tilly, Charles. *Social Movements, 1768-2004*. Boulder: Paradigm Publishers, 2004.

Ulfelder, Jay. "Contentious Collective Action and the Breakdown of Authoritarian Regimes." *International Political Science Review*, Vol.26, No.3. 2005.

Vanderhill, Rachel, & Michael E. Aleprete, Jr. (eds.). *International Dimensions of Authoritarian Persistence. Lessons from Post-Soviet States*. Lanham: Lexington Books, 2013.

Winckelmann, Johannes (Hrsg.). *Max Weber: Wirtschaft und Gesellschaft. Grundriss der verstehenden Soziologie*. Studienausgabe. Köln u.a.: Kiepenheuer & Witsch, 1964.

홍익표

부산대학교 사회교육연구소 부소장. 고려대학교 대학원에서 정치학 석사, 독일 함부르크대학교에서 정치학 박사학위를 취득했다. 아태평화 재단 책임연구위원·선임연구위원, 한국국제정치학회 국제지역연구소 전임연구원, 경남대학교 극동문제연구소 객원연구위원을 역임했다. 고려대학교 대학원, 연세대학교 등에 이어 현재는 부산대학교, 서울교육 대학교에서 정치학을 가르치고 있다.

저서로는『시네마 폴리티카: 영화로 읽는 정치적 삶과 세계』,『한국 정치를 읽는 20개의 키워드: 신자유주의부터 포퓰리즘까지』,『유럽의 민주주의: 발전 과정과 현실』이 있고, 공저로는『세계화 시대의 정치학』,『왜 시민주권인가?』,『세계화 시대의 국제정치경제학』,『왜 민족음악인가?: 다시 읽는 유럽의 민족주의와 음악』,『남북한 통합의 새로운 이해』,『유럽 질서의 이해: 구조적 변화와 지속』,『유럽연합 체제의 이해』,『정치적 현실주의의 역사와 이론』,『국제사회의 이해』,『북한, 그리고 동북아』등이 있다.